Geschichte und Geschehen 9

Ausgabe N
Gymnasium

Hans-W. Ballhausen
Ludwig Bernlochner
Michael Herrmann
Eberhardt Schwalm
Peter Völker

Ernst Klett
Schulbuchverlag

Inhalt

Die Französische Revolution und das Zeitalter Napoleons

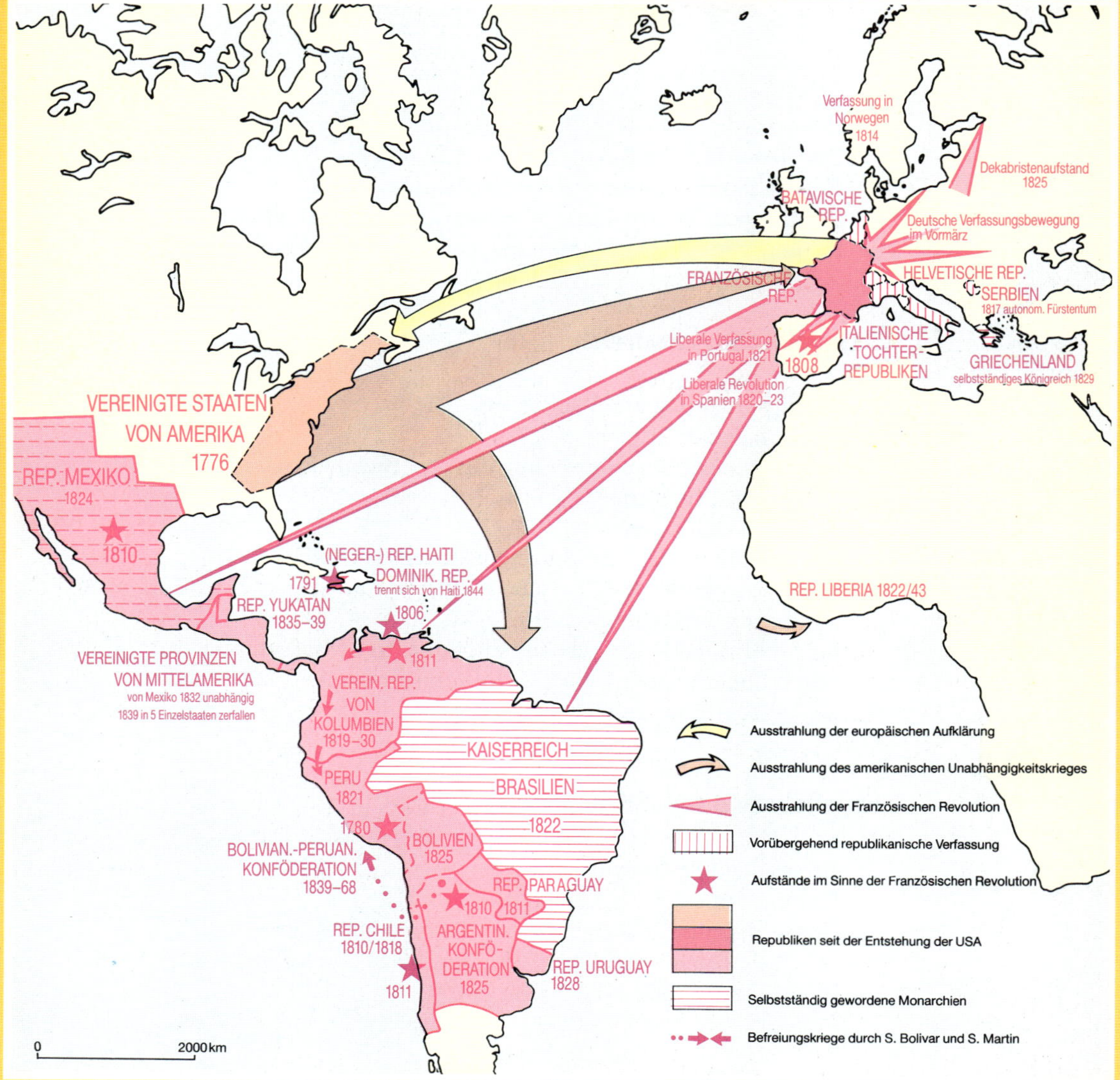

1 Ausstrahlungen des amerikanischen Unabhängigkeitskriegs und der Französischen Revolution

1778 | 1780 | 1783 | 1785 | 1787 | 1789 | 1790 | 1791 | 1792 | 1793 | 1794

Absolutismus (Ancien régime): Ludwig XVI. (1774–1793 †)
Verfassunggeb. Nationalvers.
Konstitutionelle Monarchie
Republik revol. Diktatur

Aufklärung, Finanzkrise, Reformversuche
Teilnahme Frankreichs am Amerikanischen Unabhängigkeitskrieg
Notabelnversammlung (Reformplan Calonnes)
Generalstände (Mai)
Ballhausschwur (Juni)
Sturm auf die Bastille (14. Juli)
Abschaffung der Feudalrechte (Aug.)
Menschen- und Bürgerrechte (Aug.)
Verabschiedung der Verfassung
Kriegserklärung
Sturm auf die Tuilerien
Hinrichtung des Königs
Republikanische Verfassung
Levée en masse
Terror
Sturz
Ende der

2 Sturm auf die Bastille, 14. Juli 1789 (Gemälde eines unbekannten Künstlers)

3 Kaiserkrönung Napoleons in der Kirche Notre-Dame in Paris 1804. Napoleon, der sich nach der Salbung durch Papst Pius VII. (sitzend, rechts) selbst die Krone aufgesetzt hat, krönt seine Gemahlin. (Gemälde von J. L. David)

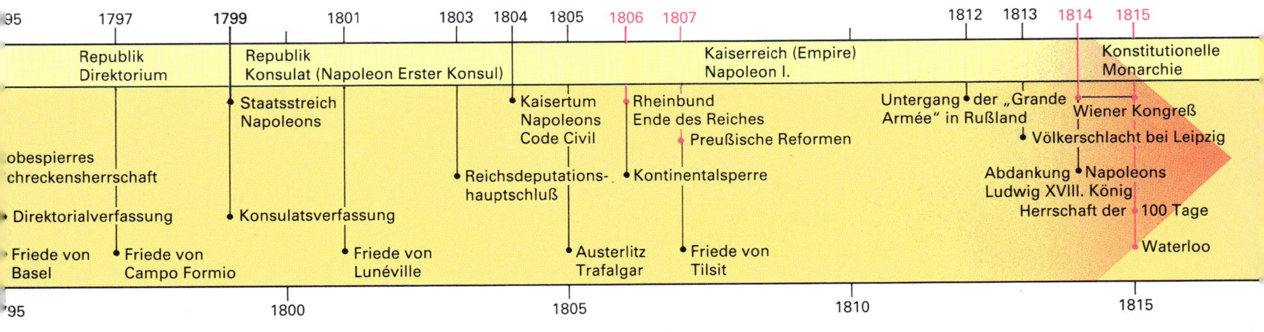

1. Das alte Frankreich in der Krise

1774 ———	Thronbesteigung Ludwigs XVI. Unter seiner Regierung gerät Frankreich in eine umfassende Finanzkrise.
1778–1783 ———	Frankreichs Teilnahme am amerikanischen Unabhängigkeitskrieg führt zu einer weiteren Erhöhung der Staatsverschuldung.

Ein armer Staat in einem reichen Land

Frankreich übertraf im 18. Jahrhundert alle anderen Staaten des Kontinents an Wirtschaftskraft. In den Händen der Manufakturbesitzer, Großhändler und Bankiers hatte sich beträchtlicher Reichtum angesammelt. Der Staat aber steckte trotz der *wirtschaftlichen Blüte* in einer *schweren Finanzkrise.* Die kostspielige Hofhaltung, verlustreiche Kriege seit den Tagen Ludwigs XIV. und nicht zuletzt die Teilnahme am amerikanischen Unabhängigkeitskrieg (1778–1783) konnten nur mit immer neuen *Staatsanleihen* bezahlt werden. Seit der Mitte der 70er Jahre machte der Schuldendienst einen immer größeren Teil der Staatsausgaben aus. Die Finanzkrise drohte in den 80er Jahren zu einem *„Staatsbankrott"* (Zahlungsfähigkeit des Staates) zu führen.

Eine Wirtschaftskrise verschärft die sozialen Gegensätze

Seit Frankreich 1784 einen Handelsvertrag mit England geschlossen hatte, strömten billige englische Waren ins Land und lösten besonders in der Textilindustrie eine schwere Krise aus. Die Gewinne der Manufakturen und damit die Steuereinnahmen des Staates sanken, viele Arbeiter wurden entlassen, die übrigen mußten *Lohnkürzungen* hinnehmen. 1788 wurde in Paris jeder vierte Einwohner als Notleidender registriert. *Mißernten* und *Viehseuchen* trieben die Preise für Nahrungsmittel in die Höhe. Im April 1789 stürmten in Paris hun-

1 Ludwig XVI. verteilt Almosen an arme Bauern (1788). Nach der Mißernte des Sommers 1788 war der Winter ungewöhnlich streng. Da die Flüsse zugefroren waren, konnten die Mühlen das wenige Getreide nicht mahlen. Teuerung und Mangel an Brot waren die Folgen. (Stich von Lefèvre)

2 Der Kaufmann und seine Frau. Exporteure waren besonders in den Seestädten Bordeaux, Nantes und Marseille erfolgreich tätig. (Anonymer Stich, 1784)

gernde Arbeiter zwei Fabriken und plünderten sie, weil ihr Lohn von 15 Sous täglich gerade nur zum Kauf von Brot (Pfundpreis: 12 Sous) ausreichte. Diese Not und Unruhe in der Bevölkerung verschärften die *Gegensätze* innerhalb der französischen Gesellschaft.

Eine ungleiche Gesellschaftsordnung

Die Ständeordnung des Absolutismus war auch Ende der 80er Jahre äußerlich unverändert: Den *Adligen* waren die hohen Kirchenämter, die Offiziersstellen und die leitenden Posten in Verwaltung und Justiz vorbehalten; der Klerus und der Adel – der Erste und der Zweite Stand – besaßen die feudalen Herrenrechte gegenüber den Bauern und waren von der Zahlung der direkten Steuern befreit. Der *Dritte Stand* (*Tiers Etat*) brachte allein die direkten Steuern auf; *Bürger* konnten in der Regel nur die niederen Stellen in der Kirche und in Verwaltung und Justiz einnehmen.

Die Krise der Ständeordnung

Tatsächlich aber begann diese scheinbar feste Ordnung nach dem Regierungsantritt Ludwigs XVI. zu zerfallen: Angesichts der schweren Finanzkrise versuchte der *König* selbst, die *Steuerprivilegien* (Privilegien = Vorrechte) des 1. und 2. Standes *abzubauen*. Die *Reformversuche* seiner aufgeklärten Minister *Turgot* (1776) und *Calonne* (1787) scheiterten aber am *Widerstand der Privilegierten*. Diese besaßen mit den „Parlamenten" (obersten Gerichtshöfen) in Paris und in den Provinzhauptstädten das Recht, königliche Gesetze zu „registrieren", d.h. auch abzulehnen.

Vor allem aber verstärkten sich die *Gegensätze* zwischen den verschiedenen Schichten der drei Stände: Ein Mitglied der *Hofaristokratie* oder ein adliger *Bischof* führte ein wahrhaft fürstliches Leben, während die kleinen *Landadligen* oft nur mit Mühe von den Feudalabgaben ein standesgemäßes Leben bestreiten konnten. Ein einfacher *Priester* war ebenso arm wie die *Masse der Kleinbürger* und *Arbeiter*, die trotz harter Arbeit oft Hunger litten. Die vermögende und gebildete Oberschicht in den Städten („*Bourgeoisie*") lebte ohne Sorgen; die Reichsten unter ihnen konnten mit den Millionengewinnen aus ihren wirtschaftlichen Unternehmungen sogar Landgüter und höhere Staatsämter kaufen und sich damit dem Adel annähern. Auf dem Lande war die *Masse der Bauern* und *Landarbeiter* – und damit der größte Teil der Bevölkerung – bitterster Armut ausgesetzt. Einen erheblichen Teil ihrer Erträge mußten sie an die Grundherren abführen; für Getreide erzielten sie auf dem Markt nur niedrige – staatlich festgesetzte – Preise. Sie und die armen Stadtbewohner wurden von den zahlreichen indirekten Steuern besonders hart betroffen.

Zweifel und Kritik an den Grundlagen des Absolutismus

Die verschiedenartigen Lebensumstände der einzelnen Schichten bewirkten eine *unterschiedliche Einstellung* gegenüber dem *„Ancien régime"*. Angesichts der Auseinandersetzung zwischen dem König und den Privilegierten begannen vor allem die Angehörigen der *Bourgeoisie*, die Berechtigung der *Privilegien anzuzweifeln*: Es erschien ihnen *ungerecht*, daß sie trotz ihres Reichtums und ihrer wirtschaftlichen Bedeutung für den Staat von jeglicher Mitwirkung bei *politischen Entscheidungen ausgeschlossen* und gesellschaftlich zurückgesetzt waren. Vorbilder für eine „bessere" Staats- und Gesellschaftsordnung fanden sie in den Schriften der *Aufklärung*, die trotz scharfer Zensur weite Verbreitung fanden. Diese Abhandlungen wurden auch von kritischen Angehörigen der privilegierten Stände lebhaft diskutiert. Lange Zeit galten derartige Diskussionen als gesellschaftliche „Mode" ohne praktische Bedeutung. Seitdem aber französische Offiziere, die am amerikanischen Unabhängigkeitskrieg teilgenommen hatten, von der Verwirklichung von *Freiheit* und *Selbstbestimmung* berichten konnten, gewannen die Gedanken der Aufklärung den Charakter von *Kampfprogrammen* gegen den Absolutismus.

Rousseau: Volkssouveränität

Neben den Schriften *Montesquieus*, der eine Beschränkung der könglichen Machtstellung durch eine *Teilung der Staatsgewalten* forderte, gewannen die Gedanken Jean-Jacques *Rousseaus* eine zunehmende Bedeutung. Seine Idee von der *„Volkssouveränität"* richtete sich gegen die Grundlagen des Absolutismus überhaupt.

Ancien régime (franz. alte Regierungsform): Bezeichnung für das Herrschafts- und Gesellschaftssystem des *absolutistischen Frankreich* vor der Revolution von 1789.
Bourgeoisie (franz. bourgeois = Bürger): Im 18. Jahrhundert Bezeichnung für das städtische Bürgertum, das sich durch Besitz und Bildung von den Unterschichten des Dritten Standes abhob. Im Verlauf der Französischen Revolution wurde der Begriff „Bourgeois" (Besitzbürger) häufig abwertend gebraucht und dem Begriff *„Citoyen"* (Staatsbürger) entgegengestellt.
Volkssouveränität: Politisches Prinzip, wonach sich alle staatliche Herrschaft aus dem Willen des Volkes ableitet. Nach dem Grundsatz: *„Alle Staatsgewalt geht vom Volke aus"* (Grundgesetz Art. 20) bestimmt das Volk als Zusammenschluß freier Staatsbürger seine Regierungsform selbst und übt die Herrschaft auch selbst aus (Demokratie). Der Gedanke der Volkssouveränität entstand in Abwehr des monarchischen Anspruchs auf Souveränität (z.B. absolutistisches Herrschertum). Auf dem Prinzip der Volkssouveränität gründen die modernen Demokratien.

3 Reformversuche

Vor der Notabelnversammlung (vom König einberufene Versammlung von Mitgliedern vor allem der ersten beiden Stände) begründete Calonne am 22. Februar 1787 sein Reformprogramm:

„Was bleibt, um einen entsetzlichen Fehlbetrag zu decken und das ersehnte Gleichgewicht im Staatshaushalt herzustellen? …

Die Mißbräuche. Ja, meine Herren, in den Mißbräuchen selbst findet sich ein Schatz von Reichtümern, die der Staat zurückfordern darf und zurückfordern muß, um die Ordnung wiederherzustellen … Die Mißbräuche, die heute zum Wohl des Staates vernichtet werden sollen, sind die, … die die meisten Verteidiger … haben. Das sind die, die auf der arbeitenden und erwerbenden Klasse lasten: Die Mißbräuche der Geldprivilegien … und all die ungerechten Bevorzugungen, die einen Teil der Steuerpflichtigen nur entlasten können, um das Los der anderen zu erschweren, die allgemeine Ungleichheit in der Erhebung der Abgaben, das ungeheure Mißverhältnis in den Leistungen der verschiedenen Provinzen und in den Lasten der Untertanen desselben Fürsten. …

Wenn soviel Mißbräuche … bis jetzt der öffentlichen Meinung, die sie geächtet hat, sowie den Anstrengungen der Staatsmänner widerstanden haben, die sie beseitigen wollten, so rührt das daher, daß man durch einen teilweisen Eingriff erreichen wollte, was nur durch eine allgemeine Operation gelingen konnte; daß man glaubte, die Unordnung heilen zu können, ohne ihren Quell zu verstopfen; …"

(I. u. P. Hartig, Die Französische Revolution, Stuttgart 1984, S. 27f.)

4 Der „Geist der Aufklärung"

Über die Wirkung der Aufklärung schrieb der Graf de Ségur, der die Jahre vor 1789 miterlebt hatte, in seinen „Lebenserinnerungen":

„Wir, der junge französische Adel, … wir wandelten heiter über einen Teppich von Blumen, der uns einen Abgrund verbarg. Uns lächelnden Herausforderern … erschien all das Alte lästig … Wenn wir auch auf dieser leichten Tour durch den überlebten Dünkel des alten Hofes behindert waren. … so fühlten wir uns doch gesonnen, begeistert den philosophischen Lehren zu folgen, die geistvolle und kühne Schriftsteller verkündeten. Voltaire ergiff unseren Geist, Rousseau rührte unser Herz; wir fühlten ein geheimes Vergnügen, wenn wir sahen, wie sie das alte Gebäude … angriffen … Das waren

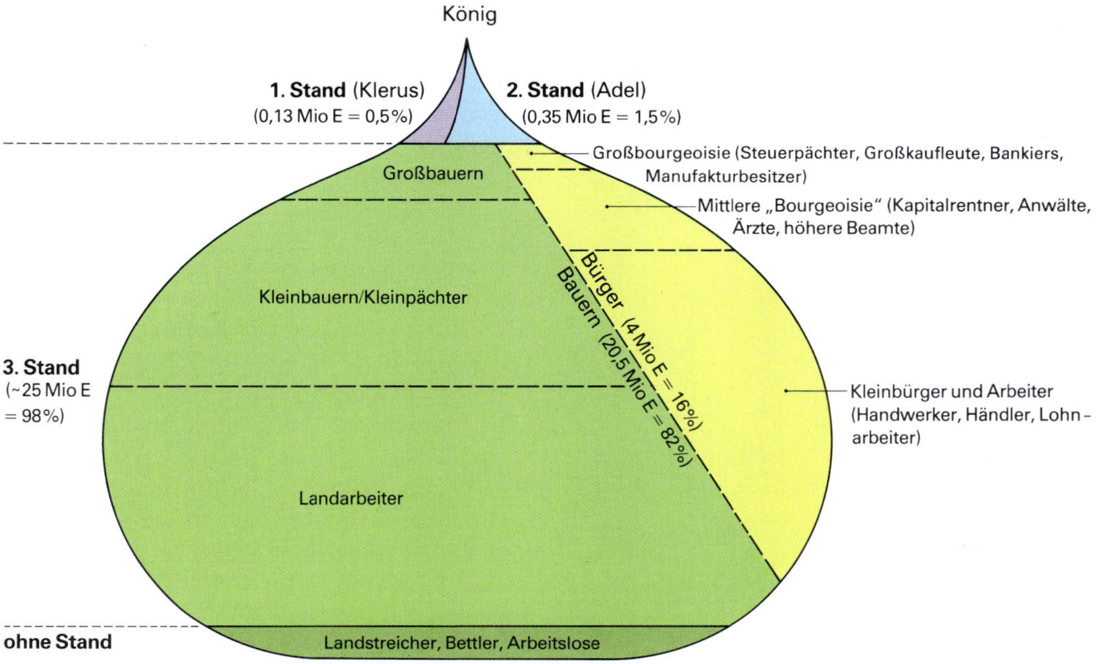

5 Der ständische Aufbau der französischen Gesellschaft 1789. In einer Stände-Gesellschaft bleibt der Mensch in der Gesellschaftsgruppe, in die er hineingeboren ist, und übernimmt deren Rechte und Pflichten.

6 Vortrag in einem Pariser Salon. Unter der Büste des Philosophen Voltaire haben sich gebildete Adlige und Bürger versammelt, u. a. der Finanzminister Turgot und der Philosoph Rousseau.

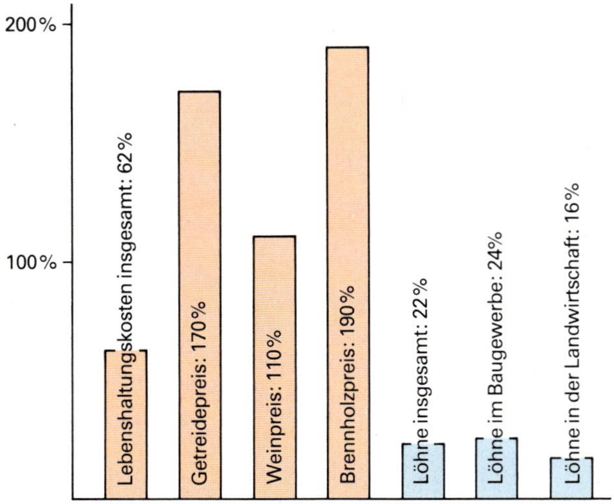

7 Anstieg der Lebenshaltungskosten und Löhne von 1785 bis 1789. Brot war das Hauptnahrungsmittel des einfachen Volkes. Im Durchschnitt beliefen sich in dieser Schicht die Ausgaben für Brot auf 50 % der Haushaltskosten.

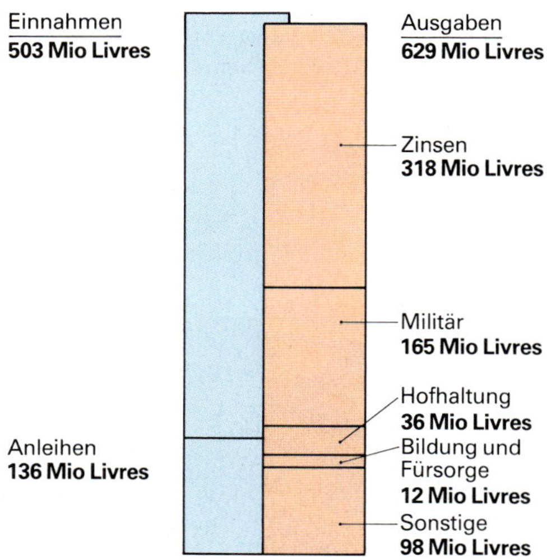

8 Staatshaushaltsplan 1788 (in Mio. Livres)

nur Kämpfe mit der Feder und mit Worten, die nach unserer Meinung der überlegenen Existenz, die wir genossen, ... keinen Schaden zufügen konnten ..."
(Comte de Ségur, Mémoires, Paris 1824, S. 24, 28, 44; übersetzt von P. Hartig)

9 Aus der Staatstheorie der Aufklärung

Der aus Genf stammende Philosoph Jean-Jacques Rousseau (1712–1778) entwickelte in seiner Schrift „Vom Gesellschaftsvertrag" (1762) Gedanken, die in der Französischen Revolution große Bedeutung gewinnen sollten:

„Der Mensch wird frei geboren, und überall ist er in Ketten ... Es geht darum, eine Gesellschaftsform zu finden, die mit der ganzen gemeinsamen Kraft die Person und die Güter jedes Gesellschaftsmitgliedes verteidigt und schützt und durch welche jeder einzelne, obwohl er sich mit allen verbindet, dennoch nur sich selbst gehorcht und so frei bleibt wie zuvor. Dies ist das Grundproblem, dessen Lösung der ‚Gesellschaftsvertrag' bietet ... [Der Gesellschaftsvertrag] ... erzeugt ... eine sittliche und gesellschaftliche Körperschaft, die sich aus soviel Mitgliedern zusammensetzt, wie die Versammlung Stimmen hat, und diese Körperschaft gewinnt durch diese Tat ihre Einheit, ihr gemeinschaftliches Ich ... und ihren Willen. Diese öffentliche Person, die sich auf solche Weise aus der Vereinigung aller bildet, wurde ehemals ‚Stadt' genannt und heißt jetzt ‚Republik' ... Damit der Gesellschaftsvertrag keine leere Form bleibt, enthält er stillschweigend ... die Verpflichtung, daß, wer auch immer sich weigert, dem allgemeinen Willen [‚volonté générale'] zu gehorchen, von der ganzen Gemeinschaft hierzu gezwungen wird. ..."
(I. u. P. Hartig, a. a. O., S. 15, 17, 18)

Arbeitsvorschläge und Fragen

a) Erläutere und beurteile den Gesellschaftsaufbau des Ancien régime. (M 5)
b) Nenne das Ziel, das Calonne verfolgt, und seine Begründungen. (M 3)
c) Ermittle, wie einzelne Gruppen der französischen Gesellschaft lebten. (M 1, 2, 6 und 7)
d) Beschreibe den Zustand der französischen Staatsfinanzen um 1789. (M 8) – Vergleiche ihn mit der wirtschaftlichen Lage Frankreichs, die an den Bildern M 2 und M 6 erkennbar ist.
e) Erarbeite aus Text M 9, welches Hauptziel der Verfasser verfolgt und wie er seine Forderungen begründet. Was bedeuten diese Gedanken für die Stellung des absoluten Königtums?

2. Der Beginn der Großen Revolution 1789: „Revolution der Freiheit"

1789	**Beginn der Französischen Revolution:** Die Abgeordneten des Dritten Standes lösen sich aus den Generalständen und erklären sich am 17. 6. zur Nationalversammlung. Volksmassen stürmen am 14. 7. das Staatsgefängnis von Paris, die Bastille. Eine Welle von Aufständen erfaßt die Provinzen („Die große Furcht"). Die Nationalversammlung beschließt die Abschaffung der Privilegien (4./5. 8.) und verkündet die Menschen- und Bürgerrechte (26. 8.). Sie führt eine Wirtschafts- und Verwaltungsreform durch.

Frankreich vor einer Revolution?

Die Finanz-, Wirtschafts- und Vertrauenskrise des Ancien régime hatte weite Teile der Bevölkerung zu der Überzeugung geführt, Frankreich stehe *„am Vorabend einer Revolution"*. Ob die notwendige „Umwälzung" aber durch einen gewaltsamen Umsturz oder aber auf dem Wege einer Reform herbeigeführt werden konnte, war völlig offen.

Es gab keine „revolutionäre Partei" im heutigen Sinne, die *Kritiker des Systems* verfolgten *unterschiedliche* und einander zum Teil *widersprechende Ziele*: Die konservativen Privilegierten wollten die Macht des Königs einschränken, dabei aber die Ungleichheit der Gesellschaft erhalten. Die Bourgeoisie und die „fortschrittlichen" Mitglieder von Adel und Klerus erstrebten eine Teilhabe an der politischen Macht und die Abschaffung der Privilegien. Die Masse der armen und hungernden Bürger und Bauern machte „die Reichen" für ihr Elend verantwortlich; ihr Verlangen nach „Gerechtigkeit" richtete sich gegen die feudalen Vorrechte der Grundherren wie gegen die Bourgeoisie als Nutznießer der bestehenden Wirtschaftsordnung.

So hing viel von der *Haltung des Königs* ab. Er hätte die gesamte Macht des absoluten Staates gegen die Opposition einsetzen können – ob mit Erfolg, war angesichts der Lage und der Persönlichkeit Ludwigs XVI. unwahrscheinlich. Er hätte sich auch an die Spitze der Reformbewegung stellen können – das entsprach aber nicht seiner Auffassung von seinem Herrscheramt. Sein *Zögern* und *Schwanken* aber erweckte das Mißtrauen aller Oppositionsgruppen.

Können die Generalstände die Finanzkrise lösen?

Der Anstoß für die folgende Entwicklung ging von den *Privilegierten* aus. Sie forderten im Sommer 1788 den König auf, die Lösung der Finanzprobleme den *„Generalständen"* zu übertragen. Diese Versammlung aller drei Stände aus ganz Frankreich hatte bis zur Durchsetzung des Absolutismus vor allem das Steuerbewilligungsrecht besessen; seit 1614 war sie nicht mehr einberufen worden. Beide, König wie Privilegierte, hofften, sie könnten in den Generalständen auf die Unterstützung durch die Vertreter der Bourgeoisie rechnen; deren Wunsch nach Veränderung der bestehenden Ordnung wollten sie für die eigene Machterweiterung nutzen. Daher bewilligte der König die *Einberufung der Generalstände* zum 1. Mai 1789.

Die Vorbereitung der Generalstände

In die alten Generalstände hatte jeder Stand eine jeweils gleiche Anzahl von Vertretern entsandt, so daß Adel und Klerus das Übergewicht hatten. In der Situation des Jahres 1788 aber fiel dem *Dritten Stand eine Schlüsselrolle* zu. Daher verlangten seine Wortführer, daß er ebenso viele Vertreter haben sollte wie Adel und Klerus zusammen. Nach anfänglichem Zögern und gegen den

Widerstand der Privilegierten gab der König diesem Verlangen nach. Unentschieden aber ließ er die weitere Forderung, daß die Stände nicht mehr jeder für sich beraten und beschließen, sondern *gemeinsam tagen* und nach *Köpfen* abstimmen sollten.

Bei den Wahlen der Abgeordneten hatte die Bevölkerung Gelegenheit, ihre Beschwerden und Forderungen schriftlich niederzulegen und sie ihren Ständevertretern mit auf den Weg nach Versailles zu geben. In etwa 60000 *„Beschwerdeheften"* formulierten die Franzosen eine umfassende Kritik an der bestehenden Staats- und Gesellschaftsordnung. Gleichzeitig überschwemmte eine wahre Flut von *politischen Kampfschriften* das ganze Land; das politische Bewußtsein aller Gruppen der Bevölkerung wurde geschärft. Der politische „Katechismus" des Dritten Standes wurde die Flugschrift des *Abbé Sieyès* „Was ist der dritte Stand?". Der Verfasser, Angehöriger des hohen Klerus („Abbé": Abt) und Vertreter des Aufklärungsgedankens, hatte darin in leicht verständlicher Form die Forderungen des Dritten Standes zusammengefaßt und begründet.

Die Eröffnung der Generalstände

Bereits bei der Eröffnung der Generalstände am 5. Mai 1789 wurde den Vertretern des Dritten Standes klar, daß sie ihre Ziele gegen den Widerstand des Königs und der Privilegierten würden *erkämpfen* müssen: Weder Ludwig XVI. noch sein Finanzminister Necker gingen in ihrer Eröffnungsrede auf die grundsätzliche Neugestaltung von Staat und Gesellschaft ein, sondern verlangten lediglich eine Lösung der Finanzkrise. Die Privilegierten bekundeten ihre Entschlossenheit, ihre hergebrachte Stellung zu behaupten. Die erneut vorgetra-

1 Die Eröffnung der Generalstände. Das Gemälde von A. Couder zeigt die Eröffnungssitzung der Ständeversammlung am 5. Mai 1789 im Opernsaal von Versailles. Der Köng sitzt links oben, vor dem Tisch steht der Oberzeremonienmeister. Links sitzen die 291 Abgeordneten des Klerus, rechts hinten die 270 Delegierten des Adels, im Vordergrund die 578 Abgeordneten des Dritten Standes. Zu Beginn der Sitzung hatte es einen Tumult gegeben, als einige Abgeordnete des Dritten Standes wie die Adligen und der Klerus ihre Hüte aufbehalten hatten. Der König hatte nur dadurch die Ruhe wiederhergestellt, daß er selbst den Hut für einige Zeit abnahm und die Adligen dadurch zwang, auch ihre Hüte abzusetzen.

2 Der Ballhausschwur. Die Zeichnung von J. L. David stellt dar, wie der Präsident der Nationalversammlung, Bailly, am 20. Juni 1789 im Saal der Ballspielhalle den Beschluß verliest, sich niemals zu trennen, bis eine Verfassung ausgearbeitet sei.

gene Forderung nach gemeinsamen Sitzungen und Abstimmungen nach Köpfen wurde wiederum vertagt.

Die Nationalversammlung: Revolution der Bourgeosie

Unter der Führung des Abbé Sieyès entschlossen sich die *„Abgeordneten der Gemeinen"*, wie sie sich demonstrativ nannten, zum Alleingang: Am 17. Juni erklärten sie sich zur *„Nationalversammlung"*, da sie als „Vertreter von nahezu dem gesamten Volk entsandt wurden". Ludwig XVI. ließ nun den Sitzungssaal für die Nationalversammlung sperren. Sie reagierte darauf am 20. Juni mit dem feierlichen Schwur, „sich niemals zu trennen, ... bis die Verfassung errichtet und auf festen Grundlagen dauerhaft gestaltet wäre" (*„Ballhausschwur"*). Viele Abgeordnete der Privilegierten schlossen sich den „Gemeinen" an. Der König wich vor der festen Haltung der Versammlung zurück und forderte die restlichen Vertreter von Adel und Klerus auf, sich der Nationalversammlung anzuschließen.

Mit der Bildung der *„Verfassunggebenden Nationalversammlung"* am 9. Juli hatte in Versailles eine *unblutige Revolution* stattgefunden; der König selbst schien den Weg zu einer gewaltlosen Errichtung einer neuen Staatsform freigemacht zu haben.

Die Erstürmung der Bastille: Revolution der Kleinbürger

Die Vorgänge in Versailles erweckten vor allem in der Pariser Bevölkerung große Hoffnungen auf eine Besserung der Verhältnisse. Besonders unter den *Kleinbürgern* erzeugten die anhaltende Teuerung und Arbeitslosigkeit eine *gewaltsam-revolutionäre Stimmung*. Nach Zusammenstößen von Demonstranten und Militär wurden in jedem Pariser Distrikt *Bürgerwehren* aufgestellt, die sich den Namen *„Nationalgarden"* gaben. Die Bereitschaft zur Gewaltanwendung wuchs, als der König um Versailles Soldaten zusammenziehen ließ und sich das Gerücht verbreitete, er wolle die Nationalversammlung beseitigen. Am *14. Juli* stürmten die Pariser Volksmassen das *Zeughaus* und verschafften sich Gewehre. Anschließend zog die Menge zur *Bastille*, einer königlichen Festung in Paris, in der angeblich Pulver für die Gewehre lagerte.

Vor allem aber galt die Bastille als Zeichen königlicher Willkür; sie diente als Staatsgefängnis, in das die Häftlinge auf bloße königliche Anordnung hin eingeliefert werden konnten.

Nach kurzem Kampf ergab sich die Besatzung und wurde von der Menge getötet. Die Bastille wurde in kurzer Zeit bis auf den letzten Stein abgetragen. Die *Erstürmung der Bastille* galt schon damals als Symbol für den Sieg der Revolution über die Despotie; noch heute wird in Frankreich der 14. Juli als *Nationalfeiertag* begangen.

Ludwig XVI. änderte erneut seine Haltung. Er ließ die Truppen abziehen und begab sich am 17. Juli nach Paris, wo er sich im Rathaus die Kokarde mit den Revolutionsfarben blau-weiß-rot anheften ließ.

Die Revolution ergreift die Provinzen

Die Nachricht vom Sturm auf die Bastille löste in ganz Frankreich revolutionäre Aktionen aus. Wie in Paris wurden in vielen Städten Gemeindevertretungen („*Kommunen*") gewählt und Nationalgarden aufgestellt. Die Verwaltungsbeamten des Ancien régime wichen meist ohne Widerstand. In allen Städten mußte eine Herabsetzung des Brotpreises zugestanden werden.

In fast allen Provinzen bewaffneten sich auch die Bauern, eine *„große Furcht"* vor Adelsheeren und Räuberbanden erfüllte das Land. *Die Bauern stürmten die Schlösser*, verjagten die Grundherren oder ihre Verwalter und verbrannten die Archive, in denen die Besitzurkunden der Adligen aufbewahrt waren. Anfang August hatten sich überall Bauernkomitees und Dorfmilizen gebildet, auch die Landgemeinden verwalteten sich jetzt selbst.

Die Abschaffung der Privilegien

Die Grundbesitzer in der Nationalversammlung befürchteten, der Bauernaufstand könnte zur völligen Abschaffung des Privateigentums führen. Wenn sie nicht jeden Einfluß auf die weitere Entwicklung verlieren wollten, mußten sie jetzt handeln. So beschlossen sie in einer erregten Nachtsitzung (4./5. August), *alle ständischen Privilegien abzuschaffen.*

Die Erklärung der Menschen- und Bürgerrechte

Um diesem Schritt eine rechtliche Grundlage zu geben und um den Weg für die geplante Verfassung vorzuzeichnen, verabschiedete die Nationalversammlung am 26. August 1789 eine *„Erklärung der Menschen- und Bürgerrechte"*. Sie war – wie die amerikanische Unabhängigkeitserklärung – ein Versuch, die staatsrechtlichen Hauptgedanken der Aufklärung zur Grundlage für politisches Handeln zu machen. Die Erklärung wurde 1791 als Präambel der neuen Verfassung vorangestellt.

3 Die Abschaffung der Privilegien am 4./5. August 1789. Auf Antrag von drei adligen Grundbesitzern hatte die Nationalversammlung die feudalen Herrenrechte abgeschafft und anschließend in einem Zustand allgemeiner Begeisterung alle Privilegien des 1. und 2. Standes beseitigt. Außerdem wurde der Zunftzwang abgeschafft. (Anonymer Stich von 1789)

Die National-versammlung als „Ersatzparlament"

Nach dem Zusammenbruch der königlichen Staatsgewalt war die Nationalversammlung das einzige anerkannte Organ, das für ganz Frankreich Gesetze zur Fortführung einer geordneten Regierung erlassen konnte. Der selbst gestellte Auftrag – die Erarbeitung einer Verfassung – mußte immer wieder hinter praktischen Gesetzesmaßnahmen zurücktreten.

Der Verkauf der Kirchengüter

Vor allem die Finanzkrise des Staates erforderte rasches Handeln. Eine Steuerreform hatte nicht den erhofften Erfolg, im Gegenteil, die Steuereinnahmen sanken. Daraufhin verfügte die Nationalversammlung auf Antrag des Bischofs von Autun, Talleyrand, am 2. November 1789 die *Verstaatlichung der Kirchengüter*. Sie wurden als „Nationalgüter" zum Verkauf angeboten. Damit der erhoffte Gewinn möglichst rasch als Bargeld in die Staatskasse geleitet werden konnte, wurde der Verkauf in Form einer Staatsanleihe geplant: Der angenommene Verkaufswert von 400 Millionen Livres sollte in *„Assignaten"* (Anleihescheinen) zu je 1000 Livres ausgegeben werden; die Käufer sollten ihr Geld mit Zinsen aus dem Verkaufserlös der Güter zurückerhalten. Aus Mißtrauen gegen die Revolution und wegen der Wirtschaftskrise fanden sich aber nur wenige Käufer; die Staatskasse blieb leer. Die Assignaten wurden darauf in echte Banknoten umgewandelt. Doch da sie nicht durch Gegenwerte in Gold oder Land gedeckt waren, sank ihr Wert beständig.

Schwerwiegende Folgen

Besonders die Arbeiter mit ihren niedrigen Löhnen konnten immer weniger für den gleichen Betrag kaufen; die kleinen Bauern waren nicht imstande, sich an dem Verkauf der verstaatlichten Güter zu beteiligen. Wohlhabende Bürger und Bauern dagegen konnten für die „wertlosen" Assignaten günstig Landgüter kaufen. Auch politisch hatte die Verstaatlichung des Kirchenbesitzes schwerwiegende Folgen: Die *Geistlichen* wurden zu *Staatsbeamten*, vom Staat besoldet und ernannt; sie sollten einen Eid auf die Verfassung ablegen. Mit Unterstützung des Papstes weigerten sich viele Geistliche, diese Staatskirche anzuerkennen. Sie stellten bis zum Ende der Revolution eine entschlossene und dauerhafte *Opposition* gegen die jeweilige Regierung dar.

Die Verwaltungsreform

Die Nationalversammlung bestätigte Ende 1789 auch die *Selbstverwaltung* der Städte und Dörfer. Frankreich wurde in 83 etwa gleich große *Departements* (Verwaltungsbezirke) eingeteilt, die an die Stelle der historischen Provinzen traten. In den Departements und ihren Untereinheiten (Bezirk – Gemeinde) sollte es Volksvertretungen geben, die nach gleichartigem Wahlrecht gewählt werden sollten.

Revolution (lat. Umwälzung): Grundlegende, meist plötzliche und gewaltsame Veränderung der Staats- und Gesellschaftsordnung. Revolutionen entstehen häufig aus dem Zurückbleiben der politischen und sozialen Verhältnissen hinter der wirtschaftlichen und geistigen Entwicklung. Der Gegenbegriff zu sprunghafter, revolutionärer Umwälzung ist:
Evolution (lat. Entwicklung): Damit werden allmähliche, im allgemeinen friedliche Veränderungen bezeichnet, die oft durch schrittweise Reformen bewirkt werden.
Nationalversammlung (franz. „Assemblée nationale"): Bezeichnung für die Versammlung gewählter Volksvertreter, die – häufig in revolutionärer Situation – zur *Ausarbeitung einer Verfassung* gebildet wird, um die Grundlagen einer Nation neu zu gestalten. Diesen Namen gaben sich die Vertreter des Dritten Standes 1789, als sie sich aus den Generalständen lösten. Die Abgeordneten wollten ihre Beschlüsse nicht mehr als Vertreter verschiedener Stände, sondern als Repräsentanten einer unteilbaren Nation fassen.

4 „À la Patrie!" Gedenkmedaille zur Aufhebung der Privilegien am 4. August 1789.

5 Abbé Sieyès: „Was ist der Dritte Stand?"

Emmanuel Sieyès, ein aufgeklärter Geistlicher, veröffentlichte im Januar 1789 seine Schrift „Qu'est-ce que le Tiers Etat?":

„Der Plan dieser Schrift ist ganz einfach. Wir legen uns nur drei Fragen vor:

1. Was ist der Dritte Stand? Alles.
2. Was ist er bis jetzt in der politischen Ordnung gewesen? Nichts.
3. Was verlangt er? Etwas zu werden. ...

Es wäre überflüssig, [alles] einzeln durchzugehen, um zu zeigen, daß der Dritte Stand überall neunzehn Zwanzigstel dazu hergibt, mit dem Unterschiede, daß er mit allem, was wirklich beschwerlich ist, und mit allen Diensten belastet wird, welche der privilegierte Stand zu tun sich weigert. Die erträglichen und ehrenvollen Stellen sind allein von den Angehörigen des privilegierten Standes besetzt ... Diese Ausschließung ist ... eine wahre Feindseligkeit gegen den Dritten Stand ... Er will haben 1., daß wahre Vertreter bei den Generalständen ... aus seinem Stand genommen werden, welche die ... Verteidiger seines Interesses sein können ... Er verlangt 2. ebenso viele Vertreter wie die beiden anderen Stände zusammen, ... [und] 3., daß die Stimmen nach den Köpfen und nicht nach den Ständen genommen werden sollen ...

Dem Dritten Stand obliegt es also, die ersten Anstrengungen und fast alle Fortschritte zur nationalen Erneuerung zu machen ... Man muß vorwärtsgehen, sonst weicht man zurück."

(I. und P. Hartig, Die französische Revolution, Stuttgart 1984, S. 37ff.)

6 Aus den „Beschwerdeheften" von 1789

6a Auszug aus dem Beschwerdeheft eines Dorfes in Südfrankreich:

„Die genannte Gemeinde stellt vor, daß es keinen unglücklicheren Menschen gibt als den Bauern und den Tagelöhner. Um diese Grundwahrheit zu beweisen, genügt es, zu betrachten, daß nach Abführung der königlichen Steuern und nach Bezahlung der Feudallasten ... dem Bauern und Eigentümer nicht einmal ein Zehntel des Ertrags von seinem Boden bleibt ... Er hat nichts als eine Suppe von Wasser und Salz, eine Nahrung, welche die Hunde besser gestellter Menschen verweigern würden; und doch ist dieser Arbeiter, der ständig schwerer Arbeit und der Härte aller Jahreszeiten ausgesetzt ist, nichtsdestoweniger ein Untertan des Staats, der nicht härter behandelt werden sollte als andere Menschen auch ..."

(Zit. nach: Geschichte in Quellen, Bd. 4, München 1981, S. 148)

6b Der Dritte Stand des Gerichtsbezirkes Rennes erteilte seinen Abgeordneten, die er zur Versammlung der Generalstände entsandte, folgenden Auftrag:

„Da man sich nicht einbilden kann, jetzt gleich die Verfassung und die vorteilhaftesten Gesetze aufzustellen und zu formulieren, überzeugt davon, daß die jetzt lebenden Menschen ihre Nachkommen nicht binden und daran hindern können, die Verfassung und die Gesetze zu vervollkommnen, ... sollen die Abgeordneten der Generalstände ihre Arbeiten mit einer detaillierten Erklärung über die wesentlichen Rechte der Bürger und des Volkes beginnen, [über] jene Rechte, die durch kein menschliches Gesetz aufgehoben werden dürfen und können.

Diese Erklärung soll in bezug auf die Bürger als Grundlage haben: die Freiheit, die Sicherheit der Personen und die vollkommene Gleichheit aller einzelnen Menschen vor dem Gesetz und in bezug auf die Steuern, gegenüber dem König und allen Inhabern von Staatsgewalt. In bezug auf das Volk ist anzuerkennen, daß ihm allein die gesamte gesetzliche Gewalt zusteht und daß seine Vertreter diese Gewalt ausüben und daß der König über die gesamte ausübende Gewalt verfügt."

(Cahier général de la sénéchaussée de Rennes, Art. X; aus: I. u. P. Hartig, a. a. O., S. 33)

7 Die Erklärung der Menschen- und Bürgerrechte am 26. August 1789 (Auszug)

In dem Dokument heißt es:

„In der Überzeugung, daß die Unkenntnis, das Vergessen oder die Verachtung der Menschenrechte die alleinigen Ursachen der öffentlichen Mißstände und der Verderbtheit der Regierungen sind, haben die in der Nationalversammlung vereinigten Vertreter des französischen Volkes beschlossen, in einer feierlichen Erklärung die natürlichen, unveräußerlichen und geheiligten Menschenrechte darzulegen, damit diese Erklärung allen Mitgliedern des gesellschaftlichen Verbandes beständig vor Augen ist und sie ohne Unterlaß an ihre Rechte und Pflichten erinnert werden; damit die Handlungen der gesetzgebenden wie auch der ausübenden Macht in jedem Augenblick mit dem Zweck jeglicher politischen Einrichtung verglichen werden können und dadurch mehr geachtet werden; damit die Ansprüche der Bürger, von nun an auf einfache und unbestreitbare Grundsätze gegründet, sich immer auf die Erhaltung der Verfassung und das Wohl aller richten mögen.

1. Die Menschen werden frei und gleich an Rechten geboren und bleiben es.

2. Der Zweck jeder staatlichen Vereinigung ist die Erhaltung der natürlichen und unverjährbaren Menschenrechte. Diese Rechte sind: Freiheit, Eigentum, Sicherheit und Widerstand gegen Unterdrückung.

3. Der Ursprung jeder Herrschaft liegt wesensmäßig beim Volk; keine Körperschaft, kein einzelner kann Herrschaft ausüben, die nicht ausdrücklich von ihm ausgeht.

4. Die Freiheit besteht darin, alles tun zu können, was einem anderen nicht schadet. ... [Die] Grenzen [der Freiheit] können allein durch das Gesetz bestimmt werden ...

6. Das Gesetz ist der Ausdruck des allgemeinen Willens. Alle Bürger haben das Recht, an seiner Gestaltung persönlich oder durch ihre Vertreter mitzuwirken. Es soll für alle Bürger das gleiche sein ...

7. Niemand darf außer in den durch das Gesetz bestimmten Fällen angeklagt, verhaftet oder gefangengehalten werden, und nur nach den Formen, die es vorgeschrieben hat ...

10. Niemand darf wegen seiner Ansichten, selbst nicht der religiösen, bedrängt werden, vorausgesetzt, daß die Äußerung dieser Ansichten nicht die durch das Gesetz festgelegte öffentliche Ordnung stört.

11. Die freie Mitteilung der Gedanken und Ansichten ist eines der kostbarsten Menschenrechte; daher kann jeder Bürger frei sprechen, schreiben, drucken, mit dem Vorbehalt, daß er verantwortlich ist für den Mißbrauch dieser Freiheit in den von dem Gesetz festgelegten Fällen.

16. Eine Gesellschaft, in der die Garantie der Rechte nicht gesichert und die Teilung der Gewalten nicht festgelegt ist, hat keine Verfassung.

17. Da das Eigentum ein unverletzliches und geheiligtes Recht ist, kann es niemandem genommen werden, wenn nicht die öffentliche, gesetzlich festgestellte Notwendigkeit es klar erfordert und unter der Bedingung einer gerechten und vorherigen Entschädigung."

(I. und P. Hartig, a.a.O., S. 47 ff.)

Arbeitsvorschläge und Fragen

a) Stelle in einer Übersicht die Beschwerden und Forderungen verschiedener Gruppen des Dritten Standes zusammen. (M 5, 6 a und 6 b) – Welche Aussagen enthalten Deiner Meinung nach die größte Gefahr für das absolute Königtum?

b) Vergleiche das Verhalten der Abgeordneten des Dritten Standes am 5. Mai und am 20. Juni 1789. (M 1 und 2) – Beachte bei dem Bild M 2 auch die Komposition und die Farbgebung.

c) Vergleiche die bildlichen Darstellungen der Ereignisse vom 4./5. August (M 3 und M 4) mit dem tatsächlichen Vorgang. Was sollen die Bilder ausdrükken? Ziehe auch das Bild von der Erstürmung der Bastille heran. (S. 5)

d) Fasse den Inhalt der „Menschen- und Bürgerrechte" (M 7) nach Sachgruppen zusammen. Vergleiche mit den Texten M 6 b und M 9, S. 10.

3. Die konstitutionelle Monarchie und ihr Scheitern

1791	Die Nationalversammlung verabschiedet die Verfassung. Frankreich wird konstitutionelle Monarchie. Ein Fluchtversuch Ludwigs XVI. scheitert in Varennes.
1792	Frankreich erklärt am 20. 4. Österreich den Krieg, um einer durch Emigranten geschürten gegenrevolutionären Invasion zuvorzukommen. Preußen tritt an der Seite Österreichs in den Krieg ein. Revolutionäre erstürmen am 10. 8. die Tuilerien (Pariser Stadtschloß) und erzwingen die Amtsenthebung Ludwigs XVI. Am 22. September schafft der neu gewählte Nationalkonvent die Monarchie ab und erklärt Frankreich zur Republik.

Die Verfassung von 1791

Nach langwierigen Verhandlungen konnte die Nationalversammlung 1791 die neue *Verfassung* verkünden. Als Grundsatz war, ausgehend von den Gedanken Montesquieus, einmütig beschlossen worden, „es gibt nur eine *Souveränität*, unteilbar, unveräußerlich und unverjährbar. Sie gehört der *Nation* ... Die Nation, von der allein alle Gewalten ausgehen, kann sie nur durch Übertragung ausüben. Die französische Verfassung ist eine *Repräsentativverfassung*". Da der König weiterhin Staatsoberhaupt blieb, war Frankreich nun eine *konstitutionelle Monarchie*. Im Wege eines Kompromisses war festgelegt worden, daß die *Legislative* von einem *Einkammer-Parlament* (assemblée législative) ausge-

1 Das Wahlrecht nach der Verfassung von 1791. Es entstand nach dem Vorbild der Wahlrechtsbestimmungen in England und den USA.

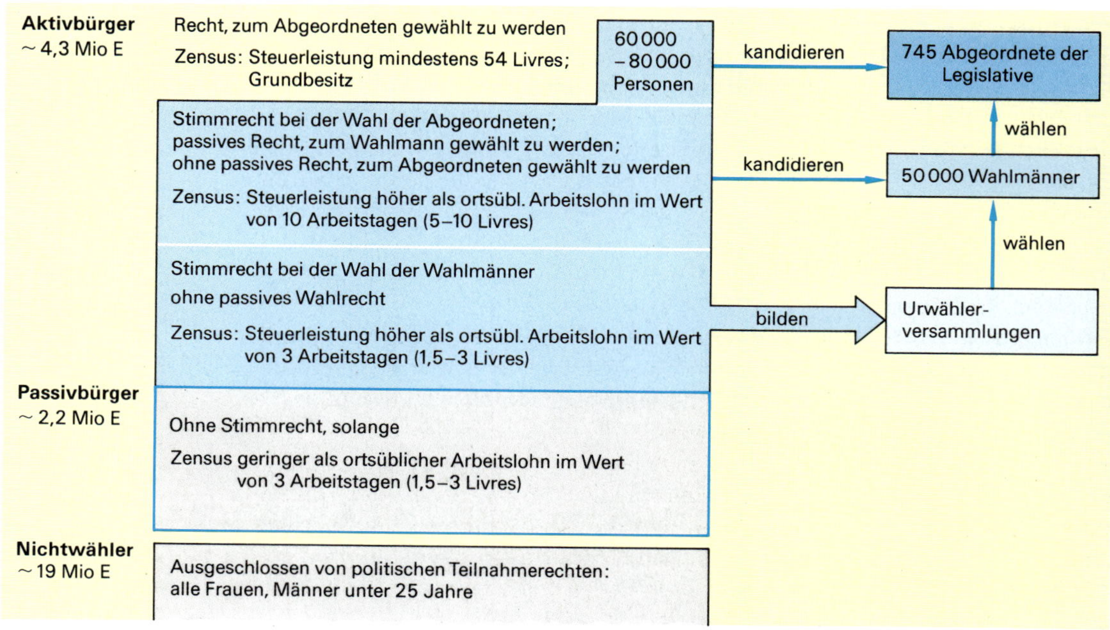

übt werden sollte; der *König* als Vertreter der Exekutive sollte nur ein aufschiebendes, nicht ein absolutes *Veto* (Widerspruchsrecht) gegen die Beschlüsse des Parlaments haben. Die *richterliche Gewalt* wurde unabhängigen, gewählten Gerichten übertragen; ein oberstes Verfassungsgericht in Paris sollte verhindern, daß die königlichen Minister gegen die Verfassung verstießen. Mit großer Stimmenmehrheit wurde schließlich für die Ausübung des aktiven und passiven *Wahlrechts* eine hohe *Steuerleistung* (Zensus) festgelegt. Die „Revolution der Freiheit" endete also mit einem Sieg der wohlhabenden Schichten.

Der König und die Revolution

Ob die Verfassung Bestand haben konnte, hing nicht zuletzt vom König ab. Dieser versuchte weiterhin, durch *hinhaltendes Taktieren* das Inkrafttreten der Verfassung zu verhindern. Gleichzeitig forderte er in Geheimverhandlungen die europäischen Herrscher auf, in Frankreich einzugreifen und die *absolute Monarchie wiederherzustellen*. Er wurde dabei unterstützt von adligen *Emigranten*, die seit den Ereignissen des Sommers 1789 zu Tausenden das Land verlassen hatten und in den Fürstentümern des Deutschen Reiches antirevolutionäre Truppen sammelten.

Das Ansehen des Königs verschlechterte sich durch die anhaltende wirtschaftliche Notlage. Auf das Gerücht hin, in Paris gebe es bald kein Brot mehr, waren im Oktober 1789 etwa 7000 Pariser *Frauen* nach Versailles gezogen und hatten den König und die Nationalversammlung gezwungen, nach *Paris überzusiedeln*. Seitdem standen beide unter dem Druck der *revolutionären Massen von Paris*, die die Verfassungsdiskussion mit lebhafter Anteilnahme verfolgten. Vor allem in zahlreichen politischen *Klubs*, zu denen auch Abgeordnete der Nationalversammlung gehörten, wurde die politische Entwicklung diskutiert, von hier wurde Druck auf die Abgeordneten ausgeübt. Der bedeutendste Klub war der der *Jakobiner*, so benannt nach seinem Tagungsort, einem ehemaligen St. Jakobskloster. Die meisten seiner Mitglieder waren Gegner des Königs.

Im Juni 1791 unternahm der König mit seiner Familie einen unzulänglich geplanten *Fluchtversuch* ins Ausland. Die Nationalgarde führte Ludwig XVI. wie einen Gefangenen nach Paris zurück. Er mußte jetzt den *Eid auf die Verfassung* leisten.

Krieg zur Festigung der Revolution?

Nun entschlossen sich der *Kaiser in Wien* und der *preußische König* zu einer *militärischen Intervention*. In der französischen Öffentlichkeit und im Parlament wurde heftig darüber diskutiert, ob Frankreich seinerseits den Angreifern den Krieg erklären sollte. Der größere Teil der Jakobiner unter der Führung *Jacques Brissots* forderte einen „Kreuzzug für die allgemeine Freiheit". Auch Ludwig XVI. befürwortete den Krieg – wenn auch aus entgegengesetzten Gründen. Gegen den Widerstand einer kleinen Gruppe radikaler Jakobiner unter der Führung Maximilien Robespierres erklärten im April 1792 Parlament und König gemeinsam *Österreich den Krieg*. Preußen erklärte sich daraufhin mit Österreich „solidarisch".

Siegt die Gegenrevolution?

Die königliche Armee besaß nur noch geringe Kampfkraft, nachdem der größere Teil der adligen Offiziere emigriert war. In der allgemeinen Kriegsbegeisterung bildeten sich *Freiwilligenverbände*, die aber unzureichend geschult und bewaffnet waren. Geführt von untüchtigen oder verräterischen Offizieren, erlitten sie *schwere Niederlagen*; die feindlichen Truppen rückten weit nach Frankreich vor. Im Sommer 1792 ließ ihr Oberbefehlshaber, der *Herzog von Braunschweig*, in einem *Manifest* verkünden, er werde Paris zerstören lassen, falls der königlichen Familie etwas zustoße. Dieses Manifest galt den Franzosen als offenkundiger Beweis für den *Verrat des Königs* und seiner Anhänger; Paris schien von der Gegenrevolution unmittelbar bedroht.

2 Nach dem Fluchtversuch. Der König wird mit seiner Familie in einer Kutsche – streng bewacht von der Nationalgarde – nach Paris zurückgebracht. (Kolorierter Stich)

Das Ende der Monarchie

In dieser Situation handelten wiederum die revolutionären Volksmassen von Paris: Am 10. August 1792 stürmten sie das Königsschloß, die *Tuilerien*, und zwangen den König, sich in die Nationalversammlung zu flüchten. Er wurde anschließend unter Arrest gestellt. Über 3000 angebliche Königsanhänger wurden verhaftet. Anfang September durchzogen bewaffnete Revolutionäre die Gefängnisse und ermordeten die „Verräter" (*„Septembermorde"*).
Die radikalen Jakobiner setzten in der Nationalversammlung durch, daß der König wegen Verschwörung mit dem Feind seines *Amtes enthoben* wurde. Sie erreichten ferner, daß ein neues Parlament, der *Nationalkonvent*, gewählt wurde. Er sollte eine neue Verfassung ausarbeiten.
Bereits am 21. September trat der Konvent, der nach allgemeinem Wahlrecht gewählt worden war, erstmals zusammen. Zwar hatte sich die militärische Bedrohung Frankreichs gemildert, nachdem am 20. September die von Krankheit geschwächte Invasionsarmee nach einem heftigen Artillerieduell („Kanonade von Valmy") den Rückzug angetreten hatte. Damit war die Sache des Königs verloren. Der Konvent schaffte *einstimmig die Monarchie ab*; als Symbol für den Neubeginn führte er einen *revolutionären Kalender* ein, der am 22. 9. 1792 mit dem Jahr I der „einheitlichen und unteilbaren französischen Republik" einsetzte.

Konstitutionelle Monarchie: Regierungsform, in der die Herrschaft des Monarchen durch eine *Verfassung* (lat. „constitutio") eingeschränkt ist. Der König hat die Regierungsgewalt inne, die Gesetzgebung wird von der Volksvertretung ausgeübt. Die erste große konstitutionelle Monarchie auf dem europäischen Festland war Frankreich von 1791 bis 1792.
Republik (lat. res publica = „Sache des Volkes"): Staatsform, in der eine oder mehrere Personen, meist (auf Zeit) vom Volk gewählt, Träger der Staatsgewalt sind. Ursprünglich bezeichnete der Begriff alle Staaten, die keine Monarchie waren; heute ist er eine Sammelbezeichnung für ganz unterschiedliche Regierungssysteme (z.B. Bundesrepublik Deutschland, Volksrepublik China, Islamische Republik Iran).

3 Die Erstürmung der Tuilerien am 10. August 1792 (Ausschnitt). Das Gemälde von J. Bertaux (1793) stellt die entscheidende Phase der Erstürmung des königlichen Palastes in Paris durch die Volksmassen dar.

4 Krieg zur Festigung der Revolution?

Die Frage, ob Frankreich gegen das absolutistische Ausland, wo der emigrierte Adel gegen die Revolution hetzte, Krieg führen solle, war heftig umstritten. Sie spaltete Ende 1791 die Gruppierung der Jakobiner, die politische Linke in der Gesetzgebenden Versammlung. Der Text a) stammt von dem Rechtsanwalt Jacques Brissot, der Text b) von dem Anwalt Maximilien Robespierre; beide waren bekannte Wortführer der Jakobiner:

4a „... Seit sechs Monaten ... frage ich mich, welche Partei ich ergreifen soll ... Überlegungen und Tatsachen haben mich überzeugt, daß ein Volk, das nach tausend Jahren Sklaverei die Freiheit erobert hat, den Krieg braucht. Der Krieg ist zur Festigung der Freiheit unumgänglich. Er ist notwendig, um die Freiheit von den Lastern des Despotismus zu reinigen, damit die Leute verschwinden, die die Freiheit korrumpieren könnten ... Seit zwei Jahren nun hat Frankreich alle friedlichen Mittel ausgeschöpft, die Rebellen [= Emigranten] zur Heimkehr zu bewegen. Alle Versuche und Aufforderungen waren fruchtlos, sie bleiben bei ihrer Revolte, und die ausländischen Fürsten unterstützen sie weiterhin; kann man da noch unschlüssig sein, ob man sie angreifen soll?"

5 Ludwig XVI. als konstitutioneller König. Der zeitgenössische Stich zeigt Kaiser Joseph II. oder Leopold II. (?), der seinen Schwager Ludwig XVI. (im Käfig) fragt: „Was machst Du da, Schwager?" Ludwig antwortet: „Ich unterschreibe" und setzt seine Unterschrift unter Gesetze der Volksvertretung.

4b „Um nun eine Entscheidung zu treffen, haben wir uns zu fragen, von welcher Art denn der bevorstehende Krieg ist: Ist es der Krieg einer Nation gegen eine andere? Ist es der Krieg eines Königs gegen andere Könige? Nein, es handelt sich um den Krieg aller Verfassungsgegner gegen die französische Revolution. Wer aber sind diese Feinde? Hier gibt es zwei Gruppen: die inneren und die äußeren Feinde ... Der Krieg ist die größte Geißel, die unsere Freiheit unter den gegenwärtigen Umständen bedroht ... Es handelt sich hierbei nicht um einen Krieg, der aus der Feindschaft der Völker entflammt, sondern es ist ein mit den Feinden der Revolution abgesprochener Krieg ... Man will vor allem den Adel wieder in seine Rechte einsetzen ..."
(Zit. nach: Geschichte in Quellen, Bd. 4, München 1981, S. 282 bzw. 281)

Arbeitsvorschläge und Fragen

a) Beschreibe das Bild „Nach dem Fluchtversuch". (M 2) – Was will der Künstler ausdrücken?
b) Erarbeite den politischen Standpunkt, den der Zeichner der Karikatur M 5 einnimmt.
c) Vergleiche die Wahlrechtsbestimmungen von 1791 (M 1) mit den Grundsätzen der „Menschen- und Bürgerrechte" (M 7, S. 17), die die Präambel der Verfassung bildeten.
d) Ziehe aus den Materialien M 1, 3 und 5 Folgerungen für den Bestand der Verfassung.
e) Untersuche die Stellungnahmen Brissots und Robespierres zur Kriegsfrage. (M 4a und 4b) – Gib jeweils den Standpunkt und die Begründungen an. Wie beurteilst Du die Kriegsziele?

4. Die Radikalisierung der Revolution 1793: „Revolution der Gleichheit"

1793 — Ludwig XVI. wird zum Tode verurteilt und hingerichtet (21. 1.).
Der 1. Koalitionskrieg fast aller europäischen Mächte gegen Frankreich beginnt (Februar). – Königstreue Bauern in der Vendée erheben sich gegen die Revolutionsregierung (ab März). – Mit der Verhaftung girondistischer Abgeordneter (2. 6.) beginnt die Herrschaft der radikalen Jakobiner. – Die neue republikanische Verfassung wird verkündet (24. 6.), aber wegen der allgemeinen Notsituation außer Kraft gesetzt.

Die Sansculotten – eine neue politische Kraft

Die revolutionären Volksmassen, die seit 1789 immer wieder gewaltsame Aktionen durchgeführt hatten, bestanden vorwiegend aus kleinen Handwerkern, Händlern und Arbeitern. Sie bezeichneten sich selbst mit dem von den Adligen gebrauchten Spottnamen als „*Sansculotten*" (Leute ohne Kniehose). Sie waren schon immer von der wirtschaftlichen Not besonders betroffen und haßten die „Reichen". In ihren Augen hatten die „Reichen" in der Verfassunggebenden und in der Gesetzgebenden Nationalversammlung *die Revolution „verraten"*: Die Einführung der Assignaten hatte die Wirtschaftskrise verschärft; Gesetze zur Schaffung einer freien Wirtschaftsform (März 1791) hatten sich als Vorteil für die Manufakturbesitzer, als Schaden für die „kleinen Leute“ erwiesen. Durch das Wahlrecht von 1791 waren die Sansculotten von der politischen Beteiligung ausgeschlossen; ihre politische Aktivität konzentrierten die Sansculotten daher auf die neu entstehenden *Stadtteilversammlungen* („Sektionen“) von Paris. Dort formulierten sie ihre Forderungen nach *radikaler Gleichheit*; dort erfolgte die Organisation für die *Massenaktionen* und für die Nationalgarden. In den Sektionen entstand nach den Gedanken Rousseaus eine Art von *direkter Demokratie*: Gesetzesanträge an den Konvent wurden hier vorbereitet; die jakobinischen Abgeordneten erhielten Anweisung, wie sie abzustimmen hatten.

Die Radikalisierung des Nationalkonvents

Aufgrund des allgemeinen Wahlrechts hatten sich im Nationalkonvent die politischen Kräfteverhältnisse gegenüber den Nationalversammlungen vollkommen verschoben. Die Anhänger der konstitutionellen Monarchie waren verschwunden, die Jakobiner stellten die Mehrzahl der Abgeordneten. Ihr radi-

1 Politische Gruppierungen in der Nationalversammlung

1a 1789: Verfassunggebende Nationalversammlung

Demokraten	*Konstitutionelle*	*Monarchisten*	*Aristokraten*
Interessenvertreter des Kleinbürgertums Forderung des allgemeinen Wahlrechts	Interessenvertreter der Bourgeoisie Befürworter einer konstitutionellen Monarchie	meist adlige Verteidiger der königlichen Vorrechte	Verteidiger der alten Privilegien

1b 1791: Gesetzgebende Versammlung

Jakobiner		*Unabhängige („Konstitutionalisten“)*	*„Feuillants“ (liberale Adlige und Bürger)*
radikale	*gemäßigte („Girondisten“)*		
Vertreter des Kleinbürgertums	Vertreter des mittleren und gehobenen Bürgertums	ohne klare politische Konzeption, meist für Beibehaltung der konstitutionellen Monarchie	Verteidiger der Vorherrschaft der Bourgeoisie und der Beibehaltung der konstitutionellen Monarchie
meist Republikaner			

1c 1792: Nationalkonvent

„Montagnards“ (Die Bergpartei)	*„Girondisten“*	*„Plaine“ (Die Ebene)/ „Marais“ (Der Sumpf)*
radikale Jakobiner, Vertreter der unteren Schichten	gemäßigte Vertreter des Besitzbürgertums	bürgerliche Republikaner ohne eigenes politisches Konzept

2 Das Wahlrecht nach der Verfassung von 1793

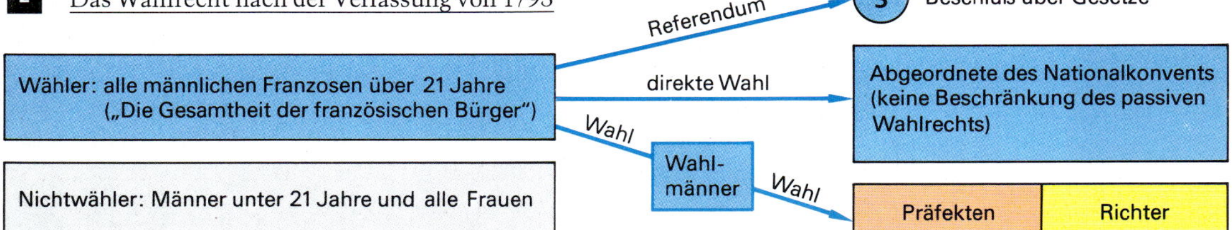

kaler Flügel unter der Führung *Robespierres* saß erhöht, daher die Bezeichnung „Bergpartei" oder „*Montagnards*". Die gemäßigten Jakobiner unter der Führung *Brissots* wurden nach der Herkunft einiger ihrer Abgeordneten aus der Gironde (Südwestfrankreich) „*Girondisten*" genannt.

Die Sitzungen des Konvents waren öffentlich; häufig mischten sich die radikalen Zuhörer lautstark in die Debatten ein und übten Druck auf die Abgeordneten aus.

Die Hinrichtung Ludwigs XVI.

Zwischen den Girondisten und den Montagnards bestanden unversöhnliche Gegensätze darüber, wie die Revolution „richtig" fortzuführen sei. Sie traten bereits Ende 1792 hervor, als der Konvent gegen Ludwig XVI. einen *Hochverratsprozeß* einleitete. Die Girondisten verzögerten die Anklageerhebung, weil sie einen erneuten Angriff der europäischen Fürsten auf die Republik befürchteten. Als aber in einem Wandfach des Schlosses Dokumente gefunden wurden, die Geheimverhandlungen Ludwigs XVI. mit dem Feind bewiesen, ließ sich der Königsprozeß nicht mehr vermeiden. Die Montagnards hatten von Anfang an das *Todesurteil* gegen den König gefordert. Nach heftigen Debatten setzten sie sich schließlich mit knapper Mehrheit durch; am 21. Januar 1793 wurde Ludwig XVI. mit der Guillotine *hingerichtet*.

Die Krise der Revolution

Im Sommer 1793 spitzten sich die Ereignisse dramatisch zu. Die Revolutionstruppen hatten die abziehende Invasionsarmee bis an den Rhein verfolgt; Worms, Mainz und Frankfurt waren besetzt worden, in Mainz war eine deutsche „*Jakobinerrepublik*" entstanden; ganz *Belgien* war erobert worden. Gegen das Vordringen des revolutionären Frankreich brachte England 1793 eine *Koalition fast aller europäischen Mächte* zusammen. In dem Krieg der Monarchien gegen die „Königsmörder" gingen in rascher Folge Belgien und das linke Rheinufer für Frankreich wieder verloren. Zur gleichen Zeit, im März 1793, erhoben sich in der *Vendée* (Westfrankreich) königstreue Bauern. Mit dem Ruf: „Es lebe König Ludwig XVII., es leben die Adligen und die Priester!" widersetzten sie sich der vom Konvent geforderten Aushebung von 300000 Soldaten und lösten einen schweren *Bürgerkrieg* aus.

3 Die Guillotine. Am 17. Januar 1793 wurde Ludwig XVI. vom Nationalkonvent zum Tode verurteilt. 20000 Zuschauer waren auf der Place de la Révolution Zeuge, als vier Tage später sein Haupt unter der Guillotine fiel. Diese Hinrichtungsmaschine war nach ihrem Erfinder, dem Arzt Guillotin, benannt. (Zeitgenössischer Stich)

Die Montagnards sahen die Gelegenheit gekommen, den Machtkampf mit den Girondisten zu beenden. Robespierre rief die Sansculotten zum Aufstand gegen die gemäßigten Abgeordneten im Konvent auf. Am 2. Juni 1793 ließen die Sanculotten, die inzwischen die Befehlsgewalt über die Pariser Nationalgarden an sich gebracht hatten, 29 führende Girondisten verhaften. Viele Girondisten flohen aus Paris. Sie wiegelten in fast allen Departements die Bevölkerung zum Kampf gegen die *Herrschaft der Radikalen* in Paris auf. Im Sommer 1793 stand die Republik kurz vor dem Zerfall.

Die Entmachtung der Girondisten

Am 24. Juni 1793 wurde die neue *republikanische Verfassung* vom Konvent verabschiedet. Sie beruhte auf dem Prinzip der Volkssouveränität, wie es Rousseau im „Gesellschaftsvertrag" gefordert hatte. Das Volk wirkte an der Gesetzgebung durch das Referendum (Volksentscheid) direkt mit. Die Gewaltenteilung zwischen Exekutive und Legislative wurde aufgehoben. Alle männlichen Franzosen waren im Wahlrecht gleichgestellt. Doch der Konvent verschob das Inkrafttreten dieser Verfassung auf zukünftige Friedenszeiten, denn zunächst war die Beseitigung der Krise das dringendste Problem. Die „Revolution der Gleichheit" endete also mit einem Sieg der Sansculotten.

Die Verfassung von 1793 tritt nicht in Kraft

Jakobiner: Mitglieder des nach seinem Tagungsort (St. Jakobskloster in Paris) genannten wichtigsten politischen Clubs in der Revolutionszeit. 1791 spalteten sich die Jakobiner in die gemäßigten *Girondisten* und die radikalen *Montagnards*. Später wurde der Begriff „Jakobiner" gebraucht, um Demokraten, Republikaner oder Radikale zu verleumden.

Nationalkonvent: Parlament in der letzten Phase der französischen Revolution (20. Sept. 1792 bis 26. Okt. 1795). Der Konvent wurde nach allgemeinem, gleichem Wahlrecht gewählt und von den Jakobinern beherrscht. Im Prozeß gegen Ludwig XVI. übernahm er die Rolle des Gerichtshofes. Die von ihm ausgearbeitete Verfassung (24. Juni 1793) enthielt auch die Festlegung sozialer Gleichheit. Sie trat aber nicht in Kraft. Während der Schreckensherrschaft vereinigte der Konvent mit seinen Ausschüssen Gesetzgebung, Regierung und Justiz in sich.

4 Die revolutionäre Situation Frankreichs 1792–1794

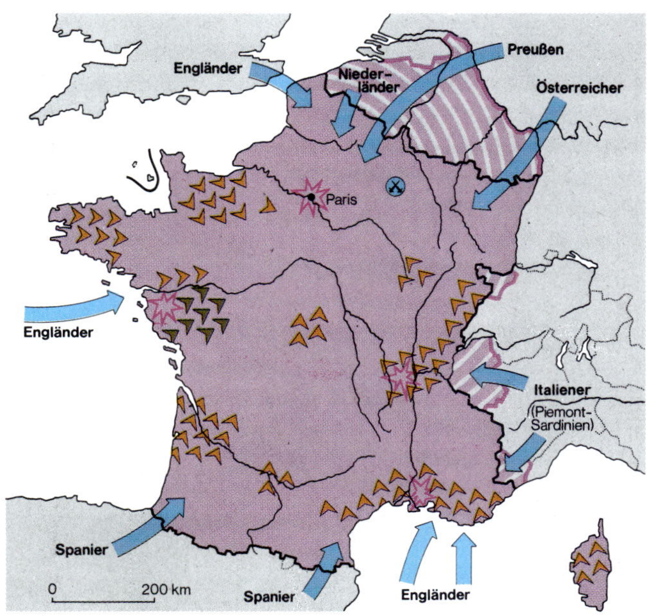

5 Die 2. Erklärung der Menschen- und Bürgerrechte

Die republikanische Verfassung von 1793 enthielt u. a. folgende Artikel:

„Art. 1. Das Ziel der Gesellschaft ist das Gemeinwohl. Aufgabe der Regierung ist es, dem Menschen den Genuß seiner unverjährbaren Naturrechte zu gewährleisten.

Art. 2. Diese Rechte sind Gleichheit, Freiheit, Sicherheit, Eigentum.

Art. 5. Alle Bürger haben in gleicher Weise Zugang zu den Beamtenstellen. Freie Völker kennen bei deren Wahl keinen anderen Vorzug als Tugenden und Begabung. …

Art. 7. Das Recht, seinen Gedanken und Meinungen durch die Presse oder auf jede andere Weise Ausdruck zu geben, das Recht, sich friedlich zu versammeln, und die freie Ausübung von Gottesdiensten können nicht untersagt werden. …

Art. 19. Niemand kann ohne seine Einwilligung des geringsten Teils seines Besitzes beraubt werden, wenn es keine öffentliche … Notwendigkeit erfordert und unter der Bedingung einer gerechten … Entschädigung.

Art. 21. Die öffentliche Unterstützung ist eine heilige Schuld. Die Gesellschaft muß für den Unterhalt der unglücklichen Bürger sorgen …

Art. 35. Wenn die Regierung die Rechte des Volkes verletzt, ist für das Volk und jeden Teil des Volkes der Aufstand das heiligste seiner Rechte und die unerläßlichste seiner Pflichten."

(I. und P. Hartig, Die Französische Revolution, Stuttgart 1984, S. 86ff.)

6 Großkaufleute und Sansculotten

Jacques René Hébert, einer der Fürsprecher der Sansculotten, gehörte zu der radikalen Gruppe der „Enragés" (Die Rasenden). In Nr. 279 der Zeitung „Père Duchesne" (September 1793) schrieb er:

„Das Vaterland, verdammt noch mal: die Großkaufleute haben keins. Solange sie glaubten, daß ihnen die Revolution von Nutzen sei, waren sie mit von der Partie. Sie haben den Sansculotten die Hand gereicht, um Adel und Parlamente zu vernichten. Das war aber, um sich selber an die Stelle der Aristokraten zu setzen. Seit es nun keine Aktivbürger mehr gibt, seit der ärmste Sansculotte über die gleichen Rechte verfügt wie der reichste Steuereinnehmer, haben alle diese Scheißkerle ihre Kittel gewendet und setzen Gott und die Welt in Bewegung, um die Republik zu zerstören. Sie haben alle Nahrungsmittel, alle Bedarfsgüter gehortet, um sie uns zum Gewicht des Goldes zurückzuverkaufen oder uns die Hungersnot zu bringen."

(Zit. nach: W. Markov, A. Soboul, 1789. Die Große Revolution der Franzosen, Berlin 1973, S. 303)

7 Sansculotte. Im Gegensatz zu den Adligen trugen die Männer des einfachen Volkes lange Hosen (pantalons). Daher erklärt sich ihr Name: „sans culotte" (ohne Kniehosen). (Anonymer Stich von 1792)

Die Sansculotten waren – gemäß der Verfassung von 1791 – Passivbürger (vgl. M 1, S. 18) und forderten das Recht auf politische Mitsprache. Ihr Sammelpunkt waren die Sektionsversammlungen in Paris. Während der radikalen Phase der Revolution (ab August 1792) setzten die Sansculotten die politischen Gremien immer wieder unter massiven Druck. So forderte eine sansculottische Abordnung angesichts der Teuerung des Brots vor dem Konvent am 12. Februar 1793: „Es genügt nicht, wenn ihr erklärt habt, daß wir französische Republikaner sind; das Volk muß zufrieden sein; es muß Brot haben; denn wenn kein Brot mehr da ist, gibt es auch keine Gesetze mehr, keine Freiheit und auch keine Republik!"

8 Die Kontroverse zwischen Girondisten und Montagnards

8a Pierre Vergniaud, führender Girondist, hielt im April 1793 im Konvent eine Rede zur Verteidigung der girondistischen Politik:

„Robespierre klagt uns an, wir seien plötzlich zu Gemäßigten ... geworden. Wir, Gemäßigte? ... Nein, ich bin es nicht in dem Sinne, daß ich die nationalen Energien ersticken möchte ... Aber wenn man sich unter dem Vorwand der Revolution, um als Patriot zu erscheinen, zum Schutzherrn von Mord und Raub erklären muß, dann bin ich ein Gemäßigter! Seit der Abschaffung des Königtums habe ich viel von Revolution reden hören. Ich habe mir gesagt, es sind nur noch zwei möglich: Die Revolution der Besitzverhältnisse ... und die andere, die uns zum Despotismus zurückführen würde. Ich habe mich verpflichtet, gegen die eine und gegen die andere zu kämpfen. Ich habe auch viel davon reden hören, daß man das Volk zum Aufstand bringen müsse, und darüber habe ich ... gestöhnt ... Was kann das Ziel des Aufstands sein? Die Ausübung der Souveränität, die doch der Volksvertretung anvertraut ist ... zu verlagern. Also wollen die, die von Aufstand sprechen, die Volksvertretung vernichten, d.h. sie wollen die Ausübung der Souveränität einer kleinen Anzahl von Menschen oder einem einzigen Bürger übertragen ... Und wenn man ihnen zustimmen muß,um als Patriot zu gelten, oder als Gemäßigter gilt, wenn man sie bekämpft, dann bin ich ein Gemäßigter ..."

(Le Moniteur XVI, S. 118ff., zit. nach: I. und P. Hartig, a.a.O., S. 85f.)

8b Maximilien Robespierre, der Wortführer der Montagnards, schrieb im Mai 1793 seine Erwiderung:

„Es darf nur ein einziger Wille bestehen. Er muß republikanisch oder royalistisch sein. Damit er republikanisch ist, braucht man republikanische Minister, republikanische Zeitungen, republikanische Abgeordnete, eine republikanische Regierung. Die inneren Gefahren kommen von den besitzenden Bürgern, den Bourgeois; um die Bourgeois zu besiegen, muß man das Volk zusammenschließen. Alles war schon vorbereitet, um das Volk unter das Joch der Bourgeois zu beugen und die Verteidiger der Republik auf dem Schafott umzubringen. Sie haben in Marseille, Bordeaux und Lyon triumphiert ... Das Volk muß sich mit dem Konvent verbünden, und der Konvent muß sich des Volkes bedienen ... Man muß den Sansculotten Waffen verschaffen, sie in Wut versetzen, sie aufklären; mit allen nur möglichen Mitteln muß man ihre republikanische Begeisterung steigern."

(A. Mathiez, La Révolution française, Bd. 3, S. 4; übers. v. P. Hartig)

Arbeitsvorschläge und Fragen

a) Vergleiche die „2. Erklärung der Menschen- und Bürgerrechte" (M 5) mit der ersten von 1789. (M 7, S. 17) – Versuche, Gemeinsamkeiten und Unterschiede zu erklären. (z.B. auch mit M 2)

b) Beschreibe die politische Kräfteverteilung in den verschiedenen Parlamenten der Revolution. (M 1) – Welche Bedeutung hatten die Wahlrechtsbestimmungen? (M 2; M 1, S. 18)

c) Erarbeite „typische" Grundsätze verschiedener revolutionärer Gruppen. (M 6, 8a und 8b) – Achte vor allem auf die Begründungen, aber auch auf die Sprache der Verfasser. Untersuche den Zusammenhang zwischen „Gleichheit" und „Unfreiheit".

d) Beschreibe die revolutionäre Situation Frankreichs 1792–1794. (M 4) – Überlege, wie sich diese Situation zusammen mit anderen Faktoren (z.B. M 1 und 8) auf die Revolution auswirken konnte.

5. Die Herrschaft des Schreckens

1793	Mit dem Wohlfahrtsausschuß wird im April eine revolutionäre Notstandsregierung gebildet, die im Oktober diktatorische Vollmachten erhält.
	Das allgemeine Volksaufgebot („Levée en masse", 23. 8.) schafft die Grundlage für die militärische Mobilisierung der ganzen Nation.
	Das „Gesetz über die Verdächtigen" (17. 9.): Beginn der Schreckensherrschaft.
1794	Robespierre schaltet die Gegner seiner Notstandsdiktatur aus (März/April).
	Der Sieg über die Österreicher bei Fleurus (Belgien, 26. 6.) bringt endgültig die militärische Wende.
	9. Thermidor (27. 7.): Robespierre und seine Anhänger werden verhaftet; die Schreckensherrschaft geht zu Ende.
1795	Der Konvent verabschiedet die Direktorial-Verfassung.

Der Wohlfahrtsausschuß

Obwohl die Verfassung ausgesetzt war, blieb der Konvent als Verfassungsorgan bestehen. Um den Kampf gegen den äußeren und den inneren Feind wirksam zu organisieren, wurden im Frühjahr 1793 vom Konvent verschiedene Ausschüsse gebildet. Der wichtigste war der *Wohlfahrtsausschuß*. Er setzte sich aus neun vom Konvent gewählten Vertretern zusammen. Seine Beschlüsse, besonders die zur allgemeinen Verteidigung, mußten unverzüglich ausgeführt werden. Am 10. Oktober erhielt der Wohlfahrtsausschuß *diktatorische Vollmachten*: Alle politischen und militärischen Gremien wurden seiner Überwachung unterstellt.

Damit war das Prinzip der *Gewaltenteilung beseitigt*: Der Konvent erließ die Gesetze. Die Ausschüsse überwachten die Ausführung der Gesetze mit Hilfe politischer Kommissare, die absolute Vollmachten auch in den Departements erhielten. Neu geschaffene *Revolutionsgerichte* in Paris und in den Departements unterstanden direkt dem Konvent.

Der wirkliche Herrscher über Frankreich aber wurde für einige Monate *Robespierre*. Er besaß in dieser Zeit die *unangefochtene Führerstellung* im Wohl-

1 Das Revolutionstribunal. Das Revolutionstribunal wurde am 10. März 1793 errichtet. Es war ein Sondergerichtshof ohne jede Berufungs- und Revisionsmöglichkeit. Der Mann auf der Bank vor dem Tisch trägt die typische Bekleidung der Sansculotten. (Wasserfarbenmalerei von Le Sueur)

fahrtsausschuß und im Konvent; sein Name und die Guillotine wurden zum Symbol der Schreckensherrschaft.

Der „Terror auf der Tagesordnung"

Grundlage für die Arbeit der Revolutionstribunale und der Guillotine bildeten zahlreiche Gesetze, die der Wohlfahrtsausschuß – häufig unterstützt von demonstrierenden Sansculotten – im Konvent durchbrachte:

- Das *allgemeine Volksaufgebot* („Levée en masse") sollte die Verteidigung der Nation gegen die Koalitionsarmeen ermöglichen.
- Die Versorgung der Armeen mit Ausrüstung und Verpflegung sollte durch *wirtschaftliche Zwangsgesetze* gesichert werden.
- Weitere wirtschaftliche Zwangsmaßnahmen sollten die Versorgung der Bevölkerung sicherstellen, konnten aber einen blühenden Schwarzmarkt nicht verhindern.
- Ein „Gesetz über die Verdächtigen" sollte alle „Verräter" beseitigen helfen. Jeder Franzose mußte befürchten, bei einem Verstoß gegen diese Gesetze oder auch nur bei dem Verdacht „unpatriotischer" Gesinnung von der Geheimpolizei verhaftet und auf die Guillotine gebracht zu werden. Der Terror war „auf der Tagesordnung", wie es die Sektionen gefordert hatten.

Erste Erfolge der Schreckensregierung

Die ersten *Erfolge der Konzentration aller Kräfte* durch die revolutionäre Diktatur zeigten sich im Spätherbst 1793. Dank der „Levée en masse", der erhöhten Waffenproduktion in staatlichen Fabriken und der Sicherung der Versorgung der Truppen gelang es, den *Aufstand in der Vendée* und die *girondistischen Rebellionen* in den Provinzstädten blutig niederzuwerfen. Gleichzeitig drängten die von nationaler Begeisterung getragenen Volksheere an allen Fronten die feindlichen Armeen zurück.

„Die Revolution frißt ihre Kinder"

Als die Bedrohung der Republik nachließ, brach der Zusammenhalt der Revolutionäre auseinander: Die radikalen *Anhänger Héberts* (s. M 6, S. 26) forderten eine Verschärfung des Terrors, besonders gegen diejenigen, die gegen die wirtschaftlichen Zwangsgesetze verstießen; die *Gemäßigten um Danton* wandten sich gegen die Fortführung der Schreckensherrschaft, da die Bedrohung der Republik überwunden sei. *Robespierres* Position im Wohlfahrtsausschuß war von beiden Gruppen bedroht. Er ging daher mit äußerster Härte gegen sie vor. Im März und April wurden ihre Führer guillotiniert.

Robespierre wollte den endgültigen Sieg über die „Feinde der Republik" erringen und strebte offenbar eine *Alleinherrschaft* an. Dazu mußten die Sansculotten als eigenständige politische Kraft ausgeschaltet werden. Am 10. Juni 1794 wurden Verteidigung und Voruntersuchung bei Prozessen abgeschafft. Das Revolutionstribunal hatte nur noch die Wahl zwischen *Freispruch* und *Todesurteil*. Jetzt wurden vor allem Sansculotten Opfer des Terrors.

Aus Angst um das eigene Überleben sammelten sich die Gegner Robespierres zu entschlossenem Widerstand: Am 9. Thermidor des Jahres II (27. 7. 1794) klagte eine Gruppe von Verschwörern – überlebende Girondisten, Hébertisten und Dantonisten – Robespierre der Tyrannei an und ließ ihn und 21 seiner engsten Mitarbeiter verhaften. Ohne Prozeß wurden sie am folgenden Tag unter dem Jubel der Volksmenge *hingerichtet*. Die *Schreckensherrschaft* war *beendet*. Sie hatte insgesamt ca. 40000 Opfer gefordert.

Das Direktorium

Um Ruhe, Rechtssicherheit und Ordnung wieder herzustellen, verabschiedete der Konvent 1795 die Direktorial-Verfassung. Die Staatsgewalten wurden streng getrennt. Ein Kollegium von *fünf Direktoren* hatte die *Exekutive* inne. *Zwei Kammern*, der Rat der Alten und der Rat der 500, übten die *Legislative* aus. Das Wahlrecht wurde wieder auf die Besitzenden beschränkt. Die Schreckenszeit endete mit dem Sieg des wohlhabenden Bürgertums.

2 Robespierre – ein Ungeheuer?

Robespierre riß seine Zeitgenossen zu Bewunderung und Haß hin. In einer deutschen politischen Zeitschrift konnte man nach dem Sturz Robespierres folgendes Urteil über ihn lesen:

„Welch ein empörendes Gemälde stellt ... die fränkische [= französische] Republik in ihrem Innern vor uns auf ... Ein Ungeheuer, genannt Robespierre, lange hinter dichten Schleiern einer ... planmäßigen Heuchelei verhüllt, auf den Schwingen der Volksgunst ... immer schmeichelnder emporgehoben, doch immer nur unter dem bescheidenen Namen Bürger, erhält ... die Allgewalt eines Gottes, die er mit der Wut eines Teufels übt ... Und [dieser] Mensch, der ein ganzes großes, kühnes, republikanisches Volk am Zügel der unbändigsten Tyrannei lenkt, ist ... nicht ein Mann von außerordentlichem Geiste, ein Caesar oder Cromwell, nein, es ist ein Mensch von sehr beschränktem Ideenkreise, dem im Laufe der fränkischen Revolution ... unablässig ein Dämon von Popularität, von ... fester, nie ein Moment ihr Ziel verlierender Beharrlichkeit, von Entäußerung aller Gefühle des Menschen zur Seite stand ..."

(In heutiger Orthographie aus „Europäische Annalen", Jahrgang 1795, 1. Band, von D. Ernst Posselt, Tübingen, Cottaische Buchhandlung, 1795, S. 6, 7, 8)

3 Robespierre über den Terror

Am 5. Februar 1794 hielt Robespierre vor dem Konvent eine programmatische Rede zur Rechtfertigung der Schreckensherrschaft:

„Welches Ziel also streben wir an? Den friedlichen Genuß der Freiheit und Gleichheit ... Wir wollen eine Ordnung der Dinge, in der alle niederen und grausamen Leidenschaften unbekannt sind, wo aber zu allen wohltätigen und großherzigen Leidenschaften gesetzlich aufgefordert wird, ... wo Unterschiede nur aus der Gleichheit selbst hervorgehen, wo der Bürger der Obrigkeit, die Obrigkeit dem Volke und das Volk der Gerechtigkeit unterworfen ist, wo das Vaterland das Wohlergehen eines jeden einzelnen sichert, ... wo der Handel die Quelle des öffentlichen Reichtums bildet, und nicht nur des ungeheuren Überflusses einiger weniger Familien ...

Welche Regierungsform kann solche Leistungen überhaupt hervorbringen? Einzig und allein eine demokratische oder republikanische, denn diese beiden Begriffe bedeuten dasselbe ...

Das Grundprinzip der demokratischen oder Volksregierung bzw. ihre wesentliche Triebfeder ... ist die Tugend. Ich meine hier die öffentliche Tugend ...; eine Tugend nämlich, die nichts anderes als die Liebe zum Vaterland und seinen Gesetzen ist ...

Hier könnte die Darlegung meiner Grundsätze enden, wenn das Schiff der Republik in ruhigem Wasser gleiten könnte, doch der Sturm grollt und der Stand der Revolution legt euch eine andere Aufgabe auf ...

Wenn die Aufgabe der Volksregierung im Frieden die Tugend ist, so ist die Triebkraft der Volksregierung in der Revolution die Tugend und der Terror. Ohne Tugend ist der Terror verheerend, und die Tugend ist ohne den Terror machtlos. Der Terror ist nichts anderes als ein schnelles, strenges und unerbittliches Gericht ... Er ist nicht als besonderes Prinzip zu sehen, sondern als eine Folge des allgemeinen Prinzips der Demokratie, angewendet auf die dringendsten Bedürfnisse des Vaterlands ...

Bezwingt die Feinde der Freiheit durch Terror, und ihr habt recht ... Die Revolutionsregierung ist der Despotismus der Freiheit gegen die Tyrannis ..."

(Zit. nach: Geschichte in Quellen, Bd. 4, S. 392 f.)

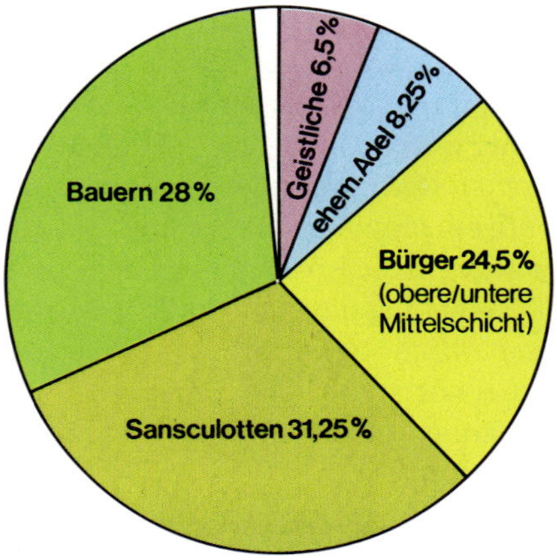

4 Die Opfer des Terrors nach Bevölkerungsgruppen. – Die Gesamtzahl der Hingerichteten wird auf ca. 40000 Personen geschätzt.

5 Die „Levée en masse"

Als im Sommer 1793 eine deutliche Verschlechterung der inneren und äußeren Lage der Republik eintrat, verabschiedete der Konvent das Dekret vom 23. August 1793:

„Vom heutigen Tage an bis zu dem Tage, an dem die Feinde vom Boden der Französischen Republik vertrieben sein werden, sind alle Franzosen dauernd zum Wehrdienst verpflichtet. Die jungen Männer ziehen in den Kampf; die Verheirateten schmieden Waffen und tragen Lebensmittel herbei; die Frauen fertigen Zelte und Kleider und dienen in den Lazaretten; die Kinder zerreißen altes Leinen zu Verbandsstoff; die Greise lassen sich auf die öffentlichen Plätze tragen, um den Mut der Krieger anzuspornen, sie mit Haß gegen die Könige und Liebe zur Einheit der Republik zu erfüllen.

Niemand kann sich in dem Dienst, zu dem er eingezogen wird, vertreten lassen. Die Aushebung wird allgemein sein; die Bürger, die nicht verheiratet sind, sowie kinderlose Witwer im Alter von 18 bis 25 Jahren werden zuerst marschieren …"

(Histoire parlementaire XXVIII, S. 469f.; I. u. P. Hartig, Die Französische Revolution, Stuttgart 1984, S. 94f.)

6 Das „Gesetz über die Verdächtigen"

In seiner Revolutionszeitung „Le Vieux Cordelier" schilderte der Herausgeber Camille Desmoulins, ein führendes Mitglied des Jakobinerklubs, die Zustände unter den römischen Kaisern, meinte aber die Herrschaft Robespierres:

„Zu jener Zeit wurden Worte zu Staatsverbrechen; von da an bedurfte es nur noch eines Schrittes, um bloße Seufzer und Blicke in Verbrechen zu verwandeln … Alles erregte Argwohn beim Tyrannen. Genoß ein Bürger die Volksgunst? Er war ein Nebenbuhler des Fürsten. Verdächtig. – Mied er dagegen die Volksgunst und blieb am Kamine sitzen? Dieses zurückgezogene Leben zeigte, daß er politisch gleichgültig war. Verdächtig. – War einer reich? Das Volk konnte durch seine Spenden verführt werden. Verdächtig. – War einer arm? Niemand ist so unternehmend wie der Besitzlose. Verdächtig. – War einer von düsterem, melancholischem Wesen? Es betrübte ihn, daß es um die öffentlichen Angelegenheiten gut stand. Verdächtig. – Machte sich einer gute Tage und verdarb sich den Magen? Es geschah aus Freude, weil der Fürst sich nicht wohl befand. Verdächtig … – War einer Philosoph, Redner, Dichter? Er wollte einen größeren Ruf haben als die Regierung. Verdächtig. – War einer siegreich als Feldherr? Er war um so gefährlicher durch sein Talent … Verdächtig, verdächtig, verdächtig."

(„Le Vieux Cordelier", Nr. 3, 1794. Nach: E. Friedell, Kulturgeschichte der Neuzeit, München 1928, S. 856f.)

7 Führende Revolutionäre:

Maximilien de Robespierre (1758–1794), Sohn eines Rechtsanwalts in Arras; 1781 Anwalt in Arras; wurde bekannt als Anwalt der Armen und klagte die Privilegierten des Absolutismus und die Willkürjustiz an; verfaßte 1789 das „cahier de doléance" für die Flickschuster von Arras und wurde zum Deputierten des Dritten Standes des Artois gewählt. Er war Mitglied der Generalstände, aller Nationalversammlungen und schon früh der Wortführer im Jakobinerklub. An der Spitze der Montagnards beherrschte er den Konvent. Mit gnadenloser Konsequenz versuchte der „Unbestechliche", seine Ideen von einer Republik gleicher und „tugendhafter" Bürger nach dem Vorbild Rousseaus zu verwirk-

8 Maximilien Robespierre (Zeitgenössisches Gemälde, anonym)

lichen. Das Bild M 8 zeigt ihn in der Kleidung und Haartracht des Ancien régime, die er bis zu seiner Hinrichtung beibehielt. Obwohl er äußerlich kein Revolutionär und Sansculotte war, wurde er von diesen bis zu seinem Tode verehrt; in ihm schien ihnen die Idee der Gleichheit verkörpert zu sein (s. S. 22, M 4 b).

Jacques-Pierre Brissot (1754–1793), Sohn eines Speisewirts in Chartres; studierte die Rechte; gab 1776 die juristische Laufbahn auf, um Journalist zu werden; wurde der erste Journalist der Französischen Revolution, als er am 6. Mai 1789 die erste Nummer seiner Zeitung „Le patriote français" herausgab; einer der führenden Girondisten (s. S. 21, M 4 a).

Camille Desmoulins (1760–1794), Rechtsanwalt; Jugendfreund Robespierres; Anstifter des Sturms auf die Bastille am 14. Juli 1789; erfolgreicher Herausgeber der Zeitung „Les Révolutions de France et de Brabant" (s. M 6).

Paul Marat (1743–1793), Sohn eines ehemaligen Priesters; studierte 1762–1765 Medizin und wurde Arzt; zugleich als politischer Schriftsteller Vertreter republikanischer Forderungen; mit der allein von ihm bestrittenen Zeitung „L'Ami du Peuple" einflußreicher Journalist.

Emmanuel-Joseph Sieyès (1748–1836), Sohn eines Beamten der unteren Justizverwaltung; studierte Theologie an der Sorbonne; 1775 Kanonikus; befaßte sich vor allem mit Philosophie und Staatstheorie; trat als Vorkämpfer für Reformen schon vor 1789 auf; Verfasser der für die Wahlen zu den Generalständen grundlegenden Kampfschrift „Was ist der Dritte Stand?" (s. S. 16, M 5).

Pierre-Victorien Vergniaud (1753–1793), Sohn eines Kaufmanns in Limoges; 1781 Rechtsanwalt in Bordeaux; führender Girondist und hervorragender Redner (s. S. 27, M 8 a).

(Alle diese Revolutionäre – mit Ausnahme von Sieyès – wurden im Laufe der Revolution hingerichtet bzw. ermordet [Marat].)

Arbeitsvorschläge und Fragen

a) Stelle die Argumente zusammen, mit denen Robespierre den Terror rechtfertigt. (M 3) – Achte auf die Schlüsselbegriffe, die er verwendet, und überlege, wie sie zueinander passen.

b) Fasse den Inhalt der Materialien M 1, 5 und 6 zusammen und ordne sie Robespierres Gedanken (M 3) zu.

c) Gib mit eigenen Worten wieder, wie der Verfasser von Text M 2 Robespierres Charakter, die Gründe für seinen Aufstieg und die Form seiner Herrschaft beschreibt und beurteilt. Versuche, mit Hilfe der Materialien M 3, 6 und 7 Dir eine eigene Meinung zu bilden.

d) Untersuche die Lebensläufe führender Revolutionäre. (M 7) – Ordne die Personen nach sozialer Herkunft und politischer Einstellung. Kann man sagen, die Revolution sei „vom Bürgertum" gemacht worden?

e) Diskutiere die Übersicht über die Opfer des Terrors. (M 4) – Wie erklärst Du Dir die prozentuale Verteilung?

6. „Die Revolution ist beendet.“

1795	Der junge Brigadegeneral Bonaparte läßt in den Straßen von Paris einen Aufstand der Royalisten (Königsanhänger) mit Kanonen zusammenschießen.
1799	Nach dem Sturz des Direktoriums wird **Napoleon Erster Konsul.**
1804	Durch Volksabstimmung läßt sich Napoleon sein Kaisertum bestätigen.

6.1 Napoleon errichtet in Frankreich sein Kaisertum

Das Direktorium ist regierungsunfähig

Auch der Sturz Robespierres brachte den Franzosen nicht den ersehnten inneren und äußeren Frieden. In *Italien* dauerten die Kämpfe zwischen französischen und österreichischen Truppen an, englische Schiffe blockierten weiterhin die französischen Häfen. Die *Wirtschaftskrise* konnte nicht bewältigt werden. Unter diesen Voraussetzungen fand die neue Staatsform kaum Anhänger; Aufstände und Staatsstreichversuche überlebender radikaler Jakobiner und zurückgekehrter Emigranten konnten nur mit Mühe unterdrückt werden.

Das Direktorium wird von der Armee abhängig

Besonders folgenreich war ein Putschversuch der Royalisten (Königsanhänger) am 5. Oktober 1795. Nur Truppeneinheiten unter dem Kommando des jungen *Revolutionsgenerals Bonaparte* verhinderten eine Wiederherstellung der Monarchie unter dem Bruder Ludwigs XVI. Das Direktorium wurde so von der Armee und dem ehrgeizigen General Bonaparte abhängig.

Napoleon Bonaparte war durch militärische Tüchtigkeit und gute Beziehungen zu den Revolutionsregierungen bereits mit 24 Jahren General geworden. Nach seinem Sieg über die Royalisten ließ er sich das Kommando über die französischen Truppen in *Italien* übertragen. Er verstand es, die Soldaten zu begeistern und zu höchsten Leistungen anzuspornen. Nach mehreren *Siegen über die Österreicher* mußte der Kaiser im Frieden von Campo Formio (1797) alle Gebiete links des Rheins an Frankreich abtreten; bis 1799 wurden die Niederlande, die Schweiz und die meisten Fürstentümer Italiens in revolutionäre *„Tochterrepubliken“* Frankreichs umgewandelt.

Bonaparte stürzt das Direktorium

1798 brachte die englische Regierung eine *zweite Koalition* gegen Frankreich zustande; russische und österreichische Truppen fügten den französischen Heeren in Italien schwere Verluste zu. Bonaparte war zu diesem Zeitpunkt Kommandeur eines Expeditionskorps in Ägypten, mit dem die englische Machtstellung vom Mittelmerer aus gebrochen werden sollte. Da die englische Marine die französische Transportflotte vernichtet hatte, begab sich Bonaparte mit kleiner Begleitung auf dem Landweg über Syrien nach Paris zurück. Die Bevölkerung sah in ihm den *Retter aus der Gefahr*, Gegner des Direktoriums forderten ihn zum *Staatsstreich* auf. Truppen unter dem Kommando eines Bruders Napoleons führten am 18. Brumaire (9. November) 1799 den Umsturz durch.

Bonaparte wird Erster Konsul

Drei „Konsuln“ übernahmen die Staatsführung, doch die wirkliche Macht lag in den Händen des *Ersten Konsuls*, Bonaparte, der zunächst auf 10 Jahre in sein Amt gewählt wurde. Die neue Verfassung wurde nachträglich durch eine Volksabstimmung mit über 3 Millionen Ja-Stimmen gutgeheißen; nur 1562 Wähler hatten mit „Nein“ gestimmt. 1802 ließ sich Bonaparte, wiederum durch eine Volksabstimmung, als *Konsul auf Lebenszeit* bestätigen. Damit hatte er eine *Alleinherrschaft* in Frankreich errichtet.

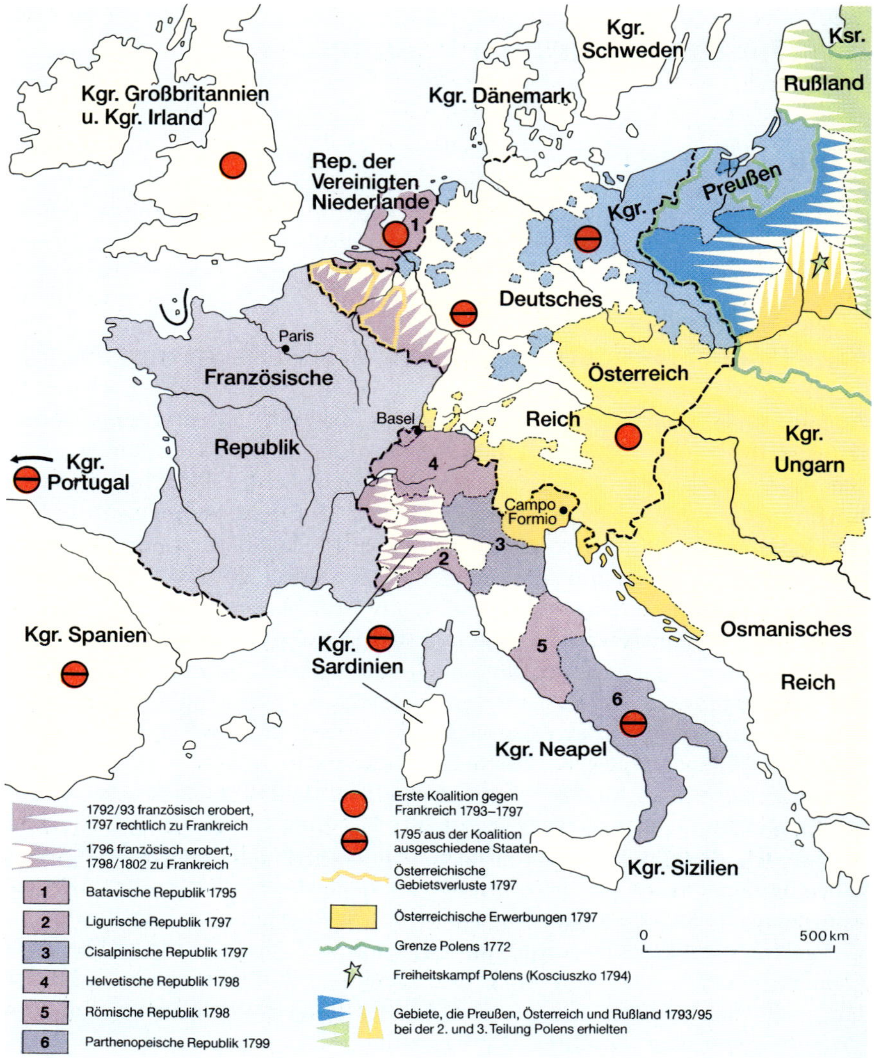

1 Die französische Republik und ihre Gegner. Eroberungen und Tochterrepubliken 1792–1799

Bonaparte „versöhnt" die Franzosen mit seiner Alleinherrschaft

Das Konsulat war jedoch keine Militärdiktatur, Bonapartes Erfolge bei den Volksabstimmungen beruhten nicht lediglich auf Wahlmanipulation. Vielmehr gelang es ihm, die Mehrheit der Bevölkerung mit seinem Herrschaftssystem zu versöhnen: Die revolutionäre *Neuverteilung des Grundbesitzes* blieb erhalten; persönliche *Freiheit* und rechtliche *Gleichheit* wurden ebenso wie *Wirtschaftsfreiheit* durch ein einheitliches Gesetzgebungswerk (*Code Napoléon*, 1804) garantiert. Dadurch gewann er das Bürgertum für sich. Die Masse der „kleinen Leute" begeisterte er durch seine anhaltenden militärischen Erfolge; ein rasch einsetzendes *Wirtschaftswachstum* brachte ihnen ein Ende ihrer Not. Die Opposition der Kirche wurde durch ein *Konkordat* mit dem Papst beseitigt (1801). Seit 1802 durften sogar die *Emigranten* zurückkehren. Sie konnten teilweise ihre früheren Güter zurückkaufen, vor allem aber im Dienste Bonapartes hohe Posten in Armee und Verwaltung einnehmen und damit wieder zu den Spitzen der Gesellschaft gehören.

Die „Stützen" der Alleinherrschaft

Die *Konsulatsverfassung* ließ zwar zahlreiche parlamentarische Körperschaften in Paris, den Departements, Bezirken und Gemeinden zu. Ihre Mitglieder aber wurden nach einem hohen *Zensuswahlrecht* gewählt oder von Bonaparte persönlich bestimmt, eine parlamentarische Opposition war also nicht möglich. Vor allem aber hatte sich Bonaparte die *alleinige Verfügungsgewalt* über Militär, Gesetzgebung, Verwaltung und Justiz vorbehalten: Alle Gesetze wurden in Wirklichkeit vom Ersten Konsul bestimmt; er ernannte sämtliche Minister, Richter und Beamte bis hin zu den Bürgermeistern. Die Departementsorganisation gab ihm die Möglichkeit, eine straff *zentralisierte Verwaltung* aufzubauen. Eine *Geheimpolizei* und eine scharfe *Pressezensur* verhinderten jeden Ansatz zu einer Opposition.

Doch diese „Stützen" seiner Macht waren nur so lange tragfähig, wie Bonaparte genügend persönliches Ansehen besaß, um seinen Willen durchzusetzen. Er mußte ständig erfolgreich sein, um sein Prestige zu erhalten. Dieser „Zwang zum Erfolg" machte ihn, wie er selbst sagte, zu einem „*Sohn des Glücks*".

Bonaparte wird Kaiser Napoleon I.

Bereits seit 1799 wohnte Bonaparte in den Tuilerien, seine „königliche" Herrschaft war kaum noch verschleiert. 1804 wandelte er Frankreich in ein *Erbkaisertum* („*Empire*") um, ließ sich dies erneut in einer Volksabstimmung bestätigen, und setzte sich selbst und seiner Frau in Anwesenheit des Papstes in der Kirche Notre-Dame die Kaiserkrone aufs Haupt. Er richtete eine glanzvolle Hofhaltung ein und ernannte eine neue Aristokratie, die allerdings nicht auf Geburt, sondern auf Leistung im Dienste des Kaisers beruhte. Die äußerliche Gleichstellung mit den alten Monarchien Europas erreichte Napoleon 1810. Nach der Unterwerfung halb Europas ließ er sich von seiner Frau scheiden und heiratete die Tochter des österreichischen Kaisers.

Empire (von lat. imperium = Reich, vgl. frz. empereur von lat. imperator = Kaiser): Der Begriff bezeichnet zugleich das Kaiserreich Napoleons und den Mode- und Kunststil der Zeit, der sich an die Formensprache der Antike anlehnte. Von der Baukunst dieser Zeit *(Klassizismus)* sind auch in Deutschland viele Zeugnisse erhalten (z.B. das Brandenburger Tor in Berlin, die evangelische Stadtkirche in Karlsruhe, das Schloß Rosenstein in Stuttgart).

2 Stationen auf dem Lebensweg Napoleon Bonapartes

1769 Bonaparte wird als Sohn eines Advokaten in Ajaccio/Korsika geboren.

1793 Er steigt zum Brigadegeneral der Revolution auf.

Bis 1797 Seine Siege stützen das Direktorium.

1799 Durch einen Staatsstreich wird er Erster Konsul.

1802 Durch Volksabstimmung wird er „Konsul auf Lebenszeit".

1804 Eine erneute Volksabstimmung bestätigt ihn als „Kaiser der Franzosen" und begründet eine Erbmonarchie.

Bis 1810 Napoleon unterwirft Europa von Gibraltar bis zur Elbe.

1810 Heirat mit der österreichischen Kaisertochter Marie-Louise.

1814 Napoleons Sturz. Er erhält Elba als Fürstentum.

1815 Rückkehr nach Paris, „Herrschaft der hundert Tage"; nach der Niederlage von Waterloo: Verbannung nach St. Helena.

1821 (5. Mai) Tod. – Heute Gruft im Invalidendom/Paris.

3 Der Revolutionsgeneral Bonaparte

3a Vier Wochen, nachdem Bonaparte die Italienarmee unter seinen Befehl genommen hatte, erließ er folgenden Aufruf an seine Soldaten (Mailand, 26. April 1796):

„Soldaten, in vierzehn Tagen habt Ihr 10 Siege

davongetragen, 21 Fahnen, 55 Kanonen, mehrere befestigte Orte gewonnen, den reichsten Teil von Piemont erobert; Ihr habt 15000 Gefangene gemacht, an die 10000 Mann getötet oder verwundet.
Bisher hattet Ihr um kahle Felsen gekämpft. Erst bar aller Mittel, seid Ihr jetzt mit allem versorgt. Ihr habt Schlachten ohne Kanonen gewonnen, Flüsse ohne Brücken überquert, Gewaltmärsche ohne Schuhe zurückgelegt, ohne Schnaps und oft ohne Brot biwakiert. Nur die republikanischen Heerscharen, die Soldaten der Freiheit, waren fähig, das zu erdulden, was Ihr erduldet habt.
Aber, Soldaten, ... Ihr müßt noch Schlachten schlagen, Städte einnehmen, Flüsse überqueren. ... Ihr alle wollt ... mit Stolz sagen können: ‚Ich gehörte zu der Eroberungsarmee Italiens!'

4 Napoleon (Unvollendetes Gemälde von J. L. David).

Freunde, ich verspreche Euch diese Eroberung; aber Ihr müßt schwören ..., die Völker, die Ihr befreit, zu achten ... Plünderer werden unerbittlich erschossen werden.
Völker Italiens, die französische Armee kommt um Eure Ketten zu zerbrechen; das französische Volk ist Freund aller Völker. ... Euer Eigentum, Eure Religion, Eure Sitten werden geachtet werden. ... Unser Haß gilt nur den Tyrannen, die Euch knechten."
(Übers. v. P. Hartig. Frz. Text in: O. Aubry, Napoleon als Schriftsteller, Freudenstadt 1948, S. 51)

3b Ein Jahr später, während der Friedensverhandlungen mit Österreich, äußerte sich Bonaparte vertraulich gegenüber Miot de Melito, dem französischen Gesandten in der Toscana (1. Juni 1797):
„Glauben Sie, daß ich in Italien Siege erfechte, um damit das Ansehen ... des Direktoriums zu erhöhen ...? Glauben Sie vielleicht, daß ich eine Republik begründen will? ... Was sie [die Franzosen] brauchen, ist Ruhm, die Befriedigung ihrer Eitelkeit, aber von der Freiheit verstehen sie nichts. Blicken Sie auf die Armee! ... Für die französischen Soldaten bin ich alles. ... Die Nation braucht einen Führer, ... aber keine Theorien über Regierung, ... Ich bin am Frieden nicht interessiert. ... Wenn Frieden geschlossen ist, wenn ich nicht mehr an der Spitze dieses mir ergebenen Heeres stehe, muß ich auf diese Macht ... verzichten ... Ich möchte Italien nur verlassen, um in Frankreich eine Rolle zu spielen, ungefähr ähnlich der, die ich hier spiele ..."
(Miot de Melito, Mémoires, Paris 1858, Band 1, S. 163; aus: I. u. P. Hartig, Die Französische Revolution, Stuttgart 1984, S. 112f.)

5 Das Konsulat

Nach dem Sturz des Direktoriums am 9. November 1799 übernahmen drei Konsuln die Macht in Frankreich. Bonaparte wurde Erster Konsul, Außenminister wurde Talleyrand (s. S. 15, 59)

5a Schon am 15. Dezember 1799 verkündeten die drei Konsuln die Konsulatsverfassung und legten sie dem französischen Volk zur Billigung vor:
„Die Verfassung gründet sich auf die wahren Prinzipien der Repräsentativregierung, auf die

geheiligten Rechte des Eigentums, der Gleichheit und Freiheit. Die von ihr eingesetzten Gewalten werden stark und zuverlässig sein, wie sie es sein müssen, wenn sie die Rechte der Bürger und die Interessen des Staates schützen sollen. Bürger, die Revolution hält an den Grundsätzen, die an ihrem Beginn standen, fest. Sie ist beendet. Bonaparte, Roger Ducos, Sieyès."
(W. Grab, Die Französische Revolution, Eine Dokumentation, München 1973, S. 300)

5b Artikel 41 der neuen Verfassung, die von Sieyès (s. S. 13) ausgearbeitet worden war, legte die Machtbefugnisse des Ersten Konsuls fest:
„Der Erste Konsul verkündet die Gesetze; er ernennt und ersetzt nach seinem Willen die Mitglieder des Staatsrats, die Minister, die Gesandten und andere auswärtige Oberbeamte, die Offiziere der Land- und Seemacht, die Mitglieder der örtlichen Verwaltung und die Regierungskommissare bei den Gerichtshöfen. Er ernennt alle Straf- und Zivilrichter, ausgenommen die Friedens- und Berufungsrichter, ohne jedoch sie absetzen zu können."
(I. u. P. Hartig, Die Französische Revolution, Stuttgart 1984, S. 115)

6 Das Kaisertum – der „wahre Wunsch der Nation"?

François Joubert, Abgeordneter und Vertrauter Napoleons, sagte in einer Rede (Mai 1804):
„Wie ergriffen waren wir, als am 10. November 1799 der Retter Frankreichs die denkwürdigen Worte vernehmen ließ: ‚Die Revolution ist an die Grundsätze gebunden, mit denen sie begonnen hat.' Was wollten wir 1789? Das Eingreifen unserer Vertreter bei der Festlegung der Steuern, die Abschaffung des Feudalsystems, die Vernichtung jeglicher für die moralischen und intellektuellen Kräfte beleidigenden Unterscheidungen, die Beseitigung der Mißbräuche, die Pflege aller freiheitlichen Gedanken, die Garantie für den Wohlstand im Inneren und für unsere Achtung im Ausland: das sind die wahren Wünsche der Nation gewesen, und alle Franzosen hatten gespürt, daß sich diese Wünsche nur mit einer Erbdynastie ... verwirklichen ließen ... [Napoleon Bonaparte] gibt dem Kontinent den Frieden ... Ja, wer könnte all die Wunder nennen, die er seit seinem Aufstieg zum Konsulat vollbracht hat ... All diese Leistungen werden den kommenden Jahrhunderten die tiefe Ergebenheit erklären, von der die Franzosen für Napoleon Bonaparte durchdrungen sind, so auch die Zeugnisse der Liebe, die ihm die Nation entgegenbringt, diesen so stark ausgesprochenen Wunsch: daß jener, dem die Republik so großen Ruhm und große Wohltaten verdankt, einwilligen möge, ihr Kaiser genannt zu werden und die ausführende Gewalt in seiner Familie festzulegen."
(Le Moniteur universel, 2. Mai 1804, Nr. 223, S. 1011 aus I. u. P. Hartig, Die Französische Revolution, Stuttgart 1984, S. 116f.)

Arbeitsvorschläge und Fragen

a) Erkläre den Aufstieg Bonapartes zum Kaiser der Franzosen mit Hilfe der Texte M 3a und 3b.
b) Beschreibe den Inhalt der Karte M 1 und vergleiche das Ergebnis der Kämpfe mit den Aussagen des Aufrufs M 3a.
c) Vergleiche den Aufruf der drei Konsuln mit dem Artikel 41 der Verfassung. (M 5a und 5b) – Welchem Ziel diente vermutlich der Aufruf?
d) Napoleon läßt in der Rede Jouberts Anlaß, Verlauf und Ergebnis der Revolution interpretieren. (M 6) – Stimmst Du seiner Argumentation zu?

6.2 Die Französische Revolution – ein Signal für Europa

1 Aquarell Goethes aus der Campagne (1792). Goethe begleitete den Herzog Carl August von Sachsen-Weimar auf dem Feldzug gegen das revolutionäre Frankreich.

2 „Der Zenith des französischen Ruhms." Karikatur des englischen Zeichners James Gillray aus dem Jahre 1793.

3 Urteile über die Bedeutung der Französischen Revolution für Europa

3a In einem Lehrbuch von 1850 lasen die Schüler im preußischen Rheinland über die Zeit nach dem Sieg über Napoleon:

„... Allein mit dem Frieden von außen kehrte noch nicht sogleich Ruhe und Eintracht in die Staaten zurück ... Nach jener stürmischen Zeit konnten sich noch nicht sobald Alle an die bestehende Ordnung wieder gewöhnen; nicht Aller Wünsche und Hoffnungen konnten befriedigt werden. Dazu hatte die französische Revolution eine solche Menge neuer Gedanken über Freiheit und Gleichheit in Umlauf gesetzt, daß Viele, welche sich hienach ein Bild von Verfassung entworfen hatten, unmuthig, ja aufrührerisch wurden, als sie es so nicht verwirklicht fanden. Unter der eben so milden als weisen Regierung seiner Fürsten erfreute sich Deutschland zuerst auch der Segnungen des inneren Friedens. In den meisten anderen Staaten aber entzündete sich der Gährungsstoff bald zur Flamme eines großen Bürgerkrieges. Es schien fast, als sollte wahr werden, was einst Graf Mirabeau sagte: ‚Die französische Revolution wird die Reise um die Welt machen' ..."

(Th. B. Welter, Lehrbuch der Weltgeschichte für Gymnasien und höhere Bürgerschulen, 3. Theil, 9. Aufl. Münster 1850, S. 354)

3b In der Einleitung zu dem Buch „Die deutsche Einheitsbewegung", das für ein breiteres Publikum bestimmt war, heißt es 1930:

„Für die Generation der Freiheitskriege war der Kampf gegen Napoleon unlöslich verbunden mit dem Kampf für nationale Einheit und politische Freiheit … Gewiß, die Beseitigung der Fremdherrschaft war das erste und vorzüglichste Ziel. Aber wie die Fremdherrschaft das nationale Bewußtsein erst geweckt hatte, so verband sich in diesem Kampf gegen Napoleon unzertrennbar die Forderung, daß Deutschland aus diesen Kämpfen … als einheitlich organisierter Körper hervorgehen solle. Und mit … (dieser) Forderung war auf der anderen Seite unlöslich das Verlangen nach Anteilnahme des Volkes an den staatlichen Geschicken, nach einer freiheitlichen Verfassung verknüpft … Denn der nationale Gedanke, wie er aus dem Zeitalter der französischen Revolution hervorging, die Idee des Nationalstaates, … verlangte notwendig nicht nur eine passive, sondern auch aktive Teilnahme … (der Einwohner) an den staatlichen Geschicken …"

(W. Mommsen, Die deutsche Einheitsbewegung, Berlin o. J., S. 33 f)

3c Ein Historiker unserer Zeit schreibt über die Auswirkungen der napoleonischen Herrschaft:

„In Frankreich hatte die Revolution von 1789 ein großes Modernisierungswerk erzwungen, das eine rechtliche egalitäre (= gleiche) Staatsbürgergesellschaft schuf, die aus ständisch-feudalen Bindungen gelöst wurde. Im Zuge der napoleonischen Herrschaft exportierte das Mutterland der Revolution diesen Modernisierungsschub zumindest teilweise nach Süd- und Mitteleuropa. Als Stichworte für die neuen politisch-gesellschaftlichen Leitbilder, die diese Zäsur (= Einschnitt) kennzeichnen, seien genannt: Gleichheit vor dem Gesetz, womit die Entwicklung hin zur politischen Gleichberechtigung der Staatsbürger eingeleitet wurde; Freiheit der Person, … wodurch die Lebensverhältnisse der großen Mehrheit der europäischen Bevölkerung langfristig fundamental (von Grund auf) verändert und die Abwanderung in die Städte … erst möglich wurde; und schließlich die Freiheit des Eigentums, eine unentbehrliche Voraussetzung für die Entstehung einer bürgerlich(en) … Gesellschaftsordnung …"

(W. Langewiesche, Europa zwischen Restauration und Revolution 1815–1849, München 1985, S. 2)

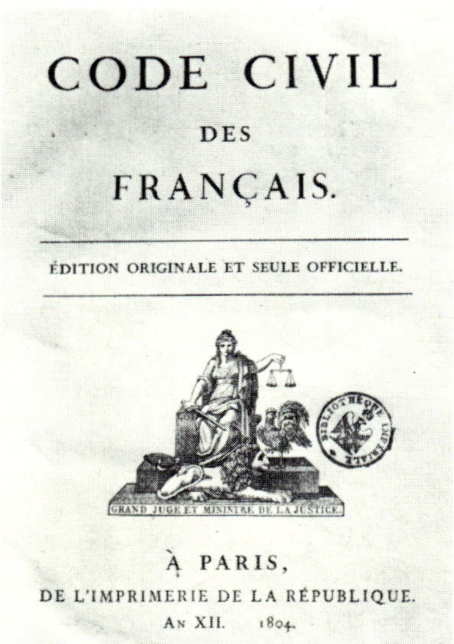
CODE CIVIL
DES
FRANÇAIS.
ÉDITION ORIGINALE ET SEULE OFFICIELLE.

À PARIS,
DE L'IMPRIMERIE DE LA RÉPUBLIQUE.
AN XII. 1804.

Napoleons
Gesetzbuch.
Einzig officielle Ausgabe für das Großherzogthum Berg.
Düsseldorf,
In der Großherzoglich-Bergischen Regierungs-Buchdruckerey,
1810.

4 Der Code civil. Links die französische Ausgabe des unter Napoleon fertiggestellten Bürgerlichen Gesetzbuches. Rechts eine der verschiedenen deutschen Fassungen des Code Civil.

Arbeitsvorschläge und Fragen

a) Welche Einschätzung der Französischen Revolution kommt in den beiden Karikaturen M 1 und M 2 zum Ausdruck?
b) Beschreibe und vergleiche die Meinungen der Historiker in M 3 über die Französische Revolution.

Die Umgestaltung Europas: Von Napoleon zum Wiener Kongreß

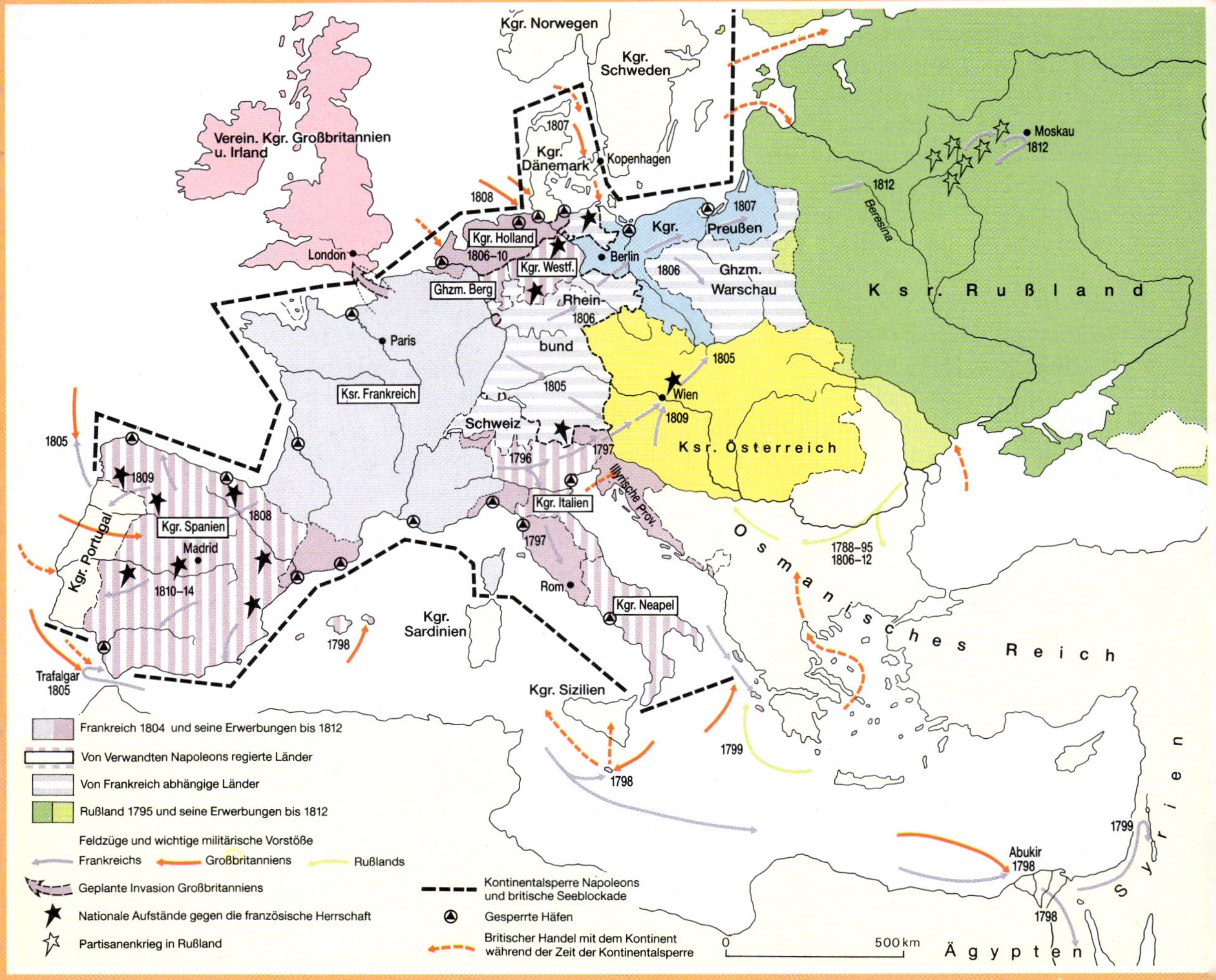

1 Frankreichs Expansion, Kontinentalsperre und europäische Gegenkräfte

- **1799**: Staatsstreich Napoleons; Konsulatsverfassung
- **1801**: Friede von Lunéville
- **1803**: Reichsdeputationshauptschluß
- **1804**: Kaisertum Napoleons; Code Civil
- **1805**: Austerlitz; Trafalgar
- **1806**: Rheinbund; Ende des Reiches; Kontinentalsperre; Jena und Auerstedt

1799 1800 1801 1802 1803 1804 1805 1806

2 Napoleons Lebenslauf (Kolorierte Radierung nach einer deutschen Karikatur, 1813)

3 Der preußische König Friedrich Wilhelm III., Kaiser Franz I. von Österreich und Zar Alexander I. von Rußland. Die Monarchen sind mit ihrem Gefolge vor den Toren Wiens dargestellt.

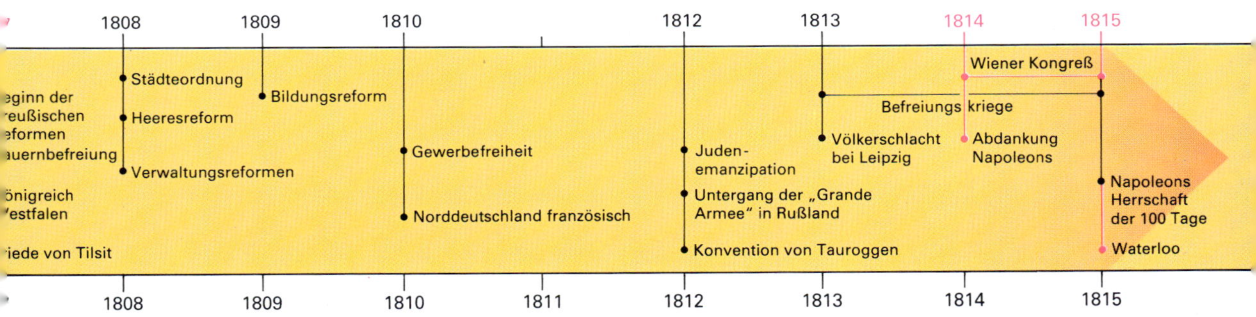

1. Das Ende des Heiligen Römischen Reiches Deutscher Nation

1801	Mit dem Frieden von Lunéville gewinnt Napoleon Norditalien und das linke Rheinufer.
1803	Im sog. **Reichsdeputationshauptschluß** werden die Kirchengüter im Reich verstaatlicht und die kleinen reichsfreien Herrschaften einem Fürstentum unterstellt.
1805	Napoleon beherrscht nach dem Sieg von Austerlitz den Kontinent, verliert aber bei Trafalgar seine Flotte gegen England und damit die Herrschaft zur See.
1806	**Nach dem Austritt der Rheinbundstaaten aus dem Reichsverband legt Kaiser Franz II. die deutsche Kaiserkrone nieder: Ende des „Heiligen Römischen Reiches Deutscher Nation".**
1807	Um die Vormachtstellung Frankreichs zu festigen, errichtet Napoleon nach dem Frieden von Tilsit in Nordwestdeutschland das Königreich Westfalen.
1810	Die norddeutschen Küstenländer werden französisch.

Die französische Republik setzt sich gegen die alten Mächte durch

Vergeblich hatten die alten europäischen Mächte versucht, die Revolution in Frankreich zu ersticken und einen Bourbonen auf den Königsthron zurückzuführen. Vielmehr gelang es den Armeen der Republik, bis zur *Rheingrenze* vorzustoßen. 1795 hatte bereits Preußen im Frieden zu Basel den Verlust linksrheinischer Gebiete hingenommen und war aus dem Krieg gegen Frankreich ausgeschieden. Als schließlich Napoleon die französische Armee von Sieg zu Sieg führte, mußte auch Österreich die Überlegenheit Frankreichs anerkennen. Im *Frieden von Lunéville* (1801) traten Kaiser und Reich das *linke Rheinufer* von Basel bis Holland an Frankreich ab. Die Revolution hatte sich nicht nur gegen die alten Mächte behaupten können, sondern Frankreich hatte auch sein Staatsgebiet vergrößert.

Die Neuordnung des Reichs beginnt

Die Fürsten, die linksrheinisch Land an Frankreich verloren hatten, sollten für diesen Verlust entschädigt werden. Ein Ausschuß (Deputation) des Regensburger Reichstages kam unter kräftiger Einflußnahme Napoleons 1803 zu folgender Neuregelung *(Reichsdeputationshauptschluß)*: *Geistliche Fürstentümer*, z.B. Bistümer und Abteien, wurden *säkularisiert*, das heißt, sie gelangten in den Besitz weltlicher Fürsten. Alle *Reichsritter* und die meisten freien *Reichsstädte*, mit Ausnahme von Hamburg, Bremen, Lübeck, Frankfurt am Main, Nürnberg und Augsburg, die bisher dem Kaiser direkt unterstanden, wurden einem größeren Nachbarstaat zugeschlagen. Sie unterstanden jetzt nur noch mittelbar dem Kaiser *(Mediatisierung)*. Nutznießer dieser „Flurbereinigung" waren vor allem die süddeutschen Staaten Baden, Württemberg und Bayern; aber auch Preußen konnte sein Territorium erheblich vergrößern.

Fürsten des Reiches orientieren sich an Frankreich

Für das „Heilige Römische Reich Deutscher Nation", wie es seit dem 15. Jahrhundert hieß, bedeutete der Verlust von etwa 500 Grafschaften, Reichsritterschaften und Reichsstädten eine *weitere Schwächung*. Ohnehin glaubten zahlreiche Fürsten, das Oberhaupt des Reiches, der habsburgische *Kaiser*, verfolge in erster Linie die *Interessen Österreichs* und gewähre keinen sicheren Schutz gegen Napoleon. Sie suchten daher die enge Bindung an Napoleon, dem sie den Gebietszuwachs verdankten. Als im Jahre 1805 England, Österreich, Rußland und Schweden sich gegen Napoleon zusammenschlossen, kämpften die süd-

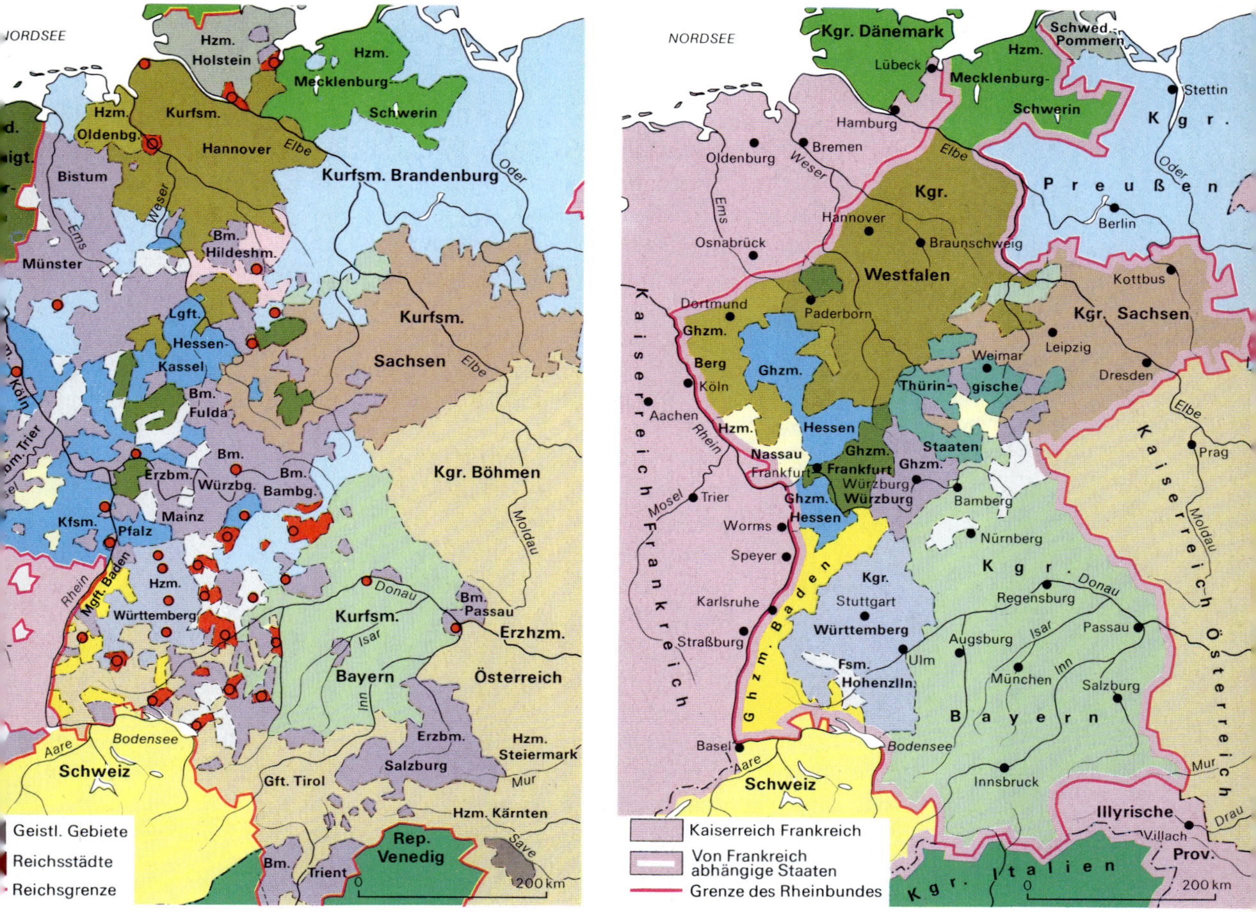

1 Die politische Gestalt Deutschlands vor (1790) und nach (1812) der Neuordnung durch Napoleon

deutschen Fürsten auf der Seite Napoleons. Preußen blieb neutral. Zwar konnte die englische Flotte unter Admiral Nelson bei *Kap Trafalgar* an der Südspitze Spaniens einen glänzenden Sieg über die französische Flotte erringen, der Krieg aber wurde durch Napoleons Sieg in der *Dreikaiserschlacht* bei Austerlitz entschieden (1805). Französische Truppen zogen daraufhin in *Wien* ein.

Der Rheinbund führt zum Ende des Heiligen Römischen Reiches

Der Auflösungsprozeß des Reiches nahm seinen Fortgang, als unter dem Einfluß Napoleons 16 deutsche Fürsten sich zum *„Rheinbund"* zusammenschlossen und offiziell aus dem Reichsverband austraten. *Bayern* und *Württemberg* wurden daraufhin zu *Königreichen* erhoben, *Baden*, *Hessen-Darmstadt* und andere zu *Großherzogtümern*. Unter dem Druck der militärischen und politischen Ereignisse entschloß sich Kaiser Franz II., die deutsche *Kaiserkrone* niederzulegen. Er behielt als Franz I. die österreichische Kaiserwürde. Das „Heilige Römische Reich Deutscher Nation" bestand nicht mehr.

Die Niederlage Preußens

Der Siegeszug Napoleons konnte auch durch Preußen nicht aufgehalten werden. Seit 1795 hatte es sich an keinem Kriegsbündnis gegen Frankreich beteiligt. Als der preußische König, durch ein Bündnis mit Rußland ermutigt, Napoleon den Krieg erklärte, wurde seine Armee bei *Jena* und *Auerstedt* vernichtend geschlagen (1806). Die Bevölkerung des preußischen Staates nahm die Niederlage ohne große Anteilnahme zur Kenntnis. Am Abend des Zusammenbruchs ging man in die Oper. Der König floh mit seinem Hof nach Memel. Im *Frieden von Tilsit* (1807) verlor Preußen allen Besitz westlich der Elbe.

Folgen der Kontinentalsperre

Die mächtige englische Flotte hatte Napoleons Pläne, die britische Insel zu erobern, zunichte gemacht. Um England wirtschaftlich in die Knie zu zwingen, sperrte Napoleon kurz nach seinem Einzug in Berlin (1806) die europäischen Häfen für englische Handelswaren. Alle Staaten, die im Machtbereich Napoleons lagen, mußten sich dieser *Kontinentalsperre* anschließen. Auch der russische *Zar Alexander* trat der Blockade gegen England bei. Den Küstenstädten an Nord- und Ostsee brachte der Wirtschaftskrieg erhebliche Handelseinbußen, eine lückenlose Blockade der Küstengebiete gelang allerdings nicht. Über Helgoland, Hamburg und Göteborg gelangten die begehrten englischen Waren, vor allem Tuche, Rohbaumwolle, Rohrzucker und Eisenwaren auf dem *Schmuggelwege* ans Festland. Um die Kontinentalsperre noch wirksamer durchzuführen, wurden schließlich 1810 Holland, das Emsland, Ostfriesland, Oldenburg und die norddeutschen Hansestädte einschließlich Lübecks dem französischen Kaiserreich einverleibt.

Königreich Westfalen

Zuvor bereits hatte Napoleon in Nordwestdeutschland ein französisches „Musterland" geschaffen. Aus Gebietsteilen Preußens, Hannovers, Braunschweigs und Kurhessens errichtete er 1807 für seinen Bruder Jérôme das *Königreich Westfalen*. Um die Errungenschaften der Revolution auszuweiten und um Frankreichs Vormachtstellung zu sichern, ließ Napoleon eine Verfassung ausarbeiten, in der die Vorrechte des Adels beseitigt, Zunftzwang und bäuerliche Lasten aufgehoben, Maße und Gewichte vereinheitlicht und die französische Rechtsordnung *(Code Napoléon)* eingeführt wurden. Die Bevölkerung des Königreiches nahm die Neuerungen anfänglich mit Zustimmung auf. Als aber die Folgen der Kontinentalsperre sich auswirkten und Napoleon für seine zahlreichen Kriege immer neue Opfer von der Bevölkerung forderte, schlug die Stimmung um.

2 Napoleons Einzug in Berlin, 27. Oktober 1806. (Stich nach einer Zeichnung von Ludwig Wolf) – Der Berliner Stadtkommandant informierte die Bevölkerung mit dem Anschlag: „Der König hat eine Bataille verloren. Jetzt ist Ruhe die erste Bürgerpflicht."

Säkularisation (auch: Säkularisierung, von lat. saeculum = Zeitalter, Zeitlichkeit, Welt, weltlicher Bereich, Staat): Der Begriff bezeichnet die „Verweltlichung“ theologischer Begriffe und religiösen Denkens durch die Aufklärung, aber auch die Enteignung von Kirchengut, die „Verstaatlichung“ von Kirchenbesitz, die bereits im Mittelalter, in der Reformationszeit und vor allem während der Französischen Revolution vorgekommen war. „Säkularisierung“ meint besonders die Vorgänge, die als Folgen der Frieden von Basel (1795) und Lunéville (1801) eintraten: die Aufhebung der Klöster, Stifte und Orden und die Beseitigung geistlicher Herrschaft.
Code civil: frz. = bürgerliches Gesetzbuch, das auf Veranlassung von Napoleon – daher auch Code Napoléon – verfaßt wurde und Frankreich ein einheitliches bürgerliches Recht gab. Der Code civil, der 1804 in Frankreich in Kraft trat, enthielt wesentliche Errungenschaften der Französischen Revolution (Freiheit der Person, Gleichheit vor dem Gesetz, Schutz des Eigentums). Er wurde in vielen Rheinbundstaaten eingeführt. Gesetzgebung und Rechtspraxis in Europa wurden vom Code civil im 19. und 20. Jahrhundert stark beeinflußt (siehe S. 39, M 4). In Deutschland gibt es ein einheitliches bürgerliches Gesetzbuch (BGB) erst seit 1900.

3 Das Ende des „Heiligen Römischen Reiches Deutscher Nation“

3a Erklärung der Rheinbundstaaten über ihren Austritt aus dem Reich (1. Aug. 1806):

… „Die Begebenheiten der drei letzten Kriege, welche Deutschland beinahe ohnunterbrochen beunruhigt haben, und die politischen Veränderungen, welche daraus entsprungen sind, haben die traurige Wahrheit in das hellste Licht gesetzt, daß das Band, welches bisher die verschiedenen Glieder des deutschen Staatskörpers mit einander vereinigen sollte, für diesen Zweck nicht mehr hinreiche, oder vielmehr, daß es in der That schon aufgelöst sey; das Gefühl dieser Wahrheit ist schon seit langer Zeit in dem Herzen jedes Deutschen, und so drückend auch die Erfahrung der letzten Jahre war, so hat sie doch im Grunde nur die Hinfälligkeit einer in ihrem Ursprunge ehrwürdigen, aber (…) fehlerhaft gewordenen Verfassung bestätiget … Die Frankreich zunächst gelegenen, von allem Schutz entblößten und allen Drangsalen eines Krieges, dessen Beendigung in den verfassungsmäßigen Mitteln zu suchen nicht in ihrer Gewalt stand, ausgesetzten Fürsten sahen sich gezwungen, sich durch Separatfrieden von dem allgemeinen Verbande … zu trennen … Bei dem Drange dieser wichtigen Betrachtungen haben die Souveräns und Fürsten … Deutschlands sich bewogen gefunden, einen neuen und den Zeitumständen angemessenen Bund zu schließen …“

3b Erklärung Kaiser Franz II. über die Niederlegung der deutschen Kaiserkrone (6. 8. 1806):

„Bei der … Überzeugung von der gänzlichen Unmöglichkeit, die Pflichten Unseres kaiserlichen Amtes länger zu erfüllen, sind Wir es Unsern Grundsätzen und Unserer Würde schuldig, auf eine Krone zu verzichten, welche nur so lange Werth in Unsern Augen haben konnte, als Wir dem von Churfürsten, Fürsten und Ständen und übrigen Angehörigen des deutschen Reichs Uns bezeigten Zutrauen zu entsprechen und den übernommenen Obliegenheiten ein Genüge zu leisten im Stande waren. Wir erklären demnach …, daß Wir das Band, welches Uns bis jetzt an den Staatskörper des deutschen Reichs gebunden hat, als gelöst ansehen, daß Wir das reichsoberhauptliche Amt und Würde durch die Vereinigung der … rheinischen Stände als erloschen und Uns dadurch von allen übernommenen Pflichten gegen das deutsche Reich losgezählt betrachten und die von wegen desselben bis jetzt getragene Kaiserkrone und geführte kaiserliche Regierung, wie hiermit geschieht, niederlegen …“

(A. Buschmann [Hg.], Kaiser und Reich, München 1984, S. 650f., 654f.)

4 Oldenburg wird französisch

Nach der Zwangsvereinigung Oldenburgs mit dem französischen Kaiserreich richtete Präfekt von Keverberg an die Einwohner des ehemaligen Herzogtums die folgende Proklamation:

„Franzosen! Mit diesem schönen Namen grüße ich Sie, Bewohner dieser Gegenden, jüngst noch Oldenburger ... Im Namen Seiner Majestät des Kaisers der Franzosen ... [nehme ich] durch diese feierliche Handlung Besitz von dem Lande, welches innerhalb der Grenzen des vormaligen Herzogtums Oldenburg liegt, ... um auf ewig mit Frankreich vereinigt zu sein und zu bleiben. – Unter der Ägide der Stärke, der Weisheit und des Genies werden neue Quellen von Wohlsein sich Ihnen eröffnen. Jene öden Heiden, jene scheußlichen Wüsten, die noch die Hälfte Ihres Bodens decken, werden der Kultur anvertraut, bald mit Waldungen und zum Teil mit Ähren sich schmücken. Ihre Fabriken und Manufakturen, bisher durch Englands selbstsüchtigen Alleinhandel gelähmt, werden neu aufblühende Lebenskraft aus einer Gesetzgebung saugen, die zum Schutze der Nationalindustrie vorhanden ist. An die Stelle Ihrer sogenannten Landstraßen, jetzt der Schrecken der bei jedem Schritte aufgehaltenen und mit Gefahren bedrohten Wanderer, werden bequem und leicht zu passierende Verbindungen treten. Das mit dem Rhein in Verbindung gebrachte Baltische Meer wird dem Handel eine neue Bahn aufschließen und Ihnen Vorteile gewähren, die Sie nicht ferner durch schändliche Ketten und der Meeres-Tyrannei unterwürfige Knechtschaft erkaufen werden.

Jeder von Ihnen, ohne Ausnahme und Unterschied, hat sich hierfür des vollen Genusses aller seiner bürgerlichen, politischen und religiösen Rechte zu erfreuen, und die kraft- und machtvolle Hand, welche im alten Frankreich die Ketten der Sklaverei brach, ... sichert Ihnen auf immer, unter dem Szepter der Ordnung und der Gesetze, das schöne Erbteil der Franzosen zu: Ruhe und Glückseligkeit ..."

(H. Lübbing, Oldenburg – eine feine Stadt am Wasser Hunte, Oldenburg 1979, 3. Aufl., S. 98/99)

5 „Völkerverschlingender Imperator". Zeitgenössische Karikatur (London, The British Museum)

6 Kontinentalsperre

6a Ein Oldenburger berichtet über das Leben während der Kontinentalsperre:

„Nun wurden die Küsten viel stärker besetzt ...; aber die Schiffer wußten sich geschickt von Helgoland nach der Weser und nach der Jade und Ems durchzuschleichen, und es entstand ... ein Schleichhandel von kaum denkbarer Größe ... Die Packhäuser und Ställe waren mit Kolonialwaren gefüllt ... Arbeiter waren fast gar nicht zu haben, und es stieg der Tageslohn aufs doppelte. Alles verdiente, vom großen Kaufmann bis zu dem kleinsten Handwerker. Mädchen und Knaben, die als Laufburschen ... dienten, hatten die Taschen voll Geld, und in der Schule hatten die Kinder die Taschen voll Mandeln und Rosinen. Die Wirtsleute ... waren alle wohlhabend geworden. Die Landleute ... ließen ihr Land im Grünen liegen und fuhren Fracht, was ihnen mehr einbrachte als die Landwirtschaft. Diese goldene Zeit dauerte bis 1810 ..."

(H. A. Spieske, Aus Oldenburgs glücklichen und unglücklichen Tagen, Ol. 1876; in: H. Lübbing, Oldenburg – eine feine Stadt ..., Oldenburg 1979; S. 97)

7 Kontinentalsperre. Französische Soldaten und Zollbeamte durchsuchen in Leipzig Reisegepäck nach englischen Waren. Ein Leipziger Stadtsoldat sieht bei dieser Kontrolle zu. (Kolorierte Zeichnung des Leipziger Malers Christian Geißler)

6b Im Jahre 1806 hatte Napoleon die Kontinentalsperre angeordnet:
„Die Britischen Inseln sind in Blockadezustand erklärt. Aller Handel und aller Verkehr mit den Britischen Inseln ist untersagt … Jedes Fahrzeug, welches vermittelst falscher Angaben dieser Verfügung zuwiderhandelt, soll weggenommen und Schiff und Ladung konfisziert [beschlagnahmt] werden, wie wenn es englisches Eigentum wäre …"
(In: Guggenbühl [Hg.], Quellen zur Geschichte der Neuesten Zeit, 1954, S. 74)

Arbeitsvorschläge und Fragen

a) Stelle aus den Karten die wesentlichen Veränderungen zusammen, die sich aus der Neuordnung Deutschlands durch Napoleon ergaben. (M 1)
b) Mit welchen Argumenten begründeten die Rheinbundstaaten ihren Austritt aus dem Reich? (M 3 a)
c) Wie rechtfertigte Franz II. die Niederlegung der Kaiserkrone? (M 3 b)
d) Wie charakterisierte der Zeichner die Machtpolitik Napoleons? (M 5)
e) Welche politischen und wirtschaftlichen Versprechungen wurden den Bewohnern des Herzogtums Oldenburg gemacht? Wie erklärst Du Dir diese Versprechungen? (M 4)
f) Vergleiche Ziele, Mittel und Auswirkungen der Kontinentalsperre anhand der Materialien M 6 a, 6 b und M 7 miteinander.

2. Reformer erneuern den preußischen Staat

1807	**Freiherr vom und zum Stein beginnt als leitender Minister mit Reformmaßnahmen.** Durch das Oktoberedikt werden die Bauern persönlich frei **(Bauernbefreiung).** Die Dienst- und Abgabeverpflichtungen an den Gutsherren bleiben noch bestehen.
1808	Die preußischen Städte erhalten die Selbstverwaltung **(Städteordnung).** Als Nachfolger Steins führt Hardenberg die Reformen weiter.
1807–14	Die preußische Armee wird unter der Leitung Scharnhorsts zu einem vaterländisch gesinnten Volksheer umgestaltet **(Heeresreform).**
1809	Wilhelm von Humboldt beginnt mit der Erneuerung des Unterrichtswesens in Preußen **(Bildungsreform).** Die Berliner Universität (gegr. 1810) wird Mittelpunkt des Widerstandes gegen Napoleon.

Der Friede von Tilsit und die Folgen

Nach der schweren *Niederlage Preußens* bei Jena und Auerstedt diktierte Napoleon 1807 in Tilsit *harte Friedensbedingungen*: Abtrennung sämtlicher Gebiete westlich der Elbe, Begrenzung der Armee auf ein Fünftel ihrer ehemaligen Stärke (jetzt 42000 Mann) und Zahlung einer Kriegsentschädigung von 120000 Francs. Auch ein Bittgang der preußischen Königin Luise konnte den Kaiser der Franzosen nicht umstimmen. Der Friede von Tilsit besiegelte zwar den *militärischen Zusammenbruch* Preußens, von ihm ging aber auch der Anstoß zu einer weitreichenden *Umgestaltung des Staates* aus. Friedrich Wilhelm III., der sich bisher Reformen in Staat und Gesellschaft hartnäckig widersetzt hatte, ließ sich überzeugen, daß veraltete gesellschaftliche und militärische Strukturen für die Niederlage mitverantwortlich waren.

Reformer in Preußen

Noch im Jahre 1807 erklärte der König: „Der Staat soll durch geistige Kräfte ersetzen, was er an materiellen verloren hat". In bedeutenden Staatsmännern, Verwaltungsbeamten, Offizieren und Gelehrten fand er die „geistigen Kräfte", die eine Umgestaltung von Staat und Gesellschaft – oft gegen den Widerstand des Adels – einleiteten. Zu ihnen zählten: Karl Reichsfreiherr vom und zum *Stein*, Karl von *Hardenberg*, Wilhelm von *Humboldt* und Gerhard von *Scharnhorst*. In Denkschriften an den König hatten sie ihre Vorstellungen von der Erneuerung des Staates entwickelt: Die Monarchie sollte nicht angetastet werden. Im übrigen wollten die Reformer dem *Bürger mehr Verantwortung im Staat* übertragen. Gleiche Rechte und Pflichten für alle war eines der Hauptziele. Sie erhofften sich dadurch ein größeres Interesse an den Dingen des öffentlichen Lebens. Schließlich waren die Reformer überzeugt, daß eine *nationale Gesinnung* entstehen werde, die notwendig sei, um die Fremdherrschaft Napoleons abzuschütteln. Als leitender Minister begann *Freiherr vom Stein* mit den Reformen.

Bauernbefreiung

Zunächst befreite ein Edikt vom 9. Oktober 1807 die Mehrzahl der Bauern aus der Erbuntertänigkeit. Bisher benötigten sie als Leibeigene die Erlaubnis des Grundherrn bei Heirat und Berufswahl; sie waren an die Scholle gebunden und zu unbezahlten Hand- und Spanndiensten verpflichtet. Die noch geltenden Standesschranken zwischen Adel, Bürgern und Bauern bei Grunderwerb und -nutzung wurden aufgehoben.

Städteordnung

Die *Städte* erhielten 1808 das Recht zur *Selbstverwaltung*. Wer das Bürgerrecht besaß und über ein Mindesteinkommen von 150 bis 200 Talern im Jahr verfügte, durfte die Stadtverordnetenversammlung wählen. Stadtverordnete wähl-

■1 Preußische Reformer

1a *Karl vom und zum Stein*

geb. 1757	in Nassau/Lahn
1780	Eintritt in den preußischen Staatsdienst
1804	Minister für Wirtschaft und Finanzen
1807	Leitender Minister; Beginn der Reformen
1808	Entlassung auf Napoleons Druck
1812	Berater des Zaren in Rußland
1814/15	Mitglied der russischen Delegation auf dem Wiener Kongreß
gest. 1831	

1b *Karl von Hardenberg*

geb. 1750	in Essenrode bei Gifhorn
1790	Eintritt in den preußischen Staatsdienst
1804–1806	Preußischer Außenminister
1807	Entlassung nach dem Tilsiter Frieden
1810	Staatskanzler in Preußen
1814/15	Leiter der preußischen Delegation auf dem Wiener Kongreß
gest. 1822	in Genua

1c *Gerhard von Scharnhorst*

geb. 1755	in Bordenau/Hannover
1802	Eintritt in preußische Dienste
1807	Leiter der Kommission für die Heeresreform
1808	Leiter des Kriegsministeriums
1813	Nach schwerer Verwundung in Prag gestorben

1d *Wilhelm von Humboldt*

geb. 1767	in Potsdam
1794	Privatgelehrter in Jena
1801–1809	in preußischen Diensten beim Vatikan in Rom
1809	Leiter der Abteilung für Kultur und Unterricht im Innenministerium
1810	Preußischer Gesandter in Wien
1819	Entlassung aus dem Staatsdienst
gest. 1835	in Berlin

ten den Magistrat (eine Art Vollzugsorgan) und schlugen für das Amt des Bürgermeisters drei Kandidaten vor, aus denen der König einen auswählte. Die Stadtverordnetenversammlung verwaltete selbständig Haushalt, Finanzen und das Schulwesen, während Gerichtsbarkeit und Polizei weitgehend in der Hand des Staates waren. Frauen hatten nach der Städteordnung kein Wahlrecht.

Verwaltungsreform

Auf Steins Vorschlag wurde die oberste Staatsbehörde, das Generaldirektorium, durch *fünf Ministerien* mit den Fachbereichen *(Ressorts)* Inneres, Finanzen, Außenpolitik, Krieg und Justiz ersetzt. Der Staat wurde in neue Verwaltungseinheiten aufgeteilt: in Provinzen, Regierungsbezirke und Kreise.

Der Fortsetzer der Reformen: Staatskanzler von Hardenberg

Ein Brief, in dem Stein an Erhebungen gegen Napoleon Hoffnungen knüpfte, wurde abgefangen. Friedrich Wilhelm III. mußte ihn entlassen. Von Napoleon geächtet, floh Stein nach Böhmen, später an den Zarenhof. Die Reform setzte sein Nachfolger, Karl August Friedrich *von Hardenberg*, fort. Er führte eine Verbrauchssteuer für alle Bürger ein und sorgte auf diese Weise für mehr *Steuergerechtigkeit*. Da er überzeugt davon war, daß die Fähigkeiten der Bürger im freien Wettbewerb besser entfaltet werden könnten, schaffte er die Zunftordnungen ab. Ab 1810/11 galt in Preußen die *Gewerbefreiheit*. Jeder Bürger, der volljährig war, einen Gewerbeschein erworben hatte und Steuern zahlte, konnte jetzt ein Gewerbe betreiben. Nur für wenige Berufe (Maurer, Zimmermann, Gastwirt) waren Sonderregelungen vorgesehen.

Bauernbefreiung bringt soziale Probleme

Das *„Regulierungsedikt“* Hardenbergs von 1811 sollte die eingeleitete *Bauernbefreiung vollenden*. Es enthielt praktische Ausführungsbestimmungen und sah vor, daß die Bauern Frondienste und Abgaben durch eine Entschädigung an den Grundherrn ablösen konnten. Da die Bauern einen großen Teil ihres Landes oder einen Geldbetrag an die Gutsbesitzer abtreten mußten, verschuldeten sich zahlreiche bäuerliche Betriebe, während der Großgrundbesitz sich vermehrte. Viele Bauern verloren auf diese Weise ihre Existenzgrundlage und wurden zu *besitzlosen Landarbeitern*.

Judenemanzipation

Von großer Bedeutung war die rechtliche Gleichstellung der Juden (*Judenemanzipation* 1812). Als gleichberechtigte Staatsbürger konnten die Juden von jetzt ab in Preußen ihren Wohnsitz frei wählen, Grundstücke kaufen und alle zugelassenen Gewerbe betreiben. Als Staatsbürger wurden sie auch zum Militärdienst herangezogen. Für hohe Staatsämter wurde jedoch weiterhin die christliche Religionszugehörigkeit verlangt, so daß der Dichter Heinrich Heine (aus jüdischer Familie in Düsseldorf) die Taufe von Juden als „Eintrittskarte“ in die höhere Gesellschaft bezeichnen konnte.

Humboldt reformiert das Bildungswesen

Zur Erneuerung Preußens trug wesentlich die *Erziehungs- und Bildungsreform* bei. Um die Selbständigkeit und das Verantwortungsgefühl der Menschen zu fördern, gestaltete der Gelehrte Wilhelm von Humboldt das preußische Bildungswesen um. Die *allgemeine Schulpflicht* (seit 1717) wurde strenger durchgeführt, die Volksschulen erhielten neue Lehrpläne und die Lehrerausbildung wurde verbessert. An den *Gymnasien* sollten vor allen Dingen die alten Sprachen, aber auch der mathematische und historische Unterricht gepflegt werden. Eine staatliche Abiturprüfung berechtigte zum Studium. 1810 wurde die *Berliner Universität* gegründet; in ihr sollte – ohne staatliche Eingriffe – die Einheit von Forschung und Lehre verwirklicht werden. Diese Universität wurde zum geistigen Mittelpunkt der Freiheitsbewegung in Preußen.

Scharnhorst und Gneisenau schaffen ein Volksheer

Die Niederlage Preußens 1806 hatte gezeigt, daß angeworbene oder zum Dienst gepreßte Soldaten dem Kampfgeist der französischen Volksheere unterlegen waren. Unter der Leitung führender Offiziere wie Gerhard von *Scharnhorst* und Neidhardt von *Gneisenau* wurde der *Neuaufbau der preußischen Armee* durchgeführt. „Alle Bewohner des Staates sind geborene Verteidiger desselben." Nach dieser Überzeugung Scharnhorsts sollte die Kluft zwischen Volk und Armee abgebaut werden. Bereits 1808 leitete der König die ersten Schritte ein. Ein Erlaß regelte, daß auch Nichtadlige die Möglichkeit erhielten, Offizier im preußischen Heer zu werden. Für eine Beförderung sollte in Zukunft die Leistung von entscheidender Bedeutung sein. Spießrutenlaufen und entehrende Prügelstrafen wurden abgeschafft.

Neugliederung der Armee: Linie, Landwehr, Landsturm

Um den Gedanken des *Volksheeres* zu verwirklichen, organisierten die Reformer die preußische Armee neu. Zusätzlich zum *stehenden Heer* mit dreijähriger Dienstpflicht (der „Linie") wurde die *Landwehr* geschaffen. Ihr gehörten ungediente Jahrgänge ebenso an wie die Soldaten, die ihre Dienstpflicht abgeleistet hatten. Sie konnte im Kriegsfall als Reservearmee des regulären Heeres herangezogen werden. Zur Verteidigung des Vaterlandes wurde in Notzeiten der *Landsturm* der 15- bis 60jährigen aufgeboten. Die von Napoleon aufgezwungene Begrenzung der Armee auf 42000 Mann hatten die Reformer durch die Neugliederung umgangen. 1814 schließlich wurde die *allgemeine Wehrpflicht* eingeführt.

2 „Demokratische Grundsätze in einer monarchischen Regierung"

Aus der Denkschrift von Hardenbergs „Über die Reorganisation des Preußischen Staates", verfaßt in Riga (1807):

„... Die Französische Revolution, wovon die gegenwärtigen Kriege die Fortsetzung sind, gab den Franzosen unter Blutvergießen und Stürmen einen ganz neuen Schwung. Alle schlafenden Kräfte wurden geweckt, das Elende und Schwache, veraltete Vorurteile und Gebrechen wurden – freilich zugleich mit manchem Guten – zerstört ...

Der Wahn, daß man der Revolution am sichersten durch Festhalten am Alten und durch strenge Verfolgung der durch solche geltend gemachten Grundsätze entgegenstreben könne, hat besonders dazu beigetragen, die Revolution zu befördern und derselben eine stets wachsende Ausdehnung zu geben. Die Gewalt dieser Grundsätze ist so groß, daß der Staat, der sie nicht annimmt, entweder seinem Untergange oder der erzwungenen Annahme derselben entgegensehen muß. Ja selbst die Raub- und Ehr- und Herrschsucht Napoleons und seiner begünstigten Gehilfen ist dieser Gewalt untergeordnet und wird es gegen ihren Willen bleiben ...

Also eine Revolution im guten Sinn, gerade hinführend zu dem großen Zwecke der Veredelung der Menschheit, durch Weisheit der Regierung und nicht durch gewaltsame Impulsion von innen oder außen, – das ist unser Ziel, unser leitendes Prinzip. Demokratische Grundsätze in einer monarchischen Regierung: dieses scheint mir die angemessene Form für den gegenwärtigen Zeitgeist. Die reine Demokratie müssen wir noch dem Jahre 2440 überlassen, wenn sie anders je für den Menschen gemacht ist ..."

(G. Winter [Hg.], Die Reorganisation des Preußischen Staates ..., Leipzig 1931, 1. Teil/Bd. 1, S. 302ff., zitiert nach Grundriß der Geschichte [Dokumente], S. 35)

3 Die Stein-Hardenbergschen Reformen

3a „Oktoberedikt", 9. Oktober 1807:

„§2 Jeder Edelmann ist, ohne allen Nachteil seines Standes, befugt, bürgerliche Gewerbe zu treiben; und jeder Bürger oder Bauer ist berechtigt, aus dem Bauern- in den Bürger- und aus dem Bürger- in den Bauernstand zu treten.

§10 Nach dem Datum dieser Verordnung entsteht fernerhin kein Untertänigkeitsverhältnis, weder durch Geburt, noch durch Heirat, noch durch Übernehmung einer untertänigen Stelle, noch durch Vertrag.

§12 Mit dem Martinitage [11. Nov.] 1810 hört alle Gutsuntertänigkeit in Unsern sämtlichen Staaten auf. Nach dem Martinitage 1810 gibt es nur freie Leute ..."

3b Preußische Städteordnung vom 18.11.1808:

„Wir Friedrich Wilhelm, von Gottes Gnaden, König von Preußen etc. etc. tun kund und fügen hiemit zu wissen:

Der besonders in neuern Zeiten sichtbar gewordene Mangel an angemessenen Bestimmungen in Absicht des städtischen Gemeinwesens und der Vertretung der Stadtgemeine, das jetzt nach Klassen und Zünften sich teilende Interesse der Bürger und das dringend sich äußernde Bedürfnis einer wirksameren Teilnahme der Bürgerschaft an der Verwaltung des Gemeinwesens, überzeugen Uns von der Notwendigkeit, den Städten eine selbständigere und bessere Verfassung zu geben ...

§ 16. In jeder Stadt gibt es künftig nur ein Bürgerrecht ...

§ 17. Das Bürgerrecht darf niemandem versagt werden, welcher in der Stadt, worin er solches zu erlangen wünscht, sich häuslich niedergelassen hat und von unbescholtenem Wandel ist. ...

§ 18. Auch unverheiratete Personen weiblichen Geschlechts können, wenn sie diese Eigenschaften besitzen, zum Bürgerrecht gelangen.

§ 19. Stand, Geburt, Religion und überhaupt persönliche Verhältnisse machen bei Gewinnung des Bürgerrechts keinen Unterschied. ...

§ 73. Die Wahl der Stadtverordneten nach Ordnungen, Zünften und Korporationen in den Bürgerschaften wird dagegen hierdurch völlig aufgehoben. Es nehmen an den Wahlen alle stimmfähigen Bürger Anteil, und es wirkt jeder lediglich als Mitglied der Stadtgemeine ohne alle Beziehungen auf Zünfte, Stand, Korporation und Sekte.

§ 108. Die Stadtverordneten erhalten durch ihre Wahl die unbeschränkte Vollmacht, in allen Angelegenheiten des Gemeinwesens der Stadt die Bürgergemeine zu vertreten ..."

(Stein: Briefe und amtliche Schriften, hrsg. v. Botzenhart/Hubatsch, Stuttgart 1959, Bd. 2/2. Teil)

3c Verfügung des Königs aus dem Jahr 1808:
„Einen Anspruch auf Offizierstellen sollen von nun an in Friedenszeiten nur Kenntnisse und Bildung gewähren, in Kriegszeiten ausgezeichnete Tapferkeit und Überblick. Aus der ganzen Nation können daher alle, die diese Eigenschaften besitzen, auf die höchsten Ehrenstellen im Militär Anspruch machen. Aller bisher stattgehabte Vorzug des Standes hört beim Militär ganz auf, und jeder ... hat gleiche Pflichten und gleiche Rechte."

(E. R. Huber, Deutsche Verfassungsgeschichte seit 1789, Stuttgart 1975, S. 235)

4 Die Reformen in der Sicht eines Adligen

„Er [Stein] fing nun ... die Revolutionierung des Vaterlandes an, den Krieg der Besitzlosen gegen das Eigentum, der Industrie gegen den Ackerbau, des Beweglichen gegen das Stabile, des krassen Materialismus gegen die von Gott eingeführte Ordnung, ... [Es sollte jeder] Edelmann Bauerngüter, jeder Bürger und Bauer Rittergüter kaufen können. Damit fiel die bisherige Sicherheit der Bauern in ihrem Grundbesitz weg; jeder reiche Gutsbesitzer konnte sie jetzt auskaufen und fortschicken ... Zum Schluß folgte der pomphafte Ausruf: ‚Mit dem Martinstag 1810 gibt es also in Unseren Staaten nur freie Leute!' ... gleich als ob bis dahin irgendwo in unserem Lande Sklaverei oder Leibeigenschaft existiert hätte! – Letztere fing vielmehr alsbald zu entstehen an, nämlich des Armen und Kranken gegen die Polizei und Armenanstalten –, denn mit der Pflichtigkeit war natürlich die Verpflichtung des Schutzherrn zur Vorsorge aufgehoben."

(Friedr. Aug. Ludw. von der Marwitz, zit. nach: W. Conze [Hrsg.], Die preußische Reform unter Stein und Hardenberg, Stuttgart 1970, S. 41 ff.)

Arbeitsvorschläge und Fragen

a) Welche Folgerungen zieht Hardenberg aus der Erfahrung mit der Französischen Revolution? (M 2)

b) Stelle aus den Materialien (M 3a – 3c) Leitgedanken der preußischen Reformen zusammen.

c) Erläutere die Auffassung, die Reformen in Preußen seien eine „Revolution von oben" gewesen.

d) Vergleiche die Lebensgeschichte der preußischen Reformer miteinander (Übereinstimmungen/Unterschiede). Inwiefern kann man aus den Daten Probleme der Zeit ablesen? (M 1a – 1d)

e) Mit welchen Argumenten wendet sich v. d. Marwitz gegen die Reformmaßnahmen? (M 4)

3. Die Staaten Europas überwinden Napoleons Herrschaft

Seit 1808	Gegen die französische Fremdherrschaft regt sich besonders in Spanien, aber auch in Tirol und Preußen wachsender Widerstand.
1812	Napoleon führt ein Heer von 600000 Mann gegen Rußland, von dem nur etwa 5000 Soldaten zurückkehren.
1813	Preußen erhebt sich zum nationalen Befreiungskampf gegen Napoleon. In der Völkerschlacht bei Leipzig wird Napoleons Armee vernichtend geschlagen.
1815	**Nach der Niederlage bei Waterloo wird Napoleon auf die Insel St. Helena verbannt.**

Erste Erhebungen gegen die Vorherrschaft Frankreichs

Um die Kontinentalsperre durchzusetzen, hatten Napoleons Truppen weite Teile Europas besetzt. Als Napoleon den spanischen König zum Thronverzicht zwang und seinen Bruder Joseph an dessen Stelle setzte, erhoben sich die *Spanier.* In ständigem *Kleinkrieg* (span. *guerilla*) wehrte sich die Bevölkerung gegen eine Besatzungsarmee von nahezu 250000 Mann. Auch in anderen Ländern Europas wuchs der *Widerstand* gegen die napoleonische Fremdherrschaft. 1809 bewaffneten sich *Tiroler Bergbauern* unter ihrem Anführer *Andreas Hofer*. Sie versuchten, die Abtrennung ihres Landes von Österreich – Tirol war 1805 an Bayern gefallen – rückgängig zu machen. Nach seiner Gefangennahme wurde Andreas Hofer von den Franzosen in Mantua erschossen. In *Norddeutschland* hatte sich der preußische *Major von Schill* zu einem Aufstand gegen Napoleon auf eigene Faust entschlossen. Er fiel in Stralsund im Straßenkampf. Elf seiner Offiziere wurden hingerichtet, über 500 seiner Leute kamen als Gefangene auf französische Galeeren.

Napoleons Armee marschiert gegen Rußland

Das Bündnis, das Napoleon mit dem Zaren geschlossen hatte, bestand nur solange, bis beide 1807 die preußische Beute verteilt hatten. Das Agrarland Rußland wurde von der *Kontinentalsperre* so empfindlich getroffen, daß der Zar

1 „3. Mai 1808". Spanische Aufständische werden am frühen Morgen vor den Toren Madrids von einem französischen Erschießungskommando exekutiert. (Gemälde des spanischen Malers F. Goya)

1810 seine Häfen wieder öffnen mußte. Da schien es Napoleon – auf dem Gipfel seiner Macht – möglich, *Rußland* zu erobern. Für den Feldzug mußten die unterworfenen Staaten des Empire die Hauptmasse der Soldaten liefern. Polen stellte ein großes Kontingent; man hatte dort die Meinung zu verbreiten gewußt, es gehe um die Wiederaufrichtung des polnischen Königreiches. Militärbündnisse zwangen Österreich und Preußen, den Flankenschutz der Hauptarmee zu sichern. So waren insgesamt über 600000 Mann aufmarschiert – die bislang stärkste Angriffsarmee der Geschichte. Ohne Kriegserklärung überschritt Napoleon im Juni 1812 den Grenzfluß Njemen. Nach 81 Tagen erreichte er unter großen Verlusten mit 100000 Soldaten Moskau und besetzte es kampflos. Hier hoffte er, den Frieden zu diktieren und überwintern zu können.

Der Brand von Moskau und die Katastrophe des Rückzuges

Die erwarteten russischen Unterhändler blieben aus. Vielmehr drängten die russischen Generäle und Freiherr vom Stein den Zaren, den Kampf fortzusetzen. Um Napoleon zum Rückzug zu zwingen, hatten sich die Bewohner aus *Moskau* zurückgezogen und ihre Stadt *angezündet*. Erst Mitte Oktober befahl Napoleon den Rückmarsch seiner Truppen. Der hereinbrechende Winter, Hunger, Erschöpfung und ständige Angriffe der Russen führten zur *katastrophalen Niederlage der Armee*. Beim Übergang über die *Beresina* löste sich der Rest der Truppen vollends auf, und nur etwa 5000 Soldaten der Hauptarmee erreichten geordnet Deutschland. Napoleon war verkleidet nach Paris vorausgeeilt. „Die Gesundheit seiner Majestät war nie besser", ließ er verkünden.

Die Konvention von Tauroggen

Die Katastrophe der „Grande Armée" gab das Signal, daß der Augenblick gekommen sei, die französische Fremdherrschaft abzuschütteln. Ohne von König Friedrich Wilhelm III. ermächtigt zu sein, schloß der Kommandeur der preußischen Hilfstruppen, General *Yorck* von Wartenburg, mit dem Befehlshaber der Gegenseite, dem russischen General Diebitsch, in dem Dorfe *Tauroggen* ein *Neutralitätsabkommen* (Dez. 1812). Er öffnete damit dessen Truppen den Weg durch Ostpreußen.

Der Befreiungskrieg beginnt

Im Frühjahr 1813 erfaßte eine Welle *nationaler Begeisterung* weite Teile der Bevölkerung. An Schulen und Universitäten wurde die *Befreiung des Landes* gefordert, Dichter wie Theodor Körner und Ernst Moritz Arndt beschworen in

2 Flucht über die Beresina. Im November 1812 mußten die Reste der Großen Armee Napoleons bei plötzlichem Tauwetter über eilig errichtete Holzbrücken unter russischem Artilleriefeuer die Beresina überqueren. Tausende von Soldaten fanden den Tod. (Lithographie von Adam)

patriotischen Liedern die nationale Einheit. Als sich der Zar verpflichtete, den Staat Preußen wiederherzustellen, trat der König, gedrängt von Reformern wie Hardenberg und Scharnhorst, an die Spitze der nationalen Erhebung. Sein *„Aufruf an mein Volk"* fand begeisterte Zustimmung. Die Opferbereitschaft im Volk war groß. Ein erheblicher Teil der Kosten für die Ausrüstung der Truppen wurde durch Spenden finanziert. Wehrfähige wurden zu den Linientruppen eingezogen. Daneben strömten von allen Seiten *Freiwillige* zu den Fahnen:

3 „An mein Volk" – Aufruf von Friedrich Wilhelm III.

Schlesische privilegirte Zeitung.

No. 34. Sonnabends den 20. März 1813.

Se. Majestät der König haben mit Sr. Majestät dem Kaiser aller Reußen ein Off= und Defensiv=Bündniß abgeschlossen.

An Mein Volk.

So wenig für Mein treues Volk als für Deutsche, bedarf es einer Rechenschaft, über die Ursachen des Kriegs welcher jetzt beginnt. Klar liegen sie dem unverblendeten Europa vor Augen.

Wir erlagen unter der Uebermacht Frankreichs. Der Frieden, der die Hälfte Meiner Unterthanen Mir entriß, gab uns seine Segnungen nicht; denn er schlug uns tiefere Wunden, als selbst der Krieg. Das Mark des Landes ward ausgesogen, die Hauptfestungen blieben vom Feinde besetzt, der Ackerbau ward gelähmt so wie der sonst so hoch gebrachte Kunstfleiß unserer Städte. Die Freiheit des Handels ward gehemmt, und dadurch die Quelle des Erwerbs und des Wohlstands verstopft. Das Land ward ein Raub der Verarmung.

Durch die strengste Erfüllung eingegangener Verbindlichkeiten hoffte Ich Meinem Volke Erleichterung zu bereiten und den französischen Kaiser endlich zu überzeugen, daß es sein eigener Vortheil sey, Preußen seine Unabhängigkeit zu lassen. Aber Meine reinsten Absichten wurden durch Uebermuth und Treulosigkeit vereitelt, und nur zu deutlich sahen wir, daß des Kaisers Verträge mehr noch wie seine Kriege uns langsam verderben mußten. Jetzt ist der Augenblick gekommen, wo alle Täuschung über unsern Zustand aufhört.

Brandenburger, Preußen, Schlesier, Pommern, Litthauer! Ihr wißt was Ihr seit fast sieben Jahren erduldet habt, Ihr wißt was euer trauriges Loos ist, wenn wir den beginnenden Kampf nicht ehrenvoll enden. Erinnert Euch an die Vorzeit, an den großen Kurfürsten, den großen Friedrich. Bleibt eingedenk der Güter die unter ihnen unsere Vorfahren blutig erkämpften: Gewissensfreiheit, Ehre, Unabhängigkeit, Handel, Kunstfleiß und Wissenschaft. Gedenkt des großen Beispiels unserer mächtigen Verbündeten der Russen, gedenkt der Spanier, der Portugiesen. Selbst kleinere Völker sind für gleiche Güter gegen mächtigere Feinde in den Kampf gezogen und haben den Sieg errungen. Erinnert Euch an die heldenmüthigen Schweitzer und Niederländer.

Große Opfer werden von allen Ständen gefordert werden: denn, unser Beginnen ist groß, und nicht geringe die Zahl und die Mittel unserer Feinde. Ihr werdet jene lieber bringen, für das Vaterland, für Euren angebornen König, als für einen fremden Herrscher, der wie so viele Beispiele lehren, Eure Söhne und Eure letzten Kräfte Zwecken widmen würde, die Euch ganz fremd sind. Vertrauen auf Gott, Ausdauer, Muth, und der mächtige Beistand unserer Bundesgenossen, werden unseren redlichen Anstrengungen siegreichen Lohn gewähren.

Aber, welche Opfer auch von Einzelnen gefordert werden mögen, sie wiegen die heiligen Güter nicht auf, für die wir sie hingeben, für die wir streiten und siegen müssen, wenn wir nicht aufhören wollen, Preußen und Deutsche zu seyn.

Es ist der letzte entscheidende Kampf den wir bestehen für unsere Existenz, unsere Unabhängigkeit unsern Wohlstand; keinen andern Ausweg giebt es, als einen ehrenvollen Frieden oder einen ruhmvollen Untergang. Auch diesem würdet Ihr getrost entgegen gehen um der Ehre willen, weil ehrlos der Preuße und der Deutsche nicht zu leben vermag. Allein wir dürfen mit Zuversicht vertrauen: Gott und unser fester Willen werden unserer gerechten Sache den Sieg verleihen, mit ihm einen sicheren glorreichen Frieden und die Wiederkehr einer glücklichen Zeit.

Breslau den 17. März 1813. Friedrich Wilhelm.

Freikorps entstanden, z.B. die Lützower Jäger mit den Farben *Schwarz-Rot-Gold.* Zur Anerkennung für patriotischen Einsatz stiftete der König das Eiserne Kreuz.

„Völkerschlacht" bei Leipzig. Abdankung Napoleons

Das Bündnis zwischen Preußen und Rußland wurde durch den Beitritt Schwedens und Englands verstärkt. Napoleons Armeen blieben jedoch in den ersten Schlachten trotz hoher Verluste siegreich. Scharnhorst, der das preußische Volksheer aufgebaut hatte, wurde gleich zu Kriegsbeginn tödlich verwundet. Als Napoleon überraschend einen befristeten Waffenstillstand vereinbarte, traten auch Österreich und Bayern, das den Rheinbund verließ, der *Koalition* bei – der größten, die sich bisher gegen Napoleon zusammengeschlossen hatte. Über 300000 Soldaten standen gegen Napoleon im Krieg. Die *„Völkerschlacht" bei Leipzig* (16.–19. Oktober 1813), die beide Seiten über 100000 Tote und Verwundete kostete, brachte die Entscheidung: Napoleon mußte sich mit dem Rest seiner Armee fluchtartig zurückziehen. Sein letzter Verbündeter, der König von Sachsen, wurde als Kriegsgefangener nach Berlin gebracht. Der *Rheinbund* löste sich auf; das Staatensystem des Eroberers zerfiel. Spanien hatte sich schon 1812 mit englischer Hilfe befreien können. Im Frühjahr 1814 zogen der Zar und der preußische König in *Paris* ein. Napoleon dankte ab. Die Insel *Elba* wurde ihm als Herzogtum angewiesen. In Frankreich bestieg der Bruder des 1793 hingerichteten Königs als *Ludwig XVIII.* den Thron.

Napoleons Regierung der 100 Tage. Waterloo 1815

Im Herbst 1814 trafen sich die Sieger in *Wien*, um Europa neu zu ordnen. Während der schwierigen Verhandlungen wurde die Versammlung Anfang März 1815 aufgeschreckt: Napoleon hatte Elba verlassen und war im Triumphzug nach Paris zurückgekehrt. Ludwig XVIII., der sich durch seine Verfolgung der Napoleonanhänger verhaßt gemacht hatte, räumte den Thron kampflos, denn seine Truppen liefen jubelnd zu Napoleon über.

Sofort erhielten die noch am Rhein stehenden preußischen und englischen Truppen unter Blücher und Wellington Marschbefehl. Um ihre Vereinigung zu verhindern, griff Napoleon bei *Waterloo* in Belgien die Stellungen Wellingtons an. Doch das rechtzeitige Eintreffen Blüchers entschied die Schlacht. Napoleons *„Herrschaft der 100 Tage"* war zu Ende. Eine englische Fregatte brachte den ehemaligen Beherrscher Europas auf die britische Felseninsel *St. Helena* im Südatlantik. Dort starb er 1821 in der Verbannung.

Patriotismus (gr. Vaterlands-, Heimatliebe) zeigt sich in der freiwilligen Bereitschaft zu Dienst und Opfer, oft auch in einer stark gefühlsbetonten Hingabe an das eigene Vaterland. In den Befreiungskriegen gegen Napoleon kämpften besonders Freiwilligenverbände mit patriotischer Begeisterung. Für die nationale Einigung Deutschlands im 19. Jh. war der Patriotismus eine wichtige Voraussetzung. Im 20. Jh. – besonders z.Zt. des Nationalsozialismus – wurde die patriotische Gesinnung vieler Menschen für eine verbrecherische Politik mißbraucht.

4 Die Folgen des Aufrufs Friedrich Wilhelms

4a Ein junger Freiwilliger schrieb:

„Am 29. März [1813] nachmittags um 3 Uhr versammelte sich unsere wunderschöne Kompanie auf dem Dönhoffsplatz, um den Marsch nach der Nieder-Elbe ... anzutreten. Eine ungeheure Volksmenge hatte sich versammelt und gab uns das Geleite durch die Leipziger und die Friedrichstraße bis zum Oranienburger Tor. Unter unendlichem Jubel und unter dem Schall unserer Gesänge zogen wir durch die Stadt. Ich selbst gab das Signal, indem ich das Schillersche ‚Frisch auf, Kameraden' anstimmte, begleitet von tausendstimmigen Vivats einer aufs höchste begeisterten Volksmenge. Unser Zug durch das große Berlin war wirklich ergreifend; ich

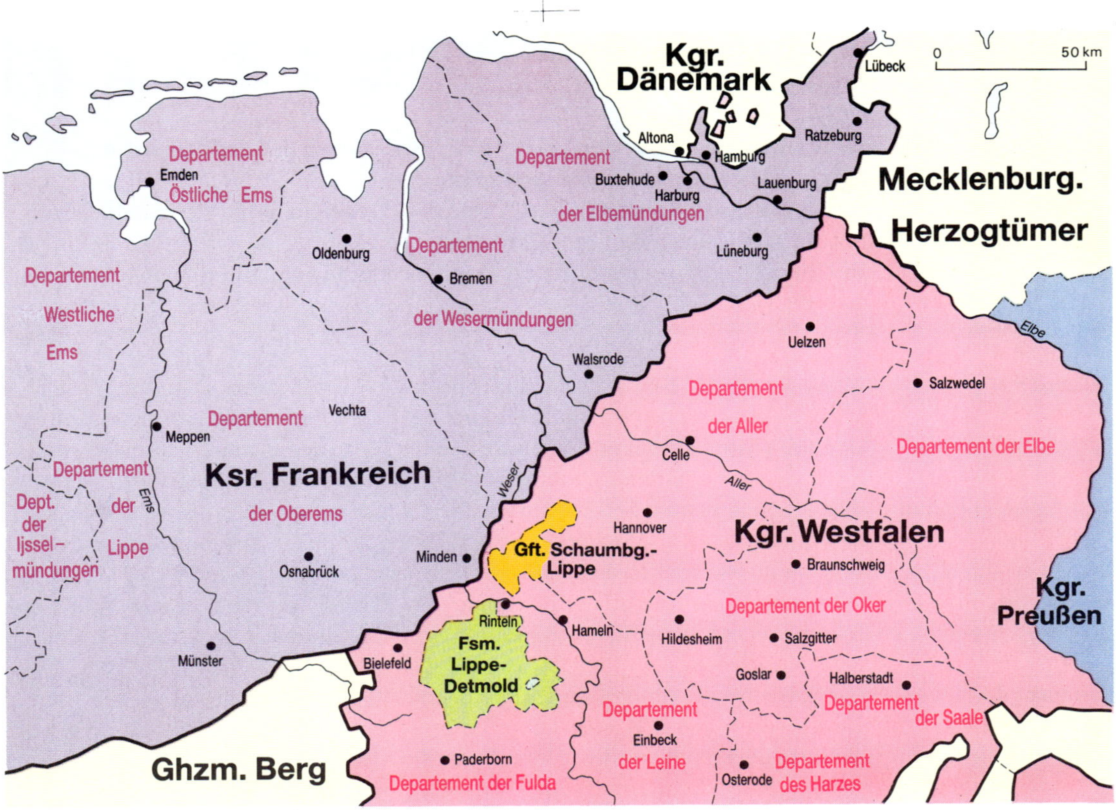

5 Nordwestdeutschland im Jahre 1812

kann noch heute nicht ohne Bewegung daran denken. Wie viele Augen sah ich in Tränen schwimmen. Die Fenster waren mit Damen besetzt, die mit weißen Tüchern wehten; viele sahen dem Zug stumm mit gefalteten Händen nach. Herren und Damen … drückten uns die Hände und wünschten uns Glück und Segen …"
(Zit. nach E. Kleßmann [Hg.], Die Befreiungskriege in Augenzeugenberichten, 1973, S. 43/44)

4b Ein russischer Offizier schrieb:
„Es wurden die Landwehr, der Landsturm geschaffen, Freiwillige aufgerufen, die Untertanen beschworen, alle möglichen Opfer zu bringen, um das Vaterland vom Joche der Franzosen zu befreien, und diese Aufforderung fiel nicht in taube Ohren. Alles strömte herbei. Der Landmann verließ seinen Pflug und stellte sich mit seinen Söhnen, um gegen den Feind zu fechten; die Jugend verließ die Universitäten, die Schulen; die Beamten ihre einträglichen Posten, die Gelehrten die Lehrstühle; jeder brachte, was er an Geld oder Geldeswert hatte, die Frauen ihr Geschmeide. …"
(Zit. nach E. Kleßmann [Hg.], Die Befreiungskriege … a.a.O., S. 45)

Arbeitsvorschläge und Fragen

a) Beschreibe mit Hilfe der Karte (M 5) und des Autorentextes die Situation in Preußen/Europa zu Beginn des Jahres 1813.
b) Mit welchen Argumenten versuchte der preußische König, seine Landsleute zu überzeugen? Achte auch auf die sprachliche Gestaltung des Aufrufs. (M 3)
c) Zeige an ausgewählten Textstellen, inwiefern Gedanken der preußischen Reformer Eingang in den Aufruf gefunden haben.
d) Vergleiche die Stimmung der Bevölkerung in Preußen vom Frühjahr 1813 mit der des Jahres 1806. (M 4a und S. 44, M 2)

4. Die Neuordnung Europas – der Wiener Kongreß

1814/1815	**Die großen Mächte wollen auf dem Wiener Kongreß den Frieden und das Mächtegleichgewicht in Europa sichern.**
8. Juni 1815	Mit der „Deutschen Bundesakte" wird der **„Deutsche Bund"** gegründet: ein Staatenbund souveräner Einzelstaaten.
20. Sept. 1815	Im Frieden zu Paris verzichtet Frankreich endgültig auf alle Gebietserweiterungen seit 1792.

Frieden mit Frankreich

Nach der Niederlage Napoleons wollten die Sieger einen *schnellen Friedensschluß*. Frankreich sollte nicht zu hart bestraft werden, damit es den künftigen Frieden nicht zu brechen trachtete; aber es sollte auch daran gehindert werden, das europäische Gleichgewicht wieder zu zerstören. Der *Erste Pariser Frieden* (30. 5. 1815) beließ den Franzosen die Grenzen von 1792, sie erhielten sogar zusätzlich Saarlouis, Saarbrücken und Landau. Nach Waterloo wurden die Friedensbedingungen allerdings verschärft (*Zweiter Pariser Frieden*, 20. 11. 1815): Die Gebietsgewinne gingen verloren, 700 Millionen Francs waren als Kriegsentschädigung zu zahlen, und Frankreich mußte eine militärische Teilbesetzung hinnehmen.

Probleme der Neuordnung Europas

Die Revolution schien überwunden, und überall drängten adlige Emigranten auf Vergeltung und *Wiederherstellung ihrer alten Rechte*. Viele Fürsten wollten das „ancien régime" wiedererstanden wissen. Anders dachten die Reformer – wie z.B. Freiherr vom Stein. Auch die Bürger, die an den Befreiungskriegen teilgenommen hatten, wollten keine Wiederherstellung des Alten; sie wünschten die Einführung liberaler Verfassungen und die Erneuerung des Reiches als deutschen Nationalstaat.

Der Wiener Kongreß: Legitimität, Restauration, Solidarität der Fürsten

In Wien trafen sich die Sieger, um Europa neu zu ordnen: Österreich, Preußen, Rußland und Großbritannien (als die einflußreichsten Mächte) sowie auch Schweden, Portugal und Spanien. Die Mehrzahl der Fürsten und ihre Berater waren sich einig, daß die gedanklichen Grundlagen der Französischen Revolution, besonders die Ideen der Volkssouveränität, der Freiheit und Gleichheit, eine Gefahr für Europa darstellten. Sie verteidigten daher die Rechtmäßigkeit *(Legitimität)* der monarchischen Herrschaft von Gottes Gnaden durch die angestammten Fürstenhäuser. Die Wiederherstellung *(Restauration)* der alten, legitimen Ordnung erschien besonders dem Zaren und Metternich als der geeignete Weg, stabile Verhältnisse zu schaffen. Die *Solidarität* (Pflicht zur gegenseitigen Hilfe) der Fürsten sollte das „Drachenhaupt der Revolution" niederhalten und so die neue Ordnung sichern.

Die Teilnehmer des Kongresses dachten nicht daran, die Bevölkerung ihrer Länder in irgendeiner Weise an der Neuordnung zu beteiligen.

Die Gründung des Deutschen Bundes: weder Einheit noch Freiheit

Anstatt das Reich zu erneuern, gründeten die Fürsten mit der Unterzeichnung der *„Deutschen Bundesakte"* (8. 6. 1815) den *„Deutschen Bund"*: 34 souveräne Staaten (mit Hessen-Homburg waren es später 35) und die vier freien Städte Hamburg, Lübeck, Bremen und Frankfurt/M. bildeten einen Staatenbund, dessen Zweck die „Erhaltung der äußeren und inneren Sicherheit Deutschlands, die Unabhängigkeit und Unverletzlichkeit der einzelnen deutschen Staaten" (Art. 2 der Bundesakte) war. Einzige zentrale Einrichtung des Bundes war der *Bundestag*, der in Frankfurt tagte, ein Kongreß, auf dem die Mitglieder des Bundes durch Gesandte vertreten waren; den Vorsitz führte Österreich. Der

König von England vertrat als Mitglied Hannover, der dänische König Holstein und der holländische Luxemburg. Die beiden Vormächte des Bundes, *Österreich* und *Preußen*, waren nur mit einem Teil ihres jeweiligen Staatsgebietes Mitglieder. Österreich, ein Vielvölkerstaat, in dem die Deutschen in der Minderheit lebten, war nach der Aufgabe seiner Besitzungen in den Niederlanden und am Oberrhein zur Balkanmacht geworden. Innerhalb Deutschlands hatte Preußen durch den Zugewinn der Rheinprovinz das Übergewicht.

Verschleierung der Verfassungsfrage

Den liberalen Forderungen trugen die Fürsten und Gesandten in Wien kaum Rechnung. – Das Wort *„liberal"* („freiheitlich") war in Spanien aufgekommen und stand für die Forderung, daß die persönlichen und politischen Rechte der Bürger gleich sein und in Verfassungen festgelegt werden müßten, durch die auch die Staatsgewalt zu teilen und kontrollierbar zu machen sei. – Der Fürstenkongreß bestätigte solche Wünsche zwar, umging sie aber zugleich. In Art. 13 der Bundesakte stellte er nämlich fest: „In allen Bundesstaaten wird eine landständische Verfassung stattfinden." Doch erklärte er weder, was das Wort „landständisch" bedeutete, noch legte er einen Zeitpunkt fest, wann Verfassungen gewährt werden sollten.

Die Gesandten des Kongresses

In Wien trafen sich alle wichtigen Politiker des damaligen Europa. Neben dem österreichischen *Kaiser Franz I.* (1804–1835) waren auch der russische Zar *Alexander I.* (1801–1825) und der preußische König *Friedrich Wilhelm III.* (1797–1840) auf dem Kongreß anwesend; unterstützt oder vertreten wurden die Herrscher durch ihre Außenminister *Metternich* und *Nesselrode* bzw. durch den preußischen Staatskanzler *Fürst von Hardenberg* (der seinerseits Unterstützung durch *W. v. Humboldt* erhielt). Metternich erlangte – insbesondere

1 Teilnehmer des Wiener Kongresses. (Stich von Godefroy und Isabey) – Unter den Vertretern der führenden Mächte u. a. ① Wellington, ② Hardenberg, ③ Metternich, ④ Nesselrode, ⑤ Castlereagh, ⑥ Talleyrand, ⑦ W. v. Humboldt.

wegen seines diplomatischen Geschicks und seines strengen Beharrens auf den Kongreßprinzipien – überragenden Einfluß in Europa (man sprach bald vom *„Metternichschen System“*). Daneben erwarb sich der englische Außenminister *Castlereagh* als Gleichgewichts-Politiker hohes Ansehen. *Talleyrand*, der französische Außenminister, wußte die Spannungen unter den vier Siegermächten geschickt auszunutzen; seit Beginn des Jahres 1815 wurde er zu den Beratungen hinzugezogen – er verfocht mit großem Erfolg das Prinzip der Legitimität.

Der Kongreß „tanzt“

Die Delegierten der Mächte beratschlagten und stritten, teilweise kam es zu ernsthaften *Zwistigkeiten*. Rußland griff nach dem gesamten Polen, und Preußen ließ zum Verdruß der anderen Mächte nicht nach, ganz Sachsen zu fordern. Aber letztlich einten die *gemeinsamen Prinzipien* die Streitenden. Und das Gastgeberland verstand es, den Mächtigen ihren Aufenthalt in Wien angenehm und abwechslungsreich zu gestalten. Die Gastmahle und Bälle verbreiteten die Kunde des „tanzenden“ Kongresses.

Territoriale Veränderungen in Europa

Die Schaffung des Deutschen Bundes war mit deutlichen *territorialen Veränderungen* verbunden. Die europäischen Machtverhältnisse spiegelten sich in einer veränderten Landkarte Europas wider.

Preußen durfte weite Gebiete aus den polnischen Teilungen behalten, erlangte aber nur einen Teil Sachsens; andererseits griff es mit der neuen Rheinprovinz weit nach Westen aus und verfügte über das künftige Industriezentrum in Deutschland. *Hannover* – jetzt Königreich – gewann deutlichen Machtzuwachs mit Ostfriesland, dem ehemaligen Münsterischen Niederstift (Emsland), Osnabrück, Hildesheim, Goslar und dem Untereichsfeld; entsprechendes gilt nur eingeschränkt für *Oldenburg* – seit 1829 Großherzogtum – durch den Hinzugewinn der entfernten Exklave Birkenfeld und Jevers. *Österreich* verzichtete auf seine Besitzungen im heutigen Belgien und in Süddeutschland, bewahrte aber die italienischen Provinzen Lombardei und Venetien sowie die Anteile des ehemaligen Polen. *Rußland* erhielt Finnland und Bessarabien und wurde durch Personalunion mit dem Königreich Polen (*„Kongreßpolen“*) verbunden. Die ehemals österreichischen Niederlande fügten die Kongreßmächte mit den nördlichen zu den *„Vereinigten Niederlanden“* zusammen, unter oranischem Königtum. *Großbritannien* schließlich sicherte sich alle territorialen Gewinne, die es sich in den vorangegangenen Kriegen erworben hatte (z.B. Helgoland, Malta, Kapland, Ceylon).

Sicherung von Frieden und Gleichgewicht

Vermittels der Prinzipien, die die großen Mächte verbanden, wollten die Fürsten Europas den künftigen Frieden sichern. Zar Alexander begründete eine *„Heilige Allianz“* (26. 9. 1815); Monarchen und Völker sollten sich als Brüder in christlicher Gesinnung fühlen, eine Beistandsklausel verpflichtete die Monarchen zu *gegenseitiger Hilfeleistung* „bei jeder Gelegenheit“. Außer dem türkischen Sultan, dem Papst und dem englischen König traten alle europäischen Herrscher der Allianz bei.

Ein konkreteres Instrument der Friedenssicherung war der Vierbund (*Quadrupelallianz*, 20. 11. 1815) zwischen Großbritannien, Rußland, Österreich und Preußen: Er war als feste Sicherung gegen Frankreich gedacht; die vier Großmächte verpflichteten sich, bis auf weiteres Besatzungstruppen in Frankreich zu unterhalten und gemeinsam gegen eventuell erneut auftretende revolutionäre Bewegungen einzuschreiten.

Auch wollten die Monarchen in Zukunft regelmäßig zusammenkommen, um Maßnahmen zu besprechen und zu vereinbaren, die dem Frieden in Europa förderlich wären.

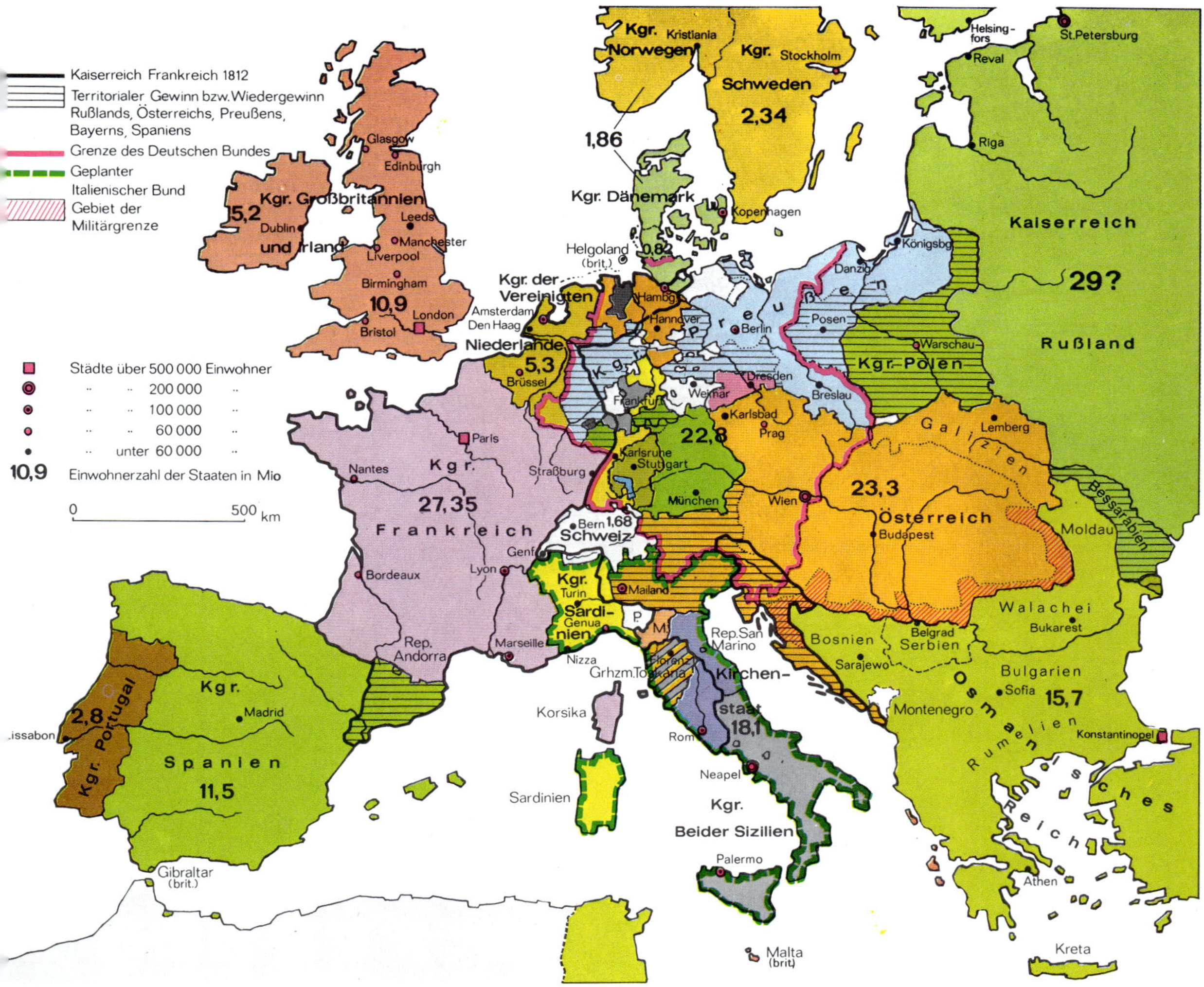

2 Europa nach dem Wiener Kongreß (1815)

Restauration: Der Begriff Restauration (lat. restaurare = wiederherstellen) kennzeichnet die Wiederherstellung gesellschaftlicher, politischer und staatlicher Ordnungen nach „alten" Prinzipien, die als bewährt gelten. Im engeren Sinn wird mit Restauration die europäische Epoche 1815–1848 bezeichnet, in der politische Zustände geschaffen wurden, die denen der Zeit vor der Französischen Revolution in starkem Maße entsprachen. Das galt vor allem für die Stellung der Fürsten und Könige, deren Macht nicht durch Körperschaften des Staates eingeschränkt werden sollte.

Legitimität (lat. legitimus = rechtmäßig, gebührend): Man versteht darunter das hauptsächliche Prinzip der Rechtfertigung für die (erneuerte) Macht der Fürsten, vor allem nach Beendigung der Französischen Revolution: Ererbte Herrschaft eines Fürsten sei, da sie von Gott herrühre, rechtmäßige Machtausübung; die Zustimmung der Beherrschten wird vorausgesetzt. – Durch den französischen Außenminister Talleyrand (1754–1838) wurde auf dem Wiener Kongreß Legitimität zum anerkannten Herrschaftsprinzip.

Später wird der Begriff Legitimität ausgeweitet auf alle Formen von Herrschaft, die von der überwiegenden Anzahl der Beherrschten aus freien Stücken bejaht wird.

3 Die Mitglieder des Deutschen Bundes und ihre Kontingente für das Bundesheer

Armeekorps	Bundesstaaten	Kontingent (jeweils 1 % der Bevölkerung)	
1 2 3	Österreich	94 822	
4 5 6	Preußen	79 234	
7	Bayern	35 600	
8	Württemberg	13 955	
	Baden	10 000	
	Großherzogtum Hessen	6 195	
	Hohenzollern-Hechingen	145	
	Liechtenstein	55	
	Hohenzollern-Sigmaringen	356	
	Hessen-Homburg	200	
	Frankfurt	479	31 385
9	Königreich Sachsen	12 000	
	Kurhessen	5 679	
	Luxemburg	2 556	
	Nassau	3 028	
	Sachsen-Weimar	2 010	
	Sachsen-Gotha	1 857	
	Sachsen-Koburg	800	
	Sachsen-Meiningen	544	
	Sachsen-Hildburghausen	297	
	Anhalt-Dessau	529	
	Anhalt-Bernburg	370	
	Anhalt-Köthen	325	
	Schwarzburg-Sondershausen	451	
	Schwarzburg-Rudolstadt	539	
	Reuß, ältere Linie	223	
	Reuß, jüngere Linie	522	31 730
10	Hannover	13 054	
	Holstein	3 600	
	Braunschweig	2 096	
	Mecklenburg-Schwerin	3 580	
	Mecklenburg-Strelitz	718	
	Oldenburg	2 178	
	Waldeck	519	
	Lippe-Schaumburg	240	
	Lippe-Detmold	691	
	Lübeck	407	
	Bremen	485	
	Hamburg	1 298	28 866
		gesamt	301 637

(Zit. nach: Heinrich Lutz, Zwischen Habsburg und Preußen: Deutschland 1815–1866, Berlin 1985, S. 62)

4 „Und es soll eine andere Ordnung der Dinge werden …"

Königin Luise, 1776–1810, Gemahlin des preußischen Königs Friedrich Wilhelm III., Tochter des Herzogs von Mecklenburg-Strelitz, schrieb im April 1808 aus Königsberg an ihren Vater:

„Bester Vater! Mit uns ist es aus, wenn auch nicht für immer, doch für jetzt. … Die göttliche Vorsehung leitet unverkennbar neue Weltzustände ein, und es soll eine andere Ordnung der Dinge werden, da die alte sich überlebt hat und in sich selbst als abgestorben zusammenstürzt. Wir sind eingeschlafen auf den Lorbeeren Friedrichs des Großen, welcher, der Herr seines Jahrhunderts, eine neue Zeit schuf. Wir sind mit derselben nicht fortgeschritten, deshalb überflügelt sie uns. … Ich glaube auch nicht, daß der Kaiser Napoleon Bonaparte fest und sicher auf seinem, jetzt freilich glänzenden Thron ist. Fest und ruhig ist nur allein Wahrheit und Gerechtigkeit, und er ist nur politisch, das heißt klug, und er richtet sich nicht nach ewigen Gesetzen, sondern nach Umständen, wie sie nun eben sind. … Dabei ist er ohne alle Mäßigung, und wer nicht Maß halten kann, verliert das Gleichgewicht und fällt. Ich glaube fest an Gott, also auch an sittliche Weltordnung. Diese sehe ich in der Gewalt nicht; deshalb bin ich der Hoffnung, daß auf die jetzige böse Zeit eine bessere folgen wird. …"

(Merete van Taack, Königin Luise, Stuttgart 1985, S. 416–417)

5 Der Deutsche Bund in der Sicht Steins

„Unsere neuen Gesetzgeber haben an die Stelle des alten Deutschen Reiches mit einem Haupte, gesetzgebender Versammlung, Gerichtshöfen, einer innern Einrichtung, die ein Ganzes bildete – einen Deutschen Bund gesetzt, ohne Haupt, ohne Gerichtshöfe, schwach verbunden für die gemeine Verteidigung. Die Rechte der Einzelnen sind durch nichts gesichert als die unbestimmte Erklärung, ‚daß es Landstände geben solle'; ohne daß etwas über deren Befugnisse festgestellt ist (Art. 13); und durch eine Reihe Grundsätze (Art. 18) über die Rechte jedes Deutschen, worunter man die Habeas corpus, die Abschaffung der Leibeigenschaft ausgelassen hat, und welche durch keine schützende Einrichtung verbürgt werden …

Von einer so fehlerhaften Verfassung läßt sich nur ein sehr schwacher Einfluß auf das öffentliche Glück Deutschlands erwarten, und man muß hoffen, daß die despotischen Grundsätze, von denen mehrere Kabinette sich noch nicht losmachen können, nach und nach durch die öffentliche Meinung, die Freiheit der Presse und das Beispiel zerstört werden, welches mehrere

Fürsten, besonders Preußen, geben zu wollen scheinen, indem sie ihren Untertanen eine weise und wohltätige Verfassung erteilen."
(Denkschrift Steins vom 24. Juni 1815, zit. nach: Geschichte in Quellen, Bd. 5, 1980, S. 26)

6 Grundsätze der europäischen Politik

Aus einem Schreiben Metternichs an den österreichischen Gesandten in der Schweiz (1826):
„Das erste Ziel der Bemühungen unserer Regierung und aller seit der Wiederherstellung der Unabhängigkeit Europas mit ihr verbündeten Regierungen ist die Aufrechterhaltung der gesetzlichen Ordnung, die das glückliche Ergebnis dieser Wiederherstellung ist; eines Zustandes der Ruhe, der allen die Früchte eines so teuer erkauften Friedens sichert ... Seit einigen Jahren sehen wir zu unserer Genugtuung, wie mehrere Regierungen ... sich endlich zu der Überzeugung durchrangen, daß die Unterdrückung des noch bestehenden Übels die erste und unerläßlichste Vorbedingung dafür ist. ... Dieses Übel ist der revolutionäre Geist, geboren aus jener ordnungswidrigen Unruhe, welche die Umwälzungen der Epoche der heutigen Generation aufgeprägt haben, gespeist durch begehrliche Leidenschaften und tiefe Entsittlichung ... Systematisch in ihren Plänen, streng folgerichtig in ihrem lichtscheuen Treiben finden die Führer dieser gottlosen Sekte, die sich zum Umsturz der Altäre und Throne zusammenschloß, von einem Ende Europas zum andern Verbündete für die Durchführung ihrer verbrecherischen Unternehmungen, überall da, wo dieselben Leidenschaften, dieselben sozialen Verhältnisse in gleicher Weise auf die Geister sich auswirken."
(Zit. nach: Geschichte in Quellen, Bd. 5, 1980, S. 36f.)

Arbeitsvorschläge und Fragen

a) Zeige auf der Karte wichtige territoriale Neuordnungen im Gebiet des Deutschen Bundes. (Nimm den historischen Atlas zu Hilfe.) (M 2; vgl. Kap. S. 43, M 1)
b) Vergleiche die Erwartungen der Königin Luise und des Freiherrn vom Stein mit den Grundsätzen der Politik Metternichs. (M 4 – M 6)
c) Äußere Dich zu verdeckten Krisen in Frankreich, in Polen und im Deutschen Bund nach der politischen Neuordnung durch die Großmächte. (M 2)
d) Inwiefern erscheint die Furcht der Herrschenden vor revolutionären Strömungen berechtigt? Inwiefern könnte sie aber auch eine Belastung darstellen für die beabsichtigte Friedenspolitik?
e) Inwiefern hat vom Stein recht, wenn er meint, der Deutsche Bund sei „schwach verbunden für die gemeine (gemeinsame) Verteidigung"? (M 5; M 3)

Industrialisierung und soziale Frage

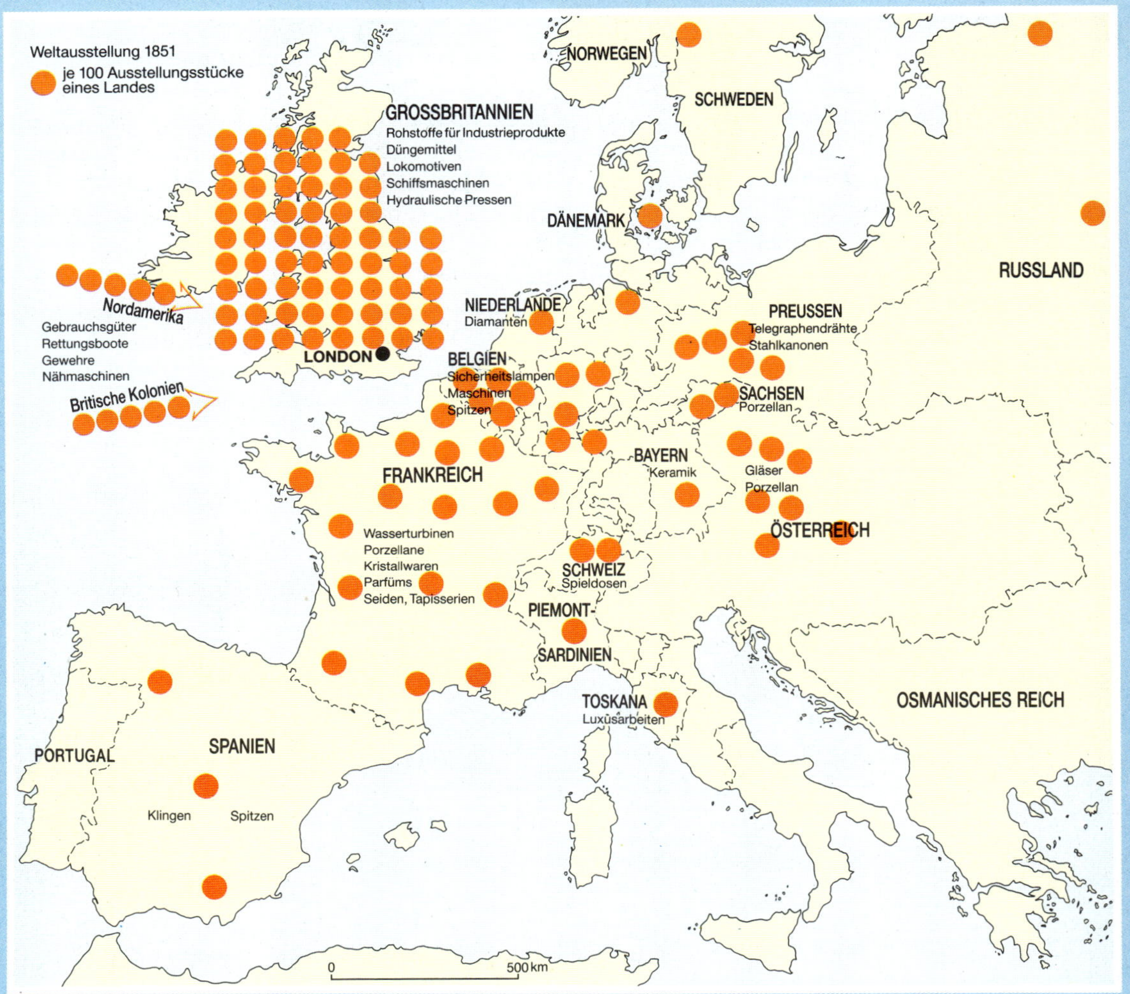

1 Londoner Weltausstellung 1851: Zahl und Herkunft der Ausstellungsstücke (mit Beispielangaben)

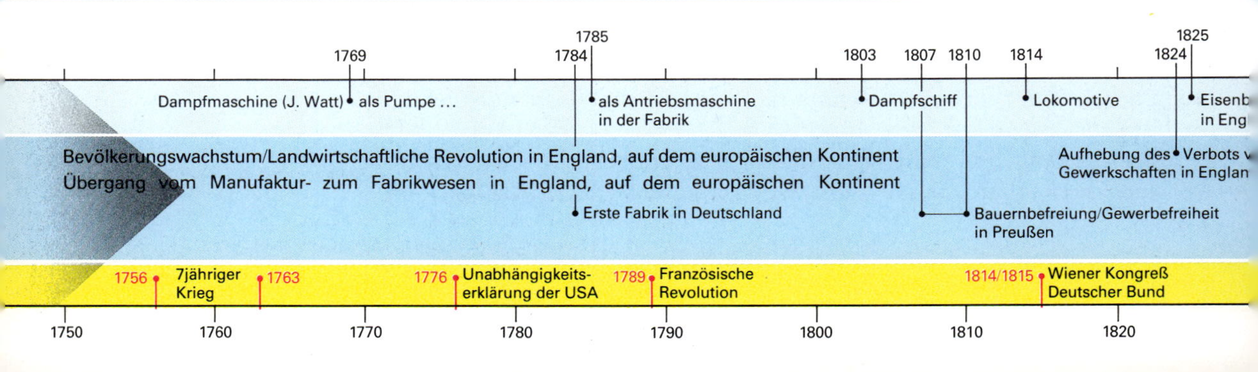

2 Wandel von Technik und Arbeit am Beispiel des Spinnens: (1) Frau mit Spinnrocken (mit der vorbereiteten Wolle) in der linken und Spindel in der rechten Hand. (Relief aus der römischen Kaiserzeit) – Dieses Spinnverfahren war damals schon Jahrtausende alt. Spinnräder gibt es erst seit dem späten 15. Jahrhundert. – (2) Heimarbeit in England im 18. Jahrhundert: Zwei Frauen spinnen, eine kocht das Garn, eine spult es auf. (Gemälde, um 1750) – (3) Englische Baumwollspinnerei im 19. Jahrhundert: Arbeit mit Hilfe von Maschinen und Dampfkraft. (Zeitgenössischer Stich, um 1840) – (4) Textilfabrik, um 1980.

1834 Deutscher Zollverein
1835 in Deutschland Telegraph
1837
1839 Einschränkung der Kinderarbeit in Preußen
1848 Kommunistisches Manifest (Marx/Engels)
seit 1861 Badische Anilin- und Sodafabrik
1863 Lasalle: Allgemeiner Deutscher Arbeiterverein
1865 Zulassung von Gewerkschaften in deutschen Staaten
1866 Dynamo (Siemens)
1869 Bebel/Liebknecht: Sozialdemokratische Arbeiterpartei
1875 Zusammenschluß: Sozialistische Arbeiterpartei Deutschlands (1891: SPD)
1876 Benzinmotor (Otto)
ab 1883 Bismarck: Staatliche Sozialversicherung im Deutschen Reich
1886 Automobil (Benz)
1895 Filmgerät
1900 Deutschland (nach USA) an zweiter Stelle der Weltproduktion
1903 Motorflug

30 Juli-Revolution
1848 Februar- / März-Revolution
1871 Gründung des Deutschen Reiches
Otto v. Bismarck Reichskanzler
1890

1840 1850 1860 1870 1880 1890 1900 1910

1. Die Industrielle Revolution beginnt in England

Ab 1750	Die Bevölkerung nimmt stark zu, zunächst in England, dann in anderen Ländern Europas.
1705–1767	Englische Erfinder konstruieren die **Kolbendampfpumpe** und das **fliegende Weberschiffchen**; sie entdecken ein Verfahren zur Gewinnung von **Koks aus Kohle**, bauen den ersten **Hochofen** und konstruieren eine **Spinnmaschine.**
1769	James Watt läßt seine verbesserte **Dampfmaschine** patentieren.
Bis 1814	Dampfmaschinen werden in Bergwerken als Pumpe und in Fabriken als Antrieb eingesetzt. Bau der ersten Dampfschiffe und der ersten dampfgetriebenen Lokomotive.

Immer mehr Menschen

Jahrtausendelang hat die Zahl der Menschen auf Erden nur sehr langsam zugenommen. Seit der Mitte des 18. Jahrhunderts beschleunigte sich der Zuwachs an Menschen zunächst in England und Teilen Europas und dann auf der ganzen Welt so sehr, daß man schließlich von einer *Bevölkerungsexplosion* sprach.

Ursachen der Bevölkerungszunahme

Über die Ursachen des raschen Anstiegs der Bevölkerung nach 1750 sind sich die Wissenschaftler nicht ganz einig. Folgende Gründe werden angeführt:

- Neue *medizinische Erkenntnisse* breiteten sich aus; vor allem erkannte man, daß Schmutz viele Krankheiten verursacht.
- Die großen *Städte* wurden *sauberer.*
- Mehr *Krankenhäuser* wurden gebaut.
- Weitverbreiteter *Alkoholismus* konnte erfolgreich bekämpft werden.
- Die mit Ungeziefer verseuchten Holz- und Lehmhäuser wurden allmählich durch *Backsteinhäuser* ersetzt.
- Weniger Menschen wurden in *Kriegen* getötet.
- Mehr Menschen heirateten nach *Beseitigung von Eheverboten,* die in Zunft- und Gesindeordnungen festgelegt waren. Mehr Erwerbsmöglichkeiten in der Haus- und Kleinindustrie und den ersten Fabriken gaben Anreiz dazu.
- Fortschritte in der Landwirtschaft und verbesserte Transportmittel führten zu *besserer Ernährung.*

1 Wachstum der Erdbevölkerung in den letzten 7000 Jahren

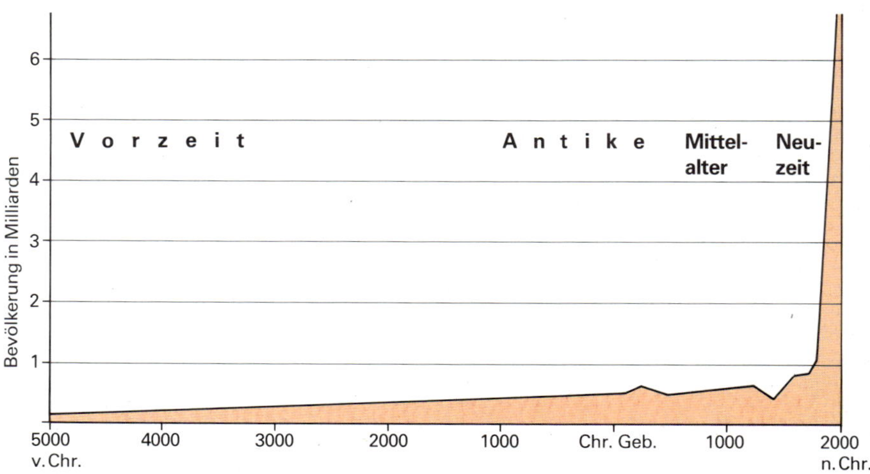

2 Erfindungen in der englischen Landwirtschaft (Stich aus einem Handbuch des 18. Jahrhunderts)

Mittelalterliche Lebensverhältnisse halten sich lange

Bis zum 18. Jahrhundert waren die *Dörfer*, oft sogar die einzelnen *Bauernhöfe*, fast in sich *geschlossene Wirtschaftseinheiten*. Nahezu alles, was die Menschen brauchten, bauten sie selber an oder stellten sie selber her. Es gab nicht viel zu verkaufen oder zu kaufen. Für Neuerungen interessierte sich die Landbevölkerung wenig; es gab für sie keine Veranlassung, die Erzeugung zu steigern.

Gewinnstreben verändert die Landwirtschaft

Das änderte sich im 18. Jahrhundert. Das *Wachstum der Bevölkerung* ließ die Nachfrage nach Lebensmitteln sowie die Preise steigen. Viele reiche Kaufleute aus den Städten Englands sahen daher im Erwerb von Grundbesitz eine gute Möglichkeit, ihr Geld gewinnbringend anzulegen. Es waren vor allem die Engländer, die – zum Teil nach holländischem Vorbild – durch eine Modernisierung in der Landwirtschaft eine gewaltige *Produktionssteigerung* erreichten. Sie kauften kleine und unrentable Höfe auf und legten die Felder zusammen. Auf ihren vergrößerten Gütern, die mit Hecken und Zäunen „eingehegt" wurden, steigerten die Grundbesitzer die Erträge durch Anwendung wissenschaftlicher Erkenntnisse und durch Experimente. Die Kleinbauern waren die Leidtragenden dieser Flurbereinigung. Sie wurden vom Lande verdrängt und wanderten in großer Zahl in die Städte ab.

Eine technische Revolution beginnt

Jede Arbeit erfordert Kraft. Die *Kraft* kam bis 1769 vorwiegend von *Menschen* und *Tieren*, von *Wasser* und *Wind*. Viele Erfindungen mußten zusammenkommen, bis die Menschen lernten, Kraft künstlich zu erzeugen, soviel sie nur brauchen konnten. Daß die *Spannung des Wasserdampfes* Kraft hat, entdeckten griechische Gelehrte schon vor Christi Geburt. Experimente, diese Kraft auszunutzen, hatte man seit dem 17. Jahrhundert n. Chr. immer wieder gemacht. 1705 baute Thomas Newcomen eine *Kolbendampfpumpe*, die in Bergwerken zum Herauspumpen des Grubenwassers verwendet werden konnte. 1735 stellte man zum ersten Male *Koks* her, der bei der Verbrennung viel mehr Wärme gab als die bisher genutzte Holzkohle.

1766 wurde in England der erste *Hochofen* zur *Gußstahlerzeugung* errichtet. 1769 schließlich baute *James Watt* eine *Dampfmaschine*, bei deren Konstruk-

3 Englisches Kohlebergwerk am Ende des 18. Jahrhunderts (Gemälde um 1790, anonym)

tion er zahlreiche Entdeckungen und Erfindungen miteinander verband: Ihm gelang dabei die Umsetzung der Kolbenstöße in eine ununterbrochene Drehbewegung.

Die erste Fabrik – moderne Industrien entstehen

1767 hatte der Weber James Hargreaves die *Spinnmaschine* erfunden, mit der ein Arbeiter zwanzig Fäden zugleich spinnen konnte, die also soviel leistete, wie vorher zwanzig Arbeiter. Der Landpfarrer Cartwright baute einen *mechanischen Webstuhl*, und der Barbier Richard Arkwright stellte in einer Werkstatt viele solcher Maschinen in fortlaufender Reihe zusammen: Die *erste Textilfabrik* war gegründet (1771), die aber noch mit Mühlwerken betrieben wurde. Vierzehn Jahre später wurden zum erstenmal *Dampfmaschinen zum Antrieb* benutzt: Die erste moderne Fabrik war entstanden.

Von nun an folgten Erfindungen immer schneller aufeinander. Es entstanden immer neue *Industrien* (lat. industria = beharrliche Tätigkeit, Gewerbefleiß), in denen Dampfmaschinen verwendet wurden. Immer neue Möglichkeiten ihrer Nutzung wurden gefunden.

Warum gerade in England?

Bedeutende technische Erfindungen haben Griechen und Römer, Araber und Chinesen, aber auch andere Völker gemacht; aber noch nie in der vieltausendjährigen Geschichte sind die Menschen auf den Gedanken gekommen, *systematisch* auf *naturwissenschaftlicher Grundlage* nach *technischen Neuerungen* zu suchen, um sie gezielt *wirtschaftlich* zu verwenden. Wie erklären wir es uns, daß es im 18. Jahrhundert Engländer waren, die als erste im großen Stil technische Erfindungen wirtschaftlich nutzten und damit den Vorgang einleiteten, den wir *Industrialisierung* nennen?

Zusammenspiel vieler Faktoren

Die Familien der *Kaufleute* und Unternehmer sowie die *Kaufmannsgesellschaften* hatten durch die Verarbeitung von Baumwolle und Halbfertigfabrikaten aus den *Kolonien*, durch die Ausfuhr von Wolle und Metallwaren und auch

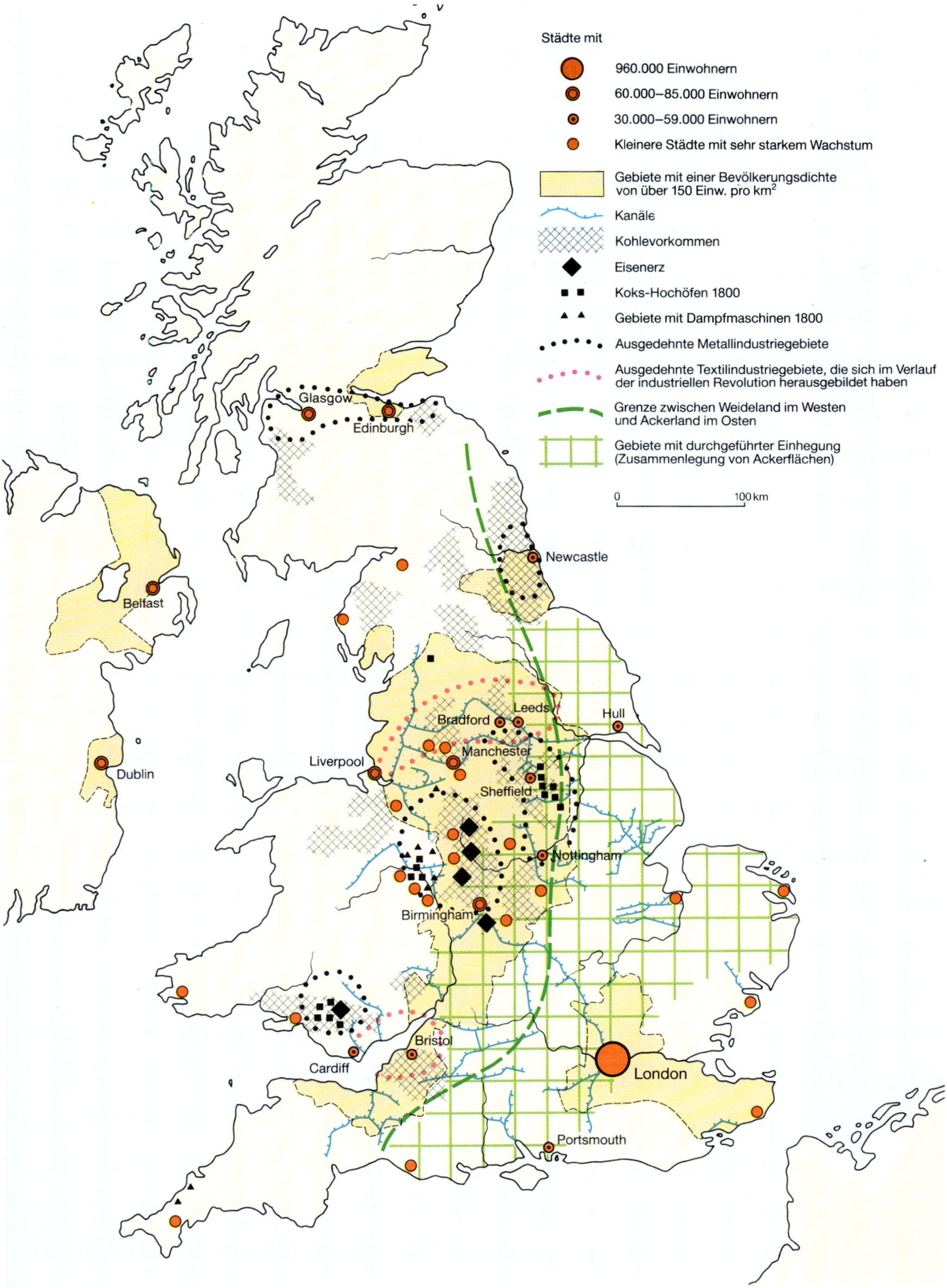

4 Wirtschaft in Großbritannien um 1800

durch den Verkauf von Millionen afrikanischer *Sklaven* gewaltige *Kapitalien* gesammelt. Dabei hatten sie die größte Handelsflotte der Welt aufgebaut.
Viele Kaufleute steckten ihr Geld nicht nur in Handelsunternehmungen, sondern liehen Geld auch Unternehmern von *Manufakturen* oder *„Verlegern“*, d.h. Unternehmern, die Waren in Heimarbeit herstellen ließen. In den Manufakturen und in der ländlichen Heimindustrie wurden vor allem Textil- und Metallwaren hergestellt. Oft übernahmen Kaufleute auch selbst den Betrieb von Fabriken und Bergwerken. Für den Einsatz ihres Kapitals forderten sie *ungehemmte Entfaltungsmöglichkeiten*.

Freie Entfaltungsmöglichkeiten für Kaufleute und Unternehmer

Nur eine Minderheit der gesamten Bevölkerung Englands war calvinistisch, aber die Gruppe der Erfinder, Kaufleute und Unternehmer bestand zur Hälfte aus Angehörigen der calvinistischen Religion. Für sie war *wirtschaftlicher Erfolg* ein Zeichen dafür, daß *Gottes Segen* auf ihrer Arbeit lag. Als Mitglieder von Regierung und Parlament betrieben die Kaufleute eine Politik und eine Gesetzgebung, die ihren Interessen in Landwirtschaft und Handel dienten. *Adam Smith*, Professor der Volkswirtschaft, wandte sich gegen jede staatliche Bevormundung. Der Staat solle seine Aufgaben auf Außenpolitik, Kriegswesen, Verwaltung und Rechtsprechung beschränken. Das *Streben des Einzelnen* nach *Gewinn* und *Wohlstand* werde letztlich auch der *Allgemeinheit* zugutekommen. Adam Smith ist der Begründer der Lehre des *Wirtschaftsliberalismus*.

Die Natur des Landes erleichtert die Entstehung der Industrie in England

Die Industrialisierung eines Landes ist ohne die Rohstoffe *Kohle und Eisen* nicht möglich. Beides gab es in England. Doch war der *Transport* von Kohle zu Lande durch Packpferde und Packesel so übermäßig mühsam, daß sie nicht zu einem erschwinglichen Preis angeboten werden konnte. Deshalb wurden Erze oft mit Hilfe von Holz und Holzkohle am Fundort geschmolzen und verarbeitet, wenn keine Kohle in unmittelbarer Nähe vorkam und der Transport schwierig war. Der *Bau von Kanälen*, auf denen die *Lastschiffe* getreidelt, d.h. von Pferden gezogen werden konnten, brachte seit Mitte des 18. Jahrhunderts eine entscheidende Verbesserung der Beförderung. „Wenige Fortschritte ... haben so viel zum Wachstum des Handels und des Wohlstandes in unserem Lande beigetragen wie die Kanalschiffahrt“, urteilte ein Zeitgenosse zwei Jahre vor der Eröffnung der ersten Eisenbahnstrecke.

England wird „die Werkstatt der Welt“

In den 100 Jahren nach der Erfindung der Dampfmaschine ging Großbritannien als erstes Land den Weg der Industrialisierung, wurde zur „Werkstatt der Welt“ und bekam dadurch eine *wirtschaftliche und politische Vormachtstellung*.

Industrielle Revolution. Der Begriff bezeichnet die Anfangsphase der Industrialisierung in England. Mit der Erfindung der Dampfmaschine, der Spinnmaschine und des mechanischen Webstuhles begann im 18. Jahrhundert eine grundlegende Veränderung nahezu aller Lebensbereiche. Aus der Agrargesellschaft entstand die Industriegesellschaft. Inzwischen hat die Industrialisierung zwar fast alle Länder der Erde erreicht, ist aber bis heute nicht abgeschlossen.
Handwerk/Verlagssystem/Manufaktur/Fabrik: In der vorindustriellen Zeit wurden gewerbliche Güter überwiegend in der Werkstatt des Handwerkers hergestellt. Beim Verlagssystem übernahm ein Unternehmer (Verleger) die Leitung der Produktion, die Beschaffung von Rohstoffen und den Verkauf der Produkte, während die Handwerker die Waren – oft in Heimarbeit – herstellten. Im 17. Jahrhundert entstanden Manufakturen, d.h. Betriebe, in denen Waren in größerer Stückzahl hergestellt werden konnten, weil die Arbeiter auf Teile des Herstellungsprozesses spezialisiert wurden (Arbeitsteilung). Mit Beginn der Industrialisierung wurde die Fabrik die typische Produktionsstätte. Maschinenarbeit löste weitgehend die Handarbeit ab.

5 Lebenslauf eines Unternehmers

Aus der Lebensgeschichte des Textilherstellers John Marshall:

1765 J. Marshall wird in Leeds als Sohn eines Tuchhändlers geboren.

1787 Er erbt das Geschäft seines Vaters und steigt auch ins Flachsgeschäft ein.

1788 Marshall gewinnt zwei Partner und pachtet eine mit Wasserkraft betriebene Fabrik; er arbeitet mit Spinnmaschinen und dem Cartwrightschen Webstuhl. Sein Mechaniker Murray verbessert die Spinnmaschinen und erfindet eine Flachskrempelmaschine, die Marshall erfolgreich benutzt. Damit ebnet er den Weg für Marshalls Erfolg.

1793 Wirtschaftskrise durch den Beginn des Krieges gegen Frankreich. Marshall löst seine wirtschaftlichen Verbindungen mit seinen Partnern. Er profitiert vom Nachlassen der Garnimporte vom Kontinent infolge des Krieges und vergrößert seinen Betrieb. Zwei Wollhändler stellen Kapital zur Verfügung gegen die Hälfte seiner Gewinne.

1795 Marshall baut eine zweite Fabrik, ausgestattet mit einer Wattschen Dampfmaschine. Fünf Monate später brennt sie nieder. Während ihres Wiederaufbaus betreibt Marshall eine Bleichanlage.

1803 Marshall und seine Partner besitzen die größte Tuchfabrik in England mit 1000 Arbeitern und 7000 Spindeln.

1805 Marshall zahlt seine Partner aus und vergrößert seinen Flachsbetrieb.

1815 John Marshall ist der bedeutendste Tuchfabrikant in England. Er zieht sich aus der Betriebsleitung zurück, bemüht sich um öffentliche Ämter und lebt als Gentleman im Lake District.

6 Bevölkerungsentwicklung in verschiedenen europäischen Ländern (in Millionen):

	1750	1800	1850	1900	1910
Engl.	6	10,9	20,9	36,9	40,7
Frankr.	20	26,9	36,5	40,7	41,5
Spanien	9	11,5	15,5	18,6	19,9
Deutschl.	15	24,5	31,7	50,6	58,5

(C. M. Cipolla, The Fontana Economic History of Europe, Bd. 3, 1977, S. 29; Bd. 4/2, S. 534)

7 Kanalbau. Francis Egerton, Herzog von Bridgewater, veranlaßte 1759 den Bau eines Kanals von seinem Kohlebergwerk in Worsley nach Manchester (10 km), der den Fluß Irwell kreuzte.

8 Wirtschaftliches Wachstum in Großbritannien

Kohleförderung in Mio. t		Eisenproduktion in Mio. t	
1770	6,2	1806	0,25
1816	16,0	1835	1,0
1856	56,0	1855	3,2

(Nach: W. Köllmann, Die industrielle Revolution, Stuttgart 1980, S. 19, Nr. 16a)

9 Die industrielle Produktion (in Mio. £)

	1780	1820	1860	1888
GB	177	290	577	870
F	147	200	380	485
D	50	85	310	583
USA	15	55	392	1443

(Nach: M. G. McMullhall, The Dictionary of Statistics, London 1892)

10 Die Entwicklung des britischen Außenhandels von 1750 bis 1900

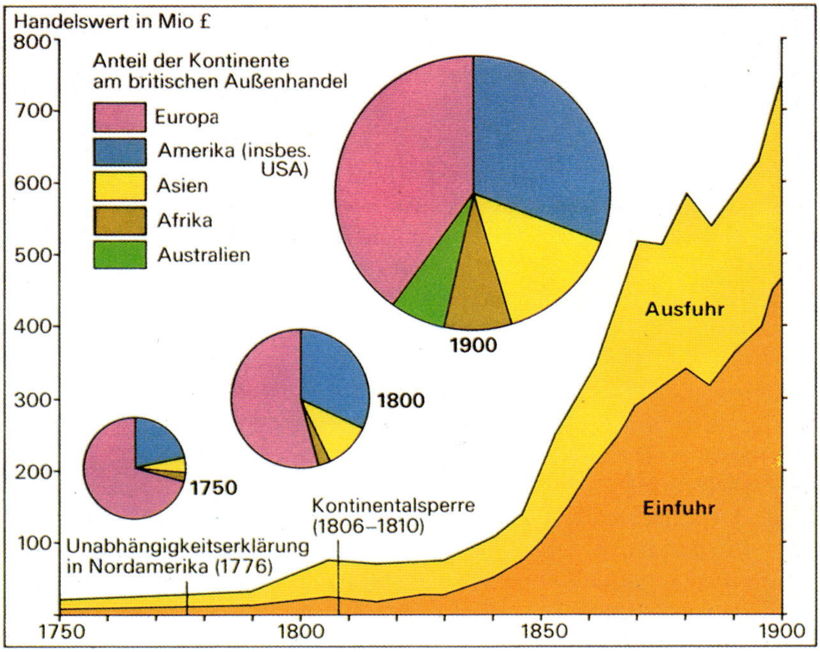

11 Baumwollverarbeitung in England von 1750 bis 1899 (Wert in 1000 £, jährlicher Durchschnitt):

1750–59	2820	1830–39	302000
1770–79	4797	1850–59	759000
1790–99	28645	1870–79	1244000
1810–19	96339	1890–99	1556000

(Nach: Peter Mathias, The first industrial Nation, London 1969, S. 486)

12 Staat und Wirtschaft

Der Wirtschaftswissenschaftler Adam Smith schrieb 1776:

„Da nun aber der Zweck jeder Kapitalanlage Gewinnerzielung ist, so wenden sich die Kapitalien den rentabelsten Anlagen zu, d.h. denjenigen, in denen die höchsten Gewinne erzielt werden. Indirekt wird aber auf diese Weise auch die Produktivität der Volkswirtschaft am besten gefördert. Jeder glaubt, nur sein eigenes Interesse im Auge zu haben, tatsächlich aber erfährt so indirekt auch das Gesamtwohl der Volkswirtschaft die beste Förderung …

Welche Kapitalanlage wirklich die vorteilhafteste ist, das kann jeder Einzelne besser beurteilen, als etwa der Staat. Das natürliche Bestreben jedes Menschen, seine Lage zu verbessern, ist, wenn er sich mit Freiheit … geltend machen darf, ein so mächtiges Prinzip, daß es nicht nur allein und ohne alle Hilfe die Gesellschaft zum Wohlstand und Reichtum führt, sondern auch hundert unverschämte Hindernisse überwindet, mit denen die Torheit menschlicher Gesetze es nur allzuoft zu hemmen suchte."

(A. Smith, Untersuchungen über Natur und Ursache des Wohlstandes der Nationen, London 1776; dt. v. F. Grünefeld, Bd. 1, Jena 1923, S. 18ff.)

13 Über den Zusammenhang von Erwerbsleben und Religion

Der calvinistische Theologe Richard Baxter schrieb im 17. Jahrhundert:

„Wenn Gott Euch einen Weg zeigt, auf dem Ihr ohne Schaden für Eure Seele oder für andere in gesetzmäßiger Weise mehr gewinnen könnt als auf einem anderen Wege, und Ihr dies zurückweist und den minder gewinnbringenden Weg verfolgt, dann kreuzt Ihr einen der Zwecke Eurer Berufung. Ihr weigert Euch, Gottes Verwalter zu sein und seine Gaben anzunehmen, um sie für ihn gebrauchen zu können, wenn er es verlangen sollte. Nicht freilich für Zwecke der Fleischeslust und Sünde, wohl aber für Gott dürft Ihr arbeiten, um reich zu sein."

(Nach: Max Weber, Askese und Kapitalistischer Geist, in: Gesammelte Aufsätze zur Religionssoziologie, Tübingen 1972, S. 167ff.)

14 Unternehmer und Erfinder

Der Unternehmer Boulton schrieb 1769 an den Erfinder der Dampfmaschine James Watt:

„Zwei Motive begeistern mich, Ihnen meine Hilfe anzubieten, und zwar meine Zuneigung zu Ihnen und zu einem lukrativen, sinnvollen Projekt. Um den größtmöglichen Gewinn zu erzielen, dachte ich, eine Fabrik in der Nähe der meinen zu errichten, an meinem Kanal, wo ich alle für die Herstellung von Maschinen notwendigen Einrichtungen erstellen würde und von wo aus wir die ganze Welt mit Maschinen aller Größe versorgen könnten. Ich finde es nicht lohnend, nur für drei Grafschaften zu produzieren, wohl aber, die ganze Welt zu beliefern."

(Nach: Braun u.a. [Hrsg.], Industrielle Revolution. Wirtschaftliche Aspekte, Köln 1972, S. 143)

Arbeitsvorschläge und Fragen

a) Setze die Zahlen zur Bevölkerungsentwicklung in verschiedenen europäischen Ländern in Kurven um. (M 6) – Wo wächst die Bevölkerung am schnellsten, wo am langsamsten?

b) Welche Modernisierungen in der Landwirtschaft kannst Du aus dem Bild herauslesen? (M 2)

c) Stelle aus der Bildfolge auf Seite 65 wesentliche Informationen zum Thema Mensch und Arbeit im Wandel zusammen.

d) Die christliche Lehre sah im Reichtum bisher vor allem eine Versuchung. Wie sollte sich nach Auffassung des Calvinisten R. Baxter der Christ gegenüber dem Gewinnstreben verhalten? (M 13)

e) Zeige den Einfluß calvinistischer Wirtschaftsauffassung in England

– an der Lebensgeschichte des Textilherstellers J. Marshall; (M 5)

– am Brief des Unternehmers M. Boulton. (M 14)

f) Erläutere Grundgedanken des Wirtschaftsliberalismus an den Ausführungen von Adam Smith. (M 12)

g) Erläutere das Schaubild zur Entwicklung des britischen Außenhandels. (M 10)

h) Stelle zusammenfassend dar, warum das Industriezeitalter in England begann.

2. Deutschland auf dem Weg zur Industrialisierung

Seit etwa 1800	In der Zeit der Französischen Revolution werden in Deutschland u. a. durch Reformen der Landwirtschaft und des städtischen Gewerbes allmählich Voraussetzungen für die Industrialisierung geschaffen.

Deutschland ein Entwicklungsland?

Jedes Land hat *andere Bedingungen*, die den Beginn und Verlauf der Industrialisierung beeinflussen. Heute nennt man Länder, die in ihrer wirtschaftlichen und technischen Entwicklung hinter den Industrieländern zurück sind, *Entwicklungsländer*. Länder, die mit der Industrialisierung gerade beginnen, werden als *Schwellenländer* bezeichnet. Gemessen an England hätte man Deutschland Anfang des 19. Jahrhunderts ein Entwicklungs- oder Schwellenland nennen können.

Ursachen der Rückständigkeit Deutschlands

In den Monarchien des Kontinents, vor allem in Frankreich und Preußen, stand das Interesse des Staates über dem der Kaufleute, die wenig Einfluß auf die Politik ihres absolut regierenden Monarchen hatten. Ziel der *merkantilistischen Wirtschaftspolitik* war es, die Kassen des Staates zu füllen. Es hatte sich noch nicht die Einsicht durchgesetzt, daß freier Wettbewerb und Handel wirtschaftliches Wachstum fördern.

Voraussetzungen, die in England schon existierten, mußten in Deutschland erst geschaffen werden: Die Gesellschaft mußte von den *Fesseln ständischer Ordnung* befreit werden, so daß das Interesse des Staatsbürgers in Stadt und Land geweckt wurde, seine Wirtschaftsleistung zu steigern.

Hörigkeit auf dem Land – Zunftzwang in der Stadt

In *England* hatten bürgerliche Kaufleute und Teile des Adels die Modernisierung der Landwirtschaft und den Ausbau der Güterproduktion herbeigeführt. In vielen Ländern *Deutschlands* verachtete der Adel kaufmännische und gewerbliche Tätigkeit. Die ständische Ordnung hinderte ihn sogar daran, und die bürgerlichen Kaufleute hatten wenig Bedeutung. In den meisten Teilen Deutschlands war die *bäuerliche Bevölkerung* einem *Grundherren* untertan. Sie erzeugte wenig für den Markt, weil sie an einer Steigerung der Erträge nicht sonderlich interessiert war. Die Grundherren ihrerseits lebten von den Abgaben und Diensten der Bauern und kümmerten sich wenig um die Landwirtschaft. So beharrten der grundbesitzende Adel und die Landbevölkerung in althergebrachten Arbeits- und Lebensformen.

In den *Städten* galt Konkurrenz zwischen den Geschäftsleuten überwiegend als unmoralisch. Seit dem Mittelalter hatten *Zünfte* und Innungen den Konkurrenzkampf zu verhindern versucht, um dem einzelnen Handwerker sein Auskommen zu sichern. Für eine Modernisierung der Wirtschaft waren Reformen in Staat und Gesellschaft erforderlich.

Bauernbefreiung und Gewerbefreiheit heben die alte Wirtschaftsordnung auf

Die Niederlage, die Napoleon der preußischen Armee 1806 beibrachte, löste die *Reformen in Preußen* aus, die die gesellschaftliche Voraussetzung für die Industrialisierung schufen (vgl. S. 48 f.).

Durch die *Bauernbefreiung* wurden die Bauern nicht nur persönlich frei, sondern sie konnten auch seit 1811 Eigentümer von Grund und Boden werden. Die nun selbständigen Bauern waren an einer Steigerung ihrer Erträge interessiert. Da die Gutsbesitzer keine Angaben mehr erhielten, mußten sie ihren Wohlstand aus der Landwirtschaft erwirtschaften.

Durch die Einführung der *Gewerbefreiheit* wurde der Zunftzwang aufgehoben, d.h. die Zünfte konnten niemanden mehr daran hindern, sich als Handwerker niederzulassen, sein Geschäft zu vergrößern und Löhne und Preise selbst festzusetzen. Weitere Gesetzesmaßnahmen (Städteordnung, Judenbefreiung u.a.) trugen mit dazu bei, das *unbewegliche Ständesystem aufzubrechen.*

Aufhebung der Kontinentalsperre: härterer Wettbewerb und Steigerung der Erträge

Nach der Aufhebung der *Kontinentalsperre* (vgl. S. 44) fielen die Getreidepreise. Deshalb wurde der Wettbewerb härter. Viele kleine Bauern waren dem *Konkurrenzdruck* nicht gewachsen; sie mußten ihre Höfe verkaufen oder sich hoch verschulden. Das Wachstum der Bevölkerung führte aber auf längere Sicht zu einer steigenden Nachfrage. In Norddeutschland gab vor allem *Albrecht Thaer* wichtige Anstöße zur Verbesserung der landwirtschaftlichen Produktion. Er stellte den Grundsatz auf, daß die Landwirtschaft – wie ein Gewerbe – *Gewinne* erzielen müsse. Viele Landwirte nutzten die von ihm verbreiteten Anbaumethoden zur *Steigerung ihrer Erträge.*

Der Staat hilft

Wer eine Fabrik, vor allem eine Maschinenfabrik errichten wollte, stand in Deutschland in den ersten Jahrzehnten des 19. Jahrhunderts vor großen Schwierigkeiten. Außer Erfahrung, Facharbeitern und Werkzeug fehlte vor allem das

1 Eine Burg als Fabrik. In leerstehenden Gebäuden wurden die ersten „mechanischen Werkstätten" eingerichtet. 1819 erwarben Unternehmer die Burg Wetter, um eine Maschinenfabrik aufzubauen. Friedrich Harkort übernahm die Leitung. (Gemälde von A. Rethel, 1835)

Kapital (Geld, Anlagen, wie z.B. Maschinen), um die verlustreiche Zeit des Aufbaus zu überstehen. Auch war der Anfang erschwert, weil weder Geldgeber noch Käufer großes Vertrauen in deutsche Unternehmen hatten und die bewährten englischen Industriewaren vorzogen.
Viele neugegründete Firmen konnten nur bestehen, weil *Regierungen* sie auf vielerlei Weise förderten. Sie liehen ihnen *Geld zu niedrigem Zins*, sie liehen ihnen *Maschinen*, die z.B. in Preußen nach sechsjährigem Gebrauch in das Eigentum der Besitzer übergingen; sie befreiten Unternehmen von *Einfuhrzöllen*; sie finanzierten Reisen zum *Studium* ausländischer Industrieanlagen.
Zur Ausbildung von Technikern richteten die Regierungen *Gewerbeschulen* ein; außerdem schützten sie das geistige Eigentum von Erfindern, indem sie *Patente* ausgaben. Zwischen 1821 und 1831 wurden die Vorläufer folgender *Technischer Hochschulen* gegründet: Berlin, Karlsruhe, München, Dresden, Stuttgart, Darmstadt, Hannover.

Gewerbefreiheit: Die Freiheit des Bürgers, ohne Rücksicht auf Stand oder Herkunft, eine Firma zu gründen oder ein Geschäft aufzumachen und innerhalb eines weiten gesetzlichen Rahmens zu produzieren und zu verkaufen, was er will, wo er will, zu welchem Preis er will.
Agrarreform: Eine durch staatliche Gesetze herbeigeführte Änderung der Besitzverhältnisse in der Landwirtschaft: Landarbeiter, Pächter oder Hörige werden zu Eigentümern des Bodens, den sie selbst bearbeiten; damit soll ihr Interesse an einer Ertragssteigerung angeregt werden.

2 Deutschland vor der Industrialisierung

2a Die Lage der Bauern

In einer Untersuchung über die Landwirtschaft schrieb der preußische Gelehrte J. H. G. von Justi 1761:

„Als ... Hindernis wirkt der Umstand, daß die Bauern in vielen deutschen Ländern nicht einmal Besitzer ihres Gutes sind ... Wie soll unter solchen Verhältnissen die Landwirtschaft vorwärts kommen? Ein jeder weiß, daß nur das eigene Interesse die Triebfeder des Fleißes ist, und wenn das fehlt, so kann man nur verdrossene und schlechte Arbeit erwarten.
Ganz dieselbe Bewandtnis hat es mit dem ... Fronwesen ... Durch das Fronen wird der Bauer abgehalten, sein eigenes Gut gehörig zu bebauen und zu bestellen ... Wollte man zu diesen ... Hindernissen noch andere fügen, so könnte man noch viele anführen, denn die Bedrückung der Bauern ist groß. Da gibt es noch Jagddienste, Hoffuhren, Vorspannen, Kriegsfuhren, Mißbrauch der Gutsgerichtsbarkeit und dergleichen, die alle den Aufschwung der Landwirtschaft erschweren ...“

(Nach: W. Conze, Quellen zur Geschichte der deutschen Bauernbefreiung, Göttingen 1957, S. 43 ff.)

3 Beginn und Verlauf der Industrialisierung in verschiedenen Ländern

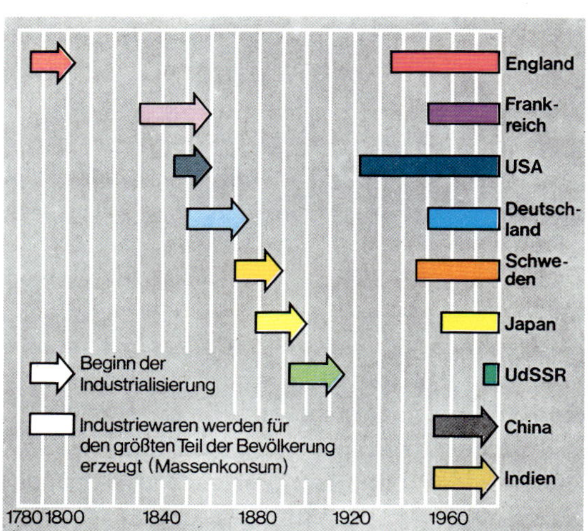

Nach: W. W. Rostow, Stadien wirtschaftlichen Wachstums, Göttingen 1960, S. 14, (ergänzt)

2b Probleme eines Unternehmers

1783 schrieb ein Unternehmer an den Kurfürsten und Herzog von Jülich, Cleve und Mark:

„Durch beträchtlichen Kostenaufwand erfuhr ich endlich, daß in England die Baumwolle durch Handmaschinen und Wassermühlen gesponnen wird, durch welche der Faden eine ... vollkommene Gleichheit und Kraft erhielte ... Ich gab mir daher alle Mühe, eine solche Mühle oder wenigstens deren Modell zu bekommen, allein ich konnte niemand ausfindig machen, welcher mir eine derartige Mühle überschickte, indem das Parlament (in Westminster) die Ausführungen derselben sowohl als auch deren Arbeiter unter der schwersten Strafe verboten hatte. ... Durch neuen Kostenaufwand und große Gefahr wurde mir endlich vor zwei Jahren eine Kratzmaschine verschafft, welche die Baumwolle reinigt und säubert ...; da durch diese Anlage Höchstdero Stadt Ratingen und das ganze Amt die größten Vorteile ziehet ..., da diese Mühlen ... den Grund zu neuen Fabriken von baumwollenen Mützen, Strümpfen, Manchester, Barchent, Kattun ... und Musselin legen ..., welche Höchstdero Staatskasse bereichern und vielen tausend Menschen eine neue Quelle zum Unterhalt eröffnen ..., so bitte ich Ew. Kurfürstliche Durchlaucht ..., mir ein ausschließliches Privilegium in Höchstdero Herzogtümer Jülich und Berg auf 40 Jahre mildest zu erteilen ...“

(Nach: K.-H. Ludwig, Der Aufstieg der Technik im 19. Jahrhundert, Stuttgart 1974, S. 10f.)

2c Schwierigkeiten eines Handwerkers

Der Tischler und Mechaniker Franz Dinnendahl überlegte im Jahre 1801, ob er nicht selbst eine Dampfmaschine bauen könne.

„Das ganze Personal am Märkischen Bergamte ..., selbst fremde Bergleute, welche Dampf-Maschinen zu sehen Gelegenheit gehabt hatten, zweifelten daran, daß ich ein solches Werk zustande bringen werde. Einige schwuren geradezu, daß es unmöglich sei; und andere prophezeiten mir, weil es mir als gemeinen Handwerker jetzt wohl ging, meinen Untergang, weil ich mich in Dinge einließ, die über meine Sphäre hinausgingen ... Freilich war es ein wichtiges Unternehmen, besonders, weil in der hiesigen Gegend nicht einmal ein Schmied war, der imstande gewesen wäre, eine ordentliche Schraube

5 Schmiede und Schlosserei in Deutschland in der ersten Hälfte des 19. Jahrhunderts. (Stich aus dem Jahre 1835)

zu machen, geschweige andere zur Maschine gehörige Schmiedeteile als Steuerung, Zylinderstange und Kessel-Arbeit ... hätte verfertigen können oder Bohren und Drechseln verstanden hätte ... Indessen schmiedete ich fast die ganze Maschine mit der Hand, selbst den Kessel, so daß ich 1–1½ Jahre fast nichts anderes als Schmiedearbeiten verfertigt und ersetzte also den Mangel an Arbeitern der Art selbst ..."
(F. Dinnendahl, Selbstbiographie, in: Treue, Pönicke, Manegold, Quellen zur Geschichte der industriellen Revolution, Göttingen 1966, S. 52)

4 Der Anfang der Industrialisierung

4a Der Verleger Friedrich Perthes berichtet um 1850 aus Thüringen:
„Der Umschwung der Gewerbthätigkeit ist nicht hinter dem des Ackerbaus zurückgeblieben. Vor einem Vierteljahrhundert fanden sich in diesem Teile Deutschlands fast keine Männer von Bildung, Kentniß und Einsicht, die sich mit dem Handel befaßt hätten; ... der sogenannte Kaufmann stand der Sache wie der Meinung nach unter dem Handwerker. Jetzt begegnet man selbst an den kleineren Orten Thüringens Männer mit kaufmännischem Sinn großer Art ... Sie sind es, die den großen früher todt liegenden Reichtum des Landes entdeckt, hervorgezogen und in den Weltverkehr gebracht haben. Wer Erinnerungen aus dem inneren Deutschland gegen Ausgang des vorigen Jahrhunderts in sich trägt, kennt es heute nicht wieder. Beamte, Kaufleute, Handwerker haben die Entwicklungsstufen vieler Generationen mit einem Schritte übersprungen. In welchem Lande Europas sind so viele kleine und mittlere freie Landeigentümer, so viel unabhängige Bürger, so viel Menschen mit freier Bildung, wie in Deutschland."
(Friedrich Perthes' Leben, Bd. 3, Gotha 1858, S. 203 ff.)

4b Aus dem zweiten Drittel des 19. Jahrhunderts schilderte der Schriftsteller Karl Scheffler einen Malermeister, der Unternehmer wurde:
„Es wurde ... im Dorf und in der Stadt, vor allem von den anderen Malermeistern, viel über das Glück von Onkel Jochen gesprochen. Dieser aber geriet in Erregung, wenn er solche Reden hörte; er wollte nichts dem Glück, sondern alles seiner Tüchtigkeit verdanken. Er hätte eben nicht, sagte er, wie seine neidischen Kollegen in den Wirtschaften die Zeit versessen und träge auf den Erfolg gewartet. Er wies ... mit einiger Selbstgerechtigkeit auf den Umstand hin, daß die Arbeit seine einzige Leidenschaft sei ...
Bei Familienfesten erschien er erst spät, von den Verwandten etwas theatralisch bedauert wegen

6 Einzelhandelsgeschäft und Friseursalon in Berlin. (Foto, um 1900)

seiner Arbeitslast, was er geschmeichelt anhörte; sonntags saß er bis tief in den Nachmittag hinein im Kontor, Reisen oder Vergnügungen kannte er nicht. Er hatte jene Leidenschaft zur Arbeit, die damals aufkam und die aus der geschäftlichen Tüchtigkeit etwas Moralisches, fast etwas Religiöses machte.

‚Ich brauche keine Kirche', sagte Onkel Jochen, ‚das Geschäft ist meine Kirche.' Seine Tätigkeit nahm, ohne daß die handwerkliche Arbeit darunter litt, Züge eines Großunternehmens an; es mußte kaufmännisch geführt werden."

(K. Scheffler, Der junge Tobias, in: W. Fischer, Quellen zur Geschichte des deutschen Handwerks, Göttingen 1957, S. 155f.)

7 Bevölkerungsentwicklung und Zunahme landwirtschaftlicher Produktion

Bevölkerung in Deutschland (Gebiet des Deutschen Reiches von 1871):

1816: 25 Mill.	*1865:* 40 Mill.

Weizenerträge in dz/ha:

1800: 10,3	*1860:* 13,0	*1895:* 16,9

Rübenzuckerproduktion im Bereich des Deutschen Zollvereins (angegeben ist der Ertrag der Rübenernte in tsd. Ztr.):

1836/37: 28	*1856/57:* 2072	*1866/67:* 4025

Arbeitsvorschläge und Fragen

a) Beschreibe die Lage von Bauern, Handwerkern und Unternehmern in Deutschland vor der Industrialisierung. (M 2a – 2c, M 5)

b) Vergleiche die Lage von Bauern, Handwerkern und Unternehmern in Deutschland und England um 1800 miteinander. Welche wesentlichen Unterschiede kannst Du erkennen? (S. 66ff.)

c) Stelle aus den Materialien S. 51, M 3 Leitgedanken der preußischen Reformer zusammen.

d) Beschreibe den Wandel der Verhältnisse am Beginn der Industrialisierung (M 4a und 4b). – Inwiefern waren die Reformen wichtige Voraussetzungen für die Industrialisierung in Deutschland? (Vgl. auch S. 48f.)

3. Zollverein und Eisenbahn: „Siamesische Zwillinge“

1834	**18 Bundesstaaten schließen sich zum Deutschen Zollverein zusammen.**
1835	**Die erste deutsche Eisenbahn von Nürnberg nach Fürth wird eröffnet.**

Zollgrenzen hindern die Entwicklung

Fast jeder Staat des Deutschen Bundes hatte andere *Münzen*, viele hatten verschiedene *Maße* und *Gewichte*. An jeder Grenze wurde *Zoll* erhoben. Umständlich und kostspielig waren deshalb Handel und Verkehr. *Friedrich List* aus Reutlingen, Professor der Staatsverwaltungspraxis an der Universität Tübingen, wurde zum Vorkämpfer eines *Deutschen Zollvereins*, d.h. eines einheitlichen deutschen Zollgebietes. Wegen seiner Forderung nach demokratischer Reform wurde er verurteilt, eingesperrt und im Jahre 1825 zur Auswanderung in die USA gezwungen. Als List fünf Jahre später aus den USA zurückkehrte, hatte die preußische Regierung Lists Gedanken zum Ziel ihrer Politik gemacht.

Deutscher Zollverein

Trotz Schwierigkeiten schlossen sich bis zum 1. Januar 1834 insgesamt *18 Bundesstaaten* zum *Deutschen Zollverein* zusammen. In der Silversternacht 1833 standen lange Schlangen von Wagen vor den Schlagbäumen. „Als die Mitternachtsstunde dröhnte, öffneten sich“, wie es in einer Zeitungsmeldung hieß, „die Schlagbäume, und unter lautem Jubel eilten die Wagenzüge über die Grenze, die sie künftig mit voller Freiheit überschreiten durften.“ Die noch fehlenden deutschen Staaten folgten nach und nach, als letzter Hamburg 1888.

Die Eisenbahn

Eisenbahnen waren als Transportmittel eine Voraussetzung für die Industrialisierung in Deutschland, denn die bis 1834 vorhandenen *Straßen* und *Wasserwege* reichten für eine industrielle Entwicklung nicht aus. Hier konnte, anders als in England oder Frankreich, die Industrialisierung erst mit dem Bau eines Eisenbahnnetzes vorankommen.

Der Bau der Eisenbahnen ließ auch eine eigene *Wachstumsindustrie* entstehen. Schienen, Lokomotiven, Wagen mußten gebaut werden. Strecken waren zu trassieren, Tunnel zu graben, Brücken zu errichten. Jahrzehntelang gingen immer neue und immer größere *Aufträge* an Hunderte von Firmen, von denen viele erst durch den Eisenbahnbau entstanden waren.

Die umfangreichen Projekte erforderten hohe *Investitionen.* Das notwendige Kapital konnte nicht von einzelnen Unternehmen aufgebracht werden. Deshalb wurden zum Eisenbahnbau *Aktiengesellschaften* gegründet, bei denen viele Kapitalgeber Geld zusammenlegten. *Eisenbahnaktien* versprachen 15–20% Gewinn und fanden reißenden Absatz. Ein großer Teil der Gewinne floß belebend in die Wirtschaft.

Schritte zu einem deutschen Nationalstaat?

Viele Deutsche, allen voran Friedrich List, sahen den Bau der Eisenbahnen und die Errichtung des Deutschen Zollvereins aber auch im Zusammenhang mit ihrem politischen Ziel: *der Errichtung eines Deutschen Nationalstaates.*

Zollgrenzen: Zölle dienten früher in erster Linie dazu, die Kassen des Staates zu füllen. Daher gab es Einfuhr- und Ausfuhrzölle. Seit der Industrialisierung sollen Zölle in erster Linie die Einfuhr bestimmter Waren verteuern, um heimische Industrien vor ausländischer Konkurrenz zu schützen. Länder mit stärkerer Exportindustrie befürworten meist eine Aufhebung oder Senkung der Zölle. Die Abschaffung von Binnenzöllen, wie im Deutschen Zollverein oder der Europäischen Gemeinschaft heute, setzt die Schaffung eines gemeinsamen Außenzolles voraus.

1 „Gränzverlegenheit", eine zeitgenössische Karikatur (1834) auf die Zollverhältnisse in Deutschland.

2 Zollgrenzen in Deutschland

1819 beschrieb der Professor der Staatsverwaltungspraxis Friedrich List den wirtschaftlichen Zustand:

„Achtunddreißig Zoll- und Mautlinien in Deutschland lähmen den Verkehr im Innern und bringen ungefähr dieselbe Wirkung hervor, wie wenn jedes Glied des menschlichen Körpers unterbunden wird, damit das Blut ja nicht in ein anderes überfließe. Um von Hamburg nach Österreich, von Berlin in die Schweiz zu handeln, hat man zehn Staaten zu durchschneiden, zehn Zoll- und Mautordnungen zu studieren, zehnmal Durchgangszoll zu bezahlen ... Trostlos ist dieser Zustand für Männer, welche wirken und handeln möchten: mit neidischen Blikken sehen sie hinüber über den Rhein, wo ein großes Volk vom Kanal bis an das Mittelländische Meer, vom Rhein bis an die Pyrenäen, von der Grenze Hollands bis Italien auf freien Flüssen und offenen Landstraßen Handel treibt, ohne einem Mautner zu begegnen."

(Nach: F. List, Schriften, Reden und Briefe, hrsg. v. K. Goeser und W. v. Sonntag, Bd. I, Aalen 1971, S. 492f.)

3 Eisenbahnbau: pro und contra

3a Unmittelbar vor der Eröffnung der Eisenbahnlinie Nürnberg–Fürth (1835) schrieb F. List:

„Was die Dampfschiffahrt für den See- und Flußverkehr, ist die Eisenbahn-Dampfwagenfahrt für den Landverkehr, ein Herkules in der Wiege, der die Völker erlösen wird von der Plage des Kriegs, der Theuerung und Hungersnoth, des Nationalhasses und der Arbeitslosigkeit, Unwissenheit und des Schlendrians, der ihre Felder befruchten, ihre Werkstätte und Schachte beleben und auch den Niedrigsten unter ihnen Kraft verleihen wird, sich durch den Besuch fremder Länder zu bilden, in entfernten Gegenden Arbeit und an fremden Heilquellen und Seegestaden Wiederherstellung ihrer Gesundheit zu suchen."

(Friedrich List, in: C. von Rotteck und C. Welkker, Staatslexikon, Bd. 4, Altona 1835, S. 650ff.)

3b 1841 schrieb Friedrich List:

„Der Zollverein und das Eisenbahnsystem sind siamesische Zwillinge; zu gleicher Zeit geboren ... eines Geistes und Sinnes, unterstützen sie sich wechselseitig, streben ... nach Vereinigung der deutschen Stämme zu einer großen und gebildeten, zu einer reichen, mächtigen und unantastbaren Nation. Ohne den Zollverein wäre ein deutsches Eisenbahnsystem nie zur Sprache, geschweige denn zur Ausführung gekommen ... Das deutsche Eisenbahnsystem wirkt ... auch ... als Stärkungsmittel des Nationalgeistes; denn es vernichtet die Übel der Kleinstädterei

und des provinziellen Eigendünkels und Vorurteils ..."
(F. List, Das nationale System der politischen Ökonomie, 1841, hrsg. von H. Voss, München 1942, S. 179f.)

3c Aus einer Eingabe im Königreich Hannover:
„Den Eisenbahnbau kann nur die größte Unkunde über die wahren Quellen des Nationalerwerbs anpreisen; denn die Eisenbahn wird die Einfuhr erleichtern, und die notwendige Folge wird ein noch tieferes Sinken der Korn- und Holzpreise sein. Auch wird der Verdienst der Frachtwagenführer aufhören, wie derjenige der Gastwirte, Schmiede und Radmacher ..."
(Nach: Wege der Völker, Geschichtliche Quellenhefte 8, Frankfurt/M. 1951, S. 46)

3d Aus einem Gutachten bayrischer Ärzte (1835):
„Ortsveränderungen mittels irgendeiner Art von Dampfmaschinen sollten im Interesse der öffentlichen Gesundheit verboten sein. Die raschen Bewegungen können nicht verfehlen, bei den Passagieren die geistige Unruhe, ‚delirium furiosum' genannt, hervorzurufen. Selbst zugegeben, daß Reisende sich freiwillig der Gefahr aussetzen, muß der Staat wenigstens die Zuschauer beschützen, denn der Anblick einer Lokomotive, die in voller Schnelligkeit dahinrast, genügt, diese schreckliche Krankheit zu erzeugen.
Es ist daher unumgänglich nötig, daß eine Schranke, wenigstens sechs Fuß hoch, auf beiden Seiten der Bahn errichtet werde."
(Fr. Schulze [Hrsg.], Die erste deutsche Eisenbahn ..., Leipzig 1912, S. 24, zit. nach W. Pöls [Hrsg.], Deutsche Sozialgeschichte 1815–1870, München 1979, S. 371)

4 Die Dampfmaschine verändert das Verkehrswesen

– 1769 entwickelt der Franzose Cugnot den ersten Dampfkraftwagen, einen Vorläufer unserer Dampfwalze, für den Geschütztransport.
– 1803 baut der Engländer Richard Trevithick die erste Schienendampflokomotive für die gleichzeitig entwickelte Eisenbahnschiene.
– 1807 legt ein von dem Amerikaner Robert Fulton gebautes Dampfschiff die Strecke von New York nach Albany auf dem Hudson River flußaufwärts in 32 Stunden zurück.
– 1819 überquert die „Savannah", das erste Dampfsegelboot, in 29½ Tagen von New York aus den Atlantik.
– 1825 wird die erste Dampfeisenbahn für den Personenverkehr von Stockton nach Darlington in England in Betrieb genommen.
– 1829 George Stephenson baut die „Rocket", das Urbild aller späteren Dampflokomotiven; sie erreicht auf der Strecke zwischen Liverpool und Manchester eine Höchstgeschwindigkeit von 47 km/h.
– 1830 Die Eisenbahn Charleston-Ogesta (USA) wird eröffnet.
– 1835 Erste Eisenbahn in Deutschland von Nürnberg nach Fürth.

5 Entwicklung des Eisenbahnbaues und die Industrialisierung

5a Eisenbahnnetz in Preußen:

1838	33 km
1848	1000 km
1849	2500 km
1859	6827 km

(E. Deuerlein, Gesellschaft im Maschinenzeitalter, Reinbek 1970, S. 30)

5b Es verließen die Fabrik der Firma Borsig in Berlin:

1832	die 1. Lokomotive
1854	die 500. Lokomotive
1858	die 1000. Lokomotive

5c Zahl der Arbeiter in der Maschinenbauindustrie in Preußen:

1846	7600
1861	27900
1875	162000

(F.-W. Henning, Die Industrialisierung in Deutschland 1800–1914, Paderborn 1973, S. 151)

5d Reisezeiten im Vergleich (in Stunden):
von Berlin

nach	Schnellpost Anf. 19. Jh.	Eisenbahn Ende 19. Jh.
Frankfurt/M.	64	9
Hamburg	36	5
Köln	82	10
München	81	11,2
Stuttgart	83	11,3

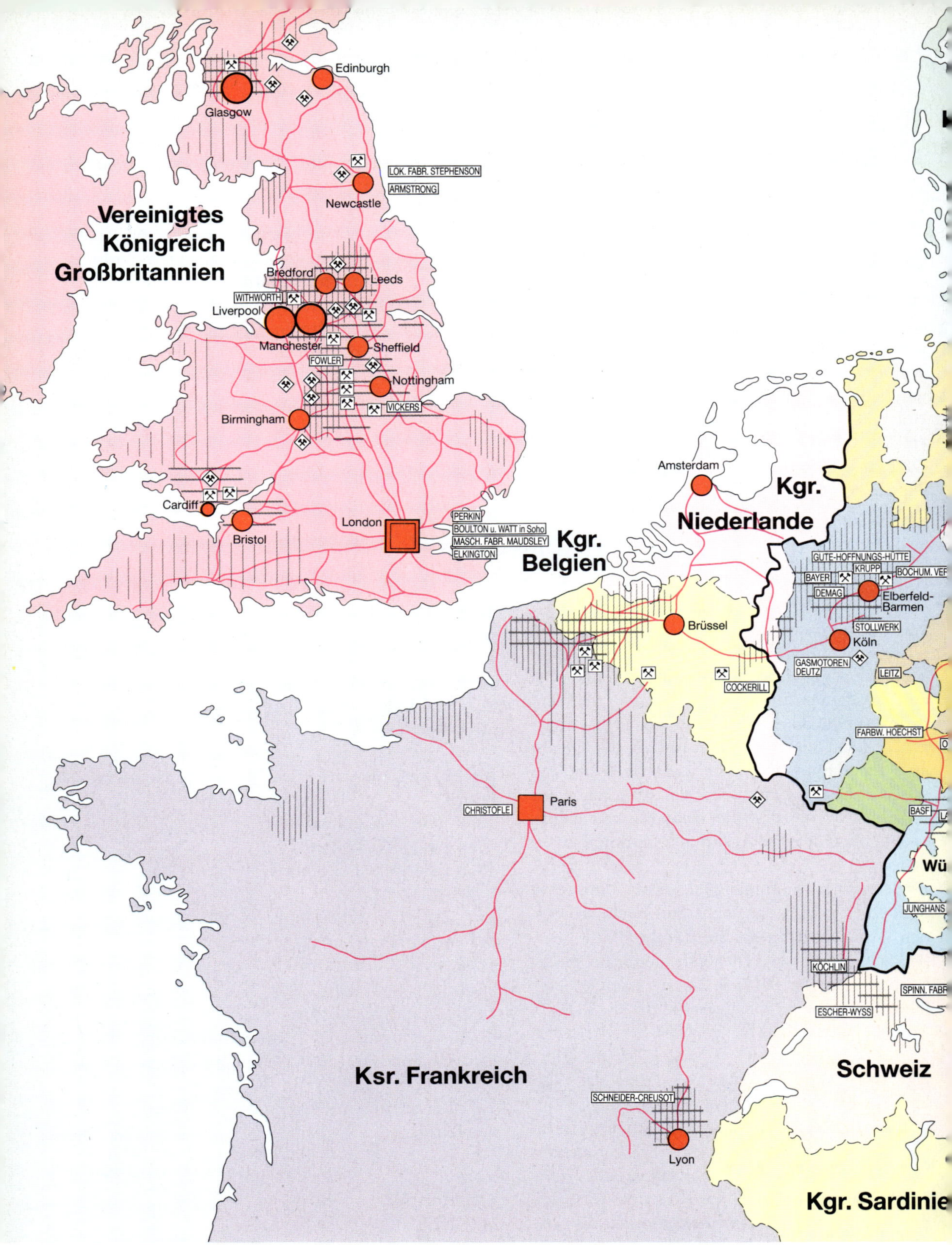

6 Industrialisierung in West- und Mitteleuropa um 1850

Kopenhagen
Königsberg
SCHICHAU WERFT
Ksr. Rußland
SIEMENS u. HALSKE
BORSIG
Berlin
GRUSOW
Kgr. Preußen
Warschau
SACK
Dresden
Kgr. Sachsen
HARTMANN
SCHICHT
Breslau
PERTHES
ZEISS
Prag
SKODA
MAN
Kgr. Bayern
Ksr. Österreich
Wien
REICHEBACH/FRAUNHOLZ
MAN
München
MAFFEI
STEYR
Budapest
Einwohnerzahl der Großstädte:
über 2 Mio. Einwohner
über 1 Mio. Einwohner
über 300.000 Einwohner
über 80.000Einwohner
Eisenbahnen 1855
Textilindustrie
Metallindustrie
Bergbau auf Eisenerz und
Steinkohle
LEITZ
Wichtige Fabriken der frühen Industrialisierung
Grenze des Deutschen Bundes
0
200 km

7 Fahrplan der Berliner Eisenbahnen aus dem Jahre 1853

Fahrplan der Berliner Eisenbahnen.

Von und nach Berlin.

Abgang nach Ankunft von	**Anhaltsche Bahn:** **Halle-Leipzig-Cassel.**	8 Mg., 12 Mitt., 10 Ab. 9½ Mg., 12¼ Mitt., 9½ Ab.	**bis Kassel:** I. Kl. 14 Thlr. 17 Sgr., II. Kl. 9 Thlr. 7 Sgr. III. Kl. 6 Thlr. 27½ Sgr
Abgang nach Ankunft von	**Anhaltsche Bahn:** **Röderau-Leipz.-Dresden, Prag, Wien.**	7 Mg., 10 Morg. 1¾ Mitt. 11¾ Morgens, 6 Abends, 8¾ Abends.	**bis Leipzig:** I. Kl. 6 Thlr., II. Kl. 4 Thlr., III. Kl. 3 Thl.; **bis Dresden:** I. Kl. 5½ Thlr., II. Kl. 3⅔ Thlr., III. Kl. 2⅓ Thlr.
Abgang nach Ankunft von	**Breslau**	8 Morgens, 11 Abends. 4½ „ 6¾ „	I. Kl. 11 Thlr. 2½ Sgr., II. Kl. 7 Thlr. 5 Sgr., III. Kl. 5 Thlr. 17½ Sgr.
Abgang nach Ankunft von	**Frankfurt a. O.**	8 Morg., 6 Abends, 11 Abends. 4½ „ 9¼ Vorm., 6¾ „	I. Kl. 2½ Thlr., II. Kl. 1 Thlr. 18½ Sgr., III. Kl. 1¼ Thlr.
Abgang nach Ankunft von	**Hamburg**	7½ Morgens, 6 Abends, 11 Abends. 10½ à ¾ Mg., 4 à 4¼ N., 8¾ à 9¼ Ab.	I. Kl. 7½ Thlr., II. Kl. 5⅔ Thlr., III. Kl. 4⅙ Thlr.
Abgang nach Ankunft von	**Magdeburg**	5, 7½ Morg. (Schnellz.) 12 Mitt. 10 Abds. 9½ Mg., 1¼ Mitt., 9¼ Ab. (Schllz.) 11¼ Ab.	I. Kl. 4⅔ Thlr., II. Kl. 3⅓ Thlr., III. Kl. 2⅓ Thlr.
	Billets für hin und zurück bis zum 3. Tage gültig: I. Kl. 8 Thlr., II. Kl. 5⅓ Thlr., III. Kl. 3⅓ Thlr.		
Abgang nach Ankunft von	**Potsdam** Local-Züge.	8, 10, 12, 2, 5, 7, 10½ Uhr. 8, 10, 12, 2, 5, 7, 8½ Uhr.	I. Kl. 24 Sgr., II. Kl. 17½ Sgr., III. Kl. 12 Sgr.
	Billets für hin und zurück sind bis zum 2. Tage gültig: I. Kl. 1⅓ Thlr., II. Kl. 1 Thlr., III. Kl. 20 Sgr.		
Abgang nach Ankunft von	**Posen**	6¼ Morgens, 10½ Abends. 5¼ „ 9¼ „	I. Kl. 10 Thlr., II. Kl. 7½ Thlr. III. Kl. 5 Thlr.
Abgang nach Ankunft von	**Stettin**	6¼ Morg., 12¼ Mitt., 5½ Nm., 10½ Abends (Schnllz.). 5¼ Morg. (Schnllz.), 9¾ Morg., 4 Nm., 9¼ Abends.	I. Kl. 4 Thlr., II. Kl. 3 Thlr., III. Kl. 2 Thlr.

Verlag von A. Hofmann & Comp. in Berlin, Hausvoigteiplatz 3.
Druck von Eduard Krause in Berlin, Lindenstr. 81.

8 Reiseerfahrungen

8a Reisen in der Postkutschenzeit. Fanny Lewald schrieb in ihren Erinnerungen (1862):

„Im Jahre 1832 war das Reisen noch nicht so leicht als in unseren Tagen und doch nahm man es schon als einen ungemeinen Fortschritt an, daß man den Weg von Königsberg nach Berlin, der auf der Chaussee etwa achtzig Meilen lang war, in zweiundsiebzig Stunden zurücklegen konnte. Man liebte es zu erzählen, wie unsere Großväter und zum Theil auch noch unsere Väter von Königsberg bis Berlin und Leipzig vierzehn Tage unterwegs gewesen wären, wie man auf der ordinairen Post elend und eng gesessen, wie die Wagen in den Löchern des Weges stekken geblieben wären und umgeworfen hätten, wie die Passagiere unter dem Gepäck zu liegen gekommen wären, und wie gewissenhafte Familienväter ihr Testament gemacht und ihr Haus bestellt hätten, bevor sie einmal eine solche Reise unternommen.

Dagegen war nun die pünktliche, wohlgepolsterte Schnellpost, die ihren Dienst auf den glatten Chausseen tadellos verrichtete, ein ganz andres Ding! Indeß man mußte doch recht frisch und kräftig sein, um zweiundsiebzig Stunden unausgesetzter Fahrt, um drei Nächte in Kleidern, ohne alle Ruhe, nicht als etwas höchst Ermüdendes zu empfinden ...

Aber die Vorstellungen von der Bequemlichkeit wechseln mit der Möglichkeit sie zu befriedigen, und es kommt vielleicht noch die Zeit, in der man es als eine große Strapaze und als etwas sehr Unangenehmes betrachten wird, mit Hunderten von Menschen auf einmal, ohne alle persönliche Freiheit, als menschliches Frachtgut auf den Eisenbahnen befördert zu werden. Damals aber, als ich im Jahre 1832 meine erste Reise unter dem Schutze meines Vaters machte, empfand ich nichts als ein fortdauerndes Vergnügen über das Glück zu reisen und über all das Neue, das ich sah. Was aber war mir, die ich meine Vaterstadt niemals verlassen, die ich die Welt nicht weiter gesehen hatte, als in einem Umkreis von sechs Meilen, was war mir nicht neu?"

(Fanny Lewald, Meine Lebensgeschichte, Bd. II, Berlin 1862, S. 3ff.)

8b Das Stuttgarter Morgenblatt berichtet über die Eröffnung der Bahnlinie Nürnberg–Fürth am 7. Dezember 1835:

„... die erste Festfahrt war in neun Minuten vollendet und somit eine Strecke von 20000 Fuß [6 km] zurückgelegt. Die Fahrt wurde an diesem Tage noch zweimal wiederholt. Das zweite Mal bin auch ich mitgefahren, und ich kann versichern, daß die Bewegung durchaus

9 Die erste Eisenbahn in Deutschland. Feierliche Eröffnung der Strecke von Nürnberg nach Fürth im Jahre 1835.

angenehm, ja wohltuend ist. Wer zum Schwindel geneigt ist, muß es freilich vermeiden, die vorüberfliegenden, nähergelegenen Gegenstände ins Auge zu fassen. Von Erschütterung ist nur so viel zu spüren, als erforderlich ist, um die Eisenbahnfahrt nicht mit einer Schlittenfahrt zu verwechseln, obschon die Empfindung der ähnlich ist, welche das Fahren in einem gut geführten Stoßschlitten auf glatter Eisbahn verursacht. Daß man ohne Zittern während des Fahrens schreiben könne, wie ein Korrespondent neulich bemerkt hat, habe ich mit mehreren meiner Nachbarn nicht bestätigt gefunden, obgleich man mit Bequemlichkeit sich etwas notieren kann während der Fahrt …"

(Fr. Schulze [Hg.], Die ersten deutschen Eisenbahnen …, Leipzig 1912, S. 18ff., zit. nach: W. Pöls [Hg.], Deutsche Sozialgeschichte …, S. 369)

Arbeitsvorschläge und Fragen

a) Wie sieht Friedrich List den wirtschaftlichen Zustand Deutschlands im Jahre 1819? (M 2) – Wie stellt der Zeichner der Karikatur „Gränzverlegenheit" die Probleme in Deutschland dar? (M 1)

b) Stelle in einer Tabelle die Erwartungen, Hoffnungen und Sorgen zusammen, die mit dem Eisenbahnbau ausgesprochen wurden. (M 3 a – 3 d) – Welche Erwartungen haben sich nicht erfüllt?

c) Welcher Zusammenhang besteht zwischen Industrialisierung und Eisenbahnbau in Deutschland? (M 5 a – 5 d)

d) Vergleiche die geschilderten Reiseerfahrungen miteinander. (M 8 a und 8 b)

e) Fasse die Ursachen für den späten Beginn der Industrialisierung in Deutschland zusammen. Inwiefern hatten die Deutschen von dem Vorsprung Englands auch einen Vorteil?

4. Arbeitsbedingungen und Lebensverhältnisse ändern sich

1816–1910	Die Bevölkerung im Gebiet des Deutschen Reiches wächst von 25 auf 70 Millionen Menschen.
seit etwa 1840	**In Deutschland beginnt die Industrialisierung: Die Menschen zieht es vom Land in die neuen Industriegebiete; ein Industrieproletariat entsteht.**
1820–1913	5,6 Millionen Deutsche wandern aus, vor allem in die USA.
1800–1910	Die in den 25 größten Städten wohnende Bevölkerung nimmt von 876000 auf 2433000 zu.

Mehr Menschen mehr Probleme: Massenarmut

Bis 1850 verlief der Prozeß der Industrialisierung in Deutschland noch verhältnismäßig langsam. Die *schnell wachsende Bevölkerung* (vgl. S. 66f.) drängte Millionen Menschen an den Rand von *Hunger und Elend.* Auf der Suche nach Brot und Arbeit wurde die *Stadt* zum Anziehungspunkt für viele Menschen. Sie waren froh, wenn sie in Textilfabriken oder in Bergwerken einen Arbeitsplatz fanden. Handwerksgesellen und Kleinbauern zogen daher in großer Zahl vom Land in die Stadt, gerieten dort aber oft erneut in Not, weil zu Beginn der Industrialisierung noch nicht genügend Arbeitsplätze vorhanden waren. Viele Menschen suchten daher ihr Heil im *Ausland* und wanderten – vor allem in die USA – aus. Man bezeichnet diese Massenarmut, die besonders durch das schnelle Wachstum der Bevölkerung hervorgerufen wurde, auch als *Pauperismus* (von lat. pauper = arm). Bevölkerungswachstum, Industrialisierung und eine starke Wanderung vom Land in die Stadt schufen nicht nur neue Arbeits- und Lebensbedingungen für die Menschen, auch Landschaften und Städte veränderten ihr Aussehen in einer bisher nicht bekannten Weise.

Die Lage der „arbeitenden Klassen"

Noch bis weit ins 19. Jahrhundert hinein arbeiteten die meisten Menschen zu Hause, d.h. auf dem Bauernhof, in der Werkstatt oder – wie die Heimweber – in der eigenen Wohnung zusammen mit Frau und Kindern. Viele lebten dabei in äußerster Armut.

Wer keine eigene Bauernstelle, Werkstatt, kein eigenes Geschäft besaß, war darauf angewiesen, seine Arbeitskraft gegen Lohn anzubieten, war *lohnabhängig.* Ehe Fabriken gebaut wurden, suchten die Lohnabhängigen als *Tagelöhner* in Stadt und Land, als *Handwerker* bei einem Meister oder in einer *Manufaktur* Arbeit und Brot. Ihr Arbeitsplatz war nicht die eigene Wohnung. Dennoch wurden sie oft auch am Arbeitsplatz in eine familienähnliche Gemeinschaft aufgenommen. Seit die wachsende Zahl dieser Lohnabhängigen oder *„arbeitenden Klassen"*, wie man seit dem ausgehenden 18. Jahrhundert auch sagte, Arbeitsplätze in Fabriken fand, gab es immer mehr Menschen, die zur Arbeit außer Haus gehen mußten.

Auch Frauen und Kinder müssen in die Fabriken

Ein Lohn reichte im allgemeinen nicht, um eine Familie am Leben zu erhalten. *Frauen und Kinder* mußten also auch das Haus verlassen und in die Fabrik zur Arbeit gehen, so wie sie früher am heimischen Webstuhl oder in der Landwirtschaft mitgearbeitet hatten.

Die Fabrikarbeiter waren allerdings *nicht alle gleich* schlecht gestellt. Je nach Ausbildung, Tätigkeit und Arbeitgeber unterschieden sich die Löhne beträchtlich, sehr viel mehr als heute.

Fabrikarbeiter haben ihre Erfahrungen gewöhnlich nicht aufgeschrieben. Wir

1 „Eisenwalzwerk". (Gemälde von Adolph von Menzel aus dem Jahre 1875)

wissen daher nicht, wie viele die Fabrikarbeit als eine Verbesserung, wie viele sie als eine Verschlechterung gegenüber den vorindustriellen Arbeitsverhältnissen empfunden haben.

Die Fabrik – ein Ort der Qual?

Der *Arbeitsvertrag* zwischen einem Arbeiter und einem Fabrikanten wurde *rechtlich* als eine *freiwillige Abmachung* zwischen zwei Bürgern angesehen. Wer nicht bereit war, die Arbeitsbedingungen zu akzeptieren, hatte kaum Aussicht, einen Arbeitsplatz zu finden. Die Arbeitszeit betrug oft 12 bis 14 Stunden am Tag, mitunter dauerte sie auch noch länger. Den Arbeitsrhythmus bestimmte die *Maschine*, Arbeitspausen schrieb die *Fabrikordnung* vor. Bei Krankheit oder Unfall gab es nur in seltenen Fällen geregelte Unterstützung.
Wenn eine Frau, die ein Kind erwartete oder stillte, der Arbeit fern blieb, brach sie den Arbeitsvertrag. Der Fabrikant konnte sie entlassen: Kinder zu bekommen war Privatsache. In den Fabriken war der *Fabrikant* alleiniger *Gesetzgeber*. Je schärfer die Konkurrenz zwischen den Unternehmern war, desto mehr drückten die Unternehmer ihre Arbeiter. Je schärfer die Konkurrenz unter den Arbeitern um einen Arbeitsplatz war, desto wehrloser waren sie gegen die Forderungen der Unternehmer.

Arbeitsbedingungen ändern sich

So hart war es in vorindustrieller Zeit am Arbeitsplatz gewöhnlich nicht zugegangen. Man hatte Pausen eingelegt und sich bei der Arbeit unterhalten. In der Fabrik nahm die *Arbeitsteilung* zu. Die einzelnen Arbeitsgänge mußten aufeinander abgestimmt werden. Wenn ein Arbeiter langsamer war, stockte die Arbeit auch an anderen Stellen. *Maschinen* mußten regelmäßig bedient werden, die Fabrik veränderte die Arbeitsbedingungen, und zunächst gab es keine Organisation und keine Gesetze, die die Interessen der Arbeiter vertraten.

Aus der Ständegesellschaft wird eine Klassengesellschaft

Durch die Industrialisierung entstanden zwei Bevölkerungsgruppen, die es vorher in dieser Form und Bedeutung nicht gegeben hatte: *wohlhabende Bürger*, die Fabriken besaßen, und auf Lohn angewiesene *Fabrikarbeiter*. Da Angehörige der alten herrschenden Schicht, des grundbesitzenden Adels, in Deutschland kaum Fabriken errichteten, waren es vor allem *Bürger*, *Kaufleute* und *Handwerker*, aber auch einzelne *Aufsteiger* aus der Unterschicht, die zu *Fabrikbesitzern* wurden. Sie gewannen damit an Reichtum, Macht und Einfluß neben dem Adel. Ihr Erfolg zeigte, daß Reichtum nicht ererbt sein mußte oder von Gott gegeben war. So entstand in vielen Teilen Deutschlands ein aufstrebendes, wirtschaftlich aktives *Bürgertum*, das die Industrialisierung vorantrieb und durch sie eine Verbesserung seiner Lage erlebte.

In den Städten herrscht große Wohnungsnot

In den Großstädten und Industriegebieten nahm die Zahl der Arbeiter ständig zu. *Arbeiterviertel* entstanden, in denen viele Familien auf engstem Raum in menschenunwürdigen Verhältnissen leben mußten.

Wer von den wohlhabenden Bürgern Geld hatte, baute *Mietshäuser*, weil er hohe Mieteinnahmen erwarten konnte. Die Bauvorschriften dieser Zeit ließen es zu, daß z.B. in Berlin bis zu 1500 Menschen auf einem Hektar untergebracht werden konnten. Die Hinterhöfe der Mietshäuser brauchten nicht größer zu sein, als die Feuerwehr zum Hineinfahren und Wenden benötigte.

Interessengegensätze zwischen Bürgern und Arbeitern

Vielen Zeitgenossen schien es offensichtlich, daß die einen arm blieben, weil die anderen reich wurden. Der Abstand zwischen den beiden Gruppen wurde als immer größer empfunden. Lohnabhängige Arbeiter und besitzende Bürger erlebten sich zunehmend als voneinander *getrennte Gesellschaftsschichten* mit entgegengesetzten Interessen.

2 Baracken der Obdachlosen in Berlin. (Stich, um 1872)

Pauperismus (von lat. pauper = arm): Der Begriff bezeichnet die große Armut weiter Kreise der Bevölkerung in der ersten Hälfte des 19. Jahrhunderts. Die Hauptursachen der Massenarmut sind: das schnelle Wachstum der Bevölkerung, die nur langsam steigende Produktion von Nahrungsmitteln, fehlende Arbeits- und Verdienstmöglichkeiten in Stadt und Land. Mißernten und Hungersnöte in den 40er Jahren verstärkten die Massenarmut. Mit der fortschreitenden Industrialisierung (ab 1850) wurde der Pauperismus beseitigt, in der Industriegesellschaft entstand die soziale Frage (vgl. S. 105f.).

3 Arbeitsverhältnise in der Fabrik

1837 erlebt der Handwerkergeselle J. E. Dewald erstmals in Prag die Arbeit in einer Fabrik. Er berichtet darüber:

„War mir aber doch neu und bisher nit unterlaufen, daß ich nit beim Meister logieren [wohnen] sollte ... Ist überhaupt in einer Fabrik wie der hiesigen anders, als in einem meisterischen Hause und kein Zusammenhalt nit unter den Gesellen. Läuft jeder seinen Weg und dreht sich nit viel nach dem anderen. Eine zunftmäßige Aufführung ist überall unter den Kollegen nit zu finden und kein Umgang wie unter ordentlichen Gesellen. Zudem gefällt mir das Arbeiten nit, dieweil jeder den langen Tag die gleiche Arbeit verrichten muß und dabei das Ganze aus den Augen verliert. Muß wohl in einer Fabrik solcherweis geschehen, kann mich aber nit darein schicken und mein immer, ich triebe mein Gewerb nur halb. ... Wegen meiner Arbeit, die ich mit allem Fleiß tat, verlachten mich meine Mitgesellen und redeten einher, als wär es gerad recht, soviel wie möglich zu faulenzen. Der Pollak [Fabrikbesitzer] sei ein Reicher und zahle schlecht genug. Ich verfiel aber nit auf ihr Gered ..."

(Zit. nach: Kocka/Mütter, Wirtschaft und Gesellschaft im Zeitalter der Industrialisierung, München 1984, S. 188/189)

4 Frauen als Schwerarbeiterinnen

4a Körperlich schwere Arbeit war für Arbeiterfrauen in England (aber auch in Deutschland) nicht ungewöhnlich.

„Auf die Frage, warum Frauen als Schlepper bevorzugt werden, gab der Grubenarbeiter Peter Gaskell folgende Antwort: ‚Ja, sind fügsamer und halten sich besser an die Zeiten. Oft schreien sie und kämpfen sie, aber sie lassen sich beim Schleppen der Kohlen von niemandem überholen.'

Mr. Miller, ein Unternehmer, antwortete: ‚Ein Grund, weshalb Frauen als Schlepper in den Kohlenbergwerken bevorzugt werden, ist, daß ein Mädchen von zwanzig für zwei Schilling am Tag oder weniger arbeitet, während ein Mann im gleichen Alter 3 Schilling 6 Pence verlangt.'"

(Nach: Human Documents of the Industrial Revolution in Britain, hrsg. v. E. Royston Pike, London 1966, S. 161)

4b Über die Folgen der Frauenarbeit schrieb der Deutsche Friedrich Engels, nachdem er in England die sozialen Verhältnisse der Arbeiter kennengelernt hatte:

„Die Arbeit der Weiber löst vor allen Dingen die Familie gänzlich auf; denn wenn die Frau den Tag über 12–13 Stunden in der Fabrik zubringt und der Mann ebendaselbst oder an einem anderen Orte arbeitet, was soll da aus den Kindern werden? Sie wachsen wild auf wie Unkraut ..."

(F. Engels, Die Lage der arbeitenden Klassen in England, 1845, in: Marx, K. und Engels, F., Werke [MEW], hrsg. v. Institut für Marxismus-Leninismus, Berlin, 1962–1971ff., Bd. 2, S. 253ff.)

5 Kinderarbeit

5a Der 13jährige Nikolaus Osterroth berichtet von seiner ersten Arbeit:

„Zwei Tage nach meiner Schulentlassung ging mein [erkrankter] Vater mit mir nach einer im nächsten Dorf gelegenen Ziegelfabrik, deren Besitzer, ein Schweizer, zwei Jahrzehnte vorher ein paar bescheidene Schuppen mit Handbetrieb errichtet und jetzt drei riesige miteinander verbundene Gebäude dastehen hatte, in denen neben 60 Erwachsenen 400 jugendliche Arbeiter und Mädchen beschäftigt waren ... Die Natur seines Betriebes machte ihm die erwachsenen Arbeiter ziemlich entbehrlich. Maschinen holten den Ziegelton heran, Maschinen kneteten ihn, Maschinen näßten ihn, preßten ihn und lieferten in je 2 Sekunden dem ‚Presser' die Ziegel auf eine vorgehaltene Holzleiste. Der Presser saß auf einem Stuhl hinter der Presse und gab die Holzleiste mit Ziegeln an einen dreizehnjährigen Jungen weiter. Der Junge machte in einer Sekunde einen meterlangen Satz und legte die Holzleiste auf einen rotierenden Aufzug; dann machte er in der nächsten Sekunde den Satz zurück und nahm die neuen Ziegel in Empfang. Der Presser verdiente durchschnittlich 6 Mark, wenn keine Störungen in der Presse oder bei der Weiterbeförderung vorkamen. Und mit eiserner Strenge sorgte er dafür, daß alles glatt ablief. Am Abend meldeten er und die anderen acht Presser dem Oberaufseher ..., daß sie je 18000 Ziegel abgenommen hätten. ... Der Junge erhielt 85 Pfennig Tagelohn bei zehnstündiger Arbeitszeit. Er hatte in dieser Zeit zwischen dem Presser und dem rotierenden Aufzug 36 Kilometer zurückzulegen und hatte 1260 Zentner ... Ziegelton zu transportieren. Da gabs kein Warten und kein Verschnaufen; er war das Zwischenglied zweier automatischer Maschinen. ... In 5 Monaten hatten sie aus einem frohen, helläugigen Kind einen sich nach Tod und Grabesruhe sehnenden Greis gemacht. Der Junge war ich."

(N. Osterroth, Vom Beter zum Kämpfer, Berlin 1920, zit. nach: H. Glaser, Maschinenwelt und Alltagsleben, Frankfurt 1981, S. 92)

5b Tägliche Arbeitszeit für Kinder in Fabriken um 1825:

Kreis	*Arbeitszeit*
Dortmund	10 bis 15 Std.
Breslau	10 bis 14 Std.
Berlin	7 bis 12 Std.

(Nach: G. K. Anton, Geschichte der preußischen Fabrikgesetzgebung bis zu ihrer Aufnahme durch die Reichsgewerbeordnung, Berlin 1953, S. 20f.)

6 Fabrikordnung (1853)

Auszug aus der Fabrikordnung einer Baumwollspinnerei in Altenstadt:

„§ 6. Jeder Arbeiter ist für die ihm anvertrauten Gegenstände persönlich verantwortlich. Wenn er dieselben bei Nachfragen nicht gleich vorweisen kann, werden sie auf seine Kosten durch neue ersetzt.

§ 7. Wenn in einem Arbeitssaal während der Arbeitszeit, ... ein Gegenstand beschädigt wird, ... so sind die Arbeiter des ganzen Saales bis zur Nachweisung des Täters für den Schaden haftbar.

§ 9. Ferner werden bestraft:
1) Unehrerbietiges Betragen gegen die Aufseher.
4) Störung anderer Arbeiter.
5) Verspätung und Versäumnisse, besonders der Unfug des blauen Montags und des Herbeiholens von Speise und Trank.
6) Unvorsichtigkeit mit Feuer und Licht.
7) Das Tabakrauchen.
8) Lärm machen auf dem Weg zu und von der Fabrik.

§ 22. Die Fabrikbesitzer sind jedoch zur augenblicklichen Entlassung des Arbeiters ohne Vergütung von Lohn berechtigt, wenn dieser das eine oder das andere der nachstehenden Vergehen sich zu schulden kommen läßt.
1) Diebstahl oder Untreue.
2) Prügelei, Unzucht oder Betrunkenheit im Fabrikgebäude.
3) ... Auflehnung gegen die Fabrikordnung.
4) Beschimpfung der Aufseher."

(Nach: P. Borscheid, Textilarbeiterschaft in der Industrialisierung, Industrielle Welt, Bd. 25, hrsg. v. W. Conze, Stuttgart 1978, S. 545ff.)

7 Wochenlöhne (in Chemnitz 1847; in Neugroschen)

Heimarbeit	
Strumpfwirker (Geselle)	27–32
Webermeister	40–60
Fabrikarbeit	
Stoffdrucker	106
Streichkind	16
Handarbeiter (ungelernt)	60
Maurer, Schlosser	112
Spinnmeister	118
Mädchen (über 14 Jahre)	30
Aufseher	180

(Der Mindestverbrauch einer vierköpfigen Familie betrug 1848 in Chemnitz 95 Neugroschen pro Woche.)

8 Verelendung

Über ein Einzelschicksal in einem Berliner Elendsviertel wird uns 1843 berichtet:

„Der Weber Fischer ist 42 Jahre alt ... Fischer hat sich als Webergeselle schon weit umhergetrieben. Gegen das Ende des vorigen Jahres fehlte es ihm 17 Wochen an Arbeit. Er blieb im

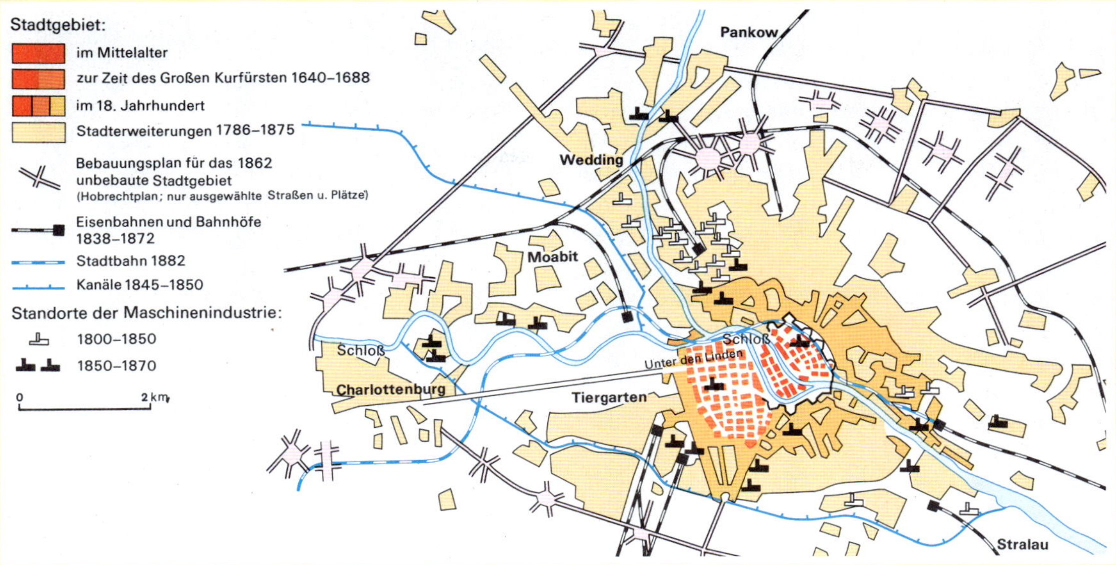

9 Berlin – das Entstehen einer Großstadt

10 Kellerwohnung in Berlin-NO. Die Wohnung umfaßt Stube (Länge 4,5 m, Breite 3,4 m, Höhe 2,4 m) und Küche (1,8 m unter dem Straßenniveau). (Foto, 1916)

Familienhause 8 Taler Miete schuldig, reiste nach Hamburg, fand daselbst auch nichts zu tun, kam krank nach Berlin zurück und wurde ins Krankenhaus gebracht. Als er wieder gesund war, fehlte es ihm an Obdach, die Polizei brachte ihn mit seiner ganzen Familie ins Arbeitshaus, wo er 15 Wochen, getrennt von Frau und Kindern, als Gefangener lebte neben Verbrechern aller Art ... Endlich entließ man ihn mit 4 Talern Unterstützung. Von diesen bezahlte er 3 Taler an die Mietschuld. Er wäre abermals ohne Arbeit, wenn ihm nicht der arme Nachbar Sigmund gestern 30 Ellen Zettel (Längsfaden des Gewebes) abgeschnitten hätte, an welchen in 14 Tagen 3 Taler Weberlohn zu verdienen sind. Auf zwei Wochen ist die Existenz der Familie gesichert. Es ist aber vorauszusehen, daß sie binnen kurzer Zeit wieder ins Arbeitshaus gebracht werden muß."

(B. v. Arnim, Dieses Buch gehört dem König, Bd. I, 1852, S. 536)

12 Hinterhöfe in einem Berliner Wohnviertel um die Jahrhundertwende

11 Wohnverhältnisse

Die Wohnverhältnisse der Arbeiter um 1900 schilderte der Volkswirtschaftler Sombart:

„Wer würde es glauben, daß eine ganze Anzahl Menschen bei uns heutigentags in ‚Wohnungen' kampiert, die ... kein heizbares Zimmer haben? Und doch belehrt uns die Statistik, daß es deren in Berlin über 15000, in Barmen über 8000 gibt. ... Ja, in den meisten deutschen Großstädten wohnt ... annähernd die Hälfte aller Menschen in Wohnungen, die nicht mehr als ein Zimmer umfassen. Überbevölkert nennt die Statistik eine Wohnung, wenn 6 Personen und mehr in 1 Zimmer, 11 Personen und mehr in 2 Zimmern hausen. Und selbst davon gibt es eine recht erkleckliche Anzahl: in Berlin nahezu 30000, in Breslau 7000, in Chemnitz 50000."

(W. Sombart, Das Proletariat, Jena 1906, S. 23f.)

Arbeitsvorschläge und Fragen

a) Weshalb war Dewald mit seiner neuen Arbeit in der Fabrik nicht zufrieden? (M 3) – Stelle Unterschiede zwischen Handwerksarbeit und Fabrikarbeit zusammen. Welche Informationen über Fabrikarbeit lassen sich aus M 1 entnehmen?

b) Aus welchen Gründen nahmen Frauen und Kinder im 19. Jahrhundert sogar schwerste Arbeiten an? (M 4 und 5)

c) Welches Verhältnis zwischen Unternehmer und Arbeiter läßt sich aus der Fabrikordnung M 6 herauslesen?

d) Vergleiche die Wochenlöhne von Heimarbeit und Fabrikarbeit miteinander. In welchen Berufen mußten Familienmitglieder mitarbeiten, um den Mindestverbrauch zu sichern? (M 7)

e) Welche wirtschaftlichen und sozialen Verhältnisse werden aus Fischers Schicksal deutlich? (M 8)

f) Stelle aus den Materialien M 2, M 10, M 11, M 12 Probleme zusammen, die durch die Industrialisierung besonders in den Städten entstanden.

g) Beschreibe die Entwicklung der Großstadt Berlin mit Hilfe der Karte. (M 9)

5. Deutschland entwickelt sich zum bedeutenden Industriestaat

Nach 1870	Durch Anwendung verbesserter Produktionsverfahren (Stahlerzeugung) und durch den Aufschwung neuer Industriezweige (Chemie, Elektroindustrie, Anfänge der Autoindustrie) beginnt eine neue Industrialisierungsphase.
1900	In der industriellen Weltproduktion liegt Deutschland hinter den USA an zweiter Stelle.

Deutschland – industrielle Großmacht

Industrialisierung und *nationale Einigung* ließen das *Deutsche Reich* zur *Großmacht* heranwachsen. Immer neue Erfindungen führten in wenigen Jahren zur Entstehung neuer Industriezweige, neuer Industriestädte und -gebiete. Die sozialen Gegensätze zwischen dem Bürgertum, das Fabriken gründete und besaß, und den dort arbeitenden Massen wurden größer.

Neue Industriezweige entstehen

Am 17. Januar 1867 hielt Werner von Siemens vor der Akademie der Wissenschaften in Berlin einen Vortrag „Über die Umwandlung der Arbeitskraft in elektrischen Strom" und gab damit die Erfindung des *Dynamos* (1866) bekannt. Seine Erfindung und die Erfindung der *Glühbirne* durch den Amerikaner Thomas A. Edison haben die Voraussetzung dafür geschaffen, daß in kürzester Zeit eine riesige *Elektroindustrie* mit Hunderttausenden von Beschäftigten entstand. Die Kleinkraftmaschine wurde zur treibenden Kraft der Industrialisierung in ihrem zweiten Abschnitt.
Durch die Erfindung der *Verbrennungsmotoren* durch Nikolaus Otto (1876) und des *Autos* durch Carl Benz und Gottlieb Daimler (1885/86) bildete sich innerhalb zweier Jahrzehnte ebenfalls ein neuer Industriezweig.
Schließlich begann mit der Gründung der Badischen Anilin- und Soda-Fabrik (BASF) in Ludwigshafen 1865 der Aufstieg der *chemisch-pharmazeutischen Industrie*. Jede dieser Erfindungen führte zu einem Wachstumsschub der Wirtschaft.

1 Badische Anilin- und Soda-Fabrik (BASF) in Ludwigshafen (Gemälde von Robert Stieler, um 1881)

2 Das erste vierrädrige Daimler-Automobil (Einzylindermotor, 1,5 PS) aus dem Jahre 1886; im Rücksitz: Gottlieb Daimler.

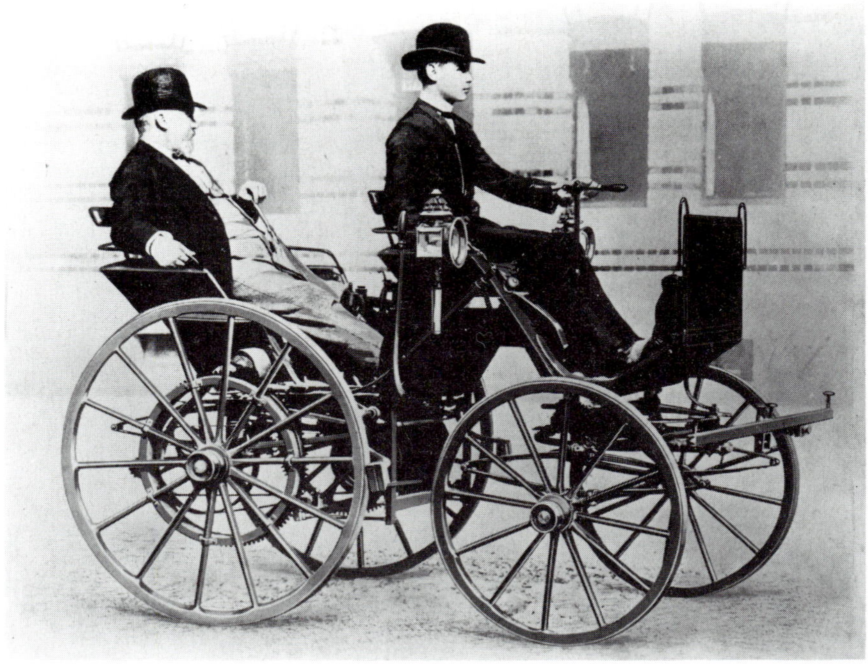

Wer finanziert die Wirtschaft?

Die Industrie brauchte zur Finanzierung der Produktion, der Neuanschaffungen, der Löhne und Gehälter so große Summen Geldes, daß sie ein einzelner nicht mehr aufbringen konnte. Reichte das *Kapital* eines Unternehmers nicht mehr aus, so gründete er zusammen mit anderen Geldgebern eine *Aktiengesellschaft*. Jeder Geldgeber erhielt Aktien, die ihm entsprechend seinem eingezahlten Anteil eine jährliche Gewinnbeteiligung (Dividende) garantierten. Aktien waren verkäuflich und wurden an der Börse gehandelt.

Großbanken

Es entstanden auch neue und größere Geldinstitute, die Sparbeiträge vieler Tausender zusammenfaßten und diese der Industrie als Kredite liehen. Als erste deutsche Großbank wurde 1853 die „Darmstädter Bank für Handel und Industrie" gegründet. Die *Großbanken* organisierten sich ebenfalls als Aktiengesellschaften. Einst galt es als Schande, sich Geld borgen zu müssen. Im *Zeitalter des Kapitalismus* wurde der *Kredit* zum unentbehrlichen Hilfsmittel der Produktion.

Wirtschaftskrisen begleiten die Industrialisierung

Vor der industriellen Revolution, als noch bis zu 80% der Menschen auf dem Lande lebten und arbeiteten, wurden Krisen vor allem durch *Mißernten* ausgelöst. 1847/48 hatte es eine solche *„Hungerkrise"* in vielen Teilen Europas gegeben.

Mit der Industrialisierung war ein immer größerer Teil der Bevölkerung darauf angewiesen, Lebensmittel und Waren zu *kaufen*, also einen Arbeitslohn zu verdienen. Die Arbeitsplätze aber hingen von Produktion und Verkauf von Waren ab, d.h. von den Produktions- und Kaufentscheidungen von Millionen von Menschen. Wurden weniger Waren gekauft, als die Hersteller erwartet hatten, kam es zu *Absatzstockungen*. Solche Stockungen führten zu Einschränkungen der Produktion, zur *Entlassung von Arbeitern*, zum *Bankrott von Firmen*, d.h. zu einer *Wirtschaftskrise*.

Je komplizierter das System dieser kapitalistischen Marktwirtschaft wurde, je abhängiger die Länder durch Ausfuhr und Einfuhr voneinander wurden, desto mehr Menschen wurden von solchen Krisen betroffen. Nach einigen Jahren besserte sich die Lage durch neue *Wachstumsschübe*, die von neuen Industrien ausgelöst wurden. Ein solches Auf und Ab von stärkerem und schwächerem Wachstum der Wirtschaft heißt *Konjunkturzyklus*.

Konjunkturzyklen

Konjunkturkrisen konnten durch politische Vorgänge verstärkt werden. Ein Beispiel dafür ist die sogenannte *Gründerkrise* im Deutschen Reich. 1870/71 hatten die deutschen Staaten gemeinsam gegen Frankreich Krieg geführt. Bismarck hatte die Begeisterung über die deutschen Siege benutzt und die deutschen Staaten veranlaßt, sich zum *Deutschen Reich* zusammenzuschließen. Dieser politische Erfolg erzeugte auch große Hoffnungen auf wirtschaftlichem Gebiet, da die *Weltwirtschaft* sich in einer *Phase des Aufschwungs* befand. Dazu kam die französische *Kriegsentschädigung*, die dreimal so hoch war wie die Summe des im Deutschen Reich umlaufenden Geldes. Sie ermöglichte es den Banken, Kredite zu verbilligten Zinssätzen zu geben. *Kreditverbilligung* und Rückzahlung von Staatsanleihen ermunterten die Unternehmer zur Erweiterung ihrer Fabriken und zu vielen *Neugründungen* (*„Gründerjahre“*). Mit hohem Risiko gründete man Firmen und spekulierte an Börsen, während Preise und Löhne stiegen. Die Hoffnung, schnell reich zu werden, war weit verbreitet. Die Gründerjahre endeten schon 1873 mit dem *Gründerkrach*, mit Konkursen, Preisstürzen und Arbeitslosigkeit.

Gründerkrach

In der Krise konnten sich viele Betriebe nicht halten oder kamen in Schwierigkeiten. Viele waren dann bereit, sich anderen Betrieben anzuschließen, oder sie wurden aufgekauft. Mit der größeren Menge verfügbaren Kapitals dieser sogenannten *Konzerne* konnten sie besser bestehen.

Firmen schließen sich zusammen

Andere Unternehmer vereinbarten, sich nicht gegenseitig im Preis zu unterbieten, und bildeten *Preiskartelle*. So schlossen sich beispielsweise Bergwerke 1893 zum Rheinisch-Westfälischen Kohlensyndikat zusammen. Die *Konzentration* wirtschaftlicher Macht in wenigen Händen wurde in Deutschland wie in anderen Industrieländern zu einer typischen Erscheinung.

Seit 1878 wurde in Deutschland ein *Einfuhrzoll auf Industrieprodukte* anderer Länder erhoben, um der deutschen Industrie auch in der Krise den Absatz ihrer Produkte und Gewinne innerhalb des deutschen Reiches zu sichern. 1879 erfolgten Einfuhrzölle für *Agrarprodukte*. Die USA, Frankreich und Großbritannien führten aus ähnlichen Gründen ebenfalls Schutzzölle ein. Das erschwerte den internationalen Wettbewerb. Die *wirtschaftlichen Interessenverbände* nahmen Einfluß auf die politischen Entscheidungen. Die Schutzzollpolitik zeigte die gewachsene Macht der Interessenverbände der Industrie und der Großgrundbesitzer, denen der Staat entgegenkam. 1876 hatten die zahlreichen *Unternehmerverbände* als Dachverband den „Centralverband deutscher Industrieller“ gegründet. Unter den *Agrarorganisationen* hatte der „Kongreß norddeutscher Landwirte“, 1868 von ostdeutschen Großgrundbesitzern gegründet, und die „Vereinigung der Steuer- und Wirtschaftsreformer“ von 1876 den größten Einfluß.

Schutzzollpolitik

Da die Steuereinnahmen des Deutschen Reiches gering waren, beteiligte es sich selbst am Wirtschaftsleben, indem es *Post*, *Telefon* und viele Betriebe in der *Land- und Forstwirtschaft* und im *Bergbau* unterhielt. Die Hälfte der Einnahmen des Reiches stammten aus reichseigenen Wirtschaftsbetrieben. Die Länder des Deutschen Reiches machten die meisten der von Aktiengesellschaften betriebenen *Eisenbahnen* aus dem gleichen Grund zu Staatsbahnen.

Das Deutsche Reich als Unternehmer

Konzentration des Kapitals: Unter *Kapital* versteht man das in Produktionsanlagen investierte Geld. Firmenzusammenschlüsse, Aufkäufe kleinerer Firmen durch größere führen zu einer Konzentration des Kapitals und damit zu einer Zusammenballung wirtschaftlicher Macht. *Horizontale Konzentration* nennt man den Zusammenschluß von Firmen gleicher Produktionsart mit dem Ziel der Erhöhung des Marktanteils, der Marktbeherrschung oder der Monopolbildung. *Vertikale Konzentration* ist der Zusammenschluß von Betrieben der Rohstoffförderung, der Produktion, des Transports und des Vertriebs mit dem Ziel billiger Produktion und größerer Unabhängigkeit. Um allzu große Machtkonzentration in der Wirtschaft zu verhindern und die *Konkurrenz* im Interesse des Konsumenten zu erhalten, haben Regierungen immer wieder durch Gesetze die Konzentration des Kapitals zu bremsen versucht, so seit Ende des 19. Jahrhunderts in den USA. In der Bundesrepublik Deutschland gibt es seit 1957 ein Gesetz gegen Wettbewerbsbeschränkungen.

3 Statistiken zur industriellen Entwicklung in Deutschland

3a Steinkohlenförderung im Deutschen Reich in Mio. Tonnen:

1860	12,3
1880	42,2
1900	109,3
1910	151,1

(Nach: Max Koch, Die Bergarbeiterbewegung im Ruhrgebiet z. Zt. Wilhelm II., Düsseldorf 1954, S. 140)

3b Zahl der Beschäftigten in der Firma Krupp

Jahr	Beschäftigtenzahl
1835	62
1873	16000
1914	38000

(Nach: Henning, Die Industrialisierung ..., a.a.O. S. 267)

3c Gründung von Aktiengesellschaften in Deutschland:

1801–25	16
1825–50	212
1851–70	295
1871–74	857

(Nach: J. Kuczynski, Geschichte der Arbeiterbewegung, Teil I, Bd. 2, Berlin 1962, S. 20ff.)

3d In Deutschland waren von hundert Beschäftigten tätig (1984: Bundesrepublik Deutschland):

Jahr	Land-, Forstwirtschaft, Fischerei	Produktion von Gütern (gewerblich/industriell)	Dienstleistungsbereichen	Beschäftigte insgesamt in Mio.
1800	62	21	17	10,5
1850	55	24	21	15,8
1875	49	30	21	18,6
1900	38	37	25	25,5
1984	5	42	53	26,4

(Nach: Henning, Die Industrialisierung in Deutschland 1800–1914, Paderborn, 1973, S. 20; Statistisches Jahrbuch 1985, S. 95f.)

3e Betriebsgrößen und Zahl der Beschäftigten im Deutschen Reich

Personen (in Mio.) beschäftigt in:	Kleinbetrieben (bis 5 Personen)	Mittelbetrieben (6–50 Personen)	Großbetrieben (über 50 Personen)
1882	4,3 = 59,1%	1,4 = 18,9%	1,6 = 22,0%
1907	5,4 = 37,3%	3,6 = 25, 4%	5,4 = 37,5%
1925	5,4 = 28,6%	4,5 = 24,2%	8,8 = 47,2%

(Nach: Weltgeschichte im Aufriß, Bd. 3, Frankfurt 1962, S. 122)

3f Bank- und Kreditwesen:

	1858	1907
Anzahl der Firmen	306	1318
Beschäftigte		
insgesamt	741	21835
je Firma	2,4	16,6
in Berlin	33%	78%

(Nach: W. Sombart, Dt. Volkswirtschaft, Stuttg. 1954, S. 479)

3g Kartelle in Deutschland:

1875	8
1900	300
1910	673

(Nach: H. König, Kartelle und Konzentration, in: H. Arndt [Hrsg.], Die Konzentration des Kapitals in der Wirtschaft, Bd. 1, Berlin 1960, S. 304)

4 Kruppsche Gußstahlfabrik: Stammhaus (1819) mit Erweiterungsbau (1836) (Holzschnitt, links) – Firmenareal 1912 (Foto, rechts)

5 Die Industrialisierung verändert das Bauwesen (um 1880)

„Während Johanns Lehrzeit ging allerdings eine Wandlung vor. Bis dahin war der Bau wirklich ein Gesamtwerk der Handwerker gewesen. Der Architekt kam eben erst auf, bisher hatte der Maurermeister oder der Zimmermeister das Ganze geleitet und sich mit dem Bauherrn verständigt. Jetzt erschien immer öfter der akademisch gebildete Architekt, der ein feiner Herr war und zum Handwerker Distanz hielt. Die neue Zeit kündigte sich auch darin an, daß die Fenster und Türen nicht mehr von Bautischlern in der Werkstatt mit Hilfe einiger Gehilfen angefertigt wurden, sie wurden vielmehr von einer großen Tischlerei mit Maschinenbetrieb bezogen, einer Fabrik, ... auf deren Hof ein Sägewerk kreischend von den Stämmen die Furnierblätter abschälte, wo aus Auspuffrohren knallend der Dampf entwich, und die nicht mehr dem Handwerk, sondern schon ganz der Industrie angehörte. Auch die Stuckornamente wurden nicht mehr mit der Hand angetragen ... Die Formen wurden in Steinpappe gepreßt, kamen aus der Fabrik fertig auf den Bau und wurden vom Stukkateur mit Schrauben an der Decke und an der Wand befestigt. Die Muster waren in Lagern vorrätig und wurden vom Architekten nach Proben ausgesucht. Die Arbeit wurde allerenden unpersönlicher. Dadurch wurde zwar die Arbeitsfolge nicht grundsätzlich gestört, doch trat an die Stelle des Organischen etwas Automatisches. An die Stelle der lebendigen Überlieferung trat die Organisation, und so wurde die Arbeitsweise mechanisiert. Wo früher der Tischler den Gartenzaun aus selbstgehobelten Stäben gefügt hatte, da wurden nun gußeiserne Geländer angefahren. Der Handwerker hatte nichts zu tun, als die Teile zu montieren."

(K. Scheffler, Der junge Tobias. Eine Jugend und ihre Umwelt, o.O. 1927, S. 190f.; zit. nach: Ritter/Kocka [Hg.], Deutsche Sozialgeschichte 1870–1914, [3]München 1982, S. 127)

6 „Made in Germany" – billig und schlecht?

6a „Auf der Weltausstellung in Philadelphia 1876 bezeichnete der Ingenieur Reuleaux die deutschen Industrieerzeugnisse als ‚billig und schlecht'."

(F. Klemm, Kurze Geschichte der Technik, Freiburg 1961, S. 154)

6b Im Jahresbericht der Industrie- und Handelskammer Darmstadt von 1881 heißt es:

„Zu diesen Gewohnheiten der Exporthändler [im Ausland] und dortigen Verbraucher gehört auch der ... sehr bedauerliche Gebrauch, deutsche Waren nur unter fremder Flagge beziehen zu wollen. Es geht das ... so weit, daß, wollten dieselben ihre Waren als deutsche bezeichnen, sie des bei weitem größten Teils des Exports verlustig gehen würden ..."

(Auf dem Hintergrund von hundert Jahren. IHK Darmstadt, Darmstadt 1962, S. 63f.)

7 Regionale Zentren der Textilindustrie in Deutschland

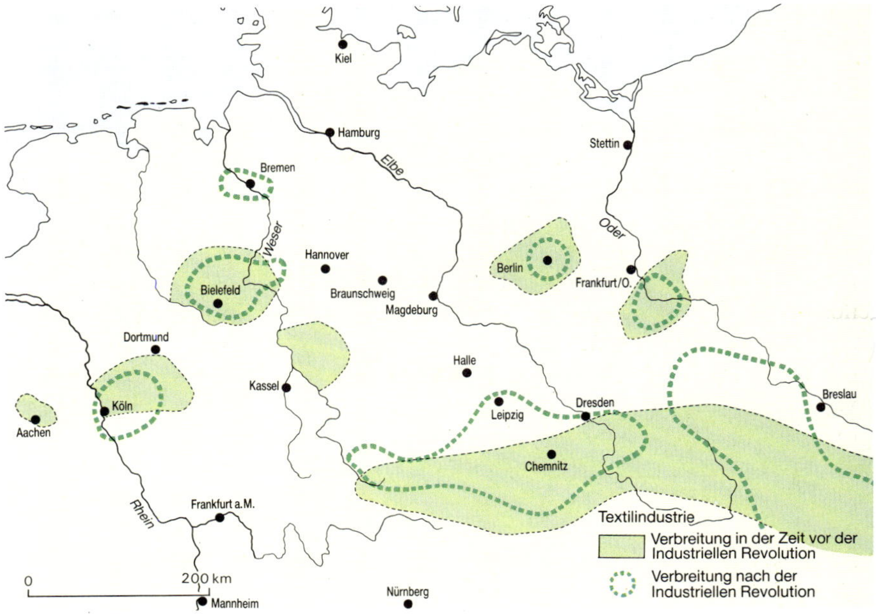

8 Regionale Zentren der Eisenverarbeitenden Industrie in Deutschland

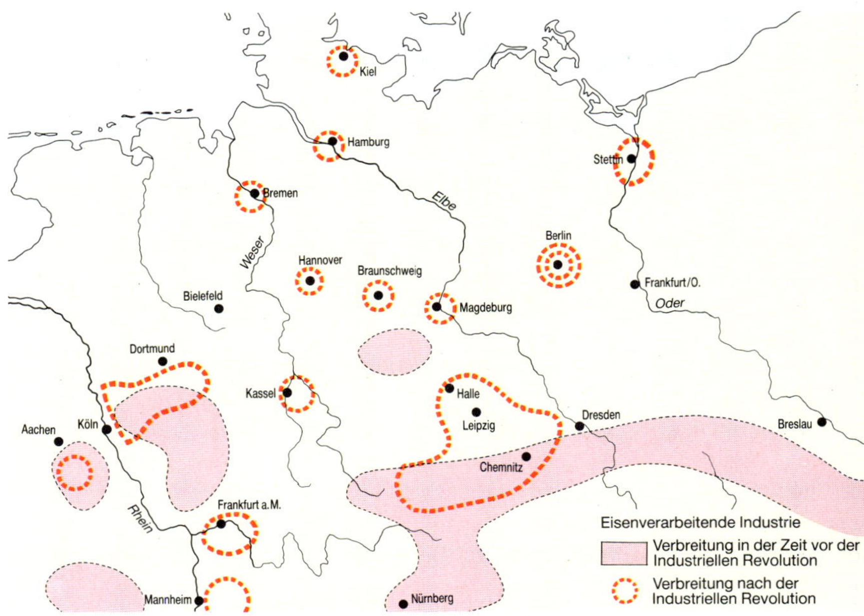

Arbeitsvorschläge und Fragen

a) Welche Informationen über die Entwicklung der Industrialisierung in Deutschland lassen sich aus den Materialien M 3d und M 3e entnehmen?
b) Erläutere mit Hilfe der Informationen, die Du in diesem Kapitel findest, den Begriff Aktiengesellschaft. Zeige, welche Bedeutung Aktiengesellschaften für die Industrialisierung hatten. (M 3c)
c) Beschreibe die Auswirkungen der Industrialisierung auf die im Text genannten Handwerksberufe. (M 5) – Erläutere den Satz: „An die Stelle des Organischen (trat) etwas Automatisches."
d) Das Kapitel enthält Fachausdrücke wie z. B.: Kartell, Konjunktur, Konzern, Syndikat u. a. Erkläre diese Begriffe unter Zuhilfenahme eines Lexikons.

6. Die soziale Frage im 19. Jahrhundert

Was verstehen wir unter sozialer Frage?

1835 war noch der weitaus größte Teil der deutschen Bevölkerung in der *Landwirtschaft* tätig. Das schnelle Anwachsen der Bevölkerung und die beginnende Industrialisierung führten in der ersten Hälfte des 19. Jahrhunderts zu einer *Auflösung alter Ordnungen.*

Viele überkommene Maßstäbe galten nicht mehr. Für immer größere Teile der Bevölkerung ging die *Geborgenheit* in einer engen und armen, aber überschaubaren und vertrauten gesellschaftlichen Umwelt *verloren*. Für kritische Zeitgenossen, die diese Entwicklungen an *humanitären Forderungen* maßen, waren die *Mißstände* beängstigend:

- die Unsicherheit der wirtschaftlichen Existenz für die Masse der Bevölkerung,
- die Zunahme der Lohnabhängigen,
- die Machtlosigkeit der Massen,
- die Ungleichheit des Besitzes,
- die Unpersönlichkeit und Härte der Fabrikarbeit.

All dies zusammen nannte man die *Arbeiterfrage* oder die *soziale Frage.*

Man sah die sozialen Folgen der Industrialisierung zuerst in Großbritannien. Ähnliche tiefgreifende Veränderungen begannen sich in Deutschland und in ganz Westeuropa bemerkbar zu machen oder waren zu erwarten.

Nicht alle Zeitgenossen nahmen die umwälzenden Veränderungen wahr, und bei weitem nicht alle deuteten die Zeitumstände als bedrohlich. Dennoch erschien zwischen 1820 und 1850 eine Fülle von Schriften und Zeitungsartikeln, die die sozialen Zustände kritisierten, die Zukunft in düsteren Farben malten und Vorschläge machten, wie es besser werden könnte.

Wer stellt die soziale Frage?

Die Kritik an den sozialen Verhältnissen kam vor allem von den *aufgeklärten Bürgern,* die die Wirklichkeit an den Idealen der Freiheit, Gleichheit und Brüderlichkeit maßen. Seit der *Französischen Revolution* und den Reformen in vielen Ländern griff die Überzeugung um sich, daß Armut und ungleiche Lebensverhältnisse nicht Zustände einer *gottgegebenen Ordnung* seien. Man erkannte sie jetzt als *von Menschen verursachte, von Menschen zu ändernde Mißstände.* Am Beispiel der Kinderarbeit ist das besonders deutlich zu erkennen, und auch hier wurde zunehmend Kritik geübt.

1 Fabrikarbeit und soziale Frage – Auffassungen von Zeitgenossen

1a 1783 bittet ein Antragsteller in einem Gesuch um die Errichtung einer Fabrik:

„Die Anlage der Fabrik ist der Stadt Ratingen [bei Düsseldorf] und dem ganzen Amt von Nutzen, indem eine Menge armer Einwohner und kleinerer Kinder von 6 bis 10 Jahren, welche nun gar zu häufig dem Müßiggang und Betteln nachgehen, ihren täglichen Unterhalt verdienen und dadurch von Jugend an zu Arbeit und Fleiß angehalten werden ..."

(Zit. nach: K.-A. Ludwig, Der Aufstieg der Technik im 19. Jahrhundert, Stuttgart 1974, S. 11)

1b In einem Bericht über die Gewerbeindustrie in Württemberg (1828) hieß es:

„Die Nachlässigkeit, womit die Kinder der Fabrik-Arbeiter in ihren ersten Lebensjahren behandelt werden mögen, kann nicht größer seyn, als die schreckliche Verwahrlosung, welche in Gegenden ländlicher Überbevölkerung Kinder von Eltern erfahren, denen ... [es] an Mitteln fehlt ... Bei dem kleinen Grundbesitze der Eltern ... müssen sie Sommers mühselig Futter für Vieh an Straßen und Hecken, Winters Brennmaterial in Feld und Wald sammeln ... Noch unerwachsen müssen Knaben in Weingegenden Butten voll Erde den Berg hinan, ... in unmäßi-

2 „Capital and Labour". Anonyme Karikatur der sozialen Verhältnisse in England aus „Punch", 1843.

gen Ladungen, kleine Mädchen schon Futterbündel und andere Lasten schleppen, und häufig zeigen ein verkrüppelter Körperbau ... die ... Folgen einer solchen ... Anstrengung. Dabei schlechte und unreinliche Kleidung, oft kaum mehr als Lumpen, häufig keine Fußbedeckung, schlechte Nahrung und schlechte Betten ... Mögen die Kinder von Fabrik-Arbeitern vielleicht ein paar Jahre früher und zu einer einförmigen Arbeit angehalten werden, immer werden sie weniger zu beklagen seyn."

(M. Mohl, Über die württembergische Gewerbeindustrie, Stuttgart und Tübingen 1828, S. 46ff.)

1c 1837 wurde im Rheinischen Provinziallandtag in Düsseldorf zum ersten Male über ein Gesetz zur Beschränkung der Kinderarbeit in den Fabriken auf 10 Stunden täglich diskutiert. Dabei sagte ein Teilnehmer:

„Die von Ihnen scharf beurteilten Fabrikanlagen, welche Kinder beschäftigen, rufen den ... Jammer nicht hervor, sondern mildern den bereits vorhandenen. Eine Überbevölkerung, die der Acker nicht mehr zu beschäftigen weiß, strömt den Anstalten zu, wo Arbeit, wo Brot zu erwerben ist ... Ich pflichte Ihnen ... vollkommen bei, daß die armen Kinder ... unter den Schutz milder Gesetze gestellt werden, jedoch dürfen diese keine so große Beschränkungen erhalten ... daß dadurch der Bestand unserer Industrieanlagen wegen der Konkurrenz des Auslandes unmöglich gemacht wird. Der Wohlstand ... unserer Provinz ginge ... verloren."

(Nach: W. Köllmann, Die industrielle Revolution, Stuttgart, 1979, S. 76)

Nach der Debatte wurde das Gesetz mit 60:9 Stimmen angenommen; 1853 verbot das preußische Kinderschutzgesetz jede Beschäftigung von Kindern unter 12 Jahren.

1d Eine Kölner Zeitung schrieb im Jahre 1818: „Eine Maschine macht oft die Arbeit von 1000 Menschen entbehrlich und bringt den Gewinn, den sonst alle diese Arbeiter teilten, in die Hände eines einzigen. Jede ... Dampfmaschine vermehrt die Zahl der Bettler, und es steht zu erwarten, daß sich bald alles Vermögen in den Händen einiger tausend Familien befinden und der übrige Teil des Volkes als Bettler in ihre Dienstbarkeit geraten wird."
(Zit. nach: W. Trog, Die nationale und die industrielle Revolution, Frankfurt a.M. 1964, S. 47f.)

1e Der Politiker Franz J. Buß äußerte im Badischen Parlament 1837:
„Das Fabrikwesen erzeugt eine Hörigkeit neuer Art. Der Fabrikarbeiter ist der Leibeigene seines Brotherren, der ihn als nutzbringendes Werkzeug verbraucht und abgenutzt wegwirft ... er ist [auch] der Leibeigene der Maschine, die Zubehörde einer Sache."
(Rede in der Badischen 2. Kammer, in: E. Schraepler, Quellen zur Geschichte der sozialen Fragen in Deutschland, Bd. 1, 1800–1870, Göttingen 1955, S. 66)

Arbeitsvorschläge und Fragen

a) Welche Erwartungen, Hoffnungen und Befürchtungen werden in den Materialien M 1a – M 1e im Zusammenhang mit der Fabrikarbeit geäußert?
b) Stelle die Argumente zusammen, die zum Problem der Kinderarbeit in M 1a – M 1c genannt werden. Welche Einstellung zur Kinderarbeit läßt sich aus den Texten herauslesen?
c) Beschreibe die Darstellung der Kinderarbeit in M 2. Welche Auffassung vertritt der Karikaturist zu den sozialen Problemen seiner Zeit?

7. Karl Marx: Theoretiker der sozialen Frage

1848 ———— Karl Marx und Friedrich Engels veröffentlichen das Kommunistische Manifest.

Die Begründer des Marxismus

Viele haben die sozialen Verhältnisse beschrieben, sie als Mißstände gekennzeichnet, über ihre Ursachen nachgedacht, Lösungen entworfen. Den größten Widerhall hat bis zum heutigen Tag *Karl Marx* gefunden, der 1818 als Sohn eines Rechtsanwalts in Trier geboren wurde. Seine Kritik der wirtschaftlichen und sozialen Verhältnisse des 19. Jahrhunderts war die schärfste und umfassendste, weil er die Gegenwart in Zusammenhang mit einer, wie er glaubte, zwangsläufigen weltgeschichtlichen Entwicklung sah. Sein Freund und enger Mitarbeiter war der Fabrikbesitzer *Friedrich Engels*. Die wichtigsten Zusammenfassungen ihrer Lehre sind in der Schrift „Manifest der kommunistischen Partei" (kurz: *Kommunistisches Manifest*) von 1848 und in dem von Karl Marx 20 Jahre später veröffentlichten Buch *„Das Kapital"* enthalten.

Mensch und Arbeit

Marx ging davon aus, daß „die freie bewußte Tätigkeit" den Menschen vom Tier unterscheidet. Der Mensch wird dadurch zum Menschen, daß er *arbeitend* die *Welt verändert*. Die Verhältnisse in der Fabrik machen es dem Industriearbeiter aber unmöglich, sich in seiner Arbeit zu verwirklichen.

Kapitalisten und Proletarier

Nach Marx sind die Besitzer von Kapital (= Produktionsmitteln) eine Klasse der Gesellschaft, welche die andere Klasse, die nichts besitzt und ihre Arbeitskraft gegen Lohn anbieten muß, ausbeutet. Die Klasse der *Kapitalisten* und die Klasse der *Proletarier* (lohnabhängige Arbeiter) stehen sich in unversöhnlichem Kampf – dem Klassenkampf – gegenüber.

Geschichte als Klassenkampf

Seit es in der Geschichte Privateigentum an Äckern und Wald, Geräten und Vieh, Werkzeugen und Maschinen – an den Produktionsmitteln – gibt, ist die Geschichte vom *Klassenkampf* beherrscht. Klassengegensätze führten bereits in der Vergangenheit wiederholt zu revolutionären Umwälzungen. Die weitere Entwicklung der kapitalistischen Gesellschaft stellt sich für Marx folgendermaßen dar:

Mehrwert und Verelendung

Der Kapitalist, d.h. der Besitzer der Produktionsmittel, zahlt dem Arbeiter als Lohn immer weniger, als der Wert der Arbeit ausmacht. Den verbleibenden Gewinn, den „Profit" oder *„Mehrwert"* behält der Kapitalist. Von dem Mehrwert kauft er neue Maschinen, mit denen er Arbeitskräfte spart. Arbeiter werden arbeitslos, das Angebot an Arbeitskräften steigt, immer mehr Arbeiter bieten ihre Arbeitskraft zu immer niedrigeren Löhnen an. Dies führt zur *Verelendung* der Arbeiterklasse.

Konzentration des Kapitals, Zusammenbruch des kapitalistischen Systems

Andererseits *konzentriert sich immer mehr Kapital* in den Händen immer weniger Unternehmer, die kleineren Unternehmer werden vom Markt verdrängt, ihre Betriebe aufgekauft. Unter den verbleibenden Kapitalisten herrscht nach Marx ein scharfer *Konkurrenzkampf*. Die geringer werdenden Gewinne versuchen sie durch erhöhte Produktion auszugleichen. Da aber die Masse der Bevölkerung nichts mehr kaufen kann, kommt es zur *Krise des kapitalistischen Systems*. Dies ist der Zeitpunkt, in dem die Mehrheit der Bevölkerung durch eine *Revolution* die wenigen Kapitalisten verjagt und das System der Ausbeutung zusammenbricht.

Diktatur des Proletariats

Um die Hoffnung auf eine Gesellschaft ohne Ausbeuter und ohne Ausgebeutete zu verwirklichen, ist nach Marx eine *Diktatur des Proletariats* nötig. Sie hat die Aufgabe, die Besitzer der Produktionsmittel zu enteignen, die Produktionsmittel in Gemeineigentum zu überführen und die *klassenlose Gesellschaft* herzustellen.

Kommunistische Gesellschaft

Wenn alle Widersprüche und Gegensätze in der Gesellschaft beseitigt sind, dann ist die *kommunistische Gesellschaftsordnung* (lat. communis = gemeinsam) erreicht, in der Ausbeutung und Unterdrückung nicht mehr vorkommen. Da nach Marx auch die Kriege nur Folge des Klassenkampfes sind, verschwinden selbst die Gegensätze zwischen den Staaten. Mit der Umwälzung der gesellschaftlichen Verhältnisse wird sich auch das *Denken der Menschen ändern*. Ohne Angst vor Ausbeutung, Entfremdung und Verelendung kann der Mensch in der kommunistischen Gesellschaftsordnung sich verwirklichen.

Worin liegt die Wirkung des Marxismus?

Seit mehr als 100 Jahren hat der Marxismus auf viele Menschen eine große Anziehungskraft ausgeübt. Seine Anhänger sind davon überzeugt, daß Marx die entscheidenden Gedanken entwickelt hat, um die sozialen Probleme – nicht nur zu seiner Zeit – zu lösen. Zwar lebt heute etwa ein Drittel der Menschheit unter Regierungen, die sich zum Marxismus bekennen, in keinem Staat ist jedoch die klassenlose Gesellschaft verwirklicht worden.

1 Ausbeutung und Entfremdung

1a Marx gab folgende Deutung der Lage des Industriearbeiters:

„Die Arbeit der Proletarier hat durch die Ausdehnung der Maschinerie und die Teilung der Arbeit allen selbständigen Charakter und damit allen Reiz für die Arbeiter verloren. Er wird ein bloßes Zubehör der Maschine, von dem nur der einfachste, eintönigste, am leichtesten erlernbare Handgriff verlangt wird."

(Kommunistisches Manifest, MEW, Bd. 4, S. 468)

1b „Der Arbeiter fühlt sich daher erst außer der Arbeit bei sich und in der Arbeit außer sich. Zu Hause ist er, wenn er nicht arbeitet, und wenn er arbeitet, ist er nicht zu Hause. Seine

Arbeit ist daher nicht freiwillig, sondern gezwungen, Zwangsarbeit."
(K. Marx, Ökonomisch-philosophische Manuskripte [1844] in: MEW, Ergänzungsband, S. 511 f.)

1c „Der Arbeitstag zählt täglich volle 24 Stunden nach Abzug der wenigen Ruhestunden, ohne welche die Arbeitskraft ihren erneuerten Dienst absolut versagt. Es versteht sich zunächst von selbst, daß der Arbeiter seinen ganzen Lebenstag durch nichts ist außer Arbeitskraft ... Zeit zu menschlicher Bildung ... zu geselligem Verkehr, zum freien Spiel der physischen und geistigen Lebenskräfte, selbst die ... des Sonntags ... – reiner Firlefanz ...
Das Kapital fragt nicht nach der Lebensdauer der Arbeitskraft. Was es interessiert, ist einzig und allein das Maximum an Arbeitskraft ..."
(K. Marx, Das Kapital [1887], MEW, Bd. 23, S. 280)

2 Geschichte als Klassenkampf

Aus dem „Kommunistischen Manifest":
„Die Geschichte aller bisherigen Gesellschaft ist die Geschichte von Klassenkämpfen.
Freier und Sklave, Patrizier und Plebejer, Baron und Leibeigener, Zunftbürger und Gesell, kurz, Unterdrücker und Unterdrückte standen in stetem Gegensatz zueinander, führten einen ununterbrochenen, bald versteckten, bald offenen Kampf, einen Kampf, der jedesmal mit einer revolutionären Umgestaltung der ganzen Gesellschaft endete ...
Unsere Epoche, die Epoche der Bourgeoisie, zeichnet sich .. dadurch aus, daß sie die Klassengegensätze vereinfacht hat. Die ganze Gesellschaft spaltet sich mehr und mehr in zwei große feindliche Lager, in zwei große, einander direkt gegenüberstehende Klassen: Bourgeosie und Proletariat."
(Marx/Engels, Manifest der Kommunistischen Partei [1848], MEW, Bd. 4, S. 462 f.)

3 Die Entwicklung der kapitalistischen Gesellschaft

Marx erwartete folgende Entwicklungen:

3a „Die ... kleinen Industriellen, Kaufleute und Rentiers, Handwerker und Bauern, alle diese Klassen fallen ins Proletariat hinab ... teils dadurch, daß ihr kleines Kapital für den Betrieb der großen Industrie nicht ausreicht und der Konkurrenz mit den größeren Kapitalisten erliegt, teils dadurch, daß ihre Geschicklichkeit durch neue Produktionsweisen entwertet wird. So rekrutiert sich das Proletariat aus allen Klassen der Bevölkerung."
(Kommunistisches Manifest, MEW, Bd. 4, S. 469)

3b „Je größer der gesellschaftliche Reichtum [in Form von Maschinen, Fabriken, Eisenbahnen ...] ... desto größer die industrielle Reservearmee [der Arbeitslosen] ... Je größer aber diese Reservearmee im Verhältnis zur aktiven Arbeiterarmee, desto massenhafter die ... Überbevölkerung, deren Elend im umgekehrten Verhältnis zu ihrer Arbeitsqual steht."
(Marx, Das Kapital, MEW, Bd. 23, S. 673 ff.)

3c „Die proletarische Bewegung ist die selbständige Bewegung der ungeheuren Mehrzahl im Interesse der ungeheuren Mehrzahl. Das Proletariat, die unterste Schicht der jetzigen Gesellschaft, kann sich nicht erheben, nicht aufrichten, ohne daß der ganze Überbau der Schichten, die die offizielle Gesellschaft bilden, in die Luft gesprengt wird ... Mit der Entwicklung der großen Industrie wird also unter den Füßen der Bourgeoisie die Grundlage selbst weggezogen, worauf sie produziert und die Produkte sich aneignet. Sie produziert vor allem ihre eigenen Totengräber. Ihr Untergang und der Sieg des Proletariats sind gleich unvermeidlich."
(Kommunistisches Manifest, MEW, Bd. 4, S. 472 f.)

4 Nach dem Sieg des Proletariats

4a Marx über die Überwindung des Kapitalismus:
„Das Proletariat wird seine politische Herrschaft dazu benutzen, der Bourgeoisie nach und nach alles Kapital ... zu entreißen, alle Produktionsinstrumente in den Händen des Staates, d.h. des als herrschende Klasse organisierten Proletariats zu zentralisieren und die Masse der Produktivkräfte möglichst rasch zu vermehren."
(Kommunistisches Manifest, MEW, Bd. 4, S. 481)

4b „In einer höheren Phase der kommunistischen Gesellschaft, nachdem die knechtende Unterordnung der Individuen unter die Teilung

der Arbeit, damit auch der Gegensatz geistiger und körperlicher Arbeit verschwunden ist; nachdem ... auch ... alle Springquellen des genossenschaftlichen Reichtums voller fließen – erst dann kann der enge bürgerliche Rechtshorizont ganz überschritten werden und die Gesellschaft auf ihre Fahne schreiben: Jeder nach seinen Fähigkeiten, jedem nach seinen Bedürfnissen!"
(Marx, Kritik des Gothaer Programms [1875], MEW, Bd. 19, S. 221)

6 Karl Marx (links) und Friedrich Engels (rechts) bei ihrer gemeinsamen Arbeit am „Kapital" in London 1867. (Zeichnung von Schukow)

5 Kurzbiographien von Marx und Engels

Karl Marx

1818	in Trier geboren; Sohn eines Rechtsanwalts.
1835–1841	Marx studiert in Bonn und Berlin Staatswissenschaft, Philosophie und Geschichte.
1842/43	Redakteur der „Rheinischen Zeitung" in Köln. Nach Verschärfung der Pressezensur siedelt Marx nach Paris über.
1845	Ausweisung aus Frankreich; Aufenthalt in Brüssel; Marx verfaßt mit Fr. Engels das „Kommunistische Manifest", das 1848 veröffentlicht wird.
1849	Marx geht nach London ins Exil; er schreibt dort seine Hauptwerke, u. a. „Das Kapital".
1883	Marx stirbt in London.

Friedrich Engels

1820	in Barmen geboren; Sohn eines Textilfabrikanten. Engels erhält eine kaufmännische Ausbildung in Barmen, Bremen und Manchester.
1842–1844	Engels beschäftigt sich in Manchester mit den Lebens- und Arbeitsbedingungen der englischen Arbeiter; Beginn der engen Zusammenarbeit mit Marx. Während der Revolution 1848 tritt er für die sozialistische Republik ein; er wird zeitweilig verhaftet.
1850	Engels flieht über die Schweiz nach England und tritt in den väterlichen Betrieb in Manchester ein. Mit Marx verbindet ihn bis zum Lebensende eine enge wissenschaftliche und freundschaftliche Zusammenarbeit.
1895	Engels stirbt in London.

Arbeitsvorschläge und Fragen

a) Erläutere mit Hilfe der Materialien M 1a – 1c den Satz: „Der Arbeiter fühlt sich daher erst außer der Arbeit bei sich und in der Arbeit außer sich."
b) Arbeite aus den Materialien M 3a – 3d heraus, wie sich nach Auffassung von Karl Marx die kapitalistische Gesellschaft entwickeln wird.
c) Warum sind der Untergang der Bourgeoisie und der Sieg des Proletariats nach Marx unvermeidlich? (M 3c)
d) Weshalb ist nach Karl Marx nach der Überwindung des Kapitalismus eine Diktatur des Proletariats nötig? (M 4a)
e) Vergleiche die Voraussage von Karl Marx mit der tatsächlichen Entwicklung in den Industrieländern. (z. B. S. 108, M 4, M 5)
f) Nenne Staaten, die sich bei der Gestaltung ihrer politischen und wirtschaftlichen Ordnung auf die Lehre von Karl Marx, den Marxismus und seine Weiterentwicklung berufen. Nenne Parteien, die sich für ihre politischen Ziele auf die Lehre von Karl Marx berufen.

8. Die soziale Frage als Herausforderung

1839	Gesetz zur Einschränkung der Kinderarbeit in Fabriken in Preußen. (Für Kinder ab 10 Jahren sind bis zu 9 Arbeitsstunden erlaubt.)
1846	Christliche Gesellenvereine und -häuser werden durch den katholischen Geistlichen Adolf Kolping gegründet.
1848	Die innere Mission als evangelische Organisation der Nächstenliebe wird durch die Initiative des evangelischen Geistlichen Johann Hinrich Wichern gegründet.
1861–1869	Zusammenschlüsse von Arbeitern werden in den einzelnen deutschen Staaten zugelassen. Beginn der Gewerkschaftsbewegung.
1863	**Der Politiker und Publizist Ferdinand Lassalle gründet den „Allgemeinen Deutschen Arbeiterverein".**
1869	**Wilhelm Liebknecht und August Bebel gründen die Sozialdemokratische Arbeiterpartei in Eisenach.**
1871	Allgemeines und gleiches Wahlrecht für Männer bei Wahlen zum Deutschen Reichstag.
1875	Der Allgemeine Deutsche Arbeiterverein vereinigt sich mit der Sozialdemokratischen Arbeiterpartei zur Sozialistischen Arbeiterpartei Deutschlands.
1883–1889	**Die gesetzliche Kranken-, Unfall-, Alters- und Invaliditätsversicherung wird im Deutschen Reich eingeführt.**
1891	Die Sozialistische Arbeiterpartei gibt sich als Sozialdemokratische Partei Deutschlands (SPD) in Erfurt ein neues Programm.
1897	Gründung der Caritas als Hilfsorganisation der katholischen Kirche.
1918	Der 8-Stunden-Tag wird im Deutschen Reich eingeführt.

Gewinnstreben der Unternehmer und Wirtschaftswachstum – Gewinn für alle?

Wettbewerb und *Gewinnstreben* haben Unternehmer angetrieben, die Produktion ständig zu steigern. Mit einem Teil ihrer Gewinne kauften sie neue Maschinen, vergrößerten die Betriebe und schufen so neue Arbeitsplätze. Diese Entwicklung war eine der Voraussetzungen dafür, daß die Wirtschaft wuchs und eine schnellwachsende Bevölkerung auf lange Sicht nicht verelendete.
Um die produzierten Waren auch absetzen zu können, mußten aber auch genügend Kaufkraft und Nachfrage vorhanden sein. Eine wesentliche Voraussetzung für die Sicherung der Nachfrage war die *Verbesserung der materiellen Lage der Arbeiter*, die über gesicherte und steigende Löhne verfügen mußten. *Wirtschaftswachstum* verlangte also langfristig auch eine *bessere Verteilung des Erwirtschafteten* und eine Milderung der sozialen Gegensätze.

8.1 Die Betroffenen setzen sich zur Wehr

Sturm auf Maschinen

Die Vorteile der maschinellen Produktion waren denen nicht einsichtig, die von dem Einsatz von Maschinen Nachteile erlitten. Vor allem Handwerker und Heimarbeiter sahen sich durch die maschinelle Produktion um ihren Broterwerb gebracht. In England kam es seit 1758 häufig zum *Sturm auf Maschinen*. In Deutschland erhoben sich 1844 über 3000 heimarbeitende Weber in Schlesien gegen einige Fabrikanten, die als Verleger ihre Ware abkauften. Die Fabrikanten waren unter den Konkurrenzdruck der englischen Textilindustrie geraten, die mit fortgeschrittener Technik billiger produzierte. Diesen Druck auf die Preise gaben die Verleger an die Weber weiter, indem sie ihnen noch weniger für ihre Ware bezahlten. Zudem drängten wegen der wachsenden Bevölkerung immer mehr Menschen in die unrentablen Heimarbeitsplätze. Sie konnten nicht auf Fabrikarbeitsplätze ausweichen, weil die Industrialisierung noch nicht so weit vorangeschritten war und hinter der englischen Entwicklung weit zurücklag. Dies verschärfte die *Elendslage der schlesischen Weber.* Drei Fabrikanten hatten sich besonders mitleidlos gezeigt. Ihre Häuser wurden gestürmt, Möbel, Vorräte und Geschäftspapiere zerstört. Obwohl von den Aufständischen weder Blut vergossen noch Feuer gelegt wurde, schlugen preußische Truppen mit *Waffengewalt* den Aufstand blutig nieder.

Streik als Kampfmittel

Zu Aufständen wie in Schlesien kam es sonst in Deutschland unter der Heimarbeiterschaft und der seit der Jahrhundertmitte immer schneller wachsenden Fabrikarbeiterschaft nur selten. Der *Streik,* das *gewaltlose Niederlegen der Arbeit,* war wirkungsvoller als Gewaltanwendung, die den Behörden Anlaß zu hartem Einschreiten gab.

Aus Arbeitervereinen werden Gewerkschaften

Um sich im Notfall gegenseitig helfen zu können, schlossen sich bereits im 18. Jahrhundert Handwerker, Gesellen und Heimwerker zusammen. Mit der Industrialisierung nahm die Zahl der Arbeiter zu. Zu Hunderten und Tausenden arbeiteten sie in immer größer werdenden Betrieben und wohnten in den Arbeitervierteln der Städte eng beieinander. Da die einzelnen Arbeiter machtlos und gewöhnlich arm waren, schlossen sie sich in *Arbeitervereinen* zusammen, um gemeinsam für bessere Arbeitsbedingungen und höhere Löhne eintreten zu können. Aus Arbeitervereinen entwickelte sich in den 60er Jahren des 19. Jahrhunderts in Deutschland die *Gewerkschaftsbewegung.*

1 Der Ausbruch des Streiks. (Kolorierter Holzstich nach einem Gemälde von Robert Koehler, 1893)

1863 und 1869 entstehen die ersten Arbeiterparteien

Auf längere Sicht aber mußten die Arbeiter versuchen, *Gesetze* herbeizuführen, die ihnen eine angemessene Stellung in der Gesellschaft sicherten. Dazu brauchten sie *politische Macht.* Nach englischem Vorbild forderte *Ferdinand Lassalle* mit dem *„Allgemeinen Deutschen Arbeiterverein“* 1863 das allgemeine und gleiche Wahlrecht. Auch Männer aus dem Bürgertum unterstützten diese Bestrebungen, die der Staat immer wieder zu unterdrücken versuchte.
Arbeitervereine, die politische Macht anstrebten, wurden in England wie in Deutschland zu *Arbeiterparteien.* Die Verfassung, die dem *1871* gegründeten *Deutschen Reich* gegeben wurde, gewährte das *allgemeine und gleiche Wahlrecht für Männer* und bot damit auch einer Arbeiterpartei wie der 1869 von *Wilhelm Liebknecht* und *August Bebel* in Eisenach gegründeten *Sozialdemokratischen Arbeiterpartei* die Möglichkeit, Abgeordnete in die gesetzgebende Versammlung, den Reichstag, wählen zu lassen (s. S. 166ff.). Die Lehre von Karl Marx wurde zur anerkannten Theorie eines großen Teiles der organisierten *Arbeiterbewegung* und zum Schreckgespenst der herrschenden Schichten.

Reform oder Revolution?

Für eine Arbeiterpartei gab es zwei Möglichkeiten politischer Zielsetzung:
– Sie konnte durch die schrittweise Veränderung der Verhältnisse, durch *Reformen,* die *Gleichberechtigung* für die Arbeiter in *Staat und Gesellschaft* anstreben oder
– durch eine große *Revolution* im Sinne von Karl Marx die *Diktatur des Proletariats* und die *kommunistische Gesellschaft* herbeizuführen versuchen.
Um diese beiden Zielsetzungen wurden in der Sozialdemokratischen Partei Deutschlands von 1891 bis ins 20. Jahrhundert hinein immer wieder heftige Auseinandersetzungen geführt.

Gewerkschaften: Zusammenschlüsse von Arbeitnehmern mit dem Ziel, bessere Arbeitsbedingungen, höhere Löhne und soziale Verbesserungen durchsetzen. Gewerkschaften entstanden im 19. Jahrhundert zuerst in England. In Deutschland gründeten 1848 Arbeiter in einigen Städten Vereine/Vereinigungen, aus denen sich Gewerkschaften entwickelten. Gegen Ende des 19. Jahrhunderts gab es in Deutschland innerhalb der Gewerkschaftsbewegung drei große Richtungen: die Freien Gewerkschaften wollten eine radikale Änderung der Wirtschaftsordnung erreichen, die Hirsch-Dunkerschen Gewerkschaften erstrebten einen Ausgleich zwischen Unternehmern und Arbeitern, die Christlichen Gewerkschaften lehnten revolutionäre Ziele und Klassenkampf ab. Heute sind in der Bundesrepublik Deutschland ca. 8 Millionen Menschen in den Gewerkschaften organisiert.

2 Programm der SPD

Aus dem Programm der SPD, beschlossen auf dem Parteitag zu Erfurt 1891:
„1. Allgemeines, gleiches, direktes Wahl- und Stimmrecht mit geheimer Stimmabgabe aller über 20 Jahre alten Reichsangehörigen ohne Unterschied des Geschlechts für alle Wahlen und Abstimmungen. Proportionalwahlsystem …
3. Erziehung zur allgemeinen Wehrhaftigkeit. Volkswehr anstelle der stehenden Heere. Entscheidung über Krieg und Frieden durch die Volksvertretung …
5. Abschaffung aller Gesetze, welche die Frau … gegenüber dem Manne benachteiligen.
7. Weltlichkeit der Schule. Obligatorischer Besuch der öffentlichen Volksschulen. Unentgeltlichkeit des Unterrichts, der Lehrmittel und der Verpflegung in den öffentlichen Volksschulen sowie in den höheren Bildungsanstalten …
8. … Abschaffung der Todesstrafe.
9. Unentgeltlichkeit der ärztlichen Hilfeleistung. …
10. Stufenweise steigende Einkommens- und Vermögenssteuer zur Bestreitung aller öffentli-

chen Ausgaben. … Abschaffung aller indirekten Steuern, Zölle und sonstigen wirtschaftspolitischen Maßnahmen, welche die Interessen der Allgemeinheit den Interessen einer bevorzugten Minderheit opfern.

Zum Schutze der Arbeiterklasse fordert die Sozialdemokratische Partei Deutschlands zunächst:

1. Eine wirksame nationale und internationale Arbeiterschutzgesetzgebung auf folgender Grundlage:

a) Festsetzung eines höchstens acht Stunden betragenden Normalarbeitstages;

b) Verbot der Erwerbsarbeit für Kinder unter vierzehn Jahren;

d) eine ununterbrochene Ruhepause von mindestens sechsunddreißig Stunden in jeder Woche für jeden Arbeiter."

(Nach: W. Mommsen, Parteiprogramme, S. 349 ff.)

5 Entwicklung der Gewerkschaften

5a Mitgliederzahlen der Gewerkschaften im Deutschen Reich (abgerundet):

1875	50000
1891	412000
1905	1300000
1914	3000000

(1914 = 40% der Industriearbeiter)
(Henning, a.a.O., S. 272)

5b Im Deutschen Reich waren insgesamt im Gewerbe beschäftigt (in Mio.):

1875	5,4
1913	11,6

(Henning, a.a.O., S. 137)

5c Mitgliederzahl der Gewerkschaften 1913:

Freie (sozialistische)	2574000
Hirsch-Dunckersche (linksliberale)	342000
Christliche	107000

3 Entwicklung des Realeinkommens (Kaufkraft des durchschnittlichen Jahresverdienstes eines Beschäftigten in Deutschland; dabei wurde der Verdienst des Jahres 1800 zugrundegelegt und gleich 100 gesetzt)

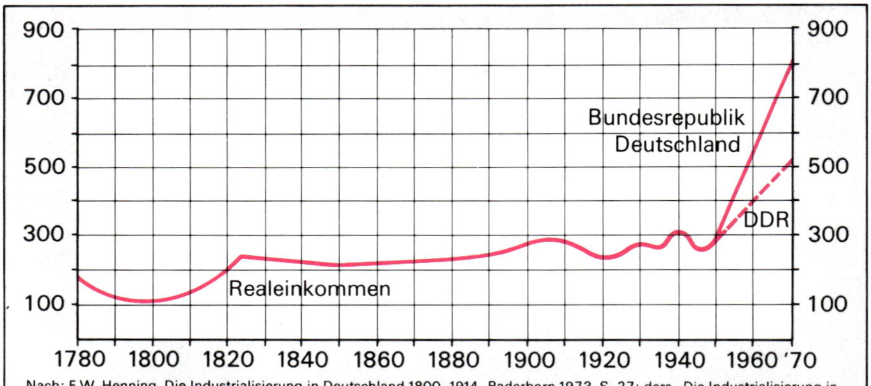

Nach: F.W. Henning, Die Industrialisierung in Deutschland 1800–1914, Paderborn 1973, S. 27; ders., Die Industrialisierung in Deutschland 1914–1976, Paderborn 1974, S. 21

4 Entwicklung der durchschnittlichen Wochenarbeitszeit von Arbeitern in Deutschland

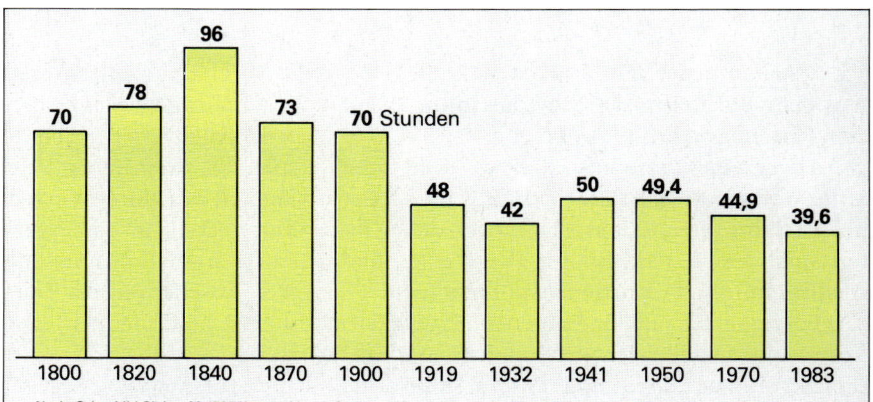

Nach: Schaubild Globus M-4786/Kuczynski; a. a. O.

6 Die Arbeiterbewegung im deutschen Kaiserreich aus der Sicht von Bürgern – zwei Standpunkte

6a Der zu seiner Zeit vielgelesene Geschichtsprofessor Heinrich von Treitschke schrieb im Jahre 1878:

„Die Sozialdemokratie bildet einen Staat im Staate. Es wird höchste Zeit, daß der Staat für längere Zeit die Vereine der Sozialdemokratie schließt, ihre Zeitungen verbietet, ihre Agenten aus den großen Mittelpunkten der Arbeiterbevölkerung ausweist. Diese Menschen trotzen auf die Gewalt der Fäuste, und sie verstehen nur die Sprache der Gewalt."

(H. v. Treitschke, Der Sozialismus und der Meuchelmord, Berlin 1878, S. 638ff.)

6b Theodor Fontane in einem Brief (1878):

„Millionen von Arbeitern sind geradeso gescheit, so gebildet, so ehrenhaft wie Adel und Bürgerstand; vielfach sind sie ihnen überlegen. ... Alle diese Leute sind vollkommen ebenbürtig, und deshalb ist ihnen weder der Beweis zu führen, daß es mit ihnen nichts sei, noch ist ihnen mit der Waffe in der Hand beizukommen. Sie vertreten nicht bloß Unordnung und Aufstand, sie vertreten auch Ideen, die zum Teil ihre Berechtigung haben und die man nicht totschlagen oder durch Einkerkerung aus der Welt schaffen kann."

(Zit. nach: W. Müller-Seidel, Der deutsche Roman. Struktur und Geschichte, Bd. 2, Düsseldorf 1962, S. 166)

Arbeitsvorschläge und Fragen

a) Welche Aussagen zur Entwicklung der sozialen Lage der Arbeiter lassen sich aus den Schaubildern (M 3 und M 4) herauslesen?

b) Auf dem Erfurter Parteitag hatte sich die SPD zu den Lehren von Karl Marx bekannt. Sind die wiedergegebenen Forderungen eher am Gedanken der Reform oder der Revolution orientiert? (M 2)

c) Welche der in M 2 genannten Forderungen sind in der Bundesrepublik Deutschland inzwischen erfüllt?

d) Vergleiche die Einschätzung der Arbeiterbewegung in den Materialien M 6 a und 6 b miteinander.

8.2 Antworten von Unternehmern, Kirchen und Staat auf die soziale Frage

Unternehmer kümmern sich um Arbeiter aus Fürsorge und Geschäftsinteresse

Unternehmer waren beim Ausbau ihrer Fabrik zunächst daran interessiert, die Kosten niedrig zu halten, um sich gegenüber der Konkurrenz erfolgreich behaupten zu können. Doch gab es viele, die zufriedene Arbeiter in ihrem Betrieb haben wollten und sich um sie kümmerten.

Einer der ersten Unternehmer, der die sozialen Verhältnisse zu ändern suchte, war der englischen Fabrikant *Robert Owen*. Seit 1799 bemühte er sich darum, die Lage der Arbeiter zu verbessern. Für die Arbeiter seiner Textilfabrik in Schottland baute er Wohnungen, richtete eine Schule ein und senkte nach und nach die Arbeitszeit. Er gründete *Genossenschaftsdörfer*, in denen Arbeiter und Bauern sich selbst versorgten und ihre Produkte austauschten. Für eine derartige Gesellschaftsordnung gebrauchte eine englische Zeitung im Jahre 1827 zum ersten Mal das Wort *„sozialistisch"*. Viele Unternehmer, so z.B. *Alfred Krupp*, verbesserten die *Arbeitsbedingungen*, vor allem für ihr Stammpersonal, weil sie sich für ihre Arbeiter verantwortlich fühlten, oder in der Einsicht, daß ein Betrieb mit vielen zufriedenen Arbeitern mehr leistet. *Werner v. Siemens* beteiligte seine Arbeiter am Gewinn. In Jena gab *Ernst Abbé* 1889 sein Eigentum an den optischen Werken auf und machte sie zur gemeinnützigen Carl-Zeiss-Stiftung, in der er nur leitender Angestellter war.

1 „Konsumanstalt" im Nürnberger Werk der Firma Siemens. (Foto, 1908)

Die Mehrzahl der Unternehmer aber zahlte nur so viel Lohn und gewährte solche Arbeitsbedingungen, wie Marktlage und Gesetz forderten. In Notfällen wurde Hilfe gewährt, Anspruch auf Sozialleistungen hatten Arbeiter nicht.

Die Kirchen predigen und praktizieren Nächstenliebe

Die christlichen Kirchen mußten sich angesichts der sozialen Probleme herausgefordert fühlen. In beiden Kirchen gab es Geistliche, die Abhilfe zu schaffen suchten, indem sie die Zustände kritisierten und gegen Ausbeutung und Elend ankämpften. Da sie die Abkehr von den christlichen Glaubensinhalten für die Wurzel des Übels hielten, gründeten sie Werke der Mission und der Nächstenliebe. Der evangelische Geistliche *Johann Hinrich Wichern* errichtete 1833 in Hamburg das „Rauhe Haus", in dem Waisenkinder und verwahrloste Jugendliche Ausbildung und Heimat fanden. Der katholische Kaplan *Adolf Kolping* wollte mit der Gründung von Kolpinghäusern wandernden Handwerksgesellen einen Zufluchtsort schaffen, in dem sie Geborgenheit und Gemeinschaft finden konnten. Der katholische Bischof von Mainz *Wilhelm E. v. Ketteler* richtete scharfe Worte gegen die Ausbeutung der Arbeiter. Seine Gedanken und Forderungen gingen auch in die erste *päpstliche Enzyklika* (Rundschreiben) zur sozialen Frage ein, in der *Papst Leo XIII.* 1891 die Haltung der Kirche zu den sozialen Problemen vorstellte.

Der Staat: Sozialpolitik durch Gesetze

Die *Regierungen* der Staaten, in denen Industrie entstand, sahen ein, daß sie für die wirtschaftlich und politisch Schwachen *Verantwortung zu übernehmen* hatten. Massenelend mußte zu einer Schwächung des Staates führen. Das Gefühl der Arbeiter, schutzlos zu sein, konnte den herrschenden Schichten *politisch gefährlich* werden. Je größer die Zahl der Fabrikarbeiter wurde, desto besser wurden sie durch Gesetze geschützt. Den Arbeiterparteien standen die Regierungen, die vor allem die Interessen von Adel und Bürgertum vertraten, mißtrauisch, oft haßerfüllt gegenüber. So verfolgte die Regierung des Deutschen Reiches unter dem Reichskanzler *Otto von Bismarck* seit 1878 die Sozialdemokratische Partei als Feind des Staates mit den sogenannten *Sozialistengesetzen.* Gleichzeitig aber tat sie mit der *Sozialgesetzgebung* einen großen Schritt zur sozialen Absicherung der Arbeiter (s. S. 182ff.).

2 Stellungnahmen von Unternehmern zur sozialen Frage

2a Alfred Krupp, Eigentümer der Krupp-Stahl-Werke in Essen, sagte 1855 von sich:

„Vor bald 30 Jahren stand ich in der leeren Halle dieser Fabrik, dem väterlichen Erbe, zusammen mit wenigen Arbeitern. Fünfzehn Jahre lang habe ich gerade soviel erworben, um den Arbeitern ihren Lohn ausbezahlen zu können. Wenn bei schlechter Wirtschaftslage alle Industrien darniederlagen, wenn Bestellungen fehlten, so habe ich dennoch arbeiten lassen, niemals einen treuen Arbeiter entlassen. Den Gewinn unserer Arbeit ließ ich in das Werk zurückfließen, damit wir durch eine erstklassige Produktion um Aufträge nicht verlegen sind und jedem Werksmitglied seinen Arbeitsplatz sichern können.

Seit 19 Jahren haben wir unsere Betriebskrankenkasse. Daher habe ich die Überschüsse der Kasse dazu bestimmt, daß aus ihnen den alten Arbeitern Pensionen bezahlt werden ... Ich wünsche, daß alle, die hier arbeiten, frei von Sorgen sind; sie sollen Krankheit und Alter nicht fürchten müssen."

(Zit. nach: B. Woischnik, Alfred Krupp, Meister des Stahls, Bad Godesberg 1957, S. 90f.)

2b 1872 gab Krupp seinen Arbeitern folgendes bekannt:

„Ich erwarte und verlange volles Vertrauen, lehne jedes Eingehen auf ungerechtfertigte Anforderungen ab, werde, wie bisher jedem gerechten Verlangen zuvorkommen; fordere daher alle diejenigen, welche damit sich nicht begnügen wollen, hiermit auf, je eher, desto lieber zu kündigen, um meiner Kündigung zuvorzukommen ... Ich [will] in meinem Hause, wie auf meinem Boden Herr sein und bleiben."

(Zit. nach: H. M. Enzensberger u.a. Hrsg., Klassenbuch 2, Darmstadt 1972, S. 87)

2c Werner von Siemens, Erfinder des Dynamos und Begründer der Siemenswerke, schrieb in seinen Lebenserinnerungen:

„Es war mir schon früh klargeworden, daß eine befriedigende Weiterentwicklung der stetig wachsenden Firma nur herbeizuführen sei, wenn ein freudiges, selbständiges Zusammenwirken aller Mitarbeiter zur Förderung ihrer Interessen erwirkt werden könnte. Um dieses zu erreichen, schien es mir erforderlich, alle Angehörigen der Firma nach Maßgabe ihrer Leistungen am Gewinn zu beteiligen ... Ferner schenkten wir den sämtlichen Mitarbeitern der Firma ein Kapital von 60000 Talern als Grundstock für eine Alters- und Invaliditäts-Pensionskasse ... Freilich, die Freiheit zu streiken wird dem Arbeiter durch die Pensionsbestimmungen wesentlich beschränkt, denn bei seinem freiwilligen Austritte verfallen ... seine Altersrechte ..."

(Zit: nach: Poenicke, Die sozialen Theorien in Deutschland im 19. Jahrhundert, Paderborn 1978, S. 87)

3 Stellungnahmen zu den sozialen Maßnahmen der Unternehmer

3a Am 29. Januar 1865 schrieb die Zeitung „Der Social-Demokrat" zum Nachruf auf einen wohltätigen Industriellen zur sozialen Frage:

„Humanität einzelner Fabrikanten gegen ihre Arbeiter ist ohne Zweifel eine höchst nennenswerte Sache, aber mit der Sozialen Frage haben diese Dinge nichts zu tun. Hierfür ist es ganz gleichgültig, ob es edle Fabrikanten gibt oder nicht, denn es handelt sich nicht darum, im kleinen, sondern im großen andere Zustände

4 Urlaub für Arbeiter. Bekanntmachung aus dem Jahre 1907

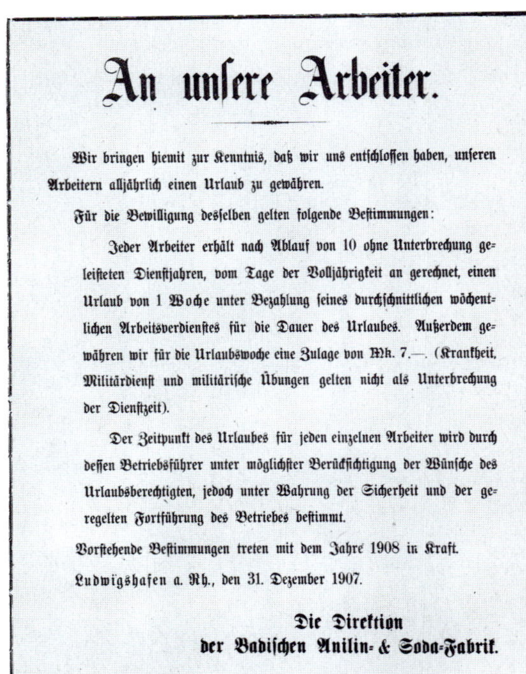

An unsere Arbeiter.

Wir bringen hiemit zur Kenntnis, daß wir uns entschlossen haben, unseren Arbeitern alljährlich einen Urlaub zu gewähren.

Für die Bewilligung desselben gelten folgende Bestimmungen:

Jeder Arbeiter erhält nach Ablauf von 10 ohne Unterbrechung geleisteten Dienstjahren, vom Tage der Volljährigkeit an gerechnet, einen Urlaub von 1 Woche unter Bezahlung seines durchschnittlichen wöchentlichen Arbeitsverdienstes für die Dauer des Urlaubes. Außerdem gewähren wir für die Urlaubswoche eine Zulage von Mk. 7.—. (Krankheit, Militärdienst und militärische Übungen gelten nicht als Unterbrechung der Dienstzeit).

Der Zeitpunkt des Urlaubes für jeden einzelnen Arbeiter wird durch dessen Betriebsführer unter möglichster Berücksichtigung der Wünsche des Urlaubsberechtigten, jedoch unter Wahrung der Sicherheit und der geregelten Fortführung des Betriebes bestimmt.

Vorstehende Bestimmungen treten mit dem Jahre 1908 in Kraft.

Ludwigshafen a. Rh., den 31. Dezember 1907.

Die Direktion
der Badischen Anilin- & Soda-Fabrik.

herzustellen und nicht darum, die Gnade oder den guten Willen einzelner Fabrikanten in Anspruch zu nehmen, sondern die Rechte – man verstehe wohl! – die Rechte der Arbeiter zu erkämpfen."
(Zit. nach: J. E. Joerg, Geschichte der socialpolitischen Parteien in Deutschland, Freiburg 1867, S. 213)

3b 1906 schrieb der Wissenschaftler L. Brentano:
„Es handelt sich hier nicht um Wohlfahrtseinrichtungen rein karitativen Gepräges, sie sind über alles Lob erhaben. Es handelt sich [hier] vielmehr um Maßnahmen, die sich überwiegend nur auf den Teil des Lebens des Arbeiters beziehen, wie Wohnungsfürsorge, Darlehensgewährung und dgl., deren Wirkung ... darin besteht, den Arbeitern innerhalb wie außerhalb der Unternehmungen zu jedweder Unterwerfung unter den Willen des Arbeitgebers zu zwingen. So erhält jeder Betrieb damit ... gewissermaßen eine Garde, über die er unumschränkt zu verfügen vermag."
(L. Brentano, Das Arbeitsverhältnis in den privaten Riesenbetrieben, in: Schriften des Vereins für Sozialpolitik, Bd. 116, 1906, S. 139–149)

6 Stellungnahmen aus den christlichen Kirchen zur sozialen Frage

6a 1849 schrieb der katholische Geistliche Adolph Kolping:
„Was dem jungen Handwerker zunächst fehlt, ist ein kräftiger moralischer Halt im Leben, eine freundliche zurechtweisende Hand, eine, wenn auch von weitem um ihn wandelnde, liebende Sorge, die sein Vertrauen verdient. Jeder fühlt sich aber recht eigentlich behaglich unter seinesgleichen. Den genannten moralischen Halt müßte man ihm eben bei und mit seinen Genossen geben können. ...
Weiter fehlt ihm zumeist die Gelegenheit, sich außer der Werkstätte und dem Wirtshause irgendwo behaglich niederzusetzen und wenigstens eine Weile sich mit ernsten, ihn bildenden Dingen zu befassen ... Man richte nur in allen Städten, wenn nicht in allen größeren Gemeinden, einen freundlichen, geräumigen Saal ein, sorge am Sonn- und Feiertage, wie am Montagabend für Beleuchtung und im Winter für behagliche Wärme dazu und öffne dann dies Lokal allen jungen Arbeitern, denen es mit ihrem Leben und ihrem Stand nur immer ernst ist ... Je nützlicher und angenehmer, je freier und würdiger der Aufenthalt in dem Vereinslokale für die

5 Knabenarbeitssaal im Rauhen Haus, 1846. Das Rauhe Haus, 1833 von J. H. Wichern in Hamburg gegründet, nahm gefährdete männliche Jugendliche auf.

jungen Leute gemacht wird, um so größer wird die Teilnahme sein, um so fester werden sie bei der guten Sache halten …"
(A. Kolping, Der Gesellenverein … Cöln/Neuß 1849, S. 5–7; zit. nach: Grundkurs Deutsche Geschichte, Frankfurt 1986, S. 189)

6b 1848 schrieb der evangelische Theologe Johann Hinrich Wichern:
„Wo ist Hilfe gegen den Kommunismus? Was kann zur Überwindung und Rettung des Proletariats geschehen? …
Was von der Kirche geschehen muß, um den untersten Klassen der Gesellschaft christlich gründlich zu helfen, ist in dem einen Wort zusammenzufassen: Den Armen muß das Evangelium gepredigt werden. …
Aber es soll nicht bloß gepredigt werden. Für ebenso wichtig halten wir den damit verbundenen Besuch der Proletarier und den Verkehr mit ihnen in ihren Häusern, an ihren öffentlichen Arbeitsstätten … Aber es liegen noch andere Wege offen und vor uns …, die mitten in das Proletariat hineinführen und möglich machen, im Proletariat durch das Proletariat für die rettende Einwirkung der Kirche Bahn zu schaffen. Es ist das ganz Gebiet der Vereine gemeint. Die Macht der freien Assoziation [Zusammenschluß] fängt an, die europäische Welt zu beherrschen."
(P. Meinhold [Hg.], Johann Hinrich Wichern, Sämtliche Werke Bd. 1, Berlin 1962, S. 199ff; zit. nach: Arbeitsbuch Kirchengeschichte, Hannover 1986, S. 193)

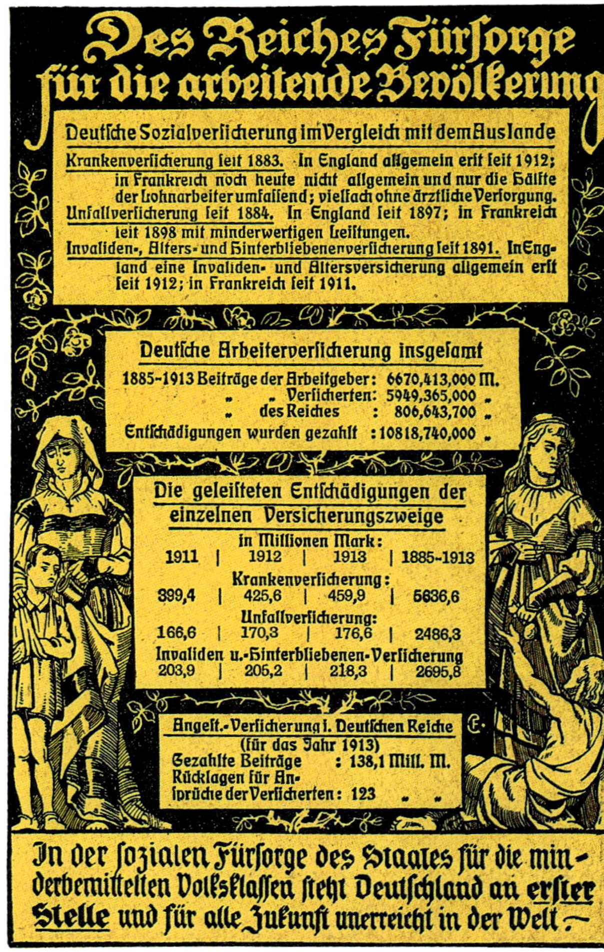

7 Deutsche Sozialversicherung: Leistungen im internationalen Vergleich. (Propagandapostkarte aus dem Ersten Weltkrieg)

Arbeitsvorschläge und Fragen

a) Erläutere die Einstellung der Unternehmer Krupp und Siemens zu ihren Arbeitern bzw. zur sozialen Frage. Welche Auffassungen über Rechte und Pflichten der Arbeiter werden in den Texten deutlich? (M 2a – 2c)
b) Nach welchen Gesichtspunkten wird den Arbeitern nach der Bekanntmachung in M 4 bezahlter Urlaub gewährt?
c) Mit welchen Argumenten werden in den Materialien 3a und 3b die sozialen Maßnahmen der Unternehmer kritisiert?
d) Zeige an den Materialien 6a und 6b, in welcher Weise sich die christlichen Kirchen in der sozialen Frage engagieren.
e) Worin besteht der Unterschied zwischen Versicherung und Fürsorge? Für welche Notlagen, in die ein Arbeiter geraten konnte, ist vorgesorgt, für welche nicht? (M 7)

Die Deutsche Frage im 19. Jahrhundert

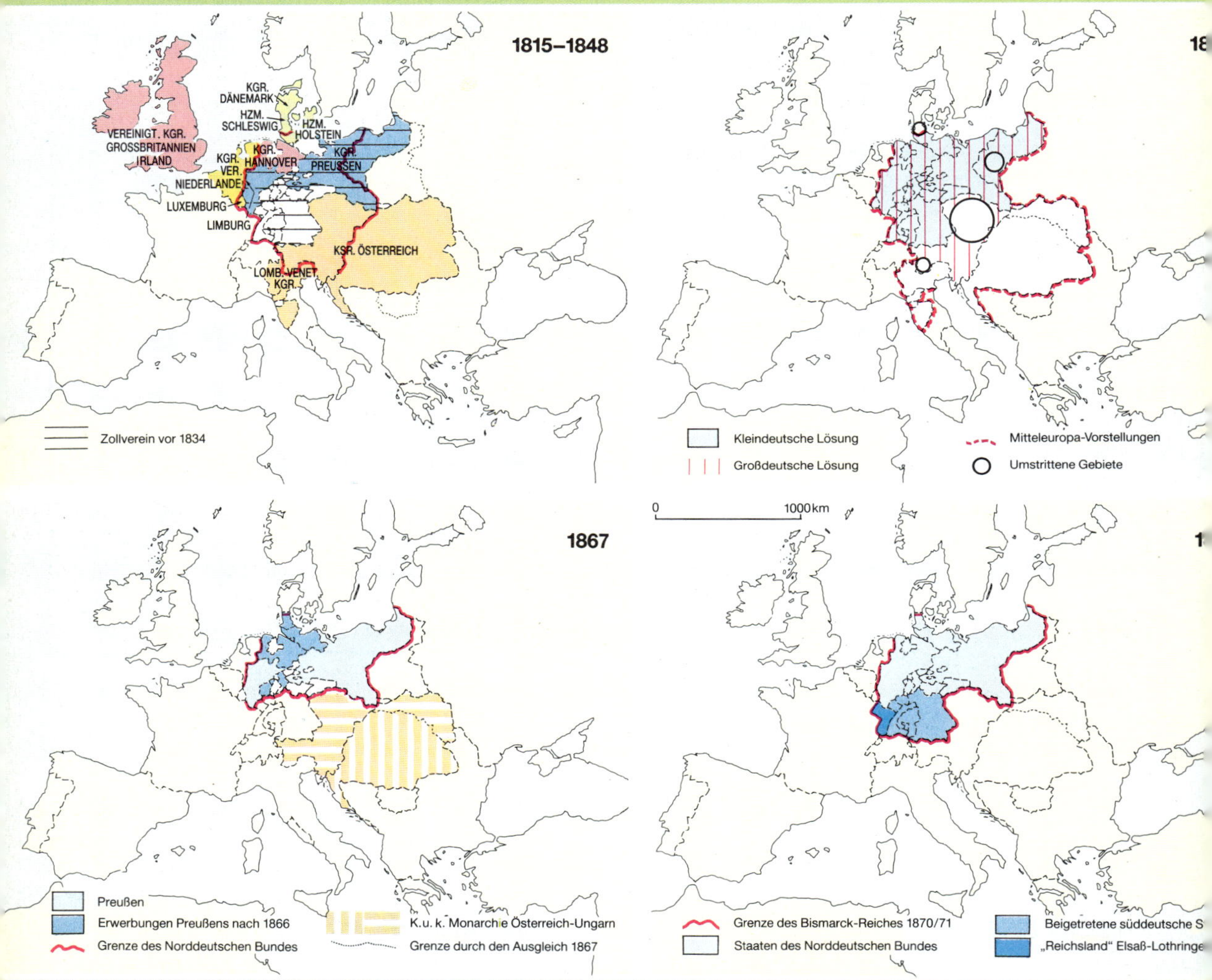

1 Vom Deutschen Bund zum Deutschen Reich. Die Frage der deutschen Einheit 1815–1871.

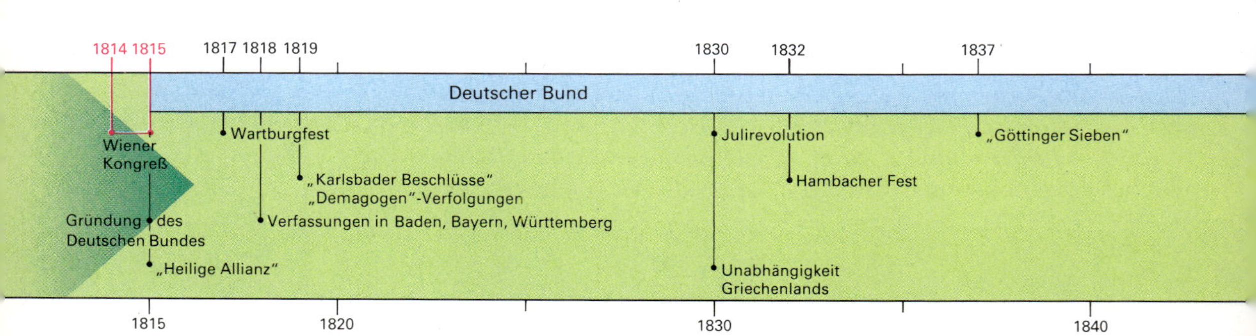

2 Ablehnung der Kaiserkrone durch den preußischen König. Abgeordnete der Nationalversammlung mit ihrem Präsidenten Eduard Simson (später: Präsident des Deutschen Reichstags) bieten König Friedrich Wilhelm IV. am 2. April 1849 die deutsche Kaiserkrone an. (Zeitgenössischer Holzschnitt) – Vgl. S. 138

3 Kaiserproklamation im Spiegelsaal des Versailler Schlosses, 18. Januar 1871. Der preußische König Wilhelm I. wird von den anwesenden Fürsten und Offizieren zum Kaiser ausgerufen; in der (unhistorischen) weißen Uniform Otto v. Bismarck. (Historiengemälde von Anton von Werner) – Vgl. S. 156ff.

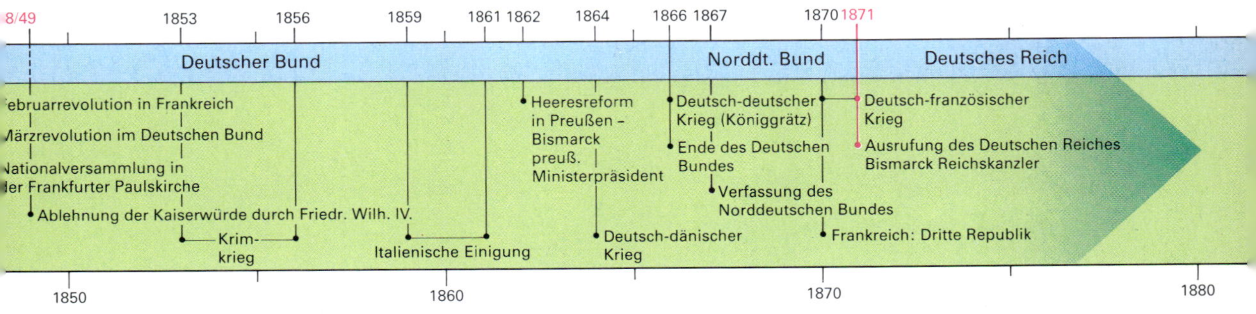

1. Restauration und Hoffnung auf Bürgerfreiheit

1815	Die deutschen Fürsten vereinbaren, allen Staaten des Deutschen Bundes eine Verfassung zu gewähren.
1817	**Auf dem Wartburgfest der Deutschen Burschenschaft fordern die Studenten Freiheit und Einheit.**
1819	Das Königreich Hannover erhält mit einer Verfassung das Zweikammersystem.
1819	Mit den „Karlsbader Beschlüssen" beginnt die „Demagogen"-Verfolgung im Deutschen Bund.
1820/1822	Die Großmächte beschließen gegen den Willen Großbritanniens die militärische Niederwerfung liberaler und nationaler Aufstände in Italien und Spanien.
1821–1829/30	Die Griechen erkämpfen ihre Unabhängigkeit vom Osmanischen Reich.

Hoffnungen in Deutschland: Freiheit und Einheit

Nach den großen freiwilligen Leistungen für das Vaterland, vor allem in den Befreiungskriegen, glaubten die meisten Deutschen nicht an eine erneute absolute Machtstellung der Fürsten. *Freiheit* und *Einheit* waren die großen Parolen der Zeit. Die Bürger wollten verbriefte Rechte erhalten, und ihre Mitwirkung am politischen Geschehen sollte garantiert sein. Das Verfassungsversprechen der Fürsten in der Deutschen Bundesakte von 1815 (Art. 13; vgl. S. 59) konnte nahelegen, daß die Herrschenden solches Begehren respektierten und ihm Rechnung trugen.

Die Fürsten legen das Verfassungsversprechen zu ihren Gunsten aus

Viele Fürsten ließen sich Zeit, ihr Versprechen einzulösen. In der *Wiener Schlußakte* (1820) verfügten die Angehörigen des Deutschen Bundes, daß die Machtstellung der Fürsten durch eine Verfassung nicht wesentlich beeinträchtigt werden dürfte. Die beiden mächtigsten deutschen Staaten, die zugleich europäische Großmächte waren, verzichteten gänzlich auf gesamtstaatliche Verfassungen. In *Preußen* richtete der König immerhin *Provinziallandtage* ein (1823/24), Vertretungen der Stände in den Provinzen.

Die Verfassungsstaaten

Fortschrittlich waren demgegenüber die süddeutschen Staaten Bayern, Baden und Württemberg. Hier gewährten die Fürsten ansatzweise *liberale Verfassungen:* Die in die Zweiten Kammern gewählten Vertreter des Bürgertums, des

1 Der Elektrisierapparat der Freiheit: „Massensturz der Throne" Europas. (Französische Karikatur, 1800)

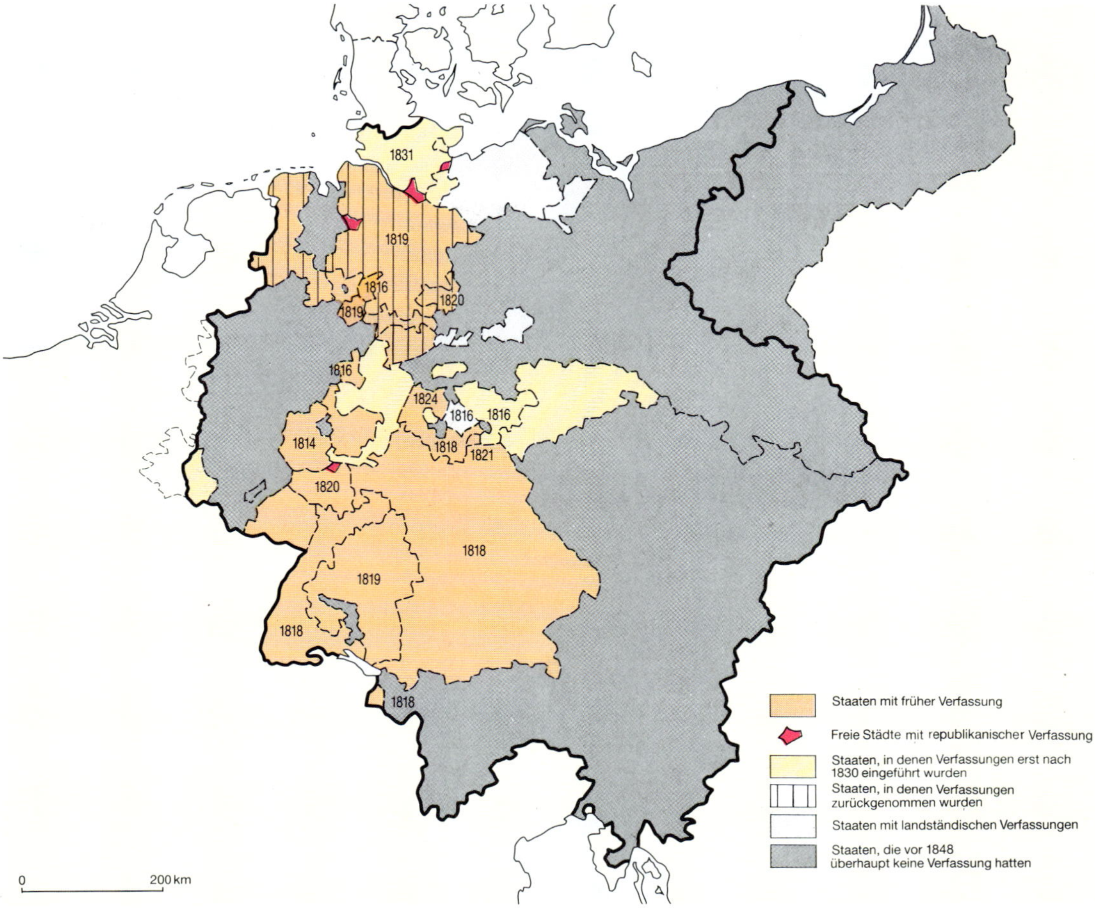

2 Verfassungsentwicklung in Deutschland 1815–1848

niederen Adels und der Geistlichkeit nahmen ihre politische Mitwirkung jeweils für den Gesamtstaat wahr. Zwar konnten sie keine Gesetze einbringen, aber sie hatten das Recht der Beschlußfassung.

Auch das *Königreich Hannover* erhielt von seinem König eine Verfassung, die die bisherige Ständeversammlung abschaffte und durch zwei Kammern ersetzte: die erste für den grundbesitzenden Adel, die zweite für die Städte – der Stand der Bauern war in der Verfassung allerdings „unerfindlich".

Die Gründung der deutschen Burschenschaft

Freiheitliches und nationales Denken hatte sich nach den erfolgreichen Befreiungskriegen zuerst an den *Universitäten* bei der studentischen Jugend verbreitet. Im Juni 1815 wurde die *Jenaer Burschenschaft* gegründet, in die Studenten aus allen deutschen Staaten aufgenommen werden konnten. Als Fahne wählten sie sich die „deutschen" Farben *Schwarz, Rot, Gold*; das waren die Farben des Lützower Freikorps, eines Freiwilligenverbandes in den Befreiungskriegen; zugleich konnte man darin die alten deutschen *Reichsfarben* wiedererkennen (schwarzer Adler, rote Fänge, goldener Grund). Weitere Burschenschaften folgten in anderen Universitätsstädten, und schon im Oktober 1818 entstand als Gesamtverband die *Allgemeine Deutsche Burschenschaft*.

Das Wartburgfest

Ihre erste gemeinsame Kundgebung hielten die Burschenschaftler bereits im Oktober 1817 auf der *Wartburg* bei Eisenach ab – in Erinnerung an die *Völkerschlacht* bei Leipzig (Okt. 1813) und den Beginn der *Reformation* (Okt. 1517).

Neues Selbstgefühl und Hoffnungen auf eine *nationale* und *liberale Politik* in Deutschland brachte der burschenschaftliche Wahlspruch zum Ausdruck: „Ehre, Freiheit, Vaterland". Radikale Studenten führten (im Andenken an Luthers Verbrennung der Bannandrohungsbulle) eine *Bücherverbrennung* durch; sie verbrannten ihrer Meinung nach „undeutsche" Schriften, z.B. Karl Ludwig von Hallers und August von Kotzebues, auch preußische Polizeigesetze; dazu Zopf und Korporalstock als Zeichen des vorrevolutionären stehenden Heeres. In den Festreden der Professoren und Studenten wurde die Enttäuschung über die Politik der Fürsten deutlich ausgesprochen.

Ein politischer Mord erregt die Öffentlichkeit

Innerhalb der Burschenschaft tauchten immer radikalere Forderungen auf. Studenten riefen nach *Volkswahlen für eine einheitliche Republik* und schlossen Gewaltanwendung und politischen Mord nicht aus. Am 23. März 1819 ermordete der 23jährige Theologiestudent Karl Ludwig *Sand* in Mannheim den Schriftsteller August von *Kotzebue*; er hatte die Burschenschaft verhöhnt, auch war verbreitet worden, daß er an deutschen Universitäten für die russische Regierung spioniert habe. Die Tat Sands löste Abscheu, aber auch große Anteilnahme aus. Manche Universitätsangehörige hielten Sand, nachdem das Todesurteil vollstreckt war, für einen nationalen Märtyrer.

„Demagogen"-Verfolgung – die „Karlsbader Beschlüsse"

Der österreichische Staatskanzler Metternich sah in dem Attentat heraufziehende Gefahren für die „legitimen" Herrscher. Er konnte sich schnell mit den anderen Fürsten darüber einigen, „revolutionäre Umtriebe" der „Demagogen" (Volksverführer) mit polizeilichen Mitteln zu unterbinden (Karlsbader Beschlüsse, 20. 9. 1819).

Interventionen europäischer Mächte

Kaum schien der Deutsche Bund durch drastische innenpolitische Maßnahmen „stabilisiert" zu sein, ging Gefahr von den *Flanken Europas* aus. *Liberale Aufstandsbewegungen* brachten „legitime" (angestammte) Herrschaft, etwa in

3 „Der Denker-Club. Auch eine neue deutsche Gesellschaft." (Anonyme Lithographie, um 1830)

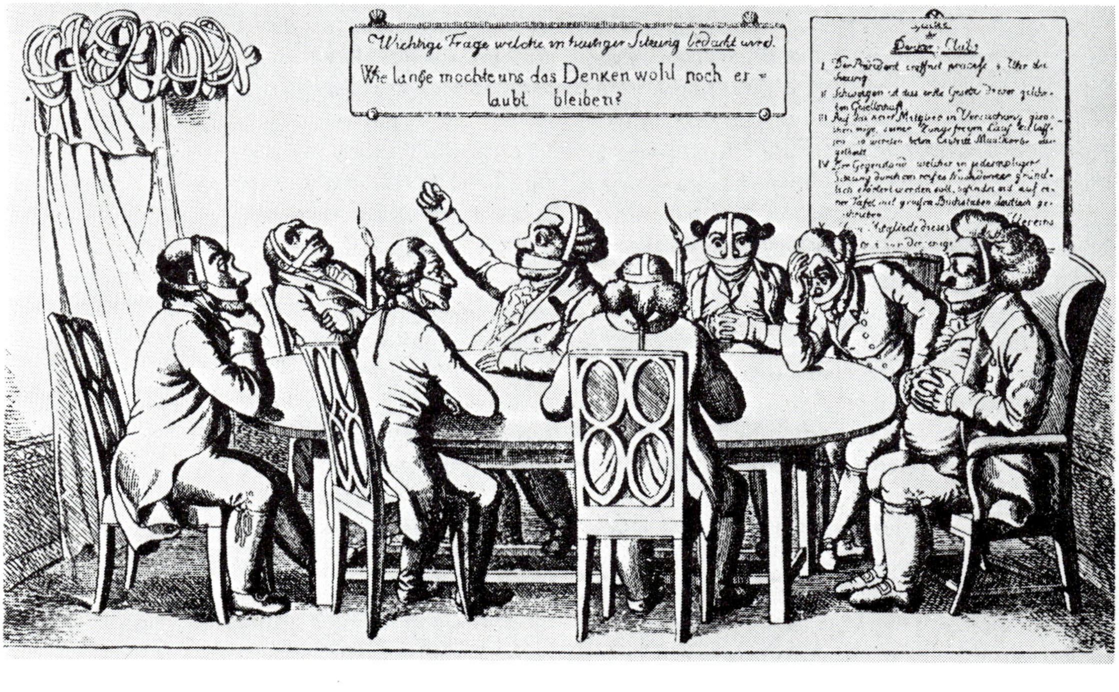

Spanien, Portugal, Neapel-Sizilien und Piemont-Sardinien, ins Wanken. Die drei östlichen Großmächte beschlossen in Laibach (1821) – obwohl der englische Außenminister protestierte –, *Österreich* in *Italien eingreifen* zu lassen. Auf der Konferenz zu Verona (1822) gesellte sich auch noch Frankreich zu den Interventionsmächten, dem gestattet wurde, gegen das aufrührerische Spanien vorzugehen.

Unterstützung der Griechen in ihrem Unabhängigkeitskrieg

Hingegen wurde der *Unabhängigkeitskampf der Griechen* (seit 1821) gegen die *osmanische Fremdherrschaft* von den europäischen Mächten, teilweise auch militärisch, unterstützt. In diesem Fall der Einmischung waren sie nicht an der Stabilisierung einer überkommenen Herrschaft interessiert, sondern vielmehr an der Schwächung einer Gegenmacht. Durch britische, französische und russische Hilfe erlangten die Griechen im *Friedensschluß* zu *Adrianopel* (1829) von der Türkei die *Unabhängigkeit*, die 1830 in London garantiert wurde.

4 Was bedeutet Restauration?

„1. Die Fürsten ... herrschen nicht aus anvertrauten, sondern aus eigenen Rechten ... Es ist ihnen keine Gewalt von dem Volk übertragen worden ...
2. Sie sind also nicht von dem Volk gesetzt oder geschaffen, sondern sie haben im Gegenteil dieses Volk ... nach und nach um sich her versammelt, in ihren Dienst aufgenommen, sie sind die Stifter und Väter dieses wechselseitigen Verbandes. Das Volk ist ursprünglich nicht vor dem Fürsten, sondern im Gegenteil der Fürst vor dem Volk, gleichwie der Vater vor seinen Kindern, der Herr vor den Dienern, überall der Obere vor den Untergebenen ... existiert.
3. Die Fürsten sind nicht Administratoren eines gemeinen Wesens, ... nicht die ersten Diener des Staates, denn außer ihnen ist der Staat nichts, ihre Selbständigkeit allein macht das gesellige Verband zum sogenannten Staate aus. ... Sie sind unabhängige Herren, die gleich anderen Herren wesentlich und nach den Regeln der Gerechtigkeit nicht fremde, sondern nur ihre eigene Sache regieren ...
4. Die Befugnis und die Ausübung jenes Regierens ist daher in ihren Händen ein Recht und nicht eine Pflicht. ... Nur die Art der Regierung ist eine Pflicht, darin nämlich, daß sie nicht fremde Rechte beleidige, sondern vielmehr fördere und begünstige. In diesem Sinn wird die fürstliche Gewalt mit Recht als ein von Gott erhaltenes Amt betrachtet ..."

(Auszüge aus: Karl Ludwig von Haller, Restauration der Staatswissenschaft, 1816–1834; zit. nach: Geschichte in Quellen, Bd. 5, S. 70)

5 Eine studentische Stimme zur Politik

Stud. jur. Heinrich von Gagern, der spätere Präsident der deutschen Nationalversammlung in der Paulskirche, schrieb am 17. Juni 1818 in einem Brief:

„Wir wünschen unter den einzelnen Staaten Deutschlands einen größeren Gemeinsinn, größere Einheit in ihrer Politik und in ihren Staatsmaximen; keine eigene Politik der einzelnen Staaten, sondern das engste Bundesverhältnis; überhaupt, wir wünschen, daß Deutschland als e i n Land und das deutsche Volk als e i n Volk angesehen werden könne. So wie wir dies so sehr als möglich in der Wirklichkeit wünschen, so zeigen wir dies in der Form unsres Burschenlebens. Landsmannschaftliche Parteien sind verbannt, und wir leben in einer deutschen Burschenschaft, im Geiste als ein Volk, wie wir es in ganz Deutschland gerne in Wirklichkeit täten ... Wir wünschen eine Verfassung für das Volk nach dem Zeitgeiste und nach der Aufklärung desselben, nicht daß jeder Fürst seinem Volke gibt, was er Lust hat und wie es seinem Privatinteresse dienlich ist. Überhaupt wünschen wir, daß die Fürsten davon ausgehen und überzeugt sein möchten, daß sie des Landes wegen, nicht aber das Land ihretwegen existiere ..."

(Zit. nach: Geschichte in Quellen, Bd. 5, S. 83)

6 Die Karlsbader Beschlüsse

Das Plenum des Bundestages verabschiedete am 20. Sept. 1819 die folgenden Gesetze: *1. Das Universitätsgesetz; 2. Das Preßgesetz; 3. Das Untersuchungsgesetz; 4. Die vorläufige Exekutionsordnung.*

Die wichtigsten Einzelbestimmungen (in geraffter Wiedergabe) sind:
Zu 1: a) Die Regierungen stellen an allen Universitäten „landesherrliche Bevollmächtigte" an, die das akademische Leben zu überwachen haben. – b) Lehrpersonen sind aus ihren Ämtern zu entfernen, wenn sie nachweislich durch Rede oder Schrift die „öffentliche Ordnung" oder „bestehende Staatseinrichtungen" untergraben. Solcherart entlassene Lehrer dürfen an keiner anderen Universität eines deutschen Bundesstaates wieder angestellt werden. – c) Die Deutsche Burschenschaft wird verboten. Burschenschaftler, die ihrem Verbande treu bleiben, dürfen kein öffentliches Amt erhalten. – d) Ein verwiesener Student darf von einer anderen Universität nicht aufgenommen werden.
Zu 2.: Regelmäßig erscheinende Zeitschriften einerseits, Bücher von weniger als 20 Bogen (320 Seiten) andererseits dürfen nur nach Unbedenklichkeitsprüfungen verbreitet werden.
Zu 3.: In Mainz wird eine „Zentral-Untersuchungs-Kommission" eingesetzt, die innerhalb des Deutschen Bundes „revolutionäre Umtriebe" und „demagogische Verbindungen" zu untersuchen und festzustellen hat.

7 Badische Verfassung (1818)

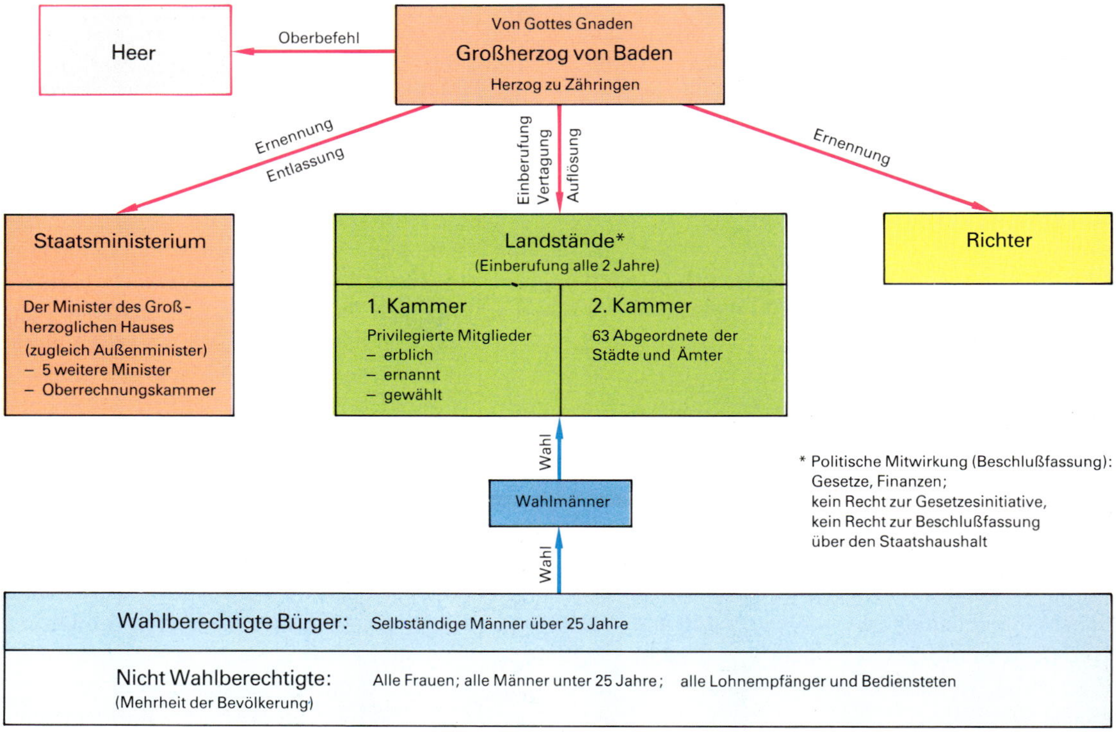

Arbeitsvorschläge und Fragen

a) Nimm begründend Stellung zu der Frage, ob nach Hallers Grundsätzen Fürstenherrschaft und Staatsverfassung vereinbar sind. (M 4; vgl. M 2, 5 und 7)
b) Erkläre und deute die Karikatur „Elektrisierapparat der Freiheit". Stelle Dir eine Gegenkarikatur um 1815/1816 aus deutscher Sicht vor. (M 1)
c) Vergleiche die Ausführungen des Studenten von Gagern mit der 1818 bestehenden Verfassungswirklichkeit. (M 5, M 2)
d) Äußere Dich zu wahrscheinlichen Auswirkungen der Karlsbader Beschlüsse auf das geistige und politische Leben (z. B. Wissenschaft, Kunst; öffentliche Meinung) wie auf den privaten Bereich der Menschen (z. B. Familienleben, Freizeitbeschäftigung). (M 3, M 6)

2. Die Julirevolution in Frankreich und ihre Wirkungen in Europa

1830	Die Julirevolution in Frankreich führt zu neuen nationalen und liberalen Erhebungen in Europa.
1832	**Schloß Hambach in der Pfalz wird zum Schauplatz einer Massenversammlung, auf der nationale, liberale und soziale Forderungen vertreten werden.**
1837	Der König von Hannover schließt sich Demagogenverfolgungen in anderen deutschen Staaten an und enthebt sieben Göttinger Professoren (die „Göttinger Sieben") des Amtes.

Die „Charte constitutionnelle"

Die *„Charte constitutionnelle"* (Verfassungsurkunde von 1814) König Ludwigs XVIII. hatte Vorbildcharakter für die *süddeutschen Verfassungen*; sie beließ dem *König* die gesamte *Exekutive*, räumte aber den *Ständen politische Mitwirkung* ein, und zwar bei der *Gesetzgebung* und der *Steuerbewilligung*; zudem erhielten die Menschen *Grundrechte* zugebilligt (z. B. Schutz des Eigentums und Religionsfreiheit). Das *indirekte Wahlrecht* war allerdings an einen recht hohen *Zensus* gebunden; das Recht, Gesetze vorzuschlagen, oblag allein dem König.

Absolutistisches Verhalten des französischen Königs

In Frankreich wurden jedoch immer wieder Forderungen laut, so z. B. von den Historikern Adolphe *Thiers* und François *Guizot*, sich auf die Revolution zu besinnen; sie forderten eine *Stärkung des Parlaments* in der Verfassung. *Karl X.* aber (1824–1830), der Bruder und Nachfolger Ludwigs XVIII., war mit jeglicher Einschränkung seiner Macht durch die Verfassung nicht einverstanden. Er war bestrebt, das konstitutionelle System aufzuheben. Die öffentliche Meinung war gegen den neuen König. Auf verstärkte *Opposition* antwortete er mit *Kammerauflösungen*. Schließlich verfügte er *Änderungen des Wahlrechts* zuungunsten des Bürgertums und hob in den *„Juli-Ordonnanzen"* (1830) die Pressefreiheit auf.

Barrikadenkämpfe in Paris, Juli 1830

Bürger, Arbeiter und Studenten waren empört. Die kurz vorher durchgeführte *Eroberung Algiers* konnte von der innenpolitischen Krise nicht ablenken. In den letzten *Julitagen* des Jahres *1830* tobten *Barrikadenkämpfe* in Paris. Die Trikolore, das Kampfzeichen der Revolution, tauchte in den Straßen auf. Die Soldaten der Regierung solidarisierten sich z.T. mit den Aufständischen. Die Lage des Königs erwies sich bald als aussichtslos, er floh nach England.

Revolutionäre Forderungen und die Berufung Louis Philippes zum König

Die revolutionären Forderungen wurden lauter und radikaler. Schon war der Ruf nach Abschaffung des Königtums zu hören. Von den gewählten Abgeordneten dachten aber nur die wenigsten republikanisch. Die Kammer handelte schnell und berief den Herzog *Louis Philippe* von Orléans (geb. 1773, gest. 1850) zum neuen *„Bürgerkönig"*. Er mußte auf die revidierte Verfassung schwören, die das *Verbot der Zensur* und die *Gesetzesinitiative* für das *Parlament* vorsah und das *Wahlrecht* geringfügig erweiterte: Statt 90000 Bürgern im Jahr 1814 durften 1830 ca. 170000 wählen (von 1000 Franzosen hatten 5 das Wahlrecht). Die *Trikolore* wurde Nationalflagge. Auch im übrigen Europa löste die Julirevolution Freiheitskämpfe aus.

Belgien wird ein unabhängiger Staat

Die vornehmlich katholischen *Belgier*, seit 1815 mit den *Holländern* im Königreich der *Vereinigten Niederlande* zusammengeschlossen, fühlten sich von Holland unterdrückt und sympathisierten mit den Franzosen. Die Nachrichten

1 Schauplätze der Revolutionen von 1830. (Nürnberger Bilderbogen)

von den Vorgängen in Frankreich lösten *Aufstände* in Belgien aus, die sich vor allem gegen den niederländischen König richteten. Die europäischen Großmächte griffen ein und schufen durch Beschlüsse auf einer Konferenz in London das *unabhängige Königreich Belgien*; der belgische Nationalkongreß erließ eine freiheitliche Verfassung, die die königliche Macht beschränkte. Belgien galt fortan als vorbildliche *konstitutionelle Monarchie*.

Die nationale und liberale Frage in Polen

Die Neuordnung von 1814/15 in Europa hatte keine Wiederherstellung des polnischen Staates gebracht. Das 1815 entstandene *„Königreich Polen"* (*„Kongreßpolen"*) regierte der russische *Zar*, der in *Personalunion* König von Polen war. Zwar gewährte Zar Alexander eine Verfassung, die dem *polnischen Reichstag*, dem *Sejm*, Rechte einräumte, aber er setzte eine ihm treu ergebene Regierung mit einem „Statthalter" an der Spitze ein, so daß Polen von Rußland völlig *abhängig* blieb. Schließlich trug er sich mit dem Gedanken, die Verfassung wieder aufzuheben, als eine *liberale Opposition* entstand. Die Unzufriedenheit mit dem Zarenregime brach hervor, als verlautete, daß Zar Nikolaus I. (1825–1855) die polnische Armee gegen aufständische Belgier heranziehen wollte. Soldaten verweigerten den Gehorsam, und im November *1830* wagten Offiziere, Studenten und Adlige den *Aufstand*. Der Sejm erklärte Polen für unabhängig.

Der polnische Freiheitskampf und sein Scheitern

Unter den Liberalen Europas erweckte der *polnische Freiheitskampf* große Solidarität. Monatelang widerstanden die Polen einem mächtigen Aufgebot an Militär, dann mußten sie aufgeben. *Kongreßpolen* wurde dem *Zarenreich* direkt *eingegliedert*, die konstitutionellen Ansätze wurden beseitigt. Freiheitskämpfer entkamen ins *Exil* (vornehmlich nach Frankreich), wurden *verhaftet* oder nach Sibirien *verbannt*. Durch *polizeistaatliche Kontrollen* und scharfe *Unterdrückung* schalteten die Zaren Freiheitsbewegungen im russischen Teilgebiet Polens auf längere Zeit aus.

Auswirkungen der Julirevolution im Deutschen Bund

Auch in den *deutschen Staaten* hatte die Julirevolution deutliche Nachwirkungen. Bürger bekamen wieder Mut, sich politisch zu äußern. Viele sympathisierten offen mit den *polnischen Freiheitskämpfern* und unterstützten *Emigranten*.

Es kam auch zu einigen lokal begrenzten gewalttätigen Ausschreitungen. Manche Fürsten fühlten sich zu Zugeständnissen gezwungen; einige gewährten Verfassungen (z.B. in *Kurhessen* und *Sachsen*) oder liberalisierten die bestehenden (z.B. in *Hannover* und *Braunschweig*).

Das Hambacher Fest 1832

Die Breite der liberalen Strömungen zeigte das *„Hambacher Fest"* (genannt nach der Schloßruine Hambach bei Neustadt a.d. Haardt). Die Journalisten Jacob Siebenpfeiffer und August Wirth hatten zum *„Fest der deutschen Nation"* im Mai 1832 Männer und Frauen aller Schichten eingeladen, auch polnische Emigranten und französische Demokraten waren willkommen. 30000 Menschen strömten in die Pfalz. *Gemäßigte Demokraten* forderten freiheitlichere Verfassungen. *Radikale* griffen die Fürstenherrschaft grundsätzlich an. Es tauchte gar die Idee eines *„konföderierten republikanischen Europas"* auf. Auch *soziale Forderungen* wurden erhoben: Bildung und Wohlstand für alle, Steuergerechtigkeit, Gleichberechtigung für Frauen und Juden. Ärmere Schichten sollten politisch mitbestimmen können.

Verschärfte „Demagogen"-Verfolgung

Die gemäßigten Stimmen, die die Fürstenherrschaft nicht in Frage stellten, waren im ganzen in der Mehrheit. *Metternich* aber sah „die Ruhe der Welt" schlimmer als 1817/1819 gefährdet. Er konnte die Regierungen des Deutschen Bundes zu noch stärkeren *Unterdrückungsmaßnahmen* gegen liberale und nationale Aktionen bestimmen. Die Polizei überwachte strenger, *Verhaftungen*

2 „Zug auf das Schloß Hambach am 27sten Mai 1832". (Kolorierte Federlithographie, 1832) – Die bayerische Regierung hatte das Verbot für die Veranstaltung zuvor zurückgenommen.

wurden in großer Zahl vorgenommen, die *Zensur* war schärfer denn je. *Rede- und Versammlungsfreiheit* wurden *aufgehoben*.

Die Göttinger Sieben

Der König von Hannover, *Ernst August*, konnte es wagen, die 1833 zugestandene liberale Revision der Verfassung – Bauern wie Bürger hatten Zugang zur zweiten Kammer erhalten – wieder aufzuheben (1. Nov. 1837). Sieben Göttinger Professoren („*Die Göttinger Sieben*") protestierten dagegen und wurden deshalb amtsenthoben: die Germanisten Jacob und Wilhelm *Grimm*, der Literaturhistoriker Georg Gottfried *Gervinus*, der Historiker Friedrich Christoph *Dahlmann*, der Orientalist Heinrich *Ewald*, der Jurist Wilhelm *Albrecht* und der Physiker Wihelm Eduard *Weber*; Jacob Grimm, Gervinus und Dahlmann hatten sogar das Land zu verlassen. Dieser Fall erregte die Öffentlichkeit sehr. Weil aber Preußen und Österreich dem König den Rücken stärkten, konnte er unnachgiebig bleiben.

Emigration

Angst verbreitete sich in Deutschland. Kritische Intellektuelle waren zur Flucht genötigt; viele wählten *Paris* zum *Zufluchtsort*, z.B. Ludwig Börne, Heinrich Heine, Karl Marx oder Richard Wagner. Auch der Dichter Heinrich Hoffmann von Fallersleben, der Verfasser des Deutschlandliedes, mußte emigrieren.

Zensur/Pressefreiheit: *Zensur* (lat. censor – Schätzer, strenger Richter) ist eine Meinungskontrolle, die allgemein wirken soll; sie erstreckt sich auf alle Druckerzeugnisse, besonders auf Zeitschriften und Zeitungen (die „Presse" im engeren Sinne). In der Epoche der Restauration wurde im Deutschen Bund (seit 1819) mit polizeistaatlichen Mitteln die *Vorzensur* praktiziert: die Überprüfung von Presseerzeugnissen vor ihrer Drucklegung. Der Gegenbegriff war die *Pressefreiheit*, die als Menschenrecht („Denkfreiheit", „Gedankenfreiheit", „Gewissensfreiheit") gefordert wurde. – Zur Zeit des Absolutismus war freie Meinungsäußerung in der Presse (Zeitschriften und Zeitungen gibt es seit 1600/1650) Gnadenerweis. In modernen westlichen Demokratien ist in der Regel die Pressefreiheit (ausgedehnt auf Film, Funk und Fernsehen) verfassungsrechtlich garantiert.

3 Das Hambacher Fest, 1832

Der Journalist Siebenpfeiffer auf dem Hambacher Fest:

„Und es wird kommen der Tag, der Tag des edelsten Siegstolzes, wo der Deutsche vom Alpengebirg und der Nordsee, vom Rhein, der Donau und Elbe den Bruder im Bruder umarmt, wo die Zollstöcke und die Schlagbäume, wo alle Hoheitszeichen der Trennung und Hemmung und Bedrückung verschwinden samt den Konstitutiönchen, die man etlichen mürrischen Kindern der großen Familie als Spielzeug verlieh; wo freie Straßen und freie Ströme den freien Umschwung aller Nationalkräfte und Säfte bezeugen; ... wo das deutsche Weib nicht mehr die dienstpflichtige Magd des herrschenden Mannes, sondern die freie Genossin des freien Bürgers, unsern Söhnen und Töchtern schon als stammelnden Säuglingen die Freiheit einflößt; ... wo der Bürger nicht in höriger Untertänigkeit den Launen des Herrschers, ... sondern dem Gesetze gehorcht, und auf den Tafeln des Gesetzes den eigenen Willen liest und im Richter den frei erwählten Mann seines Vertrauens erblickt; wo die Wissenschaft das Nationalleben befruchtet und die würdige Kunst als dessen Blüte glänzt.

Es lebe das freie, das einige Deutschland!

Hoch leben die Polen, der Deutschen Verbündete!

Hoch leben die Franken, der Deutschen Brüder, die unsere Nationalität und Selbständigkeit achten!

Hoch lebe jedes Volk, das seine Ketten bricht und mit uns den Bund der Freiheit schwört!

Vaterland – Volkshoheit – Völkerbund hoch!"

(Zit. nach: J. G. A. Wirth, Das Nationalfest der Deutschen zu Hambach, Neustadt 1832, S. 34ff.)

4 „Könige Europas, seid auf der Hut; der Monat Juli tut euch nicht gut!" Diese Unterschrift gab der Zeichner, Honoré Daumier, seinem Holzschnitt von 1834.

5 „Polens Freiheitskampf." (Deutsches Werbeblatt für den polnischen Aufstand 1830)

6 Pressezensur. (Zeitgenössische Karikatur über die Lage des politisch engagierten Journalisten, Schriftstellers und Dichters in Deutschland.) ▶

7 Als „Demagoge" verurteilt

Der Schriftsteller Heinrich Laube berichtet über seine Verurteilung als „Demagoge" in Preußen, 1837:

„In der Folge der großen Mainzer Untersuchungskommission gegen die burschenschaftliche Demagogie war ein Gesetz erlassen worden, nach welchem jede Teilnahme an einer Burschenschaft mit sechs Jahren Festung bestraft wurde. Sechs Jahre Festungsstrafe für Teilnehmer an einer Studentenverbindung, weil sie die Einigung Deutschlands vorbereiten wollte! ...

Mir war nachgewiesen, daß ich Anno 26 und 27, also vor zehn Jahren, Teilnehmer an einer Studentenverbindung in Halle gewesen, welche zwar nicht alle Formen, aber doch die Ideen der Burschenschaft betrieben habe. Mir gebührten also sechs Jahre Festungsstrafe.

Für meine schriftstellerischen Bestrebungen war ein Jahr Festung als Entgelt ermittelt worden ... Der erste Band [des Werkes „Das neue Jahrhundert"] enthielt eine Geschichte Polens bis zum großen Aufstande 1830 und 1831. In dieser Geschichte Polens sei der Kaiser von Rußland beleidigt worden. Dieser, ein Schwager des regierenden Königs von Preußen, sei ein Alliierter des Königs von Preußen, und weil dieser Alliierte beleidigt worden sei, sei ein Strafmaß von einem Jahre gerechtfertigt. Summa sieben Jahre. ...

Was vor dem Jahre 1830 lag, also vor dem Ausbruche politischer Bewegungen, das wurde als Romantik ... erachtet. Burschenschaften vor dem Jahre 1830 waren also von sechs Jahren auf sechs Monate herabgesetzt. Burschenschaften nach 1830 galten für voll, ... wert sechs Jahre. Mir gebührten also nach dem eingeführten Usus [Brauch] für mein Studententum nur sechs Monate. Von dem Strafjahr für Rußland wurde mir aber nicht ein Tag erlassen – ich hatte also anderthalb Jahre abzusitzen. Meine arme Frau sah trostlos drein. An solchen Verbrecher war sie geraten!"

(Heinrich Laube, Erinnerungen, 1810–1840, Wien 1875, S. 336ff.; zit. nach: Geschichte in Quellen, Bd. 5, S. 129–130)

8 Die Geschichte unserer Nationalhymne

Der Dichter August Heinrich Hoffmann von Fallersleben (1798–1874) schuf 1841 in der Emigration auf der Insel Helgoland, die damals zu England gehörte, das „Lied der Deutschen". Haydns Musik machte es volkstümlich. Hoffmann wurde wegen seiner „Unpolitischen Lieder" (1840–1841) verdächtigt und 1842 als Professor für deutsche Sprache und Literatur aus dem preußischen Staatsdienst entlassen und des Landes verwiesen.

„Deutschland, Deutschland über alles,/ Über alles in der Welt,/ Wenn es stets zu Schutz und Trutze/ Brüderlich zusammenhält;/ Von der Maas bis an die Memel,/ Von der Etsch bis an den Belt:/ Deutschland, Deutschland über alles,/ Über alles in der Welt!

Deutsche Frauen, deutsche Treue,/ Deutscher Wein und deutscher Sang/ Sollen in der Welt behalten/ Ihren alten, schönen Klang,/ Uns zu edler Tat begeistern/ Unser ganzes Leben lang:/ Deutsche Frauen, deutsche Treue,/ Deutscher Wein und deutscher Sang!

Einigkeit und Recht und Freiheit/ Für das deutsche Vaterland!/ Danach laßt uns alle streben/ Brüderlich mit Herz und Hand!/ Einigkeit und Recht und Freiheit/ Sind des Glückes Unterpfand:/ Blüh im Glanze dieses Glückes,/ Blühe, deutsches Vaterland!"

Deutsche Soldaten sangen das Lied im Ersten Weltkrieg. In der Weimarer Republik wurde es (1922) zur Nationalhymne Deutschlands erklärt, 1945 verboten. Seit 1952 wird die dritte Strophe als offizielle Hymne der Bundesrepublik Deutschland gesungen.

Arbeitsvorschläge und Fragen

a) Erläutere, warum die Julirevolution in Frankreich Vorbildcharakter für viele Menschen in Europa gewonnen hat. (Text S. 121 ff., M 1 und M 4–6)
b) Vergleiche das Hambacher Fest mit dem Wartburgfest. (M 2, 3; S. 117 f.)
c) Warum griffen die Fürsten zu verschärfter Zensur? Welche Konsequenzen hatte die verschärfte Pressezensur? (Text S. 123 f., M 6–8)
d) Deute das Deutschlandlied (insbesondere die Strophen 1 und 3) aus der Sicht eines Emigranten. (M 8)

3. Von der französischen Februarrevolution zur deutschen Märzrevolution

Febr. 1848	Februarrevolution in Frankreich: Bürger, Arbeiter und Nationalgarde erzwingen die Abdankung des Königs Louis Philippe.
März 1848	**Märzrevolution im Deutschen Bund: Bürger, Bauern, Studenten und Arbeiter erheben sich gegen Unterdrückung und Not und erzwingen Grundrechte, Verfassungen wie auch Wahlen zu einem nationalen Parlament.**

Soziale Not – geistiger Protest – bürgerliches Biedermeier

Zur Zeit des Vormärz herrschte in weiten Teilen Europas *soziale Not*, vor allem bei Land-, Industrie- und Heimarbeitern (vgl. S. 66ff.). Die liberale und soziale Protestbewegung weniger Engagierter – sie wurde unter dem Namen *„Junges Deutschland"* zusammengefaßt – war zwar deutlich vernehmbar, aber die staatlichen Kontroll- und Zwangsmaßnahmen verhinderten gesellschaftliche und politische Fortschritte. Das Bürgertum zog sich weithin *ins Private* zurück und richtete sich *„biedermeierlich"* ein (vgl. Bild S. 131); unpolitisches Verhalten und Denken bot vielen Menschen die Möglichkeit, in Ruhe und sogar Wohlstand zu leben.

Hoffnungen nach der Gründung des Zollvereins

Seit der Gründung des Zollvereins (1834) (vgl. S. 79ff.) erwachte aber wieder die politische Hoffnung im Deutschen Bund. Durch die Abschaffung vieler Zollgrenzen hatte der Handel einen wesentlichen *Aufschwung* genommen, manche Bürger gelangten zu Reichtum. Das *Eisenbahnnetz* konnte zügig ausgebaut werden; der Eisenbahnbau brachte gewinnträchtige Aufträge und schuf Arbeitsplätze. Und da die *wirtschaftliche Einheit* weithin erreicht war, wurde das Bestreben nach *politischer Einheit* noch größer. Der württembergische liberale Landtagsabgeordnete Paul Pfizer formulierte im Jahre 1842: „So gilt der Zollverein mit Recht jetzt für den ersten Vorkämpfer und Verteidiger des neuen Deutschlands." Insbesonders liberale Abgeordnete und Publizisten forderten immer wieder die nationale Einigung Deutschlands.

23. Februar 1848: Revolution in Frankreich

Am 22. Februar 1848 sah sich der französische *„Bürgerkönig"* Louis Philippe einer breiten *republikanischen Massendemonstration* konfrontiert, die das *allgemeine Wahlrecht* forderte und für *soziale Gerechtigkeit* eintrat. Am nächsten Tag stießen die Demonstranten, vor allem Arbeiter und Studenten, mit *Polizei* und *Militär* zusammen, eine Schießerei entstand (52 Tote, 74 Verletzte). In Kürze war ganz *Paris in Aufruhr*, 1500 Barrikaden wurden gebaut.

König *Louis Philippe* sah nicht mehr die Möglichkeit, seine Herrschaft aufrechtzuerhalten; fluchtartig *verließ er Frankreich* und begab sich in das Exil nach England.

Eine revolutionäre Regierung

Schon am 25. Februar war eine *neue Regierung* geschaffen. Die Büros zweier radikaler Zeitungen stellten die Mitglieder der Provisorischen Regierung; der *Dichter Lamartine* leitete sie, der *Sozialist Louis Blanc* wurde Arbeitsminister. Sofort verkündete die neue Regierung die *Republik* und versprach Wahlen für eine *Nationalversammlung*. Die soziale Not und die große *Arbeitslosigkeit* versuchte sie durch sofortige Maßnahmen zu mildern: In *„Nationalwerkstätten"* (das waren Arbeitsprojekte, die der Staat beschaffte, z.B. Straßenbaumaßnahmen) sollte jeder Arbeitssuchende das Anrecht auf einen Garantielohn erhalten; 2 Francs täglich, wenn er arbeitete, 1 Franc, wenn er keine Arbeit hatte.

Auswirkungen in den deutschen Staaten

Die französische Februarrevolution wirkte für die *deutschen Staaten* wie ein Signal. *Bürger, Bauern, Handwerker,* an einigen Orten *auch Arbeiter,* erhoben auf *Massendemonstrationen* ihre Forderungen. In *Baden* zündete der revolutionäre Funke zuerst; hier wurden schon am 27. 2 die Forderungen formuliert, die im Verlauf des März als *„Märzforderungen"* in allen Staaten des Bundes auftauchten: Pressefreiheit, Schwurgerichte, Volksbewaffnung, Einberufung von verfassunggebenden Versammlungen, Einsetzung von liberalen Regierungen. – Die *Revolution* breitete sich schnell aus. Die *großen Städte* wurden zu *Zentren* des revolutionären Geschehens: München, Köln, Wien, Berlin, Frankfurt.

Erfolge der Revolution

Durch Einsatz von Militär konnten die großen und zahlreichen Massenversammlungen nicht verhindert werden. Barrikadenkämpfe schreckten die Fürsten. *Metternich,* der das verhaßte alte System verkörperte, mußte schon am 13. März *zurücktreten*; der *preußische König* verneigte sich vor gefallenen Revolutionskämpfern und *erkannte* die *Forderungen der Revolutionäre an*; der bayerische König überließ seinem Sohn die Verantwortung. In allen Staaten des Bundes setzten die Fürsten *liberale Regierungen* ein. *Wahlen* zu einzelstaatlichen Nationalversammlungen und zu einem *gesamtdeutschen Parlament* wurden zugelassen und durchgeführt.

Vormärz: Aus der Sicht der revolutionären Ereignisse des März 1848 erscheinen die politischen, gesellschaftlichen und kulturellen Geschehnisse seit 1815 ausgerichtet auf die Errungenschaften der Märzrevolution. Die Epoche der Restauration (1815–1848) wird deshalb auch „Vormärz" genannt; im engeren Sinne bezeichnet man die Zeit seit 1830 oder seit dem Regierungsantritt Friedrich Wilhelms IV. (1840) bis zur 48er Revolution als deutschen „Vormärz".

1 Emigration Metternichs (im Karren); links vorne: der „Kartätschen-Prinz" Wilhelm von Preußen; sitzend auf der „Cassa": König Louis Philippe; ihm gegenüber: Louis Napoléon. (Zeitgenössische Karikatur, 1848)

Berlin 1848 – Ein Schauplatz der Revolution

Seit dem 7. März	Es bilden sich spontane Volksversammlungen. Petitionen werden eingereicht, sozialpolitische Forderungen erhoben; sichtbare Truppenansammlungen in Berlin.
13. März	Arbeiter, Handwerksgesellen, Kleinbürger und Studenten demonstrieren. Zusammenstöße zwischen Militär und Demonstranten.
17. März	Berliner Bürger fordern die „Zurückziehung der militärischen Macht" und die „Organisation einer bewaffneten Bürgergarde".
18. März	König Friedrich Wilhelm IV. hebt die Zensur auf. Er beruft den Vereinigten Landtag ein und anerkennt die Notwendigkeit einer „konstituierenden Verfassung". Auch spricht er sich für eine Reorganisation des Deutschen Bundes aus. Der König zeigt sich am Nachmittag einer großen Menge auf dem Schloßplatz. Der Bürgermeister verkündet die Zugeständnisse des Königs. Ovationen wechseln mit der Forderung, die Soldaten abzuziehen. Als auf Anordnung das Militär den Schloßplatz räumt, lösen sich unbeabsichtigt einzelne Schüsse. Die Stimmung der Menge schlägt plötzlich um, sie fühlt sich vom König verraten. Ein Straßen- und Barrikadenkampf bricht los, der in der ganzen Nacht die Stadt durchtobt (230 Tote). In seinem Aufruf „An meine lieben Berliner!" beschwört der König seine Untertanen, den „unseligen Irrtum" zu erkennen und zum Frieden zurückzukehren, um „größerem Unheil vorzubeugen".
19. März	Der König zieht die Truppen aus der Hauptstadt ab und ehrt die Toten der Revolution. Schaffung einer Bürgerwehr; Flucht des Prinzen Wilhelm, des späteren Königs und Kaisers, nach England.
20. März	Amnestie für politische Gefangene.
21. März	Der König unternimmt einen feierlichen Umritt und trägt dabei eine schwarz-rot-goldene Armbinde. In seiner Proklamation „An mein Volk" bekennt sich der König zu einer gesamtdeutschen Verfassung, zu Einheit und Freiheit.
22. März	Anerkennung von Grundrechten, Zusage von Ministerverantwortlichkeit und Schwurgerichten.
29. März	Berufung einer liberalen Regierung mit Ludolf Camphausen und David Hansemann (Vertretern des Großbürgertums).
2. April	Der Vereinigte Landtag tritt zusammen, spricht dem König Dank aus und beschließt Wahlen zu einer preußischen Nationalversammlung nach „demokratischem" Wahlrecht.

2 Der Hessische Landbote

Der Mediziner und Dichter Georg Büchner (1813–1837) wandte sich mit dem Schlachtruf der Französischen Revolution „Friede den Hütten! Krieg den Palästen!" hauptsächlich an die Bauern Hessens. Büchner gründete 1834, zusammen mit einem Pfarrer, die geheime „Gesellschaft für Menschenrechte". Der Verhaftung entzog sich Büchner durch die Flucht nach Straßburg.

„Der Hessische Landbote
Erste Botschaft
Darmstadt, im Juli 1834
Friede den Hütten! Krieg den Palästen!

Im Jahr 1834 siehet es aus, als würde die Bibel Lügen gestraft. Es sieht aus, als hätte Gott die Bauern und Handwerker am 5ten Tage, und die Fürsten und Vornehmen am 6ten gemacht, und als hätte der Herr zu diesen gesagt: Herrschet über alles Getier, das auf Erden kriecht, und hätte die Bauern und Bürger zum Gewürm gezählt. Das Leben der Vornehmen ist ein langer Sonntag, sie wohnen in schönen Häusern, sie tragen zierliche Kleider, sie haben feiste Gesichter und reden eine eigne Sprache; das Volk aber liegt vor ihnen wie Dünger auf dem Acker. Der Bauer geht hinter dem Pflug, der Vornehme aber geht hinter ihm und dem Pflug und treibt ihn mit den Ochsen am Pflug, er nimmt das Korn und läßt ihm die Stoppeln. Das Leben des Bauern ist ein langer Werktag; Fremde verzehren seine Äkker vor seinen Augen, sein Leib ist eine Schwiele, sein Schweiß ist das Salz auf dem Tische des Vornehmen."

(Georg Büchner, Sämtliche Werke, hrsg. von Werner R. Lehmann, Zweiter Band, München 1972, S. 34 und 36)

3 Die Forderungen des Volkes

Mannheimer Aufruf vom 27. Februar 1848:

„Das französische Volk hat Ludwig Philipp abgesetzt, hat das Joch der Tyrannei gebrochen. ... Sollen wir Deutsche ... unter dem Joche der Knechtschaft verbleiben? Der entscheidende Augenblick ist gekommen. Der Tag der Freiheit ist angebrochen. Vorwärts! ist der Ruf der Zeit. Die Not des Volkes muß ein Ende nehmen. Unser Wahlspruch sei:

Wohlstand, Bildung und Freiheit
für alle Klassen des Volkes!

Überall in Deutschlands Gauen, in Stadt und Land mögen die Männer der Tat zusammentreten, beschließen und vollziehen, was dem Volke not tut, die ewigen Rechte des Volkes sollen und müssen jetzt zur Wahrheit werden.

In diesem Geiste haben viele Bürger und Einwohner Mannheims die beifolgende Petition beschlossen und unterzeichnet, welche sie in großer Anzahl Mittwoch den 1. März der Zweiten Kammer der Landstände überbringen werden.

Wir hoffen und erwarten, daß ähnliche Schritte in allen Teilen des Vaterlandes vorbereitet und sogleich ausgeführt werden. ...

Das Comité."

(Zit. nach: Bundesarchiv, Außenstelle Rastatt, Erinnerungsstätte, Katalog, S. 172)

4 „Die Barrikade an der Kronen- und Friedrichstraße am 18. März 1848 von einem Augenzeugen." (Farblithographie von F. G. Nordmann, Berlin 1848) – Hinter der Barrikade werden Bleikugeln gegossen.

5 Der Umritt des preußischen Königs: Schauspielerei, Ernst oder Irrtum?

5a Varnhagen von Ense, Diplomat und Schriftsteller (1765–1858) in seinem Tagebuch:
„21. März 1848 … Der Umritt des Königs mit der deutschen Fahne und sein Benehmen dabei, seine Ansprachen, seine Austeilung deutschen Bandes sollen ein elendes, lächerliches Ansehen gehabt und nur dem untersten Volke gefallen haben. Die Adeligen, Offiziere, die Hofleute sind außer sich darüber. Dennoch kann diese Wendung, die der König seiner Sache zu geben versucht, von großen und guten Folgen sein; es kommt darauf an, ob die Demonstration nicht bloße Schauspielerei, sondern ehrlicher Ernst ist, ob sie nachhaltig durchgeführt, mit Kraft vertreten wird. Viele leugnen das und meinen, der König habe nur aus der augenblicklichen Schmach herauskommen wollen und dazu dies Gaukelwesen tauglich erachtet. Indessen, wie es immer sein mag, man muß den König soviel als möglich bei seinen Worten festhalten und ihn in seiner Stellung mit seinen Eigenschaften und Fehlern soviel als möglich zum Heil des Vaterlandes benutzen …"

5b Otto von Bismarck (vgl. S. 148ff.) lehnte auf dem Vereinigten Landtag am 2. April 1848 die beantragte Dankadresse an den König ab:
„… Was mich aber veranlaßt, gegen die Adresse zu stimmen, sind die Äußerungen von Freude und Dank für das, was in den letzten Tagen geschehen ist. Die Vergangenheit ist begraben, und ich bedaure es schmerzlicher als viele von Ihnen, daß keine menschliche Macht imstande ist, sie wieder zu erwecken, nachdem die Krone selbst Erde auf ihren Sarg geworfen hat. Aber wenn ich dies, durch die Gewalt der Umstände gezwungen, akzeptiere, so kann ich doch nicht aus meiner Wirksamkeit auf dem Vereinigten Landtage mit der Lüge scheiden, daß ich für das danken und mich freuen soll über das, was ich mindestens für einen irrtümlichen Weg halten muß …"
(Zit. nach: Geschichte in Quellen, Band 5, S. 155 [5 a] bzw. 160 [5 b])

6 Biedermeierliches Gruppenbild (1837) des Malers Friedrich von Amerling: „Rudolf von Arthaber mit seinen Kindern, das Bild der verstorbenen Mutter betrachtend." – Zunächst meint das Wort „Biedermeier" einen etwas beschränkt und spießig wirkenden Menschen. Um die Mitte des 19. Jh. wurde der unpolitische Mensch des Vormärz „der Biedermeier" genannt; allmählich entwickelte sich „das Biedermeier" zur Kennzeichnung der Epoche vor 1848.

Arbeitsvorschläge und Fragen

a) Warum sahen die Fürsten in Büchners „Hessischem Landboten" einen besonders krassen Fall von „Demagogie"? (M 2)
b) Setze den „Hessischen Landboten" einerseits in Beziehung zum Gruppenbild Friedrich von Amerlings, andererseits zur Lithographie F. G. Nordmanns. (M 2, M 4 und M 6)
c) Ermittle aus M 3 die zentralen Forderungen des Volkes.
d) Äußere Dich zu der Frage, ob „die Demonstration" des Königs am 21. März „bloße Schauspielerei" war. (M 5 a; vgl. die Zeittafel „Berlin 1848")
e) Beurteile Bismarcks Ablehnung der Dankadresse an den König. Ziehe die Karikatur „Emigration Metternichs" hinzu. (M 5 b, M 1)

4. Das erste deutsche Nationalparlament

18. Mai 1848	**In der Frankfurter Paulskirche tritt die erste deutsche Nationalversammlung zusammen.**
29. Juni 1848	Erzherzog Johann von Österreich wird zum Reichsverweser gewählt.
Juli 1848 bis März 1849	Das deutsche Gesamtparlament verankert Grundrechte in der Verfassung und schafft das Modell eines neuen deutschen Bundesstaates mit Erbkaisertum, aber unter Ausschluß Österreichs.
3./28. April 1849	Der preußische König Friedrich Wilhelm IV. lehnt die deutsche Kaiserkrone ab.

Das Vorparlament und die deutsche Nationalversammlung

Parallel zum Bundestag (der Bundesversammlung des Deutschen Bundes) trat in *Frankfurt das Vorparlament* zusammen (31. 3. – 3. 4. 1848). Es war aus der *revolutionären Bewegung* hervorgegangen, beschloß Wahlen zu einer gesamtdeutschen *Nationalversammlung* und gab den Bundesstaaten Wahlrechtsempfehlungen. Das Gesamtparlament sollte eine *Verfassung* für den neuen deutschen Nationalstaat ausarbeiten. Am 18. 5. 1848 trat in der *Paulskirche* zu Frankfurt die erste deutsche Nationalversammlung zusammen (zunächst 330, später 585 Mitglieder).

Das Wahlverfahren

Die Wahlen wurden – mit regionalen Unterschieden – nach *allgemeinem und gleichem Stimmrecht* durchgeführt (für Männer, die „selbständig" waren); ein Abgeordneter vertrat 50000 Wähler, die ihre Stimme *meist indirekt* (über Wahlmänner) und *häufig öffentlich* abgaben. Es wurde in allen Staaten des Deutschen Bundes gewählt, zusätzlich in Schleswig, das zu Dänemark gehörte, sowie in West- und Ostpreußen. Die Tschechen Böhmens und Mährens allerdings lehnten die Wahl zum deutschen Parlament aus nationalen Gründen ab.

Die doppelte Aufgabe der Nationalversammlung

Die Revolution hatte sich ihr Parlament geschaffen. Es mußte eine doppelte Aufgabe erfüllen: einen *neuen Staat* gründen und ihm eine *Verfassung* geben. Das Parlament mußte gegenüber den bestehenden Gewalten der Einzelstaaten handlungsfähig sein, deshalb brauchte es zunächst eine eigene Regierung. Das Arbeitsprogramm der gewählten Vertreter war umfangreich, und die Zeit drängte. Je länger sich die Diskussionen im Parlament hinzogen und je mehr Zeit die *alten Gewalten* hatten, sich in den Teilstaaten wieder verstärkt Geltung zu verschaffen, desto geringer wurde die Aussicht, daß die Arbeit des Parlaments von den Fürsten unterstützt oder auch nur toleriert wurde. In die *„Paulskirche"* – so wurde bald die Parlamentsversammlung genannt – waren viele Gebildete und Gelehrte gewählt worden. Es gab noch *keine Parteien* – aber *Wahlvereine, Komitees, Ausschüsse,* anberaumte Versammlungen; als Wahlmann oder als Abgeordneter wurde gewählt, wer bekannt war: Die Wahlen zur Nationalversammlung waren vor allem *Persönlichkeitswahlen.*

Fraktionen der Paulskirche und der Parlamentspräsident

Während der Debatten bildeten sich *„Fraktionen"* heraus; sie erhielten die Namen der Gasthöfe, in denen man sich am Abend zur Beratung traf: *Café Milani, Casino, Württemberger Hof, Deutscher Hof.* Die Fraktionen repräsentierten politische Grundauffassungen von *rechts* (Milani) über die *Mitte* (Casino, Württemberger Hof; Liberale) nach *links* (Deutscher Hof; Republikaner). Später gab es weitere Aufspaltungen (vgl. S. 133, M 2). Die Gruppierungen waren *Vorformen der* nach 1860 entstandenen *Parteien.*

Zum *Präsidenten* des Parlaments wurde *Heinrich von Gagern* (1799–1880; vgl. S. 119, M 5) gewählt; er war der rechten Mitte (Casino) zuzurechnen. Er leitete die Nationalversammlung vom 19. Mai bis zum 18. Dezember 1848.

1 Die Eröffnung der Nationalversammlung in der Paulskirche (18. 5. 1848)

2 Politische Gruppierungen der Nationalversammlung (1848/49)

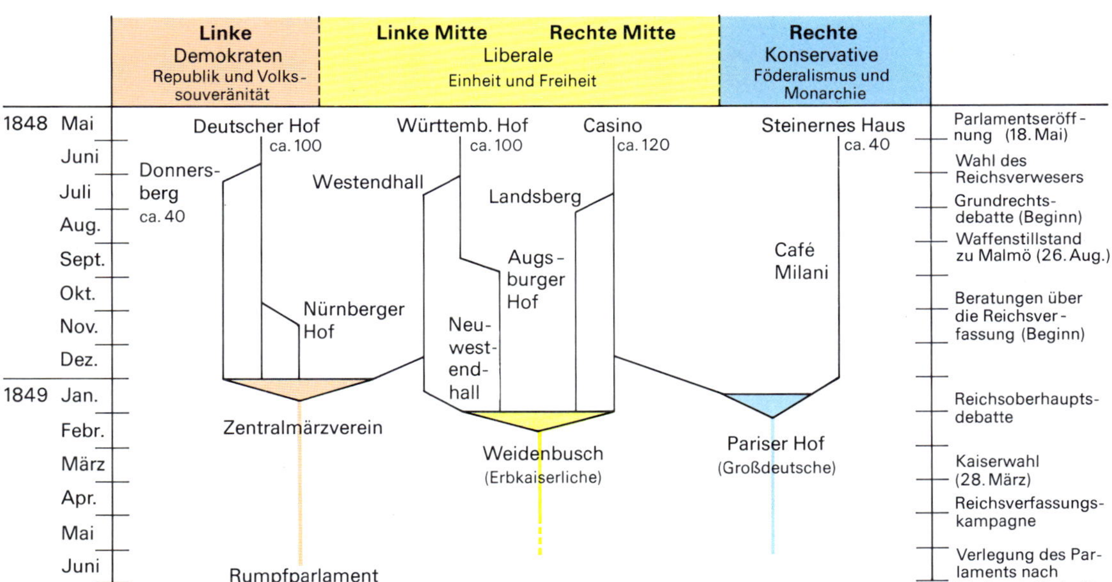

Unter Verwendung von: W. Klötzer, Abgeordnete und Beobachter in: Paul Wentzcke (Hrsg.), Ideale und Irrtümer des ersten deutschen Parlaments (1848–1849), Heidelberg 1959, im Anschluß an S. 319.

Der Reichsverweser als provisorische Zentralgewalt

Die Entscheidung über die *Zentralgewalt*, die im Namen des Parlaments ausgeübt werden sollte, schien zunächst schwierig. Die „Rechten" wollten eine mit den *Fürsten* abgestimmte Lösung, die „Linken" wünschten einen *parlamentarischen „Vollzugsausschuß"*. In der schwierigen Situation tat von Gagern einen „kühnen Griff": Er schlug dem Parlament vor, „die provisorische Zentralgewalt" selbst zu schaffen und zu wählen – einen *„Reichsverweser"*, der dem Parlament nicht verantwortlich sei; aber dieser solle eine *Regierung* berufen, die vom *Vertrauen des Parlaments* getragen sein müsse. Den Vorschlag nahmen die Abgeordneten mit großer Mehrheit an. Zum Reichsverweser wurde der *österreichische Erzherzog Johann* gewählt; Ministerpräsident wurde Fürst Karl Leiningen, Innenminister der Österreicher Anton von Schmerling, Kriegsminister der preußische General von Peucker.

Die geringe Machtbasis der Zentralgewalt

Die Bundesversammlung des Deutschen Bundes erkannte die Wahl des Reichsverwesers an. Aber es mangelte der neuen Zentralgewalt an *Macht*. Vor allem fehlte der eigene *Beamtenapparat* und das eigene *Heer*. Der Kriegsminister drängte darauf, daß die Truppen der Einzelstaaten dem Reichsverweser huldigten, doch die großen Staaten weigerten sich: Preußen, Österreich, Bayern, Hannover.

Die Arbeiten an der Verfassung

Hauptaufgabe der Paulskirche war nun die Beratung und Verabschiedung der *Verfassung*. Die Abgeordneten beschlossen, mit der *Grundrechtsdebatte* zu beginnen (sie dauerte vom 3. Juli bis zum 20. Dezember 1848). Rechte sollten gesichert werden, die den Deutschen im Vormärz verweigert worden waren. Seit Ende Oktober (bis März 1849) wurden Fragen der *Reichseinheit*, des *Reichsoberhaupts* und der *Grenzen des Reichs* behandelt.

Einheitsstaat, Föderation oder Bundesstaat

Linke Parlamentarier wollten einen *Einheitsstaat* oder eine *Föderation von Republiken*, unabhängig von gewachsenen politischen Einheiten. Die große Mehrheit der Abgeordneten war dafür, *historisch Gewachsenes* hinüberzunehmen in einen neuen Staat: Die Einzelstaaten sollten erhalten bleiben und zu einem *Bundesstaat* mit *zwei Kammern* (Volkshaus und Staatenhaus) zusammengefügt werden. Viele Mitglieder der Paulskirche hatten die *Vereinigten Staaten von Amerika* als Vorbild vor Augen.

Regierung, Staatsoberhaupt, Wahlrecht

Das Parlament entschied sich für das *suspensive* (aufschiebende) *Veto des Staatsoberhauptes*, das *parlamentarische Regierungssystem* und das *allgemeine Wahlrecht*, allerdings *ohne* das *Frauenwahlrecht*. Kompliziert war die Einigung auf die Grenzen des Reiches und die Person des Staatsoberhauptes. Teilweise gab es Meinungsverschiedenheiten innerhalb der einzelnen Fraktionen bei der Diskussion dieser Fragen. Schließlich ergab sich eine Mehrheit für die *kleindeutsche Lösung* (Ausschluß Österreichs) und das Erbkaisertum. Der *preußische König*, Friedrich Wilhelm IV., wurde zum *Kaiser* der Deutschen gewählt. Die Annahme des gesamten Verfassungswerkes fiel knapp aus (267 zu 263 Stimmen). (Zur Verfassung vgl. das Schaubild M 3 auf S. 142.)

Das Scheitern der Paulskirche

Die *Mehrzahl der deutschen Staaten stimmte* der Verfassung des Nationalparlaments zwar *zu* (schließlich waren es 29); aber die *großen Staaten* (Österreich, Preußen und Bayern) *lehnten* sie *ab*; daneben gab es zahlreiche Änderungswünsche. Der härteste Schlag jedoch für die Abgeordneten war die *Ablehnung der Kaiserkrone durch den preußischen König* (endgültig am 28. April 1849). Gagern, inzwischen Ministerpräsident der Paulskirchenregierung, trat zurück; viele Abgeordnete sahen in ihrer Tätigkeit keinen Sinn mehr und blieben dem Parlament fern, manche Einzelstaaten zogen ihre Volksvertreter aus Frankfurt ab. Das nach Stuttgart verlegte *„Rumpfparlament"* wurde am 18. Juni 1849 durch württembergisches Militär aufgelöst.

Nation, Nationalbewußtsein: Als *Nation* (lat. natio: Geburt, Geschlecht, Art, Stamm, Volk) fühlen sich Menschen derselben Sprache und Herkunft, mit gleicher politischer und kultureller Tradition. Insbesondere seit der Französischen Revolution und den Befreiungskriegen gegen Napoleon war in Europa das Bestreben deutlich, *Nationalstaaten* zu bilden, d.h. die Menschen je einer Nation in einem Staat zu vereinigen.
Mit dem *Nationalbewußtsein* (Stolz auf die eigene Nation und Zielsetzung nationalstaatlicher Politik) verbanden sich zur Zeit der Restauration und des Vormärz liberale und soziale Forderungen, z.B. Pressefreiheit, Verfassungen, Parlamente, Wohlstand und Bildung für alle.
Seit der zweiten Hälfte des 19. Jhs. wurden nationale Bestrebungen vielfach von demokratischen Strömungen abgekoppelt und zum *Nationalismus,* der in der Zeit des Nationalsozialismus (1933–1945) in Verbindung mit Rassenideologie und Menschenverachtung wahnhaft und zerstörerisch übersteigert wurde.

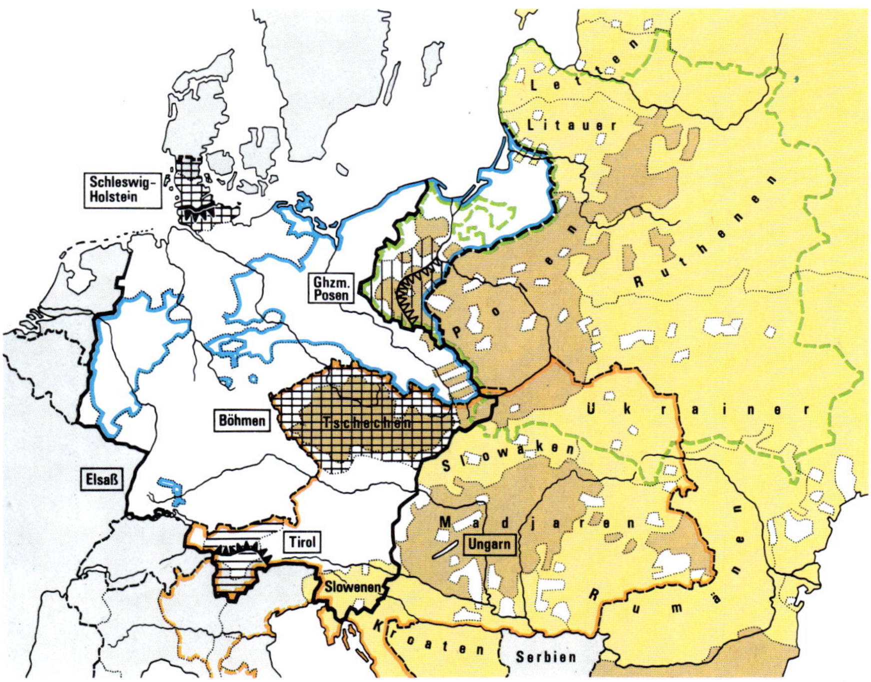

Grenze des Deutschen Bundes 1848
Grenze des Deutschen Bundes 1849
Grenze Preußens
Grenze Österreich-Ungarns
Grenze Polens 1771
Deutschsprachige Minderheiten in Ostmitteleuropa
Die „historischen" Nationen in Ostmitteleuropa
Die „ungeschichtlichen" Völker in Ostmitteleuropa
Tirol Nationalitätsfragen in der Paulskirche

Gebiete, deren Besitz unter Berufung auf das Territorialprinzip (Prinzip der Staatszugehörigkeit)
Abgeordnete der Paulskirche
Nachbarn der Deutschen
forderten

Grenzen, die unter Berufung auf das ethnische Prinzip (Prinzip der Volkszugehörigkeit)
Abgeordnete der Paulskirche
Nachbarn der Deutschen
forderten

3 Der Deutsche Bund 1848/49 – Nationalitätsfragen in Mittel- und Ostmitteleuropa

4 Die erste Aufgabe der Paulskirche: Volksbewaffnung oder Grundrechtsdebatte?

4a Der Komponist Richard Wagner schrieb dem Abgeordneten Jacob Wigand (19. 5. 1848):

„Ich besorge viel Unheil, wenn das deutsche Parlament zunächst nicht folgenderweise beschließt: ... Der bisherige deutsche Bundestag ist aufgehoben: Das Parlament schließt somit die einzige konstituierende Gewalt in sich sowie die Befugnis, die exekutive Gewalt provisorisch aus ihrer Mitte als Ausschuß zu ernennen. ... Sofortige Einführung der Volksbewaffnung. ... Nun hängt es von dem Benehmen der Fürsten ab, welches Los sie sich bereiten wollen: beginnen sie feindselig, protestieren sie, so sind sie samt und sonders in Anklagezustand zu versetzen. ... Erst wenn diese Frage entschieden [ist] ..., möge die Versammlung an die Verfassungsarbeit gehen ... Wie nutzlos würde eine Verfassung dem jetzigen Zustande Deutschlands gegenüber sein! Das Parlament muß die einzelnen Staaten erst noch vollkommen revolutionieren."

(Revolutionsbriefe 1848/49, hrsg. v. Rolf Weber, Frankfurt a. M. 1973, S. 148 ff.)

4b Der liberale Abgeordnete Georg Beseler sagte am 3. Juli im Plenum (der Vollversammlung) des Parlaments:

„Ihr Ausschuß [der von den Abgeordneten eingesetzte Verfassungsausschuß] hat sich ... zu dem Beschluß vereinigt, mit der Feststellung dieser ... Grundrechte zu beginnen. Es waren insbesondere zwei Erwägungen, die uns hierzu veranlaßt haben. Einmal hielten wir es für notwendig, daß bei der großen sozialen Bewegung, die ganz Deutschland ergriffen hat, von uns aus ein Wort darüber gesprochen werde, wo wir die Grenzen finden, über welche die Bewegung nicht hinausgeführt werden soll ... Sodann hat uns aber noch ein anderer Umstand zu diesem Beschluß bewogen. Wir haben unsere Arbeiten zu Anfang der Sitzung begonnen ... wo die Mitglieder der Nationalversammlung ... sich ... noch sehr wenig [haben] kennenlernen [können] ... Da erschien es uns bedenklich, sofort mit den höchsten politischen Fragen unserer Arbeit zu beginnen."

(Stenographische Berichte ... der deutschen ... Nationalversammlung, hrsg. v. Franz Wigard, Frankfurt a. M. 1848/49, Bd. 1, S. 700)

5 Zusammensetzung der „Paulskirche"

Von den 812 Abgeordneten waren:

115 höhere Verwaltungsbeamte
110 Richter und Staatsanwälte
106 Rechtsanwälte
94 Universitäts- und Gymnasialprofessoren
46 Landwirte
44 Berufslose
39 Geistliche
37 mittlere Beamte
35 sonstige Akademiker
35 Kaufleute
30 Lehrer
23 Ärzte
21 Bürgermeister
20 Schriftsteller
18 Offiziere
14 Fabrikanten
11 Diplomaten
7 Verleger und Buchhändler
4 Handwerker
3 Bibliothekare

(Nach: E. R. Huber, Deutsche Verfassungsgeschichte, Bd. 2, Stuttgart 1968, S. 610 f.)

6 Erzherzog Johann zieht am 11. Juni 1848 in Frankfurt ein.

7 Grundrechte von 1848 und 1949 im Vergleich

Grundrechte 1848:	*Grundgesetz für die Bundesrepublik Deutschland:*
§ 133 Jeder Deutsche hat das Recht, an jedem Orte des Reichsgebietes seinen Aufenthalt und Wohnsitz zu nehmen, ...	Artikel 11 Abs. 1: Alle Deutschen genießen Freizügigkeit im ganzen Bundesgebiet.
§ 137 Vor dem Gesetz gilt kein Unterschied der Stände. Der Adel als Stand ist aufgehoben.	Artikel 3 Abs. 1: Alle Menschen sind vor dem Gesetz gleich.
§ 138 Die Freiheit der Person ist unverletzlich.	Artikel 2 Abs. 2: Jeder hat das Recht auf Leben und körperliche Unversehrtheit. Die Freiheit der Person ist unverletzlich ...
§ 140 Die Wohnung ist unverletzlich.	Artikel 13 Abs. 1: Die Wohnung ist unverletzlich.
§143 Jeder Deutsche hat das Recht durch Wort, Schrift, Druck und bildliche Darstellung seine Meinung frei zu äußern.	Artikel 5 Abs. 1: Jeder hat das Recht, seine Meinung in Wort, Schrift und Bild frei zu äußern und zu verbreiten und sich aus allgemein zugänglichen Quellen ungehindert zu unterrichten. ...
§144 Jeder Deutsche hat volle Glaubens- und Gewissensfreiheit.	Artikel 4 Abs. 1: Die Freiheit des Glaubens, des Gewissens und die Freiheit des religiösen Bekenntnisses sind unverletzlich.
§ 152 Die Wissenschaft und ihre Lehre sind frei.	Artikel 5 Abs. 3: Kunst und Wissenschaft, Forschung und Lehre sind frei. Die Freiheit der Lehre entbindet nicht von der Treue zur Verfassung.
§ 161 Die Deutschen haben das Recht, sich friedlich und ohne Waffen zu versammeln.	Artikel 8 Abs. 1: Alle Deutschen haben das Recht, sich ohne Anmeldung oder Erlaubnis friedlich und ohne Waffen zu versammeln.
§ 164 Das Eigentum ist unverletzlich.	Artikel 14 Abs. 1: Das Eigentum und das Erbrecht werden gewährleistet ...

Auszüge aus: Verfassung des Deutschen Reiches, 28. März 1849; Grundgesetz für die Bundesrepublik Deutschland, 23. Mai 1949. (Nach: Katalog Erinnerungsstätte Rastatt, S. 249/250)

8 Eine Eingabe der Berliner Arbeiter an die Nationalversammlung (25. Mai 1848):

„Abgeordnete des Volkes! Es spricht zu Ihnen der große Teil der Nation, durch dessen Fleiß und Anstrengung die kostbarsten wie die notwendigsten Güter des Lebens geschaffen werden, der in Elend verdirbt, wenn er müßig gehen muß, der oft genug noch darbt und leidet, wenn er arbeitet. Wir sind die ernährende, die erhaltende Macht des Staates. Vergessen Sie uns nicht in ihren Beschlüssen, [so] wie man in dem Ihnen vorgelegten Verfassungsentwurf uns vergessen [hat] ... Wir verlangen, daß es in der Verfassung heißt:
Der Staat verpflichtet sich, einem jeden, der arbeiten will, eine den menschlichen Bedürfnissen angemessene Existenz zu geben. Der Staat übernimmt die unentgeltlich zu leistende Erziehung der Jugend."
(Dokumente des Sozialismus, Bd. 3, 1903, S. 40)

9 Friedrich Wilhelm IV. und die Verfassungsfrage. (Zeitgenössische Karikatur) – Der König hatte am 11. 4. 1847 vor dem Vereinigten Landtag gesagt, er werde „nimmermehr zugeben, daß sich zwischen unserm Herrgott im Himmel und diesem Lande ein beschriebenes Blatt ... eindrängte".

10 Ablehnung der Kaiserkrone

10a König Friedrich Wilhelm IV. antwortete auf die Ansprache Simsons (s. S. 115) (2. April 1849):

„Die deutsche Nationalversammlung hat auf mich vor allem gezählt, wo es gilt, Deutschlands Einheit und Kraft zu gründen ... Ich bin bereit ... zu beweisen, daß die Männer sich nicht geirrt haben, welche ihre Zuversicht auf meine Hingebung, auf meine Treue, auf meine Liebe zum gemeinsamen deutschen Vaterlande stützen. Aber, meine Herren, ich würde Ihr Vertrauen nicht rechtfertigen, ich würde dem Sinne des deutschen Volks nicht entsprechen, ich würde Deutschlands Einheit nicht aufrichten, wollte ich mit Verletzung heiliger Rechte und meiner früheren ausdrücklichen und feierlichen Versicherung, ohne das freie Einverständnis der gekrönten Häupter, der Fürsten und der freien Städte Deutschlands eine Entschließung fassen, welche für sie und die von ihnen regierten deutschen Stämme die entschiedensten Folgen haben muß ... Dessen aber möge Deutschland gewiß sein und das, meine Herren, verkündigen Sie in allen seinen Gauen: bedarf es des preußischen Schildes und Schwertes gegen äußere und innere Feinde, so werde ich auch ohne Ruf nicht fehlen; ich werde dann getrost den Weg meines Hauses und meines Volkes gehen, den Weg der deutschen Ehre und Treue."

(Zit. nach: Geschichte in Quellen, Band 5, S. 221f.)

10b Schon als die Möglichkeit einer Wahl diskutiert wurde, hatte Friedrich Wilhelm IV. an seinen Freund Freiherrn von Bunsen geschrieben:

„Die Krone, die ein Hohenzollern nehmen dürfte, ... ist eine, die den Stempel Gottes trägt ... *Die* aber, die Sie – leider – meinen, verunehrt überschwenglich mit ihrem Ludergeruch der Revolution von 1848 ... Einen solchen imaginären Reif, aus Dreck und Letten gebacken, soll ein legitimer König von Gottes Gnaden sich geben lassen? ... Soll die tausendjährige Krone deutscher Nation, die 42 Jahre geruht hat, wieder ... vergeben werden, so bin ich es und meinesgleichen, die sie vergeben werden; und wehe dem, der sich anmaßt, was ihm nicht zukommt."

(13. 12. 1848 – L. von Ranke, Aus dem Briefwechsel Friedrich Wilhelms IV. mit Bunsen, Leipzig 1873, S. 233f.)

Arbeitsvorschläge und Fragen

a) Vergleiche die Auffassung des Komponisten Richard Wagner mit der des Abgeordneten Beseler. (M 4a/4b)

b) Vergleiche die Petition der Arbeiter mit dem Grundrechtskatalog; äußere Dich dazu, warum die Kleinverdiener ihre Interessen in der Nationalversammlung nicht ausreichend vertreten sahen. (M 8, M 7)

c) Deute die Ablehnung der Kaiserkrone durch Friedrich Wilhelm IV. (M 9, 10; vgl. S. 115, M 2) – Ziehe auch M 4 von S. 119 heran. – Welche Gründe gab Friedrich Wilhelm IV. öffentlich an, und was waren seine wahren Gründe?

d) Erläutere an Hand der Karte, welche Bevölkerungsgruppen aus nationalen Gründen das Verfassungswerk der Paulskirche skeptisch betrachten oder ablehnen würden. (M 3)

5. Die Niederlage der Revolution

26. August 1848	Der Waffenstillstand zu Malmö zwischen Dänemark und Preußen löst nationale und radikale (Septemberaufstand in Frankfurt) Proteste aus.
21. bis 25. Sept. 1848	Gustav von Struve unternimmt in Baden einen Putschversuch.
5. Dezember 1848	Friedrich Wilhelm IV. löst die Berliner Nationalversammlung auf und oktroyiert (verfügt) eine Verfassung für Preußen.
April bis Juli 1849	Kampagnen für die Reichsverfassung und revolutionäre Aufstände in Sachsen, in der Pfalz und in Baden bleiben ohne Breitenwirkung.

Die Schleswig-Holstein-Frage führt zur nationalen Empörung

Seit dem Wiener Kongreß gehörte *Holstein* zum Deutschen Bund, *Schleswig* aber zu Dänemark, und der *dänische König* regierte beide Herzogtümer in *Personalunion.* Freiheitlich-national gesinnte Schleswig-Holsteiner hatten eine von den Dänen unabhängige *provisorische Landesregierung* für Schleswig und Holstein in *Kiel* gebildet. Dänemark antwortete mit dem Einmarsch seiner Truppen. *Preußen* hingegen hatte – im Einverständnis mit der Paulskirche – den Schutz der revolutionären Landesregierung übernommen. Von England und Rußland unter Druck gesetzt, nahm Preußen aber seine Truppen zurück, ließ die Kieler Regierung im Stich und schloß den *Waffenstillstand zu Malmö* (26. 8. 1848). Die Empörung im Frankfurter Parlament war groß. Preußen hatte ohne Beauftragung durch die Regierung Leiningen gehandelt und, das war die Meinung der meisten Abgeordneten, nationale Interessen verraten. Die Paulskirche sah sich dennoch am Ende gezwungen, den Waffenstillstand zu billigen.

Der Septemberaufstand in Frankfurt und die Machtlosigkeit der Paulskirche

Die sichtbar werdende Ohnmacht der Paulskirchenversammlung gegenüber den großen deutschen Staaten in der Schleswig-Holstein-Frage führte zum *Septemberaufstand* in *Frankfurt.* Unter dem Druck aufbegehrender Massen, die von radikalen, republikanisch gesinnten Demokraten geführt wurden, sahen sich Parlament und Regierung in Frankfurt genötigt, *österreichisches und preußisches Militär* zum Schutz anzufordern. Am 18. September herrschte in der Stadt *Bürgerkrieg.* Die konservativen Abgeordneten Fürst Lichnowsky und Hans von Auerswald wurden dabei durch Aufständische ermordet. Mehr als 80 Todesopfer waren insgesamt zu beklagen.

Struves Aufstand in Baden

Der Frankfurter Septemberaufstand war für *Gustav von Struve* das Signal, die Erhebung in Baden erneut zu schüren. – Schon im April hatte *Friedrich Hecker* (bis 1847 Mitglied der Zweiten badischen Kammer) eine republikanische Volkserhebung an der schweizerischen Grenze organisiert. Sie war schon nach wenigen Tagen durch badische Truppen niedergeschlagen worden. Hecker war nach Amerika emigriert. – Struve, der am Heckerzug teilgenommen hatte, hielt sich als Flüchtiger in der Schweiz auf. Er überschritt am 21. September die Grenze nach Baden, gewann in Lörrach die bewaffnete Bürgerwehr für sich, rief vom dortigen Rathause die *„Republik"* aus und erklärte sich zur provisorischen Regierung. Schnell konnte er eine bewaffnete Freischar von etwa 10000 Mann aufstellen. Der improvisierte Putsch fand aber ein schnelles Ende: Am 25. September wurde Struve mit seinen Männern von *badischem Militär* geschlagen, er selbst auf der Flucht verhaftet.

Die außerparlamentarische Bewegung

Durch die Niederlage Struves wurde das verbreitete revolutionäre Bewußtsein in der Bevölkerung nicht gebrochen. Neben demokratisch-republikanischen *„Volksvereinen"* organisierten sich zahlreiche *Arbeitervereine.* Einflußreich

unter der Arbeiterschaft wurde der Schriftsetzer *Stephan Born; weniger direkte Wirkung erlangten vorerst Friedrich Engels* und *Karl Marx* (Herausgeber der „Neuen Rheinischen Zeitung"; s. S. 101 ff.).
So entstand eine beachtliche *außerparlamentarische Bewegung,* die gegen die liberale Mitte der Paulskirche gerichtet war. Die Revolution war gespalten.

Die Gegenrevolution in Wien und Berlin

Ende Oktober 1848 eroberte Fürst Windischgrätz *Wien* zurück, das Anfang des Monats in die Hände von Aufständischen gefallen war. Wegen seiner Teilnahme am Aufstand wurde einer der früheren demokratischen Abgeordneten der Frankfurter Nationalversammlung, *Robert Blum,* standrechtlich erschossen. Im November marschierte Generalfeldmarschall v. Wrangel wieder in *Berlin* ein, am Tag darauf (11. 11. 1848) wurde der Sitzungssaal der *preußischen Nationalversammlung* militärisch besetzt. Ende November erschien ein Flugblatt des Oberstleutnants v. Griesheim mit dem Titel: „Gegen Demokraten helfen nur Soldaten".

Die Reichsverfassungskampagne und der Einsatz von Gewalt

Nach der Ablehnung der Kaiserkrone durch den preußischen König erhielt die demokratische Bewegung neuen Aufschwung. Träger des verstärkten Kampfes für die Reichsverfassung blieben vor allem die etwa 500 *Märzvereine,* die vom *Zentralmärzverein* (gegr. im November 1848) geführt wurden. Aber auch die *Radikalisierung* des Kampfes für Demokratie und Republik nahm zu.
Zu einer gewaltsamen Erhebung für die neue Verfassung kam es zunächst im Königreich *Sachsen* (unter Beteiligung des russischen Emigranten Michail Bakunin, des Arbeiterführers Stephan Born, des Architekten Gottfried Semper und des Kapellmeisters Richard Wagner). Preußische Truppen warfen diesen und den bald folgenden pfälzischen Aufstand nieder.

Der Bürgerkrieg in Baden und das Ende der Revolution

Starke republikanische und sozialrevolutionäre Bestrebungen verknüpften sich mit der Kampagne für die Reichsverfassung in Baden. Am 12. Mai 1849 trat der *Landeskongreß der badischen Volksvereine* zusammen und wählte einen Landesausschuß, der sich für permanent erklärte und eine *„Vollzugsbehörde"* einsetzte. Die Volksversammlung in Offenburg (13. Mai) verabschiedete ein Programm mit demokratischen und sozialen Forderungen; zugleich wurde ein

1 Karikatur des „Kladderadatsch", der seit der Aufhebung der Pressezensur 1848 erschien (eingestellt 1941). Klubs politischen Charakters schossen in der Revolution 1848/49 wie Pilze aus dem Boden, wurden am Ende der Revolution jedoch wieder verboten (vgl. Französische Revolution).

2 Meuterei der Dragoner in Rastatt, 12. 5. 1849. (Leipziger Illustrierte Zeitung)

Widerstandsrecht des Volkes gegenüber den Fürsten verkündet, die die Reichsverfassung nicht anerkannten. Nach *Meutereien des Militärs* (am 12. Mai in der Bundesfestung Rastatt, einen Tag später in der Karlsruher Garnison), ging bald das gesamte badische Militär zu den Aufständischen über und vereinigte sich mit den *Bürgerwehren*. Der Großherzog und die Regierung mußten fliehen; Preußen wurde gebeten, militärisch gegen die Revolutionäre vorzugehen. Die „Vollzugsbehörde" verstand sich nunmehr als *provisorische Regierung* mit dem Mannheimer Rechtsanwalt Lorenz Brentano an der Spitze. *Preußische Truppen* unter dem Oberbefehl des Prinzen Wilhelm, seit März 1848 „Kartätschenprinz" genannt, betraten am 20. Juni 1849 badischen Boden und siegten schon am Tage darauf in der Schlacht bei Waghäusel (zwischen Mannheim und Karlsruhe). Die Revolutionäre, die nicht aufgeben wollten, es waren noch ca. 5600, retteten sich in die Bundesfestung *Rastatt*; dort trotzten sie der Belagerungsarmee bis zum 23. Juli, dann mußten sie kapitulieren. Mit der *Kapitulation* der Rastatter Revolutionäre war die Revolution endgültig gescheitert.

Die Wiedereinrichtung der alten Mächte

Die alten Mächte richteten sich wieder ein. *Preußen* immerhin blieb mit seiner oktroyierten (Dezember 1848) und revidierten (Januar 1850) Verfassung ein *Verfassungsstaat*. *Österreich* kehrte wieder zum *Absolutismus* zurück. In den *Mittel- und Kleinstaaten* Deutschlands wurden meist die *Verfassungen des Vormärz* erneut in Kraft gesetzt; zum Teil erfolgten Revisionen, damit revolutionäre Strömungen auf parlamentarischem Wege keine Chance mehr hätten. In *Bayern* und *Baden* konnten *liberale Verfassungselemente* erhalten werden.

Die Beendigung der Revolution in Frankreich und der Staatsstreich Napoleons

Auch in Frankreich war die Revolution beendet worden. Nach Schließung der Nationalwerkstätten war in *Paris* ein *Arbeiteraufstand* ausgebrochen, der durch den Kriegsminister und Militärdiktator Eugène Cavaignac blutig niedergeschlagen wurde (Juni 1848). Im Dezember 1848 siegte bei den *Präsidentschaftswahlen* mit großer Mehrheit *Louis Napoléon Bonaparte* (der Neffe Napoleons I.). Drei Jahre später führte Napoleon erfolgreich einen *Staatsstreich* durch, und schon im Dezember 1852 konnte er als *Napoleon III.* das *Zweite Französische Kaiserreich* (das Zweite Empire) begründen.

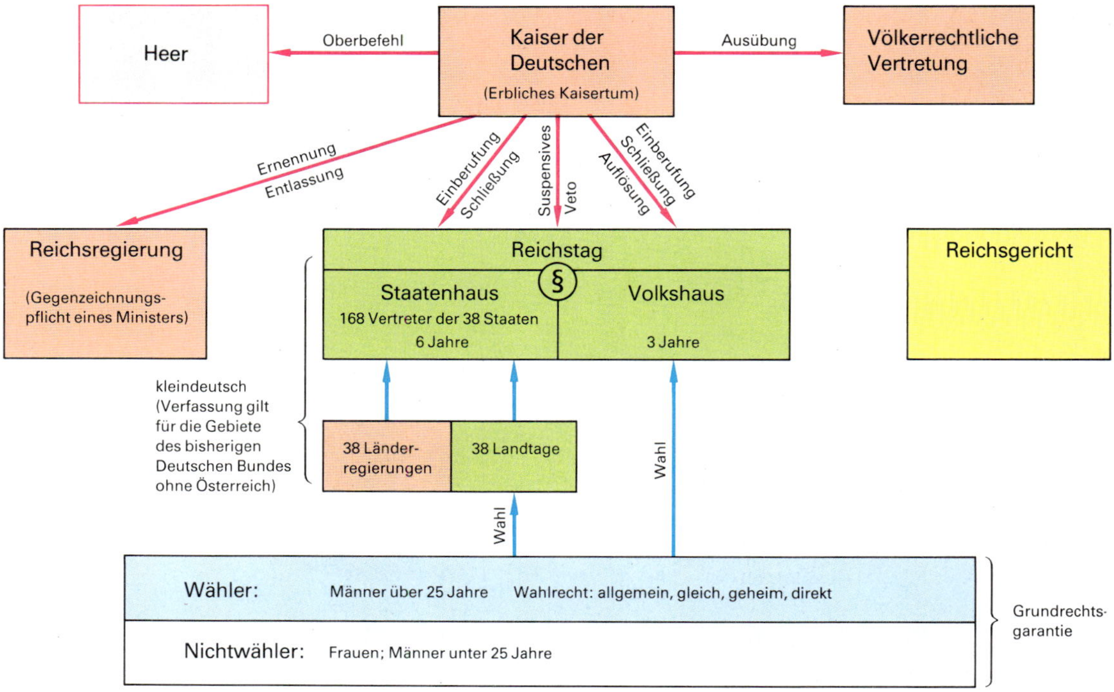

3 Das Verfassungswerk der Paulskirche (vgl. S. 137, M 7)

4 Die preußische Verfassung (Jan. 1850)

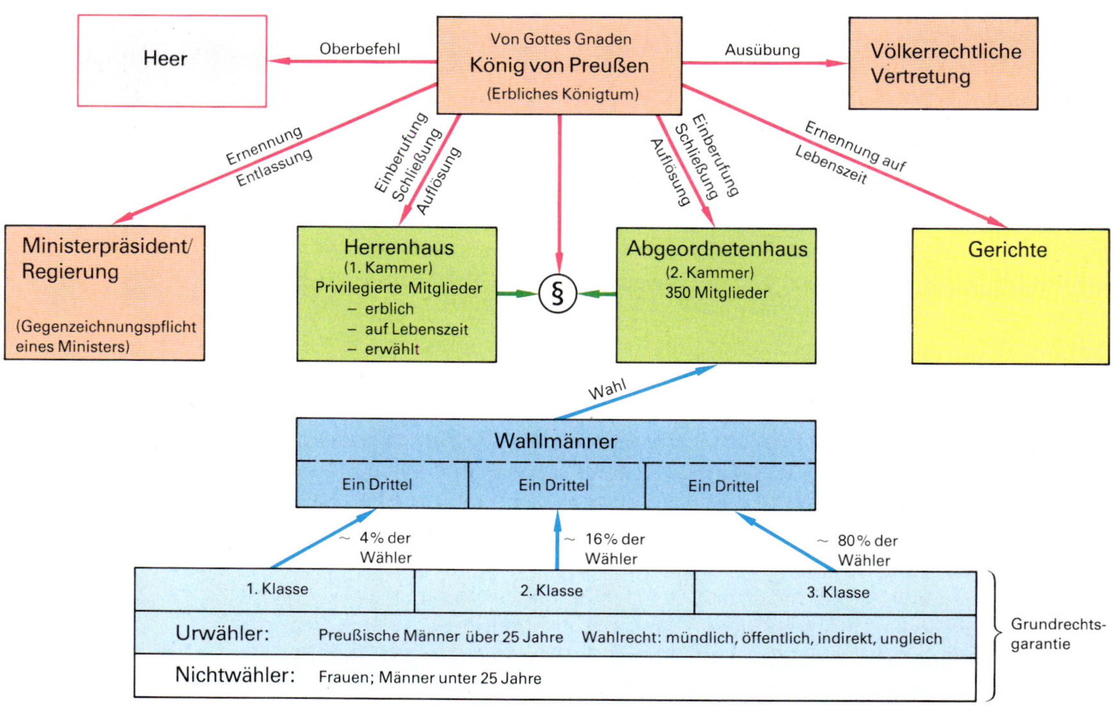

5 Soziale Forderungen

Der Schriftsetzer Stephan Born hatte in Berlin einen der ersten deutschen Arbeitervereine gegründet. In der von ihm herausgegebenen Zeitung „Das Volk" veröffentlichte er schon am 10. Juni 1848 folgende Forderungen:

„1. Bestimmung des Minimums des Arbeitslohns und der Arbeitszeit durch Kommissionen von Arbeitern und Meistern oder Arbeitgebern.

2. Verbindung der Arbeiter zur Aufrechterhaltung des festgesetzten Lohnes.

3. Aufhebung der indirekten Steuer, Einführung progressiver Einkommensteuer mit Steuerfreiheit derjenigen, die nur das Nötigste zum Leben haben.

4. Der Staat übernimmt den unentgeltlichen Unterricht ...

5. Unentgeltliche Volksbibliotheken ...

9. Beschäftigung der Arbeitslosen in Staatsanstalten ...

11. Der Staat versorgt alle Hilflosen und also auch alle Invaliden der Arbeit."

(Dokumente des Sozialismus, hrsg. v. E. Bernstein, Bd. 3, Stuttgart 1903, S. 40f.)

6 Proklamation der „Deutschen Republik"

„Deutsche Republik!
Wohlstand, Bildung, Freiheit für Alle!
Im Namen des deutschen Volkes verfügt die provisorische Regierung Deutschlands wie folgt:

Art. 1. Sämmtliche auf dem Grund und Boden haftende mittelalterliche Lasten, sowie sämmtliche mittelalterliche persönliche Dienste, Zehnten, Gülten, Frohnden, und welchen Namen sie sonst tragen, sind ohne alle Entschädigung sofort abgeschafft. Alle Ablösungsschuldigkeiten für solche Lasten werden ebenfalls getilgt.

Art. 3. Sämmtliches Grundeigenthum des Staates, der Kirche und der auf Seite der Fürsten kämpfenden Staatsbürger geht provisorisch, unter Vorbehalt späterer Ausgleichungen, an die Gemeinden über, in deren Gemarkung es liegt.

Art. 4. Um alle in den vorstehenden Artikeln enthaltenen Erleichterungen zu sichern, wird eine allgemeine Erhebung des Volkes angeordnet. Alle waffenfähigen Männer vom vollendeten achtzehnten bis zum vollendeten vierzigsten Jahre ergreifen die Waffen zur Rettung des bedrohten Vaterlandes.

Von heute an herrscht das Kriegsgesetz, bis das deutsche Volk seine Freiheit errungen haben wird.

Im Namen der provisorischen Regierung Deutschlands: Gustav Struve.
Der Schriftführer: Karl Blind.
Hauptquartier Lörrach, am ersten Tage der deutschen Republik, am einundzwanzigsten September 1848."

(Zit. nach: W. Dreßen, 1848–1849: Bürgerkrieg in Baden, Berlin 1981, S. 80)

7 Das Programm der Offenburger Volksversammlung (13. Mai 1849)

„Die Landesversammlung des badischen Volkes in Offenburg hat nach ... ausführlicher Diskussion ... beschlossen:

1. Die Regierung [gemeint ist die badische] muß die Reichsverfassung, wie sie nun nach der durch die Ereignisse beseitigten Oberhauptsfrage feststeht, unbedingt anerkennen und mit der ganzen bewaffneten Macht deren Durchführung in anderen deutschen Staaten, zunächst in der baierischen Pfalz, unterstützen ...

3. Es muß alsbald unter sofortiger Auflösung der jetzigen Ständekammer eine Verfassung gebende Landesversammlung berufen werden ...

4. Es muß ... die Volksbewaffnung auf Staatskosten ins Leben gerufen werden ...

5. Die politischen Flüchtlinge sind sofort zurückzurufen, die politischen Militär- und Zivilgefangenen zu entlassen und alle politischen Prozesse niederzuschlagen ...

7. Bei dem Heer soll eine freie Wahl der Offiziere stattfinden ...

9. Es müssen sämtliche Grundlasten unentgeltlich aufgehoben werden ...

12. Die Geschworenengerichte sind für alle Kriminalfälle ohne Unterschied augenblicklich einzuführen ...

13. Die alte Verwaltungs-Bürokratie muß abgeschafft werden und an ihre Stelle die freie Verwaltung der Gemeinden ...

14. Einrichtung einer Nationalbank für Gewerbe, Handel und Ackerbau ...

15. Abschaffung des alten Steuerwesens, hierfür Einführung einer progressiven Einkommensteuer nebst Beibehaltung der Zölle ...

Offenburg, den 13. Mai 1849"

(Zit. nach: W. Dreßen, 1848–1849: Bürgerkrieg in Baden, Berlin 1981, S. 121–123)

8 Erschießung Georg Bönings in den Festungswällen von Rastatt, 17. 8. 1849. (Gemälde, 1899) – Böning, geb. 1788, nahm an den Befreiungskriegen teil, später am griechischen Unabhängigkeitskrieg; als Führer der radikalsozialistischen Schweizer Arbeiterlegion beteiligte er sich an der Reichsverfassungskampagne.

9 Revolutionäre – drei Beispiele

9a Ernst Moritz Arndt (1769–1860), der Sohn eines ehemaligen Leibeigenen in Schwedisch Pommern, studiert in Greifswald und Jena Geschichte und evangelische Theologie. Nach der preußischen Niederlage gegen Napoleon 1806 schließt er sich dem Freiherrn vom Stein an und folgt ihm 1812 ins russische Exil. 1818 wird Arndt als Professor für Geschichte an die neu gegründete Friedrich-Wilhelm-Universität Bonn berufen, jedoch schon 1820 in Zusammenhang mit den Demagogenverfolgungen suspendiert. 1840 wird Arndt von König Friedrich Wilhelm IV. von Preußen rehabilitiert. 1848 wird Arndt in die deutsche Nationalversammlung gewählt und schließt sich dem rechten Zentrum an.

9b Der Mediziner Carl D'Ester (1813–1859) wird während seines Studiums als Burschenschafter in ein gerichtliches Untersuchungsverfahren verwickelt. 1838 läßt er sich als Wundarzt und Geburtshelfer in Köln nieder. Er gehört 1842/43 zu den Aktionären und Mitarbeitern der „Rheinischen Zeitung" und lernt hierbei Karl Marx kennen. Seit 1844 vertritt D'Ester frühsozialistische Ideen. 1846 wird er Gemeinderat in Köln, 1848 tritt er in Volksversammlungen als Sprecher der Arbeiter auf. Im Mai 1848 wird er in die Preußische Nationalversammlung gewählt und gehört dort zu den Vertretern der äußersten Linken. Im Oktober 1848 übernimmt er in Berlin die Leitung des Zentralausschusses der Demokratischen Vereine. D'Ester wird Abgeordneter in der Zweiten Preußischen Kammer; er geht nach ihrer Auflösung im April 1849 in die Pfalz und berät in Kaiserslautern die revolutionäre Regierung. Nach dem Scheitern der badischen Revolution flieht D'Ester in die Schweiz. In Abwesenheit zum Tode verurteilt, zieht er sich 1851 aus der Politik zurück.

9c Nach seinem Jurastudium läßt sich der Burschenschafter Johann Karl Bertram Stüve (1798–1872) 1820 in seiner Heimatstadt Osnabrück als Rechtsanwalt nieder. Er wird 1824 Mitglied der Zweiten Kammer und ist seit 1830 wesentlich an der Formulierung der Verfassung von 1833 beteiligt, gegen deren Aufhebung 1837 er sich entschieden wendet. 1833–1848 Bürgermeister von Osnabrück, wird er als Führer der Opposition im März 1848 Innenminister, führt Reformen durch, lehnt als Großdeutscher jedoch die Reichsverfassung ab. Nach seiner Entlassung 1850 wird Stüve 1852 wieder Bürgermeister von Osnabrück. 1864 zieht er sich aus der Politik zurück.
(Zitiert nach: Katalog Erinnerungsstätte Rastatt, S. 223; 151; 184)

10 Das Ende der Revolution in Baden

Der preußische Major von Roon (später Kriegsminister) berichtete am 9. Juli 1849 in einem Brief an seine Frau über die badischen Ereignisse. Roon war Chef des Generalstabes von Truppen, die den Aufstand niederzuschlagen hatten.

„... Wieder ein Tag in afrikanischer Hitze verlebt. – Es bestätigt sich, daß wir gewiß keinen Widerstand mehr finden werden, die Rebellen räumen den ganzen Schwarzwald ohne Schwertstreich. Der vorläufigen Pazifikation [Befriedung] dieses so schönen und jetzt so unglücklichen Landes steht also kein Hindernis mehr entgegen; und müssen wir hier bleiben, wohin soll das führen? Wird es uns nicht neue Verwicklungen bringen? Werden unsere finanziellen Kräfte ausreichen? Werden unsere Truppen der Demoralisation besser widerstehen als die hiesigen? –
Man möchte jetzt wohl sagen, wir stehen erst am Anfang des Endes unserer alten gesellschaftlichen Ordnung, ich glaube jetzt erst die alte Sage von den vier Weltaltern zu verstehen, das Weltalter der deutschen Gemütlichkeit läuft ab, und es handelt sich darum, ob das der Bestialität an seine Stelle treten soll ... Wir haben es mit Bestien zu tun, und es ist nur natürlich, Barbarei mit Barbarei zu bekämpfen. – In Rastatt, sagt man, feiere das Kannibalentum schon seine Feste ... Leider sind unsere Juristen ein wenig langsam. Die Masse der Gefangenen ist zu groß ... Man hat sich daher darauf beschränken müssen, die Schafe von den Böcken zu sondern ... Nur die Rädelsführer werden erschossen. Die Kategorie der Fremden wird diesem Schicksal nicht entgehen, dies aber, glaube mir, ist der schwerste Teil unserer Aufgabe, wir werden ihn jedoch gleichfalls zu lösen wissen, allen entgegenstehenden Hindernissen und Schwierigkeiten zum Trotz ..."
(Zit. nach: Geschichte in Quellen, Band 5, S. 237)

Arbeitsvorschläge und Fragen

a) Erkläre und deute die Karikatur „Berliner Clubbs" aus dem „Kladderadatsch". Achte auf Kleidung und Gestik der dargestellten Personen. Was will die satirische Zeitschrift dem Leser verdeutlichen? (M 1)
b) Stelle wichtige revolutionäre Forderungen zusammen und ordne sie z. B. unter die Oberbegriffe „demokratisch-republikanische Forderungen"; „Wirtschaftspolitik"; „Schulpolitik/Kulturpolitik". (M 5–7, 9)
c) Weshalb scheitern sowohl der Putschversuch Struves als auch die Aufstände in Sachsen, in der Pfalz und in Baden? (Text S. 139–141; M 5–10)
d) Kennzeichne die freiheitlichen und nationalen Zielsetzungen Arndts, D'Esters und Stüves, soweit solche aus den Lebensläufen erkennbar sind. (M 9a – 9c) – Äußere Dich auch zum beruflichen Fortkommen derer, die sich an der Revolution beteiligten.
e) Vergleiche die Paulskirchenverfassung mit der revidierten oktroyierten in Preußen. Welche revolutionären Ziele sind in Preußen teilweise anerkannt worden? Beurteile die Machtstellung des preußischen Königs. (M 3 und 4)
f) Vergewissere Dich noch einmal der einzelnen Stationen der Revolution von 1848/49. Wo gab es Erfolge und Mißerfolge? Warum scheiterte die Revolution? Welche ungelösten Fragen blieben für Deutschland bestehen? (Kap. 3–5)

6. Der preußisch-österreichische Dualismus

Juni 1851	Der Bundestag tritt wieder in Frankfurt zusammen. Der Deutsche Bund bleibt bestehen.
1853–1856	Der Krimkrieg erschüttert den europäischen Frieden und verstärkt den österreichisch-preußischen Dualismus.
1859	Der italienische Einigungskrieg schwächt den Einfluß Österreichs.
September 1862	Im Konflikt um die Heeresreform in Preußen wird Bismarck zum Ministerpräsidenten und Außenminister berufen.
1864	Die preußischen und österreichischen Truppen siegen im deutsch-dänischen Krieg.
1866	**Preußen mit seinen Verbündeten besiegt Österreich und dessen Bündnispartner.**

Der preußisch-österreichische Dualismus entsteht

Nach dem Sieg über die Revolution hatten die deutschen Fürsten unter Führung Österreichs versucht, eine Bundesreform durchzuführen; der Deutsche Bund sollte eine stärkere Einheit erhalten. Aber sie konnten sich nicht einigen: Preußen wollte Österreich keinen Führungsanspruch auf eigene Kosten zubilligen, und das *„Dritte Deutschland"* (die Klein- und Mittelstaaten) wehrte sich gegen einen verminderten Einfluß. So entstand der Deutsche Bund wieder, ohne wesentliche Neuerungen, aber mit der gestärkten *Großmacht Preußen* neben der alten *Führungsmacht Österreich.*

Der Krimkrieg verstärkt den innerdeutschen Dualismus

Nicht nur die Bundesreform, sondern auch außenpolitische Entwicklungen beeinflußten das Verhältnis zwischen Preußen und Österreich.

Rußland versuchte die äußere und innere Schwäche des *Osmanischen Reiches* auszunutzen und das *Schwarze Meer* mit seinen *Zugängen* in die Gewalt zu bekommen, um den wichtigen Handelsweg für das Zarenreich zu sichern. Der Zar ließ seine Truppen im Juli 1853 in das Gebiet des späteren Rumänien einmarschieren und die türkische Flotte vernichten. Das war das Signal für das Eingreifen *Englands, Frankreichs* und *Piemonts.* Der Krieg auf der *Krim* begann. Für Österreich und Preußen stellte sich die Frage, ob sie sich ebenfalls militärisch beteiligen sollten.

Österreich wollte keinen russischen Landgewinn im eigenen Vorfeld zulassen. Es verbündete sich daher mit Preußen und stellte sich danach auf die Seite der *Westmächte. Preußen* rückte daraufhin von Österreich ab und verhielt sich mit Rücksicht auf Rußland *neutral.*

Rußland wurde 1856 durch die verbündeten Westmächte zum *Frieden von Paris* (März 1856) genötigt, den es als *Niederlage* empfinden mußte: Das Zarenreich erhielt keinen Einfluß in den Donaufürstentümern; das Schwarze Meer wurde neutralisiert, es durfte nicht militärisch genutzt werden. Aus preußischer Sicht war der Friedensschluß ein Erfolg, denn Österreich blieb ohne Gewinn, und die Regierung in Petersburg war ernsthaft verstimmt. Dagegen war Preußens Ansehen gestärkt, weil es sich aus dem Konflikt herausgehalten hatte.

Der italienische Einigungskrieg. Erneute Schwächung Österreichs

Der nächste europäische Konflikt forderte Österreich noch stärker, während *Preußen* wiederum *Beobachter* bleiben konnte.

Piemont und *Frankreich* schlossen 1858 ein Bündnis mit dem Ziel, Österreich in Italien entscheidend zu schwächen. Durch diplomatische Schachzüge erreichten sie es, daß *Österreich* die Kampfhandlungen eröffnete. Österreich

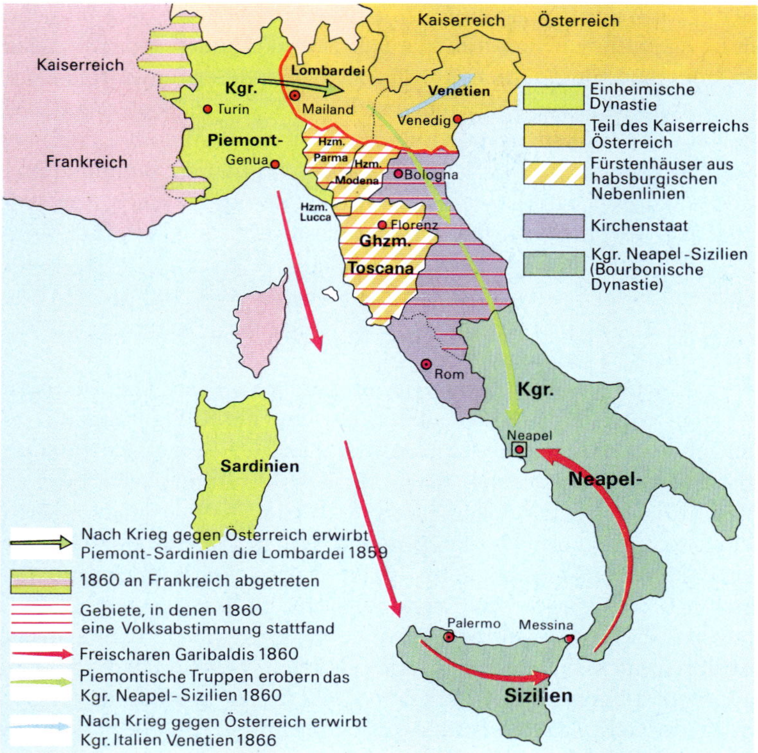

1 Die Einigung Italiens (1859–1860)

erlitt 1859 schwere *Niederlagen* und mußte Frieden schließen, ohne von Preußen und dem Deutschen Bund Hilfe erhalten zu haben. Der Friede von Zürich zwang Österreich, die Lombardei abzutreten, Napoleon III. gab sie an Piemont-Sardinien weiter. – Durch diese Erwerbung wurde die *Einigung Italiens* (1860/61) durch Piemont-Sardinien beschleunigt. – Das Bündnisziel Frankreichs und Piemonts war erreicht, und Österreich hatte das Nachsehen.

Die Heeresreform und die Opposition des Abgeordnetenhauses in Preußen

In Preußen war die *Heeresstärke* nicht dem Anstieg der Bevölkerung (von 11 Mio. im Jahr 1814 auf 18 Mio. im Jahre 1860) angepaßt worden; außerdem waren Ausrüstung und Organisation veraltet. Der Kriegsminister von Roon legte daher im Februar 1860 dem Abgeordnetenhaus einen *Heeresreformplan* vor: Die jährliche Anzahl von Rekruten sollte von 40000 auf 63000 steigen – dadurch würde die Präsenzstärke des Heeres von 150000 auf 220000 zunehmen; die dreijährige *Dienstzeit*, für die Kavallerie sogar die vierjährige, sollte grundsätzlich verpflichtend sein, und die stark verbürgerlichte *Landwehr* sollte (in der bisherigen Form) aufgelöst werden. Die Reform würde den Staat jährlich 9,5 Mio. Taler kosten; dies bedeutete wiederum, daß das bisherige *Steueraufkommen* um 25% erhöht werden müßte.

Die grundsätzliche Notwendigkeit einer Heeresreform wurde im *Abgeordnetenhaus* kaum bezweifelt. Erbitterter Widerstand erhob sich aber gegen die völlige Abwertung der Landwehr und gegen die Dauer der Dienstzeit. Zwar war das Parlament bereit, für eine Übergangszeit mit einem „Provisorium" einige Gelder vorläufig zu bewilligen. Aber die *Verabschiedung eines Haushalts* für 1862 stand nicht in Aussicht. Wilhelm I., seit 1861 preußischer König, lehnte jeden Kompromiß ab und dachte schon an seine Abdankung.

Die Berufung Bismarcks in der Zeit der Krise

Auf den Rat des Kriegsministers von Roon willigte schließlich König Wilhelm in die Berufung *Bismarcks*, seines früheren politischen Gegners, zum leitenden Minister ein; niemand sonst schien Gewähr zu geben, die gegenwärtige Krise für den König durchstehen und überwinden zu können. Am 18. September 1862 telegrafierte von Roon an Bismarck nach Paris: „Periculum in mora. Dépêchez-vous!" (Gefahr im Verzug. Beeilen Sie sich!). Otto von Bismarck entstammte einer altmärkischen Adelsfamilie und war Mitglied des preußischen Abgeordnetenhauses (1849–1850), danach preußischer Gesandter am Deutschen Bundestag (1851–1859), in St. Petersburg (1859) und Paris gewesen. Seine eigenwillige *österreichfeindliche Politik* hatte ihn zum Gegner Wilhelms werden lassen. Jetzt versprach Bismarck, in unbedingter Treue den *„Kampf gegen die Parlamentsherrschaft"* aufzunehmen.

Der Verfassungskonflikt: Bismarcks „Lücken-Theorie"

Der Ministerpräsident Bismarck lehnte jeden Kompromiß ab. Die Sitzungsperiode des Parlaments wurde für beendet erklärt, und der König proklamierte das Regiment ohne ordnungsgemäßen Haushalt. Der *Heereskonflikt* war zum *Verfassungskonflikt* geworden. Den Machtakt der Regierung „rechtfertigte" Bismarck mit Hilfe folgender Argumentation: Wenn ein Etat nicht gemäß der Verfassung die Zustimmung beider Kammern und des Königs erhalte, biete die Verfassung keine Lösungsmöglichkeit; die Verfassung habe somit eine *„Lücke"*, und dem König stehe das Recht zu, während der Zeit der „Lücke" über den Staatshaushalt zu bestimmen. Die meisten Abgeordneten sahen in der „Lückentheorie" freilich nichts anderes als schweren *Verfassungsbruch*. Die Heeresreform wurde durchgeführt. Erst 1866 billigte das Abgeordnetenhaus nachträglich die unrechtmäßigen Staatsausgaben seit 1862 und beendete den Verfassungskonflikt durch das *Entlastungsgesetz („Indemnitätsgesetz")*.

Das Schleswig-Holstein-Problem und der preußisch-österreichische Krieg gegen Dänemark

Obwohl der Gegensatz zwischen den beiden deutschen Großmächten kaum überbrückbar erschien, gelang es Bismarck, Österreich zu einem gemeinsamen Vorgehen mit Preußen zu bewegen, das durch die Heeresreform und die beginnende Industrialisierung (s. S. 73 ff.) gestärkt war. Mit dem Londoner Protokoll von 1852 war das *Schleswig-Holstein-Problem* vorläufig bereinigt worden; die beiden Herzogtümer sollten bei der *dänischen Krone* bleiben; Sonderrechte für Holstein wie auch für Schleswig wurden gewährt. Die dänische Regierung aber wollte *Schleswig*, das teilweise dänischsprachig war, dem dänischen Nationalstaat einverleiben.

Die dänischen Bestrebungen hatten die *deutschnationale Öffentlichkeit* aufgerüttelt. Der Bundestag protestierte gegen das Vorgehen Dänemarks. Bismarck vertrat keine „deutsche" Position; er berief sich auf die Geltung der Londoner Verträge und gewann dadurch auch Österreich.

Nachdem die beiden deutschen Großmächte eigenmächtig Dänemark ein Ultimatum gestellt hatten, das die Dänen ablehnten, begann der *Krieg Preußens und Österreichs gegen Dänemark*. Am 1. Februar 1864 wurde die Besetzung Schleswigs eingeleitet, am 8. April wurden die *Düppeler Schanzen* erstürmt. Im Frieden (August/Oktober 1864) mußte Dänemark *Schleswig* und *Holstein sowie Lauenburg* an die beiden Siegermächte *abtreten*.

Streit unter den Brudermächten

Zunächst verwalteten die Sieger die Kriegsbeute gemeinsam. Als Streit darüber ausbrach, vereinbarten sie die vorläufige Verwaltungsteilung: *Schleswig* fiel *an Preußen, Holstein an Österreich*; Lauenburg wurde von Preußen durch Kauf erworben; Preußen erreichte zusätzlich das Recht an militärischen Stützpunkten sowie an Militärstraßen in Holstein. Österreich fühlte sich übervorteilt und wollte die Vereinbarung ändern. Preußen ließ darauf Truppen in Holstein einmarschieren.

2 Königgrätz. König Wilhelm I. inmitten seiner Truppen nach dem Sieg von Königgrätz über die Österreicher (3. 7. 1866). Neben dem König der Kronprinz, hinter ihm Bismarck und links Generalstabchef Helmuth von Moltke. (Gemälde eines Augenzeugen, Christian Sell)

Der deutsch-deutsche Krieg 1866

Österreich forderte sofort die Mobilmachung der (Rest-)Bundesarmee. Preußen legte einen *Bundesreformplan* vor, betrieb den *Ausschluß Österreichs* aus dem Bund und forderte allgemeine und gleiche Wahlen für eine Nationalversammlung. Österreich setzte sich mit seinem Mobilmachungsantrag (14. 6. 1866) durch, Preußen erklärte darauf, der „bisherige Bundesvertrag sei gebrochen und deshalb nicht mehr verbindlich"; es werde ihn „als erloschen betrachten und behandeln".

Damit war der *Deutsche Bund* von 1815 *zerstört* und der Krieg zwischen seinen Hauptmächten ausgebrochen. Österreich mit Bayern, Hannover, Sachsen, Württemberg und Baden stand Preußen gegenüber, das bei den Mittel- und Kleinstaaten Norddeutschlands Unterstützung fand.

Die *Schlacht* bei Sadowa nahe *Königgrätz* in Böhmen (3. 7. 1866) entschied den Krieg für Preußen.

Der Prager Friedensvertrag

Den militärischen Sieg nutzte *Bismarck* sogleich für den Abschluß eines *Friedensvertrages*. Er wollte Österreich keinen Grund für einen Revanchekrieg geben und wünschte deshalb kaum Gebietsabtretungen durch Österreich und keinerlei Demütigungen des Gegners, der früheren Vormacht. Andererseits erreichte er auch die Zustimmung des *französischen Kaisers* zu seinen Friedensbedingungen mit Österreich – die geplanten *Annexionen* (Gebietseinverleibungen) in Norddeutschland wurden Napoleon III. geschickt „nachgereicht". Im August 1866 konnte der Friedensvertrag in Prag unterzeichnet werden.

Österreich willigte in eine *Dreiteilung Deutschlands* ein: Den *Norddeutschen Bund* unter preußischer Führung – dazu gehörten auch Hannover, Kurhessen, Nassau und Frankfurt/M., die Preußen nach dem Sieg annektiert (seinem Staatsgebiet einverleibt) hatte; die südlich des Mains gelegenen *süddeutschen Staaten* (ein süddeutscher Bund sollte „internationale unabhängige Existenz" bewahren) und den *Kaiserstaat Österreich* (ohne Venetien).

Opposition in Preußen

Die durch Preußen vorgenommenen Annexionen führten zu scharfen *Protesten* in den betroffenen Regionen. In der Provinz *Hannover*, dem vormaligen Königreich, entwickelte sich eine *welfische Widerstandsbewegung*. Viele Liberale allerdings standen auf der Seite Bismarcks; darunter der Vorsitzende des Deutschen Nationalvereins, Rudolf von Bennigsen (später nationalliberaler Politiker und Oberpräsident von Hannover).

Der letzte Welfenkönig Hannovers, *Georg V.* (reg. 1851–1866), starb 1878 im Exil in Paris. Das Vermögen des Königshauses, den sog. *„Welfenfond"*, verwandte Bismarck u. a. zur Bekämpfung der hannoverschen Opposition.

> **Dualismus:** Mit dem Begriff Dualismus (lat. duo – zwei) kennzeichnet man die Konkurrenz zweier Mächte in einem Bund oder Staatensystem. Beide Mächte können ein friedliches, auf Ausgleich angelegtes Verhältnis anstreben (Preußen und Österreich im Deutschen Bund, 1815–1848), aber auch um die Vorherrschaft streiten und kriegerische Auseinandersetzungen einkalkulieren (Preußen und Österreich 1859–1866), so daß eine der beiden Mächte eine beherrschende Rolle spielen kann.

◀ **3** „Am Kreuzwege". Rechberg und Bismarck auf dem Führerstand zweier Lokomotiven, die Namen von österreichischen und preußischen Generälen tragen. (Karikatur des „Kladderadatsch", 1864)

4 Das Verhältnis der beiden deutschen Großmächte aus preußischer und österreichischer Sicht

4a Bismarck äußerte seine Grundüberzeugung schon 1856 in einem Brief:

„Nach der Wiener Politik ist einmal Deutschland zu eng für uns beide; so lange ein ehrliches Arrangement über den Einfluß eines jeden in Deutschland nicht getroffen und ausgeführt ist, pflügen wir beide denselben streitigen Acker … Der deutsche Dualismus hat seit Karl V. in jedem Jahrhundert regelmäßig durch einen gründlichen inneren Krieg seine gegenseitigen Beziehungen reguliert, und auch in diesem Jahrhundert wird kein andres als dieses Mittel die Uhr der Entwicklung auf ihre richtige Stunde stellen können."

(Bismarck, GW, Bd. 2, Berlin 1924, S. 142)

4b Graf Rechberg, der österreichische Außenminister, äußerte sich 1864 in einem Brief über das Verhältnis Österreichs zu Preußen:
„Wir halten unerschütterlich fest am Bundesverbande und sind entschieden, mit dem Aufgebot aller unserer Kräfte ihn aufrechtzuerhalten ... Unserm engeren Anschluß an Preußen [seit der Waffenbrüderschaft gegen Dänemark] muß vor allem als Bedingung vorangehen die Aufrechterhaltung unseres bundesverfassungsmäßigen Verhältnisses zu Preußen. Dies können wir nicht alterieren [ändern] lassen."
(Quellen zur deutschen Politik Österreichs, hrsg. v. Heinrich Ritter von Srbik, Bd. 4, Oldenburg 1937, S. 255)

5 „Der große Fehler von 1848 und 1849"?
Den Abgeordneten erklärte Bismarck 1862:
„Nicht auf Preußens Liberalismus sieht Deutschland, sondern auf seine Macht: Bayern, Württemberg, Baden mögen den Liberalismus indulgieren [nachsichtig ihm gegenüber sein], darum wird ihnen doch keiner Preußens Rolle anweisen; Preußen muß seine Kraft zusammenfassen und zusammenhalten auf den günstigen Augenblick, der schon einige Male verpaßt ist; Preußens Grenzen nach den Wiener Verträgen sind zu einem gesunden Staatsleben nicht günstig; nicht durch Reden und Majoritätsbeschlüsse werden die großen Fragen der Zeit entschieden – das ist der große Fehler von 1848 und 1849 gewesen –, sondern durch Eisen und Blut."
(Bismarck, GW, Bd. 10, Berlin 1928, S. 140)

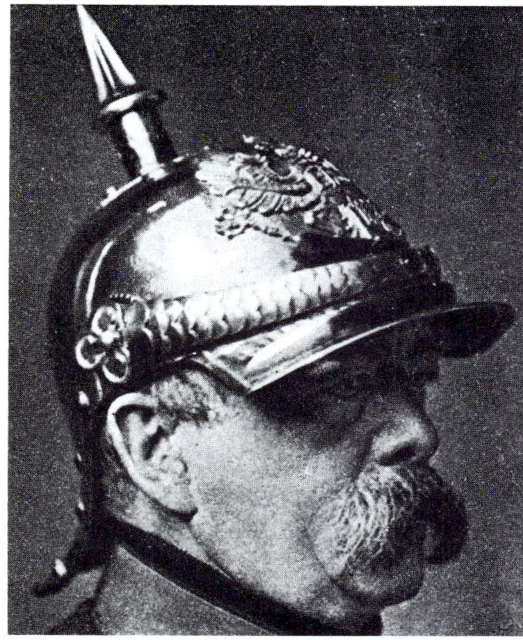

7 Otto Fürst Bismarck (1815–1898), 1862 preußischer Ministerpräsident, 1871–1890 Reichskanzler

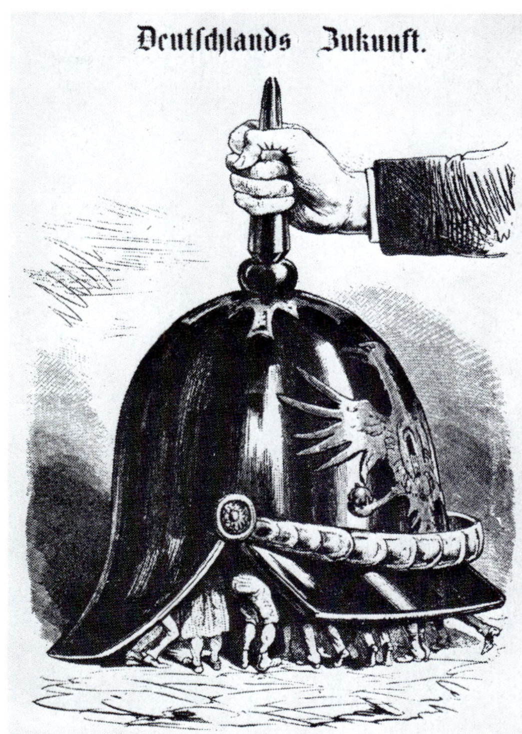

6 Deutsche Einheit. „Kommt es unter einen Hut? ▶ Ich glaube, es kommt eher unter eine Pickelhaube!" meinte die politisch-satirische Zeitschrift „Kladderadatsch" 1864 zur Zukunft Deutschlands. Pickelhauben waren Lederhelme (mit Metallbeschlägen und Metallspitze), die seit 1842 von der preußischen Armee getragen wurden.

Die Gelegenheit ist günstig,

entweder **groß** zu werden, und auf die Wünsche des Preußischen Volkes, oder — der populärste Mann in Deutschland zu werden und auf dessen allgemeinen Wunsch — einzugehen!

8 „Die Gelegenheit ist günstig." Diese Karikatur erschien wenige Tage vor Ausbruch des Krieges 1866 in der Zeitschrift „Kladderadatsch".

9 Vor und nach Königgrätz

9a Den Krieg kommentierte der Rechtsgelehrte R. von Ihering vor und nach Königgrätz so: „Gießen, 1. Mai 1866 ... Mit einer solchen Schamlosigkeit, einer solchen grauenhaften Frivolität ist vielleicht nie ein Krieg angezettelt worden wie der, den Bismarck gegenwärtig gegen Österreich zu erheben sucht. Das innerste Gefühl empört sich über einen solchen Frevel an allen Grundsätzen des Rechts und der Moral ... Man fragt sich staunend: Ist es denn wahr, daß Lügen, welche die ganze Welt als solche erkennt, von oben herab als Tatsache verkündet werden können? Österreich soll gegen Preußen rüsten! Jedes Kind weiß hier das Gegenteil. Preußen ist aber der angegriffene Teil, dies Preußen, welches den Todfeind Österreichs, Italien, zum Kampf auf Leben und Tod gegen dasselbe aufhetzt. Ach! was müssen wir erleben, welche grauenhafte Zukunft steht uns bevor ... Deutsche gegen Deutsche bewaffnet, ein Bürgerkrieg, ein Komplott ... ohne allen Schein des Rechts, ohne Anteil des Volkes, rein von einigen Diplomaten ins Leben gerufen ...!"

9b „Gießen, 19. August 1866. Welches Stück Geschichte liegt zwischen meinem letzten Briefe und dem gegenwärtigen ... Wie habe ich seit Jahren die Italiener beneidet, daß ihnen gelungen, was uns das Geschick noch auf eine ferne Zukunft hinaus zu versagen schien, wie habe ich den deutschen Cavour und Garibaldi [die Urheber der Einigung Italiens] ... herbeigewünscht. Und über Nacht ist er uns erstanden in dem vielgeschmähten Bismarck. Soll man nicht glauben zu träumen, wenn das Unmögliche möglich wird? ... Ich beuge mich vor dem Genie eines Bismarcks ... Wie wunderbar hat der Mann alle Fäden des großartigen Gewebes gesponnen, wie fest und sicher, daß keiner derselben riß, wie genau hat er alle Mittel und Hebel gekannt und benutzt – seinen König, Napoleon, sein Heer, die Verwaltung, Österreich und seine Kräfte – kurz, ein Meisterstück der Berechnung! ... was uns Uneingeweihten als freventlicher Übermut erschien, es hat sich hinterher herausgestellt als unerläßliches Mittel zum Ziel ... ich gebe für einen solchen Mann der Tat

… hundert Männer der liberalen Gesinnung, der machtlosen Ehrlichkeit!“
(Rudolf von Ihering in Briefen an seine Freunde, Leipzig 1913, S. 19f. u. 206f.)

10 Der deutsch-deutsche Krieg von 1866: Die deutsche Frage gelöst? Die Revolution entwaffnet?

Ein anderer Teilnehmer an der Schlacht aus dem adligen Gefolge des preußischen Königs schrieb rückblickend:

„Noch heute kann ich mir Rechenschaft geben von vielem, was mir durch den Kopf ging, als ich dicht hinter unserem geliebten König und Kriegsherrn hingalloppierte. Dies ist der wahre deutsche Kaiserritt, sagte ich mir, welcher die Schande von uns nimmt von jedem anderen, den Friedrich Wilhelm IV. mit der dreifarbigen Fahne im März 1848 in possenhafter Weise aufführte. Dann dachte ich daran, daß gerade am Tage dieses nun entschiedenen Sieges das preußische Volk Neuwahlen zum Parlament vornahm. Ich sagte mir, daß wir nicht nur die Österreicher besiegt, sondern auch die deutsche Frage gelöst und damit die deutsche Revolution entwaffnet hätten. Ich … atmete frei bei dem Gedanken, daß der siegreiche König von jetzt an den Beistand der demokratischen Elemente … nicht mehr gebrauchen würde, sondern konservativ und anständig regieren könne.“

(Denkwürdigkeiten des Botschafters General v. Schweinitz, hrsg. von W. v. Schweinitz, Bd. 1, Berlin 1927, S. 230f.)

11 Welfische Opposition

Brief des Freiherrn von Hodenberg – letzter Kultusminister im Königreich Hannover – an Ludwig von Gerlach, 23. Jan. 1867, Auszug. Gerlach war, zusammen mit F. G. Stahl, Gründer der preußischen Konservativen Partei und der „Kreuzzeitung“. Hodenberg äußert sich über Preußengegner aller Stände:

„… Hochverehrter Herr Präsident, dieser Kern von christlich konservativen Männern, die … Recht und Gesetz über alles setzen, ist zugleich durchaus antipreußisch und welfisch, royalistisch; ich auch! Darüber möchte ich Sie nicht täuschen. Antipreußisch, denn wir haben keinen anderen Feind als Preußen; Preußen ist uns die Revolution, hat uns unsern König, unsere Selbständigkeit, unsere Verfassung, unsere Gesetze und Einrichtungen, unsere blühenden Finanzen, unsere Kunst und sonstige Blüte geraubt, hat uns mit einer abscheulichen Presse überflutet, uns die Freiheit des Wortes genommen, das Briefgeheimnis und die persönliche Sicherheit vernichtet … Glauben Sie nicht, daß ich zu schwarz male. Man macht sich von dem Elend, das in Hannover herrscht, in Preußen gar keine Vorstellung. Wir sind durchaus in der Lage Preußens von 1806–1813 –, manche schon zum Meineide verführt und uns bisher nichts gebracht als Militär, Militär, Militär! … Keine Einheit Deutschlands kann uns je wiederbringen, was wir verloren! …“

(Zitiert nach: Geschichte in Quellen, Bd. 5, S. 347–348)

Arbeitsvorschläge und Fragen

a) Kennzeichne Bismarcks Auffassung vom preußisch-österreichischen Dualismus. Vergleiche anschließend seine Sichtweise mit der Graf Rechbergs. Beziehe die Karikatur „Am Kreuzwege“ in Deine Darlegungen mit ein. (M 4a, 4b, 3)

b) Erkläre die Karikatur „Deutschlands Zukunft“. Welche Vorstellungen hatte dagegen die liberale Mitte der Paulskirche über den Weg zur deutschen Einheit? (M 5, 6; S. 133, M 2; S. 134; S. 135, M 3; vgl. S. 114)

c) Welche Einstellungen am Kampf beteiligter Personen wollte der Maler Christian Sell verdeutlichen? (M 2)

d) Vergleiche die verschiedenen Beurteilungen der Schlacht von Königgrätz. (M 9a und 9b) – Suche Erklärungen für den schnellen Meinungswechsel von Iherings.

e) Weshalb fühlte sich Hannover „in der Lage Preußens von 1806–1813“? (M 11)

7. Der Deutsch-Französische Krieg und die Reichsgründung

1. Juli 1867	**Die Verfassung des Norddeutschen Bundes tritt in Kraft.**
1867	Das einheitliche Erbkaisertum Österreich wird zur Doppelmonarchie („Österreichisch-Ungarischen Monarchie") umgestaltet.
1870/1871	**Im Deutsch-Französischen Krieg besiegt Preußen im Bund mit den süddeutschen Staaten Frankreich.**
4. September 1870	In Paris wird die Republik Frankreich ausgerufen („Dritte Republik").
18. Januar 1871	**Ausrufung des Deutschen Reiches im Schloß zu Versailles.**
10. Mai 1871	Im Frieden von Frankfurt/M. muß Frankreich Elsaß-Lothringen an Deutschland abtreten und eine hohe Kriegsentschädigung zahlen.

Preußen gründet den Norddeutschen Bund

Der preußische Sieg über Österreich hatte die Stimmung in Preußen und weiten Teilen Deutschlands umschwenken lassen – *Bismarck* wurde als großer Staatsmann *gefeiert.* Er nutzte die Welle der Sympathie, um den *Verfassungskonflikt* durch das *Indemnitätsgesetz* (s. S. 148) aus der Welt zu schaffen. Den teilweise harten Widerstand und die schroffen Proteste gegen die *Annexion Hannovers, Kurhessens, Nassaus* und *Frankfurts/M.* (s. S. 150) nahm er in Kauf. Nachdem die Annexionen vollzogen waren, konnte Preußen 1867 darangehen, den *Norddeutschen Bund* zu gründen. Er war verfassungsrechtlich ein Bundesstaat mit der „Zentralbehörde" des *Bundesrates,* einer Art Gesamtministerium, in dem Preußen der Vorsitz zustand (*Bundeskanzler*). Der (norddeutsche) *Reichstag* ging aus direkter, allgemeiner und geheimer Wahl hervor und war auf die Gesetzgebungsbefugnis beschränkt, die er zusammen mit dem Bundesrat wahrnahm. Die Außen- und Militärpolitik war ausschließlich Sache des *Bundespräsidiums,* des preußischen Königs. Es gelang Bismarck in kurzer Zeit, die *süddeutschen Staaten* durch geheime Schutz- und Trutz-Bündnisse und durch die zollpolitische Vereinigung an den Norddeutschen Bund heranzuführen. Die *Verfassung* des Norddeutschen Bundes wurde später (mit geringen Änderungen) für das *Deutsche Reich* (s. S. 166ff.) übernommen.

Österreich-Ungarn wird Doppelmonarchie

In Österreich suchte der Kaiser den *Ausgleich mit den Ungarn.* Diese (nicht aber die anderen Völkergruppen) erhielten ein eigenes *Parlament* und einige eigene *Ministerien* zugebilligt. Der Kaiser nahm zusätzlich die *ungarische Königswürde* an; ihm wurde (1867) die Stephanskrone aufs Haupt gesetzt. Seit 1868 lautete die offizielle Bezeichnung dieses Staates *„Österreichisch-Ungarische Monarchie"*.

Bismarck provoziert die französische Kriegserklärung

Durch die Bindung der süddeutschen Staaten an Preußen und den Norddeutschen Bund war Deutschland *nicht mehr streng dreigeteilt* (s. S. 149f.), wie es *Napoleon III.* gewünscht hatte. Da ein selbständiger „Verein" der süddeutschen Staaten nicht zu verwirklichen war, wollte der französische Kaiser wenigstens keinen weiteren Machtzuwachs für Preußen zulassen, und er achtete streng darauf, daß die Friedensvereinbarungen nicht mehr umgangen würden.

In der gespannten deutsch-französischen Atmosphäre gewann die *Kandidatur eines hohenzollernschen Prinzen* auf den seit 1866 verwaisten *spanischen Thron* fast explosive Bedeutung. Obwohl das Haus Hohenzollern-Sigmaringen, dem der sich bewerbende Prinz Leopold angehörte, nicht in direkter Linie mit dem preußischen Königshaus verwandt war, sah Napoleon III. Frankreich durch eine drohende Einkreisung gefährdet.

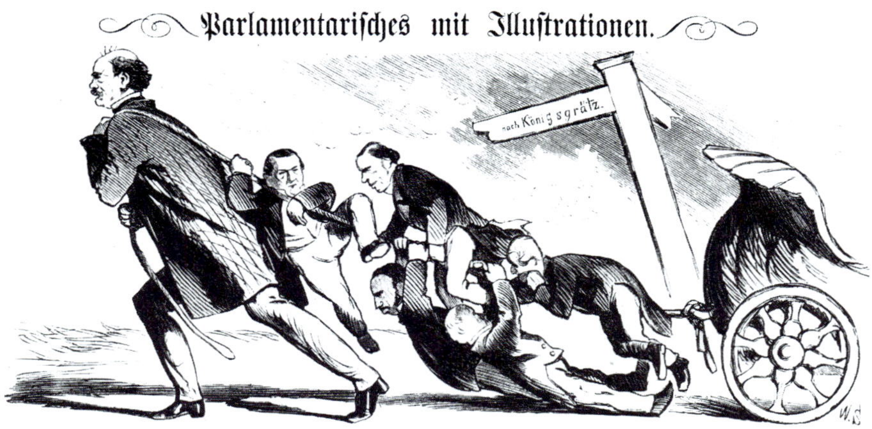

1 Die preußischen Abgeordneten und die Indemnitätsvorlage: „Und in diesem Sinne sind auch wir mit dem Grafen Bismarck einig und haben mit ihm denselben Strang gezogen." (Graf Eulenburg) – („Kladderadatsch", 1866)

Obgleich die Kandidatur zurückgezogen wurde, drängte Frankreich das preußische Königshaus zu einem bindenden Versprechen, daß auch in aller Zukunft eine Kandidatur preußischer Prinzen für den spanischen Königsthron ausgeschlossen sei. Bismarck sah darin eine unzulässige und ehrenrührige Einmischung und ergriff die Gelegenheit, um den französischen Einfluß auf die preußisch-nationale Politik in Deutschland zu beseitigen. Die Ablehnung des französischen Ansinnens durch den preußischen König ließ er in brüskierender Form veröffentlichen („*Emser Depesche*"). Frankreich erklärte daraufhin Preußen am 19. Juli 1870 den Krieg.

Der Deutsch-Französische Krieg

Preußen führte den Krieg sofort *offensiv*, damit die europäischen Mächte keine Zeit gewinnen konnten, aus ihrer Neutralität herauszutreten. Preußen konnte sich auf die militärische Macht des Norddeutschen Bundes verlassen, zusätzlich verpflichteten die Schutz- und Trutzbündnisse die süddeutschen Staaten, sich dem französischen Angriff entgegenzustellen. Der Krieg wurde unter maßgeblichem Einfluß des preußischen Generalstabschefs Helmuth von Moltke als *Umfassungs- und Vernichtungskrieg* geführt. Der entscheidende *Sieg von Sedan* (2. Sept.) brachte die Kriegswende; die Deutschen machten 100000 Gefangene, darunter war Kaiser Napoleon III. Das war das *Ende des zweiten französischen Kaiserreichs*.

Die „Dritte Republik" in Frankreich und der Frankfurter Frieden

Schon zwei Tage nach der Schlacht von Sedan wurde in Paris die *Republik* ausgerufen. Die *„Regierung der nationalen Verteidigung"* rief das Volk zur Gegenwehr auf. Die Deutschen belagerten Paris. Die neue französische Regierung willigte aber bald in einen Waffenstillstand ein, der die Durchführung von Wahlen für eine *Nationalversammlung* möglich machen sollte. Am 13. 2. 1871 trat diese in Bordeaux zusammen und wählte Adolphe Thiers zum Regierungschef. Nun konnten *Friedensverhandlungen* im deutschen Hauptquartier zu *Versailles* stattfinden. Der endgültige *Frieden* wurde auf der Grundlage des Versailler Vorfriedens (26. 2. 1871) in *Frankfurt* unterzeichnet (10. 5. 1871). Frankreich mußte *Elsaß-Lothringen* an Deutschland abtreten und fünf Milliarden Francs *Kriegsentschädigung* leisten.

Die Pariser Commune

Gegen den Vorfriedensschluß mit den Deutschen erhoben sich in Paris Arbeiter und Bürger und gründeten die revolutionäre Pariser Commune, eine sozialistische, rätedemokratische Volksherrschaft. Die deutsche Besatzungsmacht griff nicht ein; die Regierung Thiers ließ die Commune blutig niederschlagen.

Die deutsche Reichsgründung

Nach dem Sieg über Frankreich konnte Bismarck die deutsche *Dreiteilung* von 1866 endgültig beseitigen. Noch vor dem Abschluß des Waffenstillstands mit Frankreich wurde die *Reichsgründung* vollzogen. In geheimen und getrennten Verhandlungen (z.T. durch Gewährung von Sonderrechten) hatte Bismarck das Einverständnis der süddeutschen Staaten erlangt. Am 18. Januar 1871 wurde im Spiegelsaal zu Versailles der preußische König zum *Kaiser* proklamiert und damit das *Deutsche Reich* ausgerufen: Im Beisein des preußischen Prinzen, der anderen deutschen Fürsten, Bismarcks und der hohen Offiziere brachte der Großherzog von Baden das Hoch auf „Kaiser Wilhelm" aus. *Wilhelm I.* (1871–1888) führte später den Titel „Deutscher Kaiser".

Deutsches Reich: Aus dem Ostfrankenreich entwickelte sich das mittelalterliche deutsche Kaiserreich (Kaiserkrönung Ottos des Großen 962), das sich als Nachfolger des karolingischen Reichs und weströmischen Kaisertums verstand. Im 15. Jahrhundert wurde die Bezeichnung *„Heiliges Römisches Reich Deutscher Nation"* geläufig. Angesichts der Siege Napoleons I. löste Kaiser Franz II. das Reich 1806 auf und nannte sich (wie schon seit 1804) fortan „Kaiser von Österreich". Nach dem fehlgeschlagenen Versuch von 1848/49, einen *kleindeutschen* Nationalstaat zu gründen, gelang es Bismarck 1871, ein neues Reich (das *„Zweite Reich"*) zu schaffen, das wiederum im Sinne der kleindeutschen Lösung Österreich ausschloß und seine Grundlage in preußischer Macht und Tradition hatte. Als Kaiserreich hatte das Deutsche Reich bis 1918, als (*„Weimarer"*) *Republik* bis 1933 Bestand. Mit seiner „Machtergreifung" nahm Hitler für sich in Anspruch, das *„Dritte Reich"* gegründet zu haben, das als „Großdeutsches Reich" Österreich und andere Gebiete einschloß. Das auf übersteigerten Nationalismus und verbrecherischen Rassenwahn gegründete Hitlerreich wurde nach dem Zweiten Weltkrieg (1939–1945) von den Siegermächten aufgelöst. Die Grenzen des Deutschen Reichs vom 31. 12. 1937 bleiben aber rechtlich bedeutsam (Art. 116 GG). Seit 1949 existieren die *Bundesrepublik Deutschland* und die *Deutsche Demokratische Republik* nebeneinander. Zur Frage der deutschen Einheit heißt es in der Präambel des Grundgesetzes der Bundesrepublik Deutschland: „Das gesamte deutsche Volk bleibt aufgefordert, in freier Selbstbestimmung die Einheit und Freiheit Deutschlands zu vollenden."

2 Die Emser Depesche (13. Juli 1870)

2a Telegramm des Geheimrats Abeken an Bismarck:

„S. M. der König schreibt mir:

‚Graf Benedetti fing mich auf der Promenade ab, um auf zuletzt sehr zudringliche Art zu verlangen, ich sollte ihn autorisieren, sofort zu telegraphieren, daß ich für alle Zukunft mich verpflichtete, niemals wieder meine Zustimmung zu geben, wenn die Hohenzollern auf ihre Kandidatur zurückkämen. Ich wies ihn, zuletzt etwas ernst, zurück, da man à tout jamais [für alle Zukunft] dergleichen Engagements nicht nehmen dürfe noch könne. Natürlich sagte ich ihm, daß ich noch nichts erhalten hätte und, da er über Paris und Madrid früher benachrichtigt sei als ich, er wohl einsähe, daß mein Gouvernement wiederum außer Spiel sei.' S. M. hat seitdem ein Schreiben des Fürsten bekommen. Da S. M. dem Grafen Benedetti gesagt, daß er Nachricht vom Fürsten erwarte, hat Allerhöchstderselbe, mit Rücksicht auf die obige Zumutung, auf des Grafen Eulenburg und meinen Vortrag beschlossen, den Grafen Benedetti nicht mehr zu empfangen, sondern ihm nur durch seinen Adjutanten sagen zu lassen, daß S. M. jetzt vom

Fürsten die Bestätigung der Nachricht erhalten, die Benedetti aus Paris schon gehabt, und dem Botschafter nichts weiter zu sagen habe. S. M. stellt Ew. Exzellenz anheim, ob nicht die neue Forderung Benedettis und ihre Zurückweisung sogleich sowohl unseren Gesandten als in der Presse mitgeteilt werden sollte."

2b Bismarcks Fassung:
„Nachdem die Nachrichten von der Entsagung des Prinzen von Hohenzollern der Kaiserlich französischen Regierung von der Königlich spanischen amtlich mitgeteilt worden sind, hat der französische Botschafter in Ems an S. M. den König noch die Forderung gestellt, ihn zu autorisieren, daß er nach Paris telegraphiere, daß S. M. der König sich für alle Zukunft verpflichtet, niemals wieder seine Zustimmung zu geben, wenn die Hohenzollern auf ihre Kandidatur zurückkommen sollten. S. M. hat es darauf abgelehnt, den französischen Botschafter nochmals zu empfangen, und demselben durch den Adjutanten vom Dienst sagen lassen, daß S. M. dem Botschafter nichts weiter mitzuteilen habe."
[Abeken: Vertreter des Auswärtigen Amtes; begleitete den König während seines Kuraufenthaltes in Bad Ems. Graf Benedetti: Französischer Botschafter in Berlin (1864–1870). Eulenburg: Preußischer Innenminister (1862–1878).]
(Zit. nach: Geschichte in Quellen, Band 5, S. 355–356)

3 Das Werden der deutschen Einheit in der Sicht des preußischen Kronprinzen

In Tagebuchaufzeichnungen äußert Friedrich Wilhelm:
„3. September 1870
... Unser Ehrgeiz bestand in Preußen nicht in dem unausgesetzten Trachten nach der deutschen Kaiserkrone, wohl aber drängt die neueste Entwicklung der deutschen Geschichte jetzt unaufhaltsam auf eine baldige Wiederherstellung von ‚Kaiser und Reich' durch unser Haus, welches Ereignis in keinem günstigeren Augenblick eintreten kann, als in dem, wo unser König an der Spitze des deutschen Heeres als Sieger über Frankreich auf französischem Boden steht ...
21. November 1870
Bayern stellt viele Bedingungen ..., will beispielsweise seine eigene Diplomatie wie auch seine sämtlichen militärischen Rechte behalten; dies ist zwar unerfreulich, aber gegenwärtig doch von untergeordneter Bedeutung, weil jenes Königreich dafür andererseits das Anerbieten der Kaiserkrone an unseren König bewerkstelligen will ...
24. November 1870
Gestern abend ist hier der Vertrag mit Bayern unterzeichnet worden. So wären wir denn endlich einmal im Einigungswerk einen Schritt weiter. Württemberg setzt seine Verhandlungen in Berlin fort und ist wohl bereits mit uns handelseinig geworden. Gottlob, daß ganz Deutschland endlich im Bunde vereint ist, und es keine Mainlinie mehr gibt; wenn nun noch ‚Kaiser und Reich' bald hinzukommen, so ist unendlich viel erreicht und gewonnen ...
13. Januar 1871
... General Graf Moltke und Graf Bismarck hatten eine anderthalbstündige Unterredung bei mir und blieben zum Essen; es wird jedoch noch mehrerer anderer Besprechungen bedürfen, ehe sie sich einigen. Beide wurden gegeneinander recht deutlich ... Am wenigsten einigten sich die beiden über die Folgen eines Waffenstillstandes, weil Graf Bismarck den Frieden, General Graf Moltke aber einen Exterminationskrieg [Vernichtungskrieg] wünscht ..."
(Zit. nach: Geschichte in Quellen, Band 5, S. 363–365)

4 Bismarck im Urteil von Zeitgenossen

4a Rückblick des deutschen Philosophen und Literaten Rudolf Eucken (1846–1926, Philosoph des „schöpferischen Aktivismus", erhielt den Nobelpreis für Literatur 1908) in seinen Lebenserinnerungen 1922:
„... Die Bismarcksche Politik dagegen stellte die Lage unter einen völlig neuen Anblick. Hatten wir bis dahin die Einigung Deutschlands vom gemeinsamen Willen des ganzen Volkes erwartet, so wurde uns nun jene Leistung von oben her entgegengebracht. Die einzelnen hatten kaum etwas Eigenes zu tun, sondern nur sich willfährig der gebotenen Gestaltung einzufügen. Die überwiegende Mehrzahl folgte dieser Richtung; es wirkte wohltuend und befestigend, daß sich aus dem wirren Getriebe der Parteien und der sich gegenseitig widersprechenden Programme eine feste Hand hervorhob und ein deutliches Ziel vorhielt. Andere aber konnten bei aller Anerkennung der überlegenen Größe

5 Sedanfeier in Berlin zum 25. Jahrestag der Schlacht bei Sedan. (Foto, 1. 9. 1895)

6 Meldung über die Schlacht von Sedan

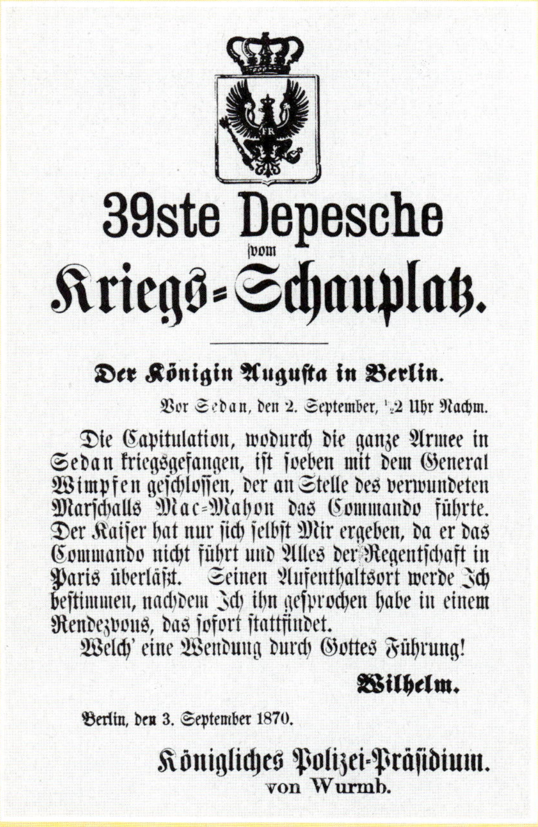

39ste Depesche
vom
Kriegs-Schauplatz.

Der Königin Augusta in Berlin.

Vor Sedan, den 2. September, 1/2 2 Uhr Nachm.

Die Capitulation, wodurch die ganze Armee in Sedan kriegsgefangen, ist soeben mit dem General Wimpfen geschlossen, der an Stelle des verwundeten Marschalls Mac-Mahon das Commando führte. Der Kaiser hat nur sich selbst Mir ergeben, da er das Commando nicht führt und Alles der Regentschaft in Paris überläßt. Seinen Aufenthaltsort werde Ich bestimmen, nachdem Ich ihn gesprochen habe in einem Rendezvous, das sofort stattfindet.

Welch' eine Wendung durch Gottes Führung!

Wilhelm.

Berlin, den 3. September 1870.

Königliches Polizei-Präsidium.
von Wurmb.

7 Bilanz des Jahres 1871
(Lithographie nach Honoré Daumier, 11. 1. 1871)

des Mannes die Tatsache nicht vollauf verwinden, daß jene Wendung ohne alle Selbsttätigkeit des Volkes erfolgte ... Diesen Männern erschien die Wendung als zu äußerlich, als zu einseitig militärisch und wirtschaftlich. Auch ich selbst konnte bei aller Anerkennung und Bewunderung der genialen politischen und diplomatischen Leistungen Bismarcks keine reine Freude an jener Wendung empfinden. Ich hatte gehofft, dem äußeren Aufschwung würde auch ein innerer entsprechen, und es würde das Leben mehr in Selbsttätigkeit gestellt werden ..."

4b Rede des britischen Oppositionsführers Benjamin Disraeli, 9. Febr. 1871:
„Dieser Krieg bedeutet die deutsche Revolution, ein größeres politisches Ereignis als die französische des vergangenen Jahrhunderts ... Nicht ein einziger der Grundsätze der Handhabung unserer auswärtigen Angelegenheiten, welche noch vor einem halben Jahr von allen Politikern als selbstverständliche Richtlinien anerkannt wurden, steht noch heute in Geltung. Es gibt keine überkommene Auffassung der Diplomatie, welche nicht fortgeschwemmt wäre. Wir stehen vor einer neuen Welt, neue Einflüsse sind am Werk; ... das Gleichgewicht der Macht ist völlig zerstört; und das Land, welches am meisten darunter leidet und welches die Wirkungen dieses großen Wechsels am meisten zu spüren bekommt, ist England."
(Zit. nach: Geschichte in Quellen, Band 5, S. 376–377)

8 Denkmal Bismarcks in Hamburg (von Hugo Lederer, 1901) – Vorbild für viele andere Bismarckdenkmäler

Arbeitsvorschläge und Fragen

a) Vergleiche die beiden Fassungen der Depesche aus Bad Ems. In welcher Weise hat Bismarck die Ursprungsfassung verändert? (M 2a, 2b)
b) Wie sieht der Kronprinz die Rolle Preußens für die Einigungspolitik Otto von Bismarcks? (M 3)
c) Vergleiche die kritischen Ausführungen Euckens und Disraelis miteinander. (M 4a/4b)
d) Vergleiche die bildlichen Darstellungen der „Kaiserdeputation" und der „Kaiserproklamation". (S. 115, M 2, 3) – Äußere Dich zu der Behauptung, Bismarcks Reichsgründung sei einer „Revolution von oben" gleichzusetzen.
e) Erkläre die unterschiedlichen „Bilanzen" Daumiers und v. Werners für das Jahr 1871. (M 7 und S. 115, M 3)
f) Äußere Dich an Hand der Kartenfolge (S. 114, M 1) über den Weg zur Reichsgründung.

8. Freiheit und Einheit der Nation – neue Ideen bestimmen die Politik

1815–1848	In Deutschland, Italien und Osteuropa scheitern Versuche, einheitliche Nationalstaaten zu schaffen.
1856–1871	Unter der Führung des Königs von Piemont und mit französischer Hilfe wird in mehreren Kriegen die Einigung Italiens erreicht.
1864–1870	Bismarck setzt nach drei Kriegen die Errichtung eines deutschen Nationalstaates unter preußischer Vormacht durch.
1890–1914	Nationalistische Machtpolitik – vor allem auf dem Balkan – trägt wesentlich zum Ausbruch des Ersten Weltkriegs bei.

Politik als „Kampf der Ideen"

„Freiheit, Gleichheit, die eine, unteilbare *Republik* – oder der Tod!" Mit dieser Parole hatten die Revolutionäre in Frankreich die Massen zum Kampf für die neue Ordnung und gegen die Heere der alten Mächte begeistert (s. S. 29). Für *„Freiheit und Vaterland"* waren die Kriegsfreiwilligen gegen Napoleon und die Französische Revolution in den Kampf gezogen (s. S. 54ff.). Gegen den „Umsturz der Altäre und Throne" schlossen sich die Fürsten nach dem Sieg über Napoleon zusammen (s. S. 58ff.). Nicht mehr nur der Wille der Fürsten bestimmte die Politik im 19. Jahrhundert. Der Kampf für oder gegen „fortschrittliche" Ideen – *Freiheit, Verfassung, Nationalstaat* – ging von den *Gebildeten* aus, wurde aber auch zunehmend von größeren Teilen der Bevölkerung mitgetragen. Je nach historischer und politischer Situation verlief er in den einzelnen Ländern Europas unterschiedlich.

Deutschland – Einheit von oben

Das liberale Bürgertum in den Staaten des Deutschen Bundes erstrebte eine einheitliche deutsche Reichsgewalt auf der Grundlage einer freiheitlich-demokratischen Verfassung. Der Kampf für die Verwirklichung von *Grundrechten* und *Gewaltenteilung* richtete sich gegen die fürstlichen Obrigkeitsstaaten in Deutschland, die nach dem Wiener Kongreß wiederhergestellt worden war (s. S. 116ff.). Der Sieg der Fürstenmacht über die Revolution von 1848 schwächte den liberalen Verfassungsgedanken. Viele Liberale setzten ihre Hoffnung nun auf die *nationale Einigung* in der „kleindeutschen" Form (s. S. 134). Die Reichsgründung unter preußischer Führung kam ihrem Wunsch entgegen. Das Deutsche Reich war – mit Ausnahme nichtdeutscher Bevölkerungsteile in Elsaß-Lothringen, Nordschleswig und Posen/Westpreußen – ein geschlossener *Nationalstaat;* ein deutsches Nationalbewußtsein bildete sich in den Jahrzehnten nach der Reichsgründung heraus. Das Reich war ein Verfassungs- und Rechtsstaat, allerdings überwogen obrigkeitliche Grundsätze in der praktischen Politik. Die Verwirklichung freiheitlich-demokratischer Prinzipien blieb die Aufgabe der kommenden Generationen.

Griechenland und Italien – Freiheit von außen

Für die Völker des *Balkan* und *Italiens* bedeutete „Freiheit" vor allem *Befreiung von Fremdherrschaft.* In ihrem Streben nach staatlicher Selbständigkeit trat die Verfassungsfrage hinter dem Nationalstaatsgedanken zurück. Der Freiheitskampf der Griechen richtete sich gegen die Großmacht Türkei, das Einigungsbestreben der Italiener gegen die Großmacht Österreich. Ihr Sieg war nur mit Hilfe anderer Großmächte möglich (s. S. 146f.). Das Nationalbewußtsein wuchs, nachdem die Unabhängigkeit erreicht war. Zugleich erhoben die neuen Nationen Anspruch auf Gebiete, in denen Angehörige ihrer Sprache unter fremder Herrschaft lebten – z.B. Italiener in Südtirol. Der Kampf um solche „unerlösten“ Gebiete schuf neue politische Spannungen.

Osteuropa – Nationalstaaten sind unmöglich

Besonders kompliziert war die Frage des Nationalstaates in *Mittel-* und *Ostmitteleuropa.* Keine der drei Großmächte Rußland, Österreich oder Preußen bildete einen Nationalstaat mit einer Bevölkerung gleicher Sprache, Kultur, Geschichte oder Religion; jede herrschte über unterschiedlich große Gruppen von „Nationalitäten“ mit verschiedenen sprachlichen, kulturellen und religiösen Merkmalen (s. Karte S. 135). Im Interesse ihrer Großmachtstellung unterdrückten die Herrscher der drei Staaten lange Zeit gemeinsam Forderungen nach Errichtung oder Wiederherstellung nationaler Staaten – etwa der Polen oder Tschechen. Sie versuchten häufig sogar, durch Vorschriften über Sprachgebrauch oder Schulbesuch die Eigenart der Nationalitäten einzuebnen, erreichten aber damit in der Regel nur einen verstärkten nationalen Widerstand.

Der Nationalismus bedroht den Frieden

Die Verschärfung der *nationalen Gegensätze* bedrohte gegen Ende des 19. Jahrhunderts vor allem den Bestand der Donaumonarchie *Österreich-Ungarn.* Nationalistisch gefärbte Machtpolitik bestimmte nicht nur das Verhältnis der Großmächte in den Kolonialgebieten, sondern in zunehmendem Maße auch die Entwicklung in Ost- und Südosteuropa. Die russische Regierung unterstützte den *„Panslawismus“*, eine Bewegung, die alle Slawenvölker unter russischer Führung zu einem großen Reich vereinen wollte. Kriege der *Balkanvölker* gegen die türkische Herrschaft gefährdeten den Frieden in Europa; auf dem Balkan entstanden neue Staaten. Sie waren durchweg *Vielvölkerstaaten* mit starken nationalen Gegensätzen. Der *Balkan* wurde zum gefährlichsten politischen Spannungsfeld in Europa; die Gegensätze zwischen Österreich und Rußland bildeten eine wesentliche Voraussetzung für den Ausbruch des Ersten Weltkriegs.

1 Rundgemälde von Europa im August MDCCCXLIX. (Lithographie 1849) – Englands Königin Victoria läßt sich von Merkur, dem Gott des Handels, kutschieren. Der dänische König verspottet den preußischen König wegen des Waffenstillstandes von Malmö. Von den Herrschern der deutschen Bundesstaaten sind zu erkennen der König von Hannover und der Großherzog von Baden (hinter dem preußischen König) sowie die Könige von Bayern und Württemberg. Der König von Preußen fegt die überlebenden Revolutionäre in die Schweiz, der französische Staatspräsident Louis Napoleon hat die französischen Revolutionäre ins Ausland verschifft.

2 „Vaterland – Nation – Nationalbewußtsein“

2a Aus einer Rede des Abgeordneten Isnard in der Nationalversammlung am 29. 11. 1791:

„... Der Franzose wird sich zum erhabensten Volk der Welt entwickeln. Geknechtet, war er unerschrocken und stolz; frei, sollte er furchtsam und schwach sein? Alle Völker als Brüder zu behandeln, niemand zu kränken, aber sich auch von niemand kränken zu lassen, das Schwert nur für die Sache der Gerechtigkeit zu ziehen und es erst als Sieger wieder in die Scheide zu stecken, schließlich, immer bereit zu sein, für die Gerechtigkeit zu sterben und lieber ganz von der Erde zu verschwinden, als sich wieder in Ketten legen zu lassen: das ist der Charakter des französischen Volkes ...“

(Moniteur, X, S. 503; zit. nach: W. Grab (ed.), Die Französische Revolution, München 1973, S. 94)

2b Der Dichter Friedrich Gottlieb Klopstock (1724–1803) verfaßte 1790 eine Ode (feierliches Gedicht), in der er die Gefühle vieler Gebildeter in Deutschland ausdrückte (Auszug):

„*Sie, und nicht wir*
Hätt' ich hundert Stimmen; ich feierte Galliens Freiheit
Nicht mit erreichendem Ton, sänge die göttliche schwach.
...
Ach du warest es nicht, mein Vaterland, das der Freiheit
Gipfel erstieg, Beispiel strahlte den Völkern umher:
Frankreich wars! du labtest dich nicht an der frohsten der Ehren,
Brachest den heiligen Zweig dieser Unsterblichkeit nicht!“

(Zit. nach: Fr. Gottl. Klopstock, Werke, hrsg. v. K. A. Schleiden, München 1954, S. 68f)

2c In einem Gedicht Ernst Moritz Arndts aus dem Jahre 1813 heißt es:

„Ich schwöre dir, o Vaterland,
Mit blankem Schwert in fester Hand,
An des Altares heil'gem Schrein,
Bis in den Tod dir treu zu sein.

Ich schwöre dir, o Freiheit, auch
Zu dienen bis zum letzten Hauch
Mit Herz und Seele, Mut und Blut –
Du bist des Mannes höchstes Gut.

Auch schwör' ich heißen, blut'gen Haß
Und tiefen Zorn ohn' Unterlaß
Dem Franzmann und dem franschen Tand,
Die schänden unser deutsches Land.“

(Zit. nach: 1813–1815. Die deutschen Befreiungskriege in zeitgenössischer Schilderung, ed. Fr. Schulze, Leipzig 1912, S. 64)

3 Die Donaumonarchie Österreich-Ungarn

Beispiel für einen „Nationalitätenstaat“.

„In der österreichischen Reichshälfte kamen knapp vor dem Ersten Weltkrieg auf je 1000 österreichische Staatsbürger:

357 deutschspr. Österreicher	und 479 Beamte (ein Übergewicht von 122)
232 Tschechen	und 232 Beamte (ausgeglichen)
165 Polen	und 125 Beamte (ein Untergewicht von 40)
132 Ukrainer (Ruthenen)	und 32 Beamte (ein Untergewicht von 100)
46 Slowenen	und 32 Beamte (ein Untergewicht von 14)
27 Serbokroaten	und 12 Beamte (ein Untergewicht von 15)
28 Italiener	und 35 Beamte (ein Übergewicht von 7)
9 Rumänen	und 4 Beamte (ein Untergewicht von 5)

Auch im österreichischen Reichsrat (Parlament) waren die einzelnen Völker in genügender Stärke vertreten. Nach den Wahlen von 1911 gab es 185 deutschsprachige Österreicher als Abgeordnete, 82 Tschechen, 71 Polen, 37 Serbokroaten, 30 Ruthenen (Ukrainer), 16 Italiener und 5 Rumänen.

Zur gleichen Zeit (1910) müssen wir allerdings feststellen, daß im ungarischen Reichstag die magyarischen Parteien, die ungefähr 10 Millionen Menschen vertraten, mit 405, die nichtmagyarischen Parteien, hinter denen 11 Millionen Menschen standen, mit – 8 Abgeordneten vertreten waren. In Österreich bestand zu dieser Zeit bereits (seit 1907) das allgemeine, gleiche und geheime Wahlrecht; in Ungarn lag es noch in weiter Ferne.

In Ungarn versuchte man systematisch die nichtmagyarischen Volksgruppen aufzusaugen. Träger dieser Bestrebungen war nicht so sehr das magyarische Volk selbst, das unter der drükkenden Übermacht seines eigenen, noch in feudalem Denken befangenen Adels genauso wie die Nationalitäten litt, sondern eben dieser Adel und die magyarische Gentry (der Kleinadel), der den Anspruch erhob, die ungarische Nation darzustellen.
(Ernst Joseph Görlich, Grundzüge der Geschichte der Habsburgermonarchie und Österreichs, Darmstadt 1970, S. 233–234)

4 Nationalitätenprobleme nach dem Ersten Weltkrieg am Beispiel der Tschechoslowakei

4a Der neue Staat Tschechoslowakei:
„Nach der Bildung einer Regierung ... durch den Tschechoslowakischen Nationalrat in Paris (14. 10. 1918) wurde am 28. 10. 1918 in Prag die Tschechoslowakische Republik ausgerufen. Sie bestand aus den Ländern Böhmen, Mähren, Schlesien, Slowakei und dem autonomen Verwaltungsbezirk Karpato-Rußland. [In dem neuen Staat lebten etwa 7,2 Millionen Tschechen, 3,5 Mio. Deutsche, 2,5 Mio. Slowaken, 0,7 Mio. Ungarn, 0,5 Mio. Karpato-Russen, 0,1 Mio. Polen.] Die Autonomie, die den Slowaken ... und ... auch den Karpato-Russen zugesagt wurde, wurde später nicht erfüllt. Nachdem die Deutschen in Böhmen und Mähren ... den Anschluß an das Deutsche Reich erklärt hatten, wurden ihre Gebiete von tschechischen Truppen besetzt und tschechischer Verwaltung unterstellt ... Trotz des Minderheitenschutzvertrages zwischen der Tschechoslowakei ... und den alliierten ... Hauptmächten ... wurden die Grundsätze über Zweisprachigkeit, Schulautonomie, gemischte Gerichtshöfe u.a. nicht eingehalten. So wurde die tschechische Sprache in Böhmen und Mähren ... Staatssprache."
(Zit. nach: W. Hilgemann, Atlas zur deutschen Zeitgeschichte, München 1984, S. 87)

4b Aus der Rede Adolf Hitlers auf dem Reichsparteitag in Nürnberg am 12. 9. 1938:
„... Ich werde ... unter keinen Umständen gewillt sein, einer weiteren Unterdrückung der deutschen Volksgenossen in der Tschechoslowakei in endloser Ruhe zuzusehen ... Hier handelt es sich ... um verletztes Recht. Was die Deutschen fordern, ist das Selbstbestimmungsrecht, das jedes andere Volk auch besitzt ... Sie haben das Recht, ein eigenes Leben zu beanspruchen, genau wie jedes andere Volk. Wenn die Demokratien (= britische und französische Regierung) aber der Überzeugung sein sollten, daß sie in diesem Falle, wenn notwendig, mit allen Mitteln die Unterdrückung der Deutschen beschirmen müßten, dann wird dies schwere Folgen haben! Ich glaube dem Frieden mehr zu nutzen, wenn ich darüber keinen Zweifel lasse ... Die Deutschen in der Tschechoslowakei sind weder wehrlos, noch sind sie verlassen. Das möge man zur Kenntnis nehmen ..."
(Zit. nach: M. Freund, Geschichte des Zweiten Weltkrieges in Dokumenten, Bd. I, 2. Aufl. 1954, Nr. 60, S. 122f)

Arbeitsvorschläge und Fragen

a) Seit der Französischen Revolution hat der Begriff „Nation" eine neue Bedeutung bekommen. Stelle die wichtigen Merkmale dieses neuen Bewußtseins zusammen. (M 2–4) – Achte dabei auf den Zeitpunkt, an dem die Äußerung jeweils veröffentlicht wurde. Welche Gefahren für politisches Handeln kannst Du beim Vergleich der drei Texte erkennen?

b) Beschreibe die Karikatur M 1 und erläutere die Bedeutung des nationalen Gedankens in der ersten Hälfte des 19. Jahrhunderts.

c) Welche „typischen" Merkmale und Probleme eines Nationalitäten- oder Völkerstaates werden am Beispiel der Donaumonarchie (M 3) und der Tschechoslowakei als eines der Nachfolgestaaten (M 4) deutlich?

d) Die Materialien dieses Kapitels können Dir helfen zu verstehen, welche Bedeutung die Forderungen nach nationaler Einheit, Freiheit und Selbstbestimmung für die geschichtliche Entwicklung in Europa hatten. Überlege, ob diese Fragen auch heute noch wichtig sind.

Das Deutsche Kaiserreich

1 „Die Balloper“ (Gemälde von A. v. Menzel, 1878)

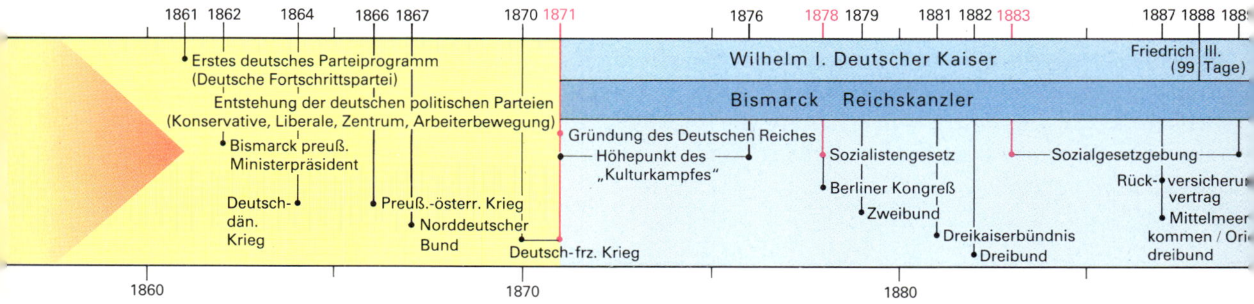

2 Parade der Totenkopfhusaren vor Kaiser Wilhelm II. auf dem Tempelhofer Feld in Berlin (Foto, 1908)

3 Fabrikhalle – Siemens-Schuckert, Nürnberg (Foto, 1907)

4 „Am Grunewaldsee" – (C. W. Allers, 1889)

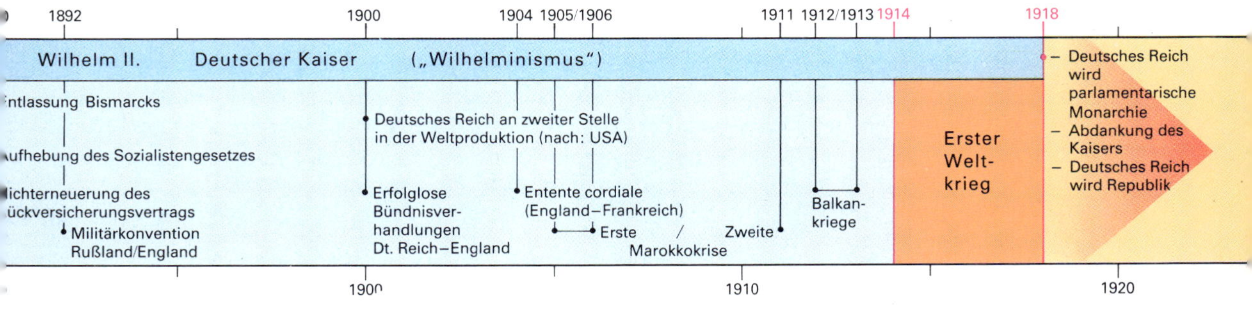

1. Reichsverfassung und Wahlrecht

1871	Mit der Reichsverfassung vom 16. April ist Deutschland eine konstitutionelle Monarchie.
1918	Durch die Verfassungsänderung vom 28. Oktober wird das Deutsche Reich eine parlamentarische Monarchie.

Bismarcks Verfassung sichert Preußens Vorherrschaft 1871

Das Deutsche Reich bestand seit 1871 als ein *Bund aus 25 Einzelstaaten*. Bundesstaatliche Sonderrechte im Militär-, Steuer-, Verkehrs- und Postwesen waren die Voraussetzung dafür gewesen, daß die süddeutschen Staaten dem Bund beigetreten waren; sie waren auch die Grundlage dafür, daß sie die *preußische Hegemonie* im Reich anerkannten. Das preußische Übergewicht beruhte zunächst auf seiner *territorialen Größe*; denn Preußen verfügte über ungefähr ⅔ der Fläche und der Bevölkerung des Reiches. Politisch wurde seine Vorherrschaft durch besondere Verfassungsbestimmungen begründet: Bismarck hatte im wesentlichen die Verfassungskonstruktion des Norddeutschen Bundes (s. S. 154f.) auf das Reich übertragen. Die *Würde des Kaisers* war mit der des *preußischen Königs* erblich verbunden. Als König von Preußen hatte er das Vorrecht, den *Reichskanzler* zu ernennen – in der Regel den preußischen Ministerpräsidenten. Dieser hatte den Vorsitz in der Vertretung der Bundesglieder, dem *Bundesrat*, in dem Preußen über 17 von 58 Stimmen verfügte. Außerdem unterstanden ihm überwiegend preußische Beamte als *Staatssekretäre*. Sie leiteten die „Reichsämter" (Ministerien) und wurden ebenfalls vom Kaiser ernannt.

Der Kanzler ist vom Reichstag unabhängig

Nach der Verfassung stand der Bundesrat über dem Reichstag; ohne seine Zustimmung erlangte kein Gesetz Gültigkeit. Vor allem war keine dem Reichstag verantwortliche Regierung vorgesehen: *Kein Parlamentsbeschluß konnte den Reichskanzler stürzen*; er war ausschließlich an das *Vertrauen des Kaisers* gebunden, die Grundsätze seiner Politik konnten nicht direkt vom Reichstag bestimmt werden. Trotzdem mußte Bismarck mit dem Reichstag zusammenarbeiten. Der Reichstag besaß nämlich zusammen mit dem Bundesrat das *Gesetzgebungsrecht* und mußte dem *Staatshaushalt* zustimmen. Beides gab ihm die Möglichkeit, Gesetzesentwürfe der Regierung umzuändern und so wenigstens indirekt Einfluß auf die Reichspolitik zu nehmen.

Eine dem Reichstag verantwortliche Regierung wurde aber erst angesichts der drohenden Niederlage im Ersten Weltkrieg in den letzten Tagen der Monarchie eingesetzt.

Fördert das Wahlrecht den demokratischen Fortschritt?

Obwohl die *Frauen* – wie überall in Europa und Nordamerika – *nicht wahlberechtigt* waren, besaß das Deutsche Reich das umfassendste Wahlrecht in ganz Europa. Denn der Reichstag wurde in *allgemeiner, gleicher, direkter und geheimer Wahl* nach dem *Mehrheitswahlrecht* gewählt. Danach durfte jeder männliche Deutsche vom 25. Lebensjahr an, der einen festen Wohnsitz hatte, in seinem Wahlkreis einem Kandidaten seine Stimme geben. Das war in den Augen vieler Liberaler ein großer demokratischer Fortschritt; denn jede Stimme, auch die eines Wahlberechtigten aus der Unterschicht, sollte gleiches Gewicht haben.

Gerade deswegen wurde dieses Wahlrecht von den *Konservativen* scharf *abgelehnt* und in keinem der Bundesstaaten für das Wahlrecht zu den Länderparlamenten übernommen. Das größte Hindernis zur Angleichung der Länderwahlrechte bildete das *preußische Dreiklassenwahlrecht* (s. M 4, S. 142); daher ent-

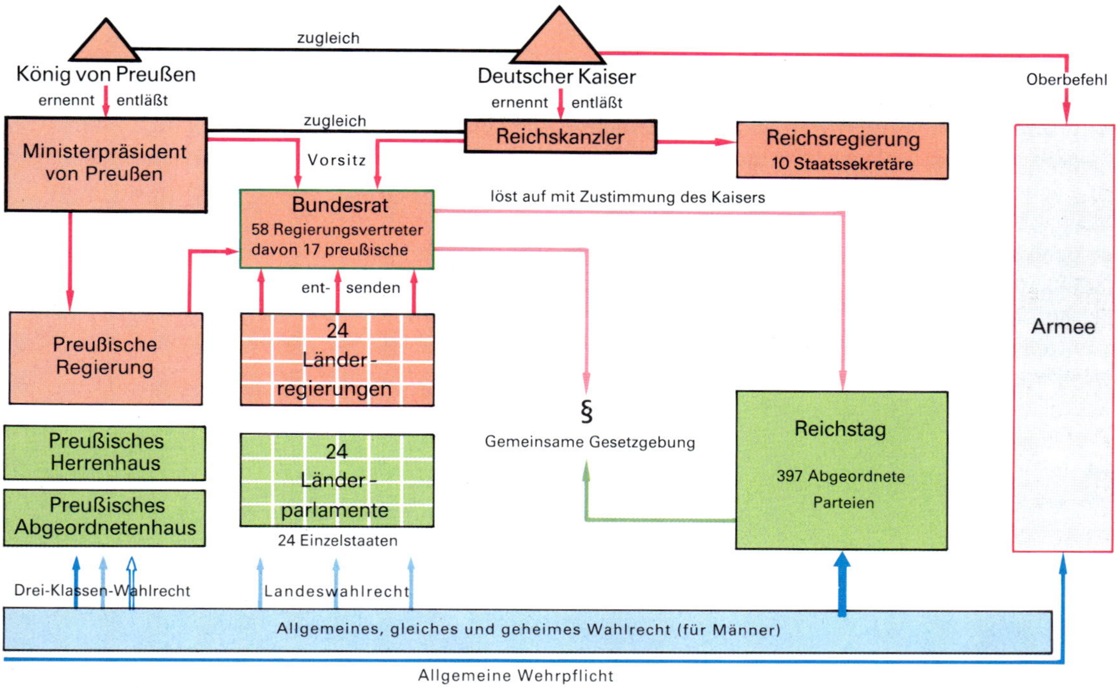

1 Die Verfassung des Deutschen Reiches 1871

wickelte sich in Preußen die nachdrücklichste Bewegung für ein allgemeines Wahlrecht auch in den Ländern. Doch dies Verlangen blieb bis 1919 ebenso erfolglos wie die Forderung der SPD, den Reichstag nach dem Verhältniswahlrecht zu wählen.

Widersprüche zwischen Wahlrecht und Wahlverfahren

Aber auch das allgemeine Wahlrecht zum Reichstag wurde durch das *Wahlverfahren* zugunsten der konservativen Kräfte teilweise unterlaufen:

– Das *Mehrheitswahlrecht* benachteiligte solche Parteien, deren Kandidat nicht im ersten Wahlgang die absolute Mehrheit erreichte.
– Die *Wahlkreiseinteilung* blieb bis 1918 unverändert. Ursprünglich sollte auf ca. 100000 Einwohner ein Abgeordneter gewählt werden. Im Lauf der Zeit konzentrierte sich aber die Bevölkerung in den neu entstehenden Industriestädten, so daß z.B. im Jahre 1912 im Wahlkreis Schaumburg-Lippe 47000 und im Wahlkreis Teltow-Charlottenburg 1,3 Millionen Einwohner einen Abgeordneten in den Reichstag entsandten. Es waren also in den *bevölkerungsreichen Wahlkreisen* mit einem hohen Anteil von Industriearbeitern *sehr viel mehr Stimmen* zur absoluten Mehrheit eines Kandidaten nötig als in den bevölkerungsschwachen ländlichen Wahlkreisen. Da diese die Mehrzahl der 397 Wahlkreise bildeten, waren Parteien mit einer eher ländlichen Anhängerschaft bevorzugt.
– Überdies spielten auf dem Lande persönliche Beziehungen, wirtschaftliche Abhängigkeiten und traditionelle politische Einstellungen eine größere Rolle als in den Städten, so daß es für die konservativen Kräfte leichter war, die Wähler zu beeinflussen.

Wahlrecht: Nach dem *Verhältniswahlrecht* werden Parteilisten gewählt. Jede Partei erhält von den Parlamentssitzen einen Anteil, der ihrem Anteil an den gültigen Wählerstimmen entspricht. Keine Wählerstimme geht „verloren".
Nach dem *Mehrheitswahlrecht* werden Kandidaten der Parteien persönlich gewählt, die Stimmen für die unterlegenen Kandidaten gehen „verloren". Beim Mehrheitswahlrecht im Kaiserreich benötigte ein Kandidat mehr als die Hälfte aller abgegebenen Stimmen für seine Wahl (absolutes M.). Erreichte er diese Mehrheit nicht, war ein zweiter Wahlgang zwischen den beiden Kandidaten mit den meisten Stimmen nötig. Gewählt war, wer die meisten Stimmen bekam (relatives M.). Für den zweiten Wahlgang wurden in der Regel „Wahlbündnisse" von Parteien mit ähnlicher politischer Zielsetzung geschlossen, wodurch der Wahlausgang der Stichwahl häufig von dem der Hauptwahl abwich.

2 Verfassung des Deutschen Reiches vom 16. 4. 1871

„Präambel: Seine Majestät der König von Preußen im Namen des Norddeutschen Bundes, Seine Majestät der König von Bayern, seine Majestät der König von Württemberg, Seine Königliche Hoheit der Großherzog von Baden und seine Königliche Hoheit der Großherzog von Hessen und bei Rhein für die südlich vom Main gelegenen Teile des Großherzogtums Hessen schließen einen ewigen Bund zum Schutze des Bundesgebietes und des innerhalb desselben gültigen Rechtes, sowie zur Pflege der Wohlfahrt des Deutschen Volkes. Dieser Bund wird den Namen Deutsches Reich führen und wird nachstehende Verfassung haben.
Art. 12. Dem Kaiser steht es zu, den Bundesrat und den Reichstag zu berufen, zu eröffnen, zu vertagen und zu schließen.
Art. 13. Die Berufung des Bundesrates und des Reichstages findet alljährlich statt und der Bundesrat kann zur Vorbereitung der Arbeiten ohne den Reichstag, letzterer aber nicht ohne den Bundesrat berufen werden.
Art. 14. Die Berufung des Bundesrates muß erfolgen, sobald sie von einem Drittel der Stimmenzahl verlangt wird."
(Reichsgesetzblatt S. 64, zit. nach: Geschichte in Quellen, Bd. 5, München 1980, S. 409)

3 Das Verhältnis König – Volksvertretung

3a Bismarck äußerte sich am 26. 11. 1884 im Reichstag:

„... die monarchische Einrichtung hört auf, diesen Namen zu führen, wenn der Monarch gezwungen werden kann, durch die Majorität des Parlaments, sein Ministerium zu entlassen, wenn ihm Einrichtungen aufgezwungen werden können durch die Majorität des Parlaments, die er freiwillig nicht unterschreiben würde, denen gegenüber sein Veto also machtlos bleibt ...
Wo er gezwungen werden kann von seiten einer abstimmenden Majorität, da ist die Verfassung republikanisch, mag der Präsident ernannt sein oder nicht ...
Ich werde in meiner Auffassung über den König, die vollziehende Gewalt und die erbliche Monarchie dieser die Freiheit zu bewahren wissen, daß sie nicht wider Willen etwas zu tun gezwungen wird. In diesem Sinne lasse ich mir von der Majorität nicht imponieren ..."
(Verhandlungen des Reichstages, Bd. 12, S. 509)

3b Der Historiker Heinrich von Sybel urteilte 1871 in einem Aufsatz:

„Auch wenn eine Volksvertretung, wie in Deutschland und Nordamerika, nicht die Kraft besitzt, Minister ein- und abzusetzen, so ist schon ihr Dasein und ihre Debatte, ihre Kritik des Budgets und ihre Befugnis, mißlungene Gesetzesentwürfe zu vernichten, eine höchst bedeutende Schranke gegen jeden willkürlichen Absolutismus der Regierung. Diese Regierung aber in fester Hand und den Wogen der populären Agitation entzogen zu wissen, erscheint uns ... als unschätzbarer Segen. Deutschland wird auch nach seinen letzten großen Siegen eine höchst gefährdete Stellung in Europa haben ... Was wir in dieser Lage vor allem bedürfen, ist Stetigkeit und Sicherheit der Regierung ..."
(H. von Sybel, Vorträge und Aufsätze, Berlin 1875^2, S. 322f.)

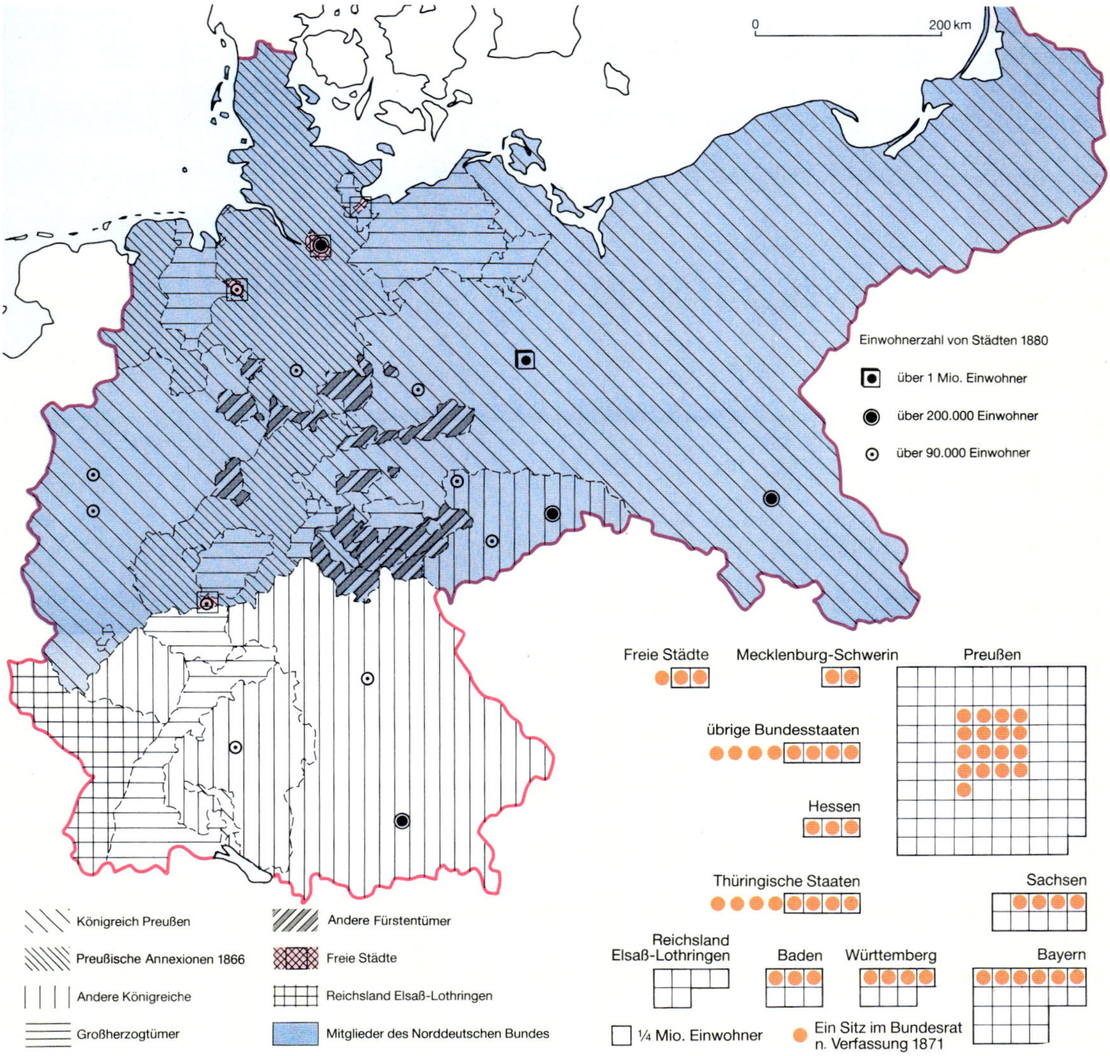

4 Die föderalistische Ordnung des Bismarckreiches

3c August Bebel, der Führer der SPD, erklärte 1871 im Reichstag:

„Die Regierungen haben die Macht, die Regierungen haben den Willen, und die Volksvertretung hat einfach ja zu sagen und zu gehorchen, und wenn sie das nicht tut, so gibt man ihr moralische Fußtritte … Meine Herren, mit einer solchen Verfassung kann allerdings ein jeder Minister regieren, das ist keine Verfassung für das Volk, das ist weiter nichts als der Scheinkonstitutionalismus in rohester Form, das ist der nackte Cäsarismus. Das ist ein Cäsarismus, der die parlamentarische Form gebraucht, weil die öffentliche Meinung sie für notwendig hält, der auf Grund einer solchen Verfassung scheinbar konstitutionell regieren kann."

(Quellen zum politischen Denken der Deutschen im 19. und 20. Jahrhundert. Bd. VI, hrsg. v. H. Fenske, Darmstadt 1978, S. 64)

5 Stellungnahmen zum Wahlrecht

5a 1904 erklärte die Deutschkonservative Partei:

„Die allgemeine direkte geheime Wahl ist konservativer Auffassung gemäß nicht gerecht, denn sie berücksichtigt weder die natürliche

Gliederung des Volkes nach Ständen und Berufen, noch den großen Unterschied, der sowohl zwischen den Leistungen der Einzelnen für die Gesamtheit, als auch in ihrer Bildung und sozialen Stellung besteht. Es schließt auch vom nationalen Standpunkt aus eine große Ungerechtigkeit in sich, wenn der Gebildete, der für das, was dem Vaterland not tut, mehr Einsicht hat, diese Einsicht nur in demselben Maße zur Geltung zu bringen vermag wie der Analphabet ..." (Dokumente zur deutschen Geschichte 1897/98–1904, hrsg. v. D. Fricke, Frankfurt/M. 1977, S. 121)

5b In ihrem Erfurter Programm forderte die SPD 1891:

„1. Allgemeines, gleiches, direktes Wahl- und Stimmrecht mit geheimer Stimmabgabe aller über 20 Jahre alten Reichsangehörigen ohne Unterschied des Geschlechts für alle Wahlen und Abstimmungen. Proportionalwahlsystem [Verhältniswahlsystem]; und bis zu dessen Einführung gesetzliche Neueinteilung der Wahlkreise nach jeder Volkszählung. Zweijährige Gesetzgebungsperioden, Vornahme der Wahlen und Abstimmungen an einem gesetzlichen Ruhetag. Entschädigung für die gewählten Vertreter ..." (W. Treue, Deutsche Parteiprogramme 1861 bis 1956, Göttingen 1956[2], S. 76)

6 Die Reichstagswahlen im Spiegel der Karikatur. Nach der Wahl – Ein ostelbischer Junker zu seinen Dorfbewohnern: „Es ist eine liberale Stimme abgegeben worden. Der Schulmeister kriegt von heute an keine Kartoffeln mehr." (Simplicissimus, 1912)

Arbeitsvorschläge und Fragen

a) Was besagt die Präambel der Reichsverfassung (M 2) über das Zustandekommen des Deutschen Reiches? Vergleiche mit dem Einleitungssatz, der für die Verfassung von 1848 vorgesehen war: „Die deutsche verfassunggebende Nationalversammlung hat beschlossen und verkündigt als Reichsverfassung ..."

b) Untersuche anhand der Artikel 12 bis 14 der Reichsverfassung (M 2) die Stellung von Kaiser, Bundesrat und Reichstag.

c) Halte mit Hilfe des Schaubildes M 1 und der Karte M 4 die monarchischen und parlamentarischen sowie die bundesstaatlichen und zentralstaatlichen Elemente der Reichsverfassung in einer Tabelle fest.

d) Erarbeite aus M 3a, 3b und 3c die Urteile von Zeitgenossen über die parlamentarische Ordnung im Deutschen Reich.

e) Ermittele aus M 5a, b und 6 die Einstellung gegenüber dem Wahlrecht und den Wahlen. Beachte bei M 6 die Art der Quelle.

f) Welche Feststellungen über die Stellung Preußens im Deutschen Reich kannst Du anhand von M 4 machen?

2. Reichstag und Parteien

Nach 1848	Aus politischen Gruppierungen bilden sich Parteien.
1861	Die Deutsche Fortschrittspartei gibt das erste Parteiprogramm in der deutschen Geschichte heraus.
1871–1890	Bismarck bekämpft das Zentrum (bis 1878) und dann die Sozialdemokraten.

Enstehung des deutschen Parteiensystems

Die wichtigsten im Reichstag vertretenen Parteien lassen sich nach ihrer politischen Grundeinstellung in vier Hauptrichtungen einteilen: die *Liberalen*, die *Konservativen* und den *politischen Katholizismus* als „bürgerliche" Parteien sowie die *Arbeiterbewegung* (vgl. S. 106f.). Sie waren nach der Revolution von 1848 aus den unterschiedlichen lockeren politischen Gruppierungen entstanden (s. S. 132) und hatten sich seit den 60er Jahren zu *festen Parteien formiert*: Sie besaßen einen ständigen Parteivorstand, die Kandidaten wurden von Parteimitgliedern nominiert und im Wahlkampf unterstützt, die Abgeordneten bildeten im Parlament Fraktionen aufgrund ihrer Parteizugehörigkeit.

Interessenparteien

Im Unterschied zu den Parteien in der Bundesrepublik Deutschland vertrat in der Kaiserzeit jede Partei nur eine *bestimmte Gruppe der Bevölkerung*, deren *Interessen* in deutlich abgegrenzten *Grundsatzprogrammen* festgehalten wurden. Diese Programme bildeten die Grundlage für die Wahlkämpfe und für die Arbeit in den Fraktionen; Meinungsverschiedenheiten über das Programm führten bei den Liberalen und Konservativen mehrfach zu Parteispaltungen.

1 Die wichtigsten politischen Lager im Kaiserreich

		Bürgerliche Parteien			
	Sozialdemokratie	Zentrum	„Linksliberale"	Nationalliberale	Konservative
Anhänger	Arbeiter	Katholiken aus allen Schichten des Volkes	vor allem gebildetes Bürgertum	vor allem wohlhabendes und gebildetes Bürgertum	vor allem Großgrundbesitzer, Unternehmer, Offiziere
innenpolitische Grundforderungen	Befreiung der arbeitenden Klasse Beseitigung aller politischen und sozialen Ungleichheit	Schutz der kirchlichen Selbständigkeit deutsche Einheit, aber kein Einheitsstaat unter preußischer Führung	liberale Verfassung als Grundlage des Staates deutscher Einheit gemeinsame deutsche Volksvertretung	parlamentarisches System deutsche Einheit, starke Zentralgewalt	starke Obrigkeit auf monarchischer Grundlage deutsche Einheit unter preußischer Führung
wirtschaftspolitische Grundforderungen	Beseitigung des kapitalistischen Systems	Schutzzölle	Freihandel	Freihandel	Schutzzölle
Stellung zur Reichsverfassung	prinzipielle Ablehnung	bedingte Zustimmung	Ablehnung	Zustimmung	weitgehend Zustimmung
Verhalten gegenüber Bismarcks Politik	grundsätzliche Opposition, aber parlamentarische Mitarbeit	nach 1878 Unterstützung Bismarcks	Opposition im Reichstag	bis 1878 Unterstützung Bismarcks	überwiegend Unterstützung Bismarcks

2 Die Entwicklung der Parteien in Deutschland im 19. Jahrhundert

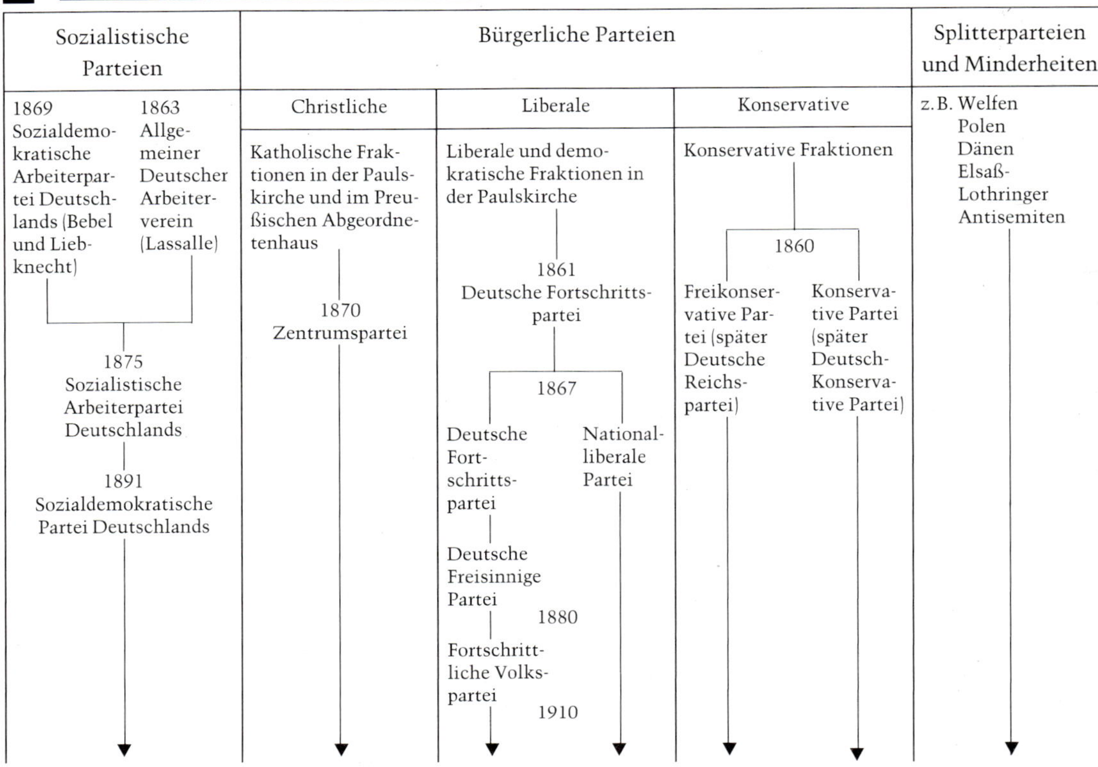

3 Ergebnisse der Reichstagswahlen 1871–1912 (Angabe der Sitze und der gültigen Stimmen bei Hauptwahlen in %)

Jahr	Sozialdemokraten		Bürgerliche Parteien: Zentrum		Fortschrittliche		Nationalliberale		Freikonservative		Deutsch-Konservative		Splitterparteien und Minderheiten (nur Sitze)
1871	2	3,2 %	63	18,6 %	46	8,8 %	125	39,1 %	37	8,9 %	57	14,1 %	52
1874	9	6,8 %	91	27,9 %	49	8,6 %	155	29,7 %	33	7,2 %	22	6,9 %	38
1877	12	9,2 %	93	24,8 %	35	7,7 %	128	27,2 %	38	7,9 %	40	9,7 %	51
1878	9	7,6 %	94	23,1 %	26	6,7 %	99	23,1 %	57	13,6 %	59	13,0 %	53
1881	12	6,1 %	100	23,2 %	60	12,7 %	47	14,7 %	28	7,4 %	50	10,3 %	100
1884	24	9,7 %	99	22,6 %	67	17,6 %	51	17,6 %	28	6,9 %	78	15,2 %	50
1887	11	10,1 %	98	20,1 %	32	12,9 %	99	22,3 %	41	9,8 %	80	15,2 %	36
1890	35	19,8 %	106	18,6 %	66	16,0 %	42	16,3 %	20	6,7 %	73	12,4 %	55
1893	44	23,3 %	96	19,1 %	24	8,7 %	53	13,0 %	28	5,7 %	72	13,5 %	80
1898	56	27,2 %	102	18,8 %	29	7,2 %	46	12,5 %	23	4,4 %	56	11,1 %	85
1903	81	31,7 %	100	19,8 %	21	5,7 %	51	13,9 %	21	3,5 %	54	10,0 %	69
1907	43	28,9 %	105	19,4 %	28	6,5 %	54	14,5 %	24	4,2 %	60	9,4 %	83
1912	110	34,8 %	91	16,1 %	42	12,3 %	45	13,6 %	14	3,0 %	43	9,2 %	52

Der Reichstag hatte 1871 insgesamt 382 Sitze, ab 1874 war die Anzahl auf 397 Sitze erhöht.

„Splitterparteien"

Das Wahlrecht ermöglichte auch die Existenz von *„Splitterparteien"*. Die wichtigsten von ihnen waren auf ganz bestimmte Regionen des Reiches beschränkt und hatten dort Anhänger in allen Schichten der Bevölkerung: Die Parteien der *Polen* und *Dänen* kämpften in erster Linie gegen die „Germanisierungspolitik" der preußischen Regierung; die *Welfenpartei* trat für die Wiederherstellung des Königreichs Hannover ein (s. S. 150, 153); die Partei der *Elsaß-Lothringer* wandte sich dagegen, daß das „Reichsland" Elsaß-Lothringen wie eine unterworfene Kolonie verwaltet wurde, die Mehrzahl ihrer Anhänger lehnte die Annexion durch das Deutsche Reich ab. Diese Parteien waren also grundsätzlich gegen die bestehende Reichsverfassung eingestellt. Sie bildeten eine zahlenmäßig schwankende, aber beständige *Opposition* gegen Bismarck.

Parteien ohne Verfassungsrang

Weil die Verfassung von 1871 dem Deutschen Reich kein parlamentarisches System gebracht hatte, konnten die Parteien *keine politische Verantwortung* übernehmen: Es gab weder eine Regierungspartei noch eine Opposition, die darauf hoffen konnte, nach einem Wahlsieg die Regierung zu übernehmen. Die Parteiführer mußten also nicht Rücksicht auf die Interessen des Staates, sondern ihrer *Wähler* nehmen; sie konnten keine Regierungskoalitionen bilden, waren also nicht zu Abstrichen an ihrem Grundsatzprogramm gezwungen und entwickelten kaum die Fähigkeit, *Kompromisse* zu schließen. Politisch Andersdenkende wurden nicht als politische Gegner angesehen, sondern als „Feinde" bekämpft.

Parteien als „Staatsgefährdung"?

Aber auch viele Deutsche sahen in den Parteien nicht tragende politische Kräfte, sondern eher eine *Gefahr für das Reich*: Reichstagsdebatten erschienen ihnen als überflüssiges „politisches Gezänk", Opposition als der Versuch, die Autorität des „geliebten Kaisers" und seines „eisernen" Kanzlers zu untergraben; „regierungsfeindliche Parteien" galten als Bedrohung der „glorreich gewonnenen" deutschen Einheit.

„Parteien sind mir vollständig gleichgültig"

Bismarck förderte diese Einstellung, indem er seine *Verachtung* der Parteien deutlich aussprach. In einer Reichstagsrede im Jahre 1878 erklärte er, es sei ihm „vollständig gleichgültig", mit welcher Fraktion er zusammenarbeite; sie

4 Bismarck und der (norddeutsche) Reichstag. „Entschieden ist er, und ein gewaltiger Redner, das muß man ihm lassen." (Karikatur aus dem Wiener „Figaro")

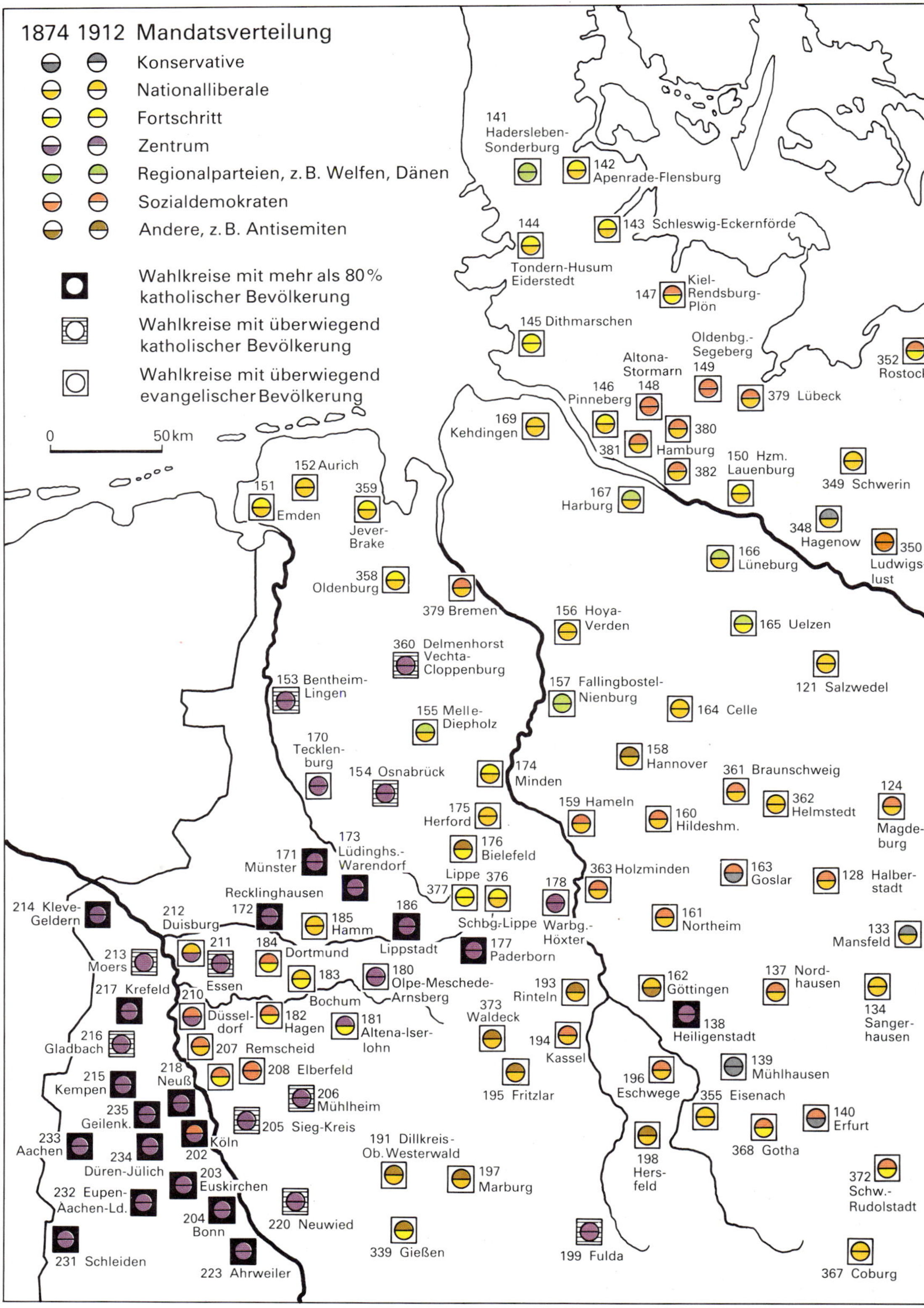

5 Ergebnisse der Reichstagswahlen 1874 und 1912 in Nordwestdeutschland im Vergleich müsse nur seine Staatsinteressen teilen. Um für seine Politik im Reichstag jeweils die *Mehrheit* zu erlangen, *wechselte* er häufig die Parteien, wobei er die programmatischen Gegensätze zwischen den Parteien ausnutzte. So stützte er sich z.B. bis 1878 wesentlich auf die Nationalliberalen. Sie deckten ihn im *„Kulturkampf"* gegen das Zentrum und stimmten für das Sozialistengesetz (s. Kap. 3). 1878 aber wollte Bismarck wegen einer seit 1873 anhaltenden Wirtschaftskrise anstelle des bisher geübten Freihandels Schutzzölle einführen, um die deutsche Wirtschaft vor ausländischer Konkurrenz zu bewahren (s. S. 95). Die Liberalen konnten aufgrund ihres Programms diese Politik nicht mitverantworten. Sie waren außerdem nicht bereit, von Bismarck beabsichtigte Einschränkungen der Befugnisse des Reichstags hinzunehmen. Dafür gelang es Bismarck aber, die Unterstützung des bis dahin von ihm heftig bekämpften Zentrums zu gewinnen.

Interessenverbände als „Ersatzparteien"?

Bismarcks geänderte Haltung in der Schutzzollfrage war wesentlich mitbestimmt durch den Druck neu entstehender *Interessenverbände* (s. S. 95). Sie waren straff organisiert und verfügten über erhebliche Finanzmittel. Ihre führenden Funktionäre hatten gute *persönliche Kontakte* zu den Führern der Parteien, zu Vertretern der Behörden und zu Regierungsmitgliedern bis hin zum Kanzler. So konnten sie auf vielen Ebenen versuchen, die Interessen ihrer Mitglieder durchzusetzen. Gegen Ende des Jahrhunderts wurden wichtige politische Fragen – etwa die, ob das Deutsche Reich Kolonien erwerben oder eine Schlachtflotte bauen solle – von neu gegründeten Verbänden aufgegriffen und mit großem Propagandaaufwand in die *Öffentlichkeit* getragen.

Parteitypen: Die großen Parteien in der Bundesrepublik verstehen sich als „Volksparteien", die alle Schichten der Bevölkerung ansprechen und im Parlament vertreten wollen; ihre Parteiprogramme sind recht allgemein gehalten. Die Parteien der Kaiserzeit vertraten als „Interessenparteien" nur ganz bestimmte Bevölkerungsgruppen; die Gegensätze in den Programmen wie auch zwischen den Anhängern waren sehr scharf.
In der Bundesrepublik haben die großen Parteien jeweils eine zahlreiche und gut organisierte Mitgliedschaft. Im Kaiserreich war nur die SPD straff organisiert, ihre Wähler waren in der Regel auch Parteimitglieder. Die übrigen Parteien hatten nur wenige Mitglieder. Einflußreiche Männer in den Städten, Landkreisen und Fraktionen standen in lockerem Kontakt zueinander und zum Parteivorstand. Sie wurden vor allem aktiv, wenn es bei Wahlen galt, Abgeordnete zu nominieren oder die Wähler zur Stimmabgabe zu bewegen.

6 Aus deutschen Parteiprogrammen des 19. Jahrhunderts:

6a Gründungsprogramm der Deutschen Fortschrittspartei, 1861:

„Wir sind einig in der Treue für den König und in der festen Überzeugung, daß die Verfassung das unlösbare Band ist, welches Fürst und Volk zusammenhält ... [Wir] verlangen ... eine feste liberale Regierung, welche ihre Stärke in der Achtung der verfassungsmäßigen Rechte der Bürger sieht, es versteht, ihren Grundsätzen in allen Schichten der Beamtenwelt unnachsichtlich Geltung zu verschaffen ... In der Gesetzgebung scheint uns die ... Verwirklichung des verfassungsmäßigen Rechtsstaats eine ... unbedingte Notwendigkeit ..."

(Zit. nach W. Treue, Deutsche Parteiprogramme 1861–1956. Göttingen 1956[2], S. 52)

6b Gründungsprogramm der Nationalliberalen Partei, 1867:

„Der deutsche Staat und die deutsche Freiheit müssen gleichzeitig mit denselben Mitteln errungen werden. Wir sind entschlossen, die Bun-

7 Bismarck und die Parteien

7a Im Urlaub auf seinem Gut: Mit stillem Genuß blickt der Reichskanzler wieder einmal auf die Köpfe, die nicht voller Parteihader und Opposition stecken. (Kladderadatsch, 1889)

7b „Am Steuer". Die liberale Speiche zu den anderen beiden: „Überhebt Euch nur nicht! Sobald der Wind sich dreht, bin ich wieder oben!" (Kladderadatsch, 1878)

deskompetenzen ... über alle gemeinsamen Angelegenheiten auszudehnen. Als Ziel schwebt uns vor, daß die parlamentarischen Funktionen des Staates möglichst vollständig in den Reichstag verlegt werden ... als die unerläßlichste Bedingung für das gedeihliche Zusammenwirken der Regierung und der Volksvertretung ... erachten wir ... eine den Gesetzen entsprechende, Recht und Freiheit der einzelnen Staatskörper wie der Gesamtheit unverbrüchlich achtende Verwaltung."
(Zit. nach: W. Treue, a.a.O., S. 54ff.)

6c Gründungsprogramm der Deutsch-Konservativen Partei, 1876:
„... Wir legen ... entscheidendes Gewicht auf die monarchischen Grundlagen unseres Staatslebens und eine kräftige obrigkeitliche Gewalt. Wir wollen ein volles, gesetzlich gesichertes Maß bürgerlicher Freiheit für alle und eine wirksame Beteiligung der Nation an der Gesetzgebung. Wir wollen in Provinz, Kreis und Gemeinde eine Selbstverwaltung, gegründet nicht auf das allgemeine Wahlrecht, sondern auf die natürlichen Gruppen und organischen Gliederungen des Volkes ... [Wir wollen] Wiedererstarkung der christlichen und kirchlichen Einrichtungen ... vor allem die konfessionelle, christliche Volksschule erachten wir für die Grundlage jeder gesunden Entwicklung und für die wichtigste Bürgschaft gegen die zunehmende Verwilderung der Massen und die fortschreitende Auflösung aller gesellschaftlichen Bande ... Wir erachten es für Pflicht, den Ausschreitungen der sozialistischen Irrlehren entgegenzutreten ..."
(Zit. nach: W. Treue, a.a.O., S. 65)

6d Programmentwurf des Zentrums, Münster 1870:
„Für Wahrheit, Recht und Freiheit!
1. Manche Zeichen der Zeit ... deuten auf Angriffsversuche gegen die kirchliche Freiheit. Es gilt daher, die verfassungsmäßig anerkannte Selbständigkeit der Kirche unversehrt zu erhalten ... und durch treue Verteidigung und Achtung der verfassungsmäßigen Rechte aller Religionsbekenntnisse auch die freie Bewegung der eigenen Kirche wirksam zu schützen.
2. Das feste Fundament der Familie ist die christliche Ehe ...
3. Der Kampf der Parteien umwogt die Schule.

Wer sie hat, der hat die Jugend ... die christlichen Eltern haben ein unveräußerliches Recht auf christliche Erziehung ihrer Kinder; und ebenso unveräußerlich und heilig ist das Recht der Kirche an der Schule ...
4. Das Vaterland der Deutschen ist Deutschland. Aber ... Deutschland [war] nie ein zentralisierter Einheitsstaat ... Die Uniform des Einheitsstaates und die nivellierende Herrschaft eines allregierenden Zentrums widerspricht dem Volksgeiste ..."
(Zit. nach: W. Mommsen, Deutsche Parteiprogramme, München 1960, S. 212 f.)

6e Im Gothaer Programm der Sozialistischen Arbeiterpartei Deutschlands aus dem Jahre 1875 heißt es u.a.:
„I. ... In der heutigen Gesellschaft sind die Arbeitsmittel Monopol der Kapitalistenklasse; die hierdurch bedingte Abhängigkeit der Arbeiterklasse ist die Ursache des Elends und der Knechtschaft in allen Formen. Die Befreiung der Arbeit erfordert die Verwandlung der Arbeitsmittel in Gemeingut der Gesellschaft und die genossenschaftliche Regelung der Gesamtarbeit mit gemeinnütziger Verwendung und gerechter Verteilung des Arbeitsertrages. Die Befreiung der Arbeit muß das Werk der Arbeiterklasse sein, der gegenüber alle anderen Klassen nur eine reaktionäre Masse sind.
II. Von diesen Grundsätzen ausgehend, erstrebt die Sozialistische Arbeiterpartei Deutschlands mit allen gesetzlichen Mitteln den freien Staat und die sozialistische Gesellschaft ..."
(Zit. nach: Geschichte in Quellen, Bd. 5, München 1980, S. 878 f.)

8 Aufruf zur Gründung eines Bauernverbandes (22. Januar 1893):
„Wir müssen schreien, daß es das ganze Volk hört, ... daß es bis in die Parlamentssäle und Ministerien dringt – wir müssen schreien, daß es bis an die Stufen des Thrones vernommen wird. Aber wir müssen, damit unser Geschrei nicht auch wieder unbeachtet verhallt, gleichzeitig handeln. Wir müssen handeln, indem wir aufhören, was wir bis jetzt für selbstverständlich hielten, für die Regierung in unsern Bezirken die Wahlen zu machen; ... wir müssen es dahin bringen, daß unsere Herren Landräte nach oben berichten: ‚In den Kreisen der Landwirte herrscht die größte Unzufriedenheit, so daß ihre früher so regierungsfreundliche Gesinnung in das Gegenteil umgeschlagen ist ...'. Ich schlage nichts mehr und nichts weniger vor, als daß wir unter die Sozialdemokraten gehen und ernstlich gegen die Regierung Front machen ...".
(Zit. nach: J. Hohlfeld, Dokumente der deutschen Politik und Geschichte, Bd. 2, S. 33 f)

Arbeitsvorschläge und Fragen

a) Untersuche die Auszüge aus den Parteiprogrammen (M 6a – 6e): Welches sind die Merkmale der jeweiligen politischen Grundeinstellung? Vergleiche auch mit der Tabelle M 1.
b) Beschreibe die Entwicklung der Mandatszahlen für die wesentlichen Parteien im Reichstag (M 3) und überlege mögliche Folgen für die Politik des Reichskanzlers. Nimm dazu auch M 1 zu Hilfe.
c) Vergleiche das Verhältnis von Mandatszahl und Prozentanteil an den gültigen Stimmen für die Sozialdemokraten einerseits und die bürgerlichen Parteien andererseits. (M 3) – Wie kannst Du das Ergebnis Deiner Untersuchung erklären?
d) Beschreibe und vergleiche die Wahlergebnisse von 1890 und 1912 in Nordwestdeutschland. (M 5) – Ermittle mit Hilfe von M 1 die politische Einstellung der Bevölkerung dieses Gebietes gegenüber der Reichsverfassung und der Reichsregierung und versuche, sie zu erklären.
e) Was besagen die Karikaturen (M 7) über Bismarcks Haltung gegenüber den Parteien allgemein und gegenüber dem Parlament und seinen Fraktionen?
f) Beschreibe die Ziele des landwirtschaftlichen Verbandes (M 8) und die Mittel, die er einsetzen will. Wie beurteilst Du die Chancen, die Ziele durchzusetzen?

3. Bismarcks Auseinandersetzung mit den „Reichsfeinden"

3.1 Der „Kulturkampf"

1871–1878	Bismarck versucht, die Stellung der katholischen Kirche in Deutschland und die Zentrumspartei zu schwächen („Kulturkampf"). „Kampfgesetze" schränken die Wirkungsmöglichkeiten der Kirchen ein.
nach 1879	Allmählich bahnt sich ein Ausgleich zwischen dem Reich und der katholischen Kirche, zwischen Bismarck und dem Zentrum an.

Bismarck will die staatliche Autorität sichern

Bismarck glaubte, mit der Verfassung von 1871 dem Reich eine dauerhafte Form und dem Regierungssystem eine feste Grundlage gegeben zu haben. Es entsprach seiner konservativen Grundhaltung, daß er in der unangefochtenen *Autorität der Regierungen* in den Ländern und im Reich die Voraussetzung für das „Wohlergehen" des Staates sah. Daher erschien ihm bereits Widerspruch zu seiner Regierungspolitik als Angriff auf die staatliche Autorität; Parteien, die von ihrem Grundsatzprogramm her die bestehende Ordnung ablehnten, waren in seinen Augen *„Reichsfeinde"*; seiner Meinung nach verfolgten sie keine „nationale" Politik und mußten mit allen Mitteln bekämpft werden. Diese Konfliktbereitschaft hatte er bereits als preußischer Ministerpräsident gezeigt (s. S. 148); mit der gleichen Taktik versuchte er auch als Reichskanzler, die Unterstützung „national denkender" Parteien und ihrer Anhänger für seine Politik zu gewinnen.

Gegen eine Koalition von Reichsfeinden?

Unter den bürgerlichen Parteien erschien ihm das *Zentrum* als stärkste Bedrohung des Reiches. Vor allem zwei Gründe führten ihn zu dieser Überzeugung: Das Zentrum war zur Zusammenarbeit mit den *oppositionellen Minderheitenparteien* bereit, z.B. mit den Polen, Welfen und Elsässern. Zum anderen meinte er, die Zentrumsführung sei ein *päpstlicher Befehlsempfänger*. Er glaubte, sie sei ein Werkzeug des Papstes bei dessen Versuch, auf die deutsche Innenpolitik Einfluß zu nehmen.

Muß das Verhältnis von Kirche und Staat neu geregelt werden?

Bismarcks Haltung entsprang nicht einer grundsätzlichen Religionsfeindschaft. Er war aber davon überzeugt, daß *Kirche und Staat eigenständige* und daher *zu trennende Organisationen* seien. Deshalb lehnte er auch das evangelische Staatskirchentum ab: Der „Bund von Thron und Altar" enthielt nach seiner Meinung die Gefahr einer „Priesterherrschaft" im Staat. Er suchte also nach einer Möglichkeit, das Verhältnis von Kirche und Staat neu zu regeln und gleichzeitig das Zentrum als „klerikale" Partei zu schwächen.

Anlaß des Kampfes: Innerkirchliche Maßnahmen

Den Anlaß für die Auseinandersetzung bot der *Papst* selbst: *Pius IX.* hatte 1864 in einer *Enzyklika* (Sendschreiben zu Glaubensfragen) den Fortschritt der modernen Zivilisation und die geistige Haltung des Liberalismus als zersetzende Elemente gegenüber dem Glauben und den kirchlichen Traditionen angeprangert. Mit diesem Angriff machte er sich die Liberalen zu erbitterten Gegnern. Zum anderen hatte Pius versucht, die *Machtstellung des Papstes* innerhalb der Kirche zu stärken: Auf dem *1. Vatikanischen Konzil* 1869/70 wurde durch sein Einwirken als Lehrsatz verkündet, daß der Papst bei Entscheidungen in Fragen des Glaubens und der Moral *unfehlbar* sei, wenn er diese *amtlich (ex cathedra)* verkündet. Dieses *Unfehlbarkeitsdogma* lehnte eine kleine Gruppe deutscher Katholiken ab und erklärte sich *von Rom unabhängig.* Viele von ihnen waren als Theologieprofessoren, Religionslehrer und Militär-

1 Reichskanzler Bismarck und Papst Pius IX. beim Schachspiel (Kladderadatsch, 1875). – Einige Schachfiguren tragen Namen, so die Dame des Papstes „Encycl." = Enzyklika, die Dame Bismarcks „Germ." = Germania, „W" = Windthorst, „F" = Falk. Falk hatte als preußischer Kultusminister Anteil an den Kulturkampfgesetzen.

pfarrer gleichzeitig Staatsbeamte; der Versuch der Kurie, sie aus ihren Ämtern zu entfernen, wurde von Bismarck als ein *Übergriff der Kirche in staatliche Rechte* gewertet.

Der „Kulturkampf" spaltet das deutsche Volk

Bismarck konnte nun mit Hilfe und z.T. sogar auf Antrag der Liberalen im Reichstag und in den Ländern eine Reihe von *„Kampfgesetzen"* durchbringen, durch die die Kirchen im wesentlichen auf seelsorgerische und karitative Aufgaben beschränkt werden sollten. Während sich die evangelischen Kirchen dieser Einschränkung nicht widersetzten, leisteten die meisten *katholischen Geistlichen* dagegen erbitterten *Widerstand.* Viele von ihnen wurden daraufhin zu Haftstrafen verurteilt. Die katholische Bevölkerung unterstützte sie mit passivem Widerstand; der zunehmende staatliche Druck entfremdete sie dem neuen Reich. Auf der anderen Seite fand Bismarcks Vorgehen die breite *Unterstützung des liberalen Bürgertums,* das diese Auseinandersetzung als Kampf für die *„Kultur Europas"* ansah. In der Tagespresse, in satirischen Wochenblättern und in populären Bilderbogen wurden die katholischen Gläubigen, ihre Seelsorger und kirchlichen Einrichtungen angegriffen und verhöhnt. Ein (gescheitertes) *Attentat* auf Bismarck im Jahre 1874 führte zu einer Verschärfung der Gegensätze und zu einer tiefen *Spaltung im deutschen Volk.*

Windthorst und das Zentrum

Bismarcks schärfster und populärster politischer Gegenspieler war *Ludwig Windthorst,* über viele Jahre der führende Kopf des Zentrums. Für ihn bedeutete der *„Kulturkampf"* ein „nationales Unglück", denn er verstand sich, anders als Bismarck ihm unterstellte, als nationaler deutscher Katholik. Er trat grundsätzlich für die *Freiheit und Rechte aller Konfessionen* ein und lehnte es ab, als Befehlsempfänger des Papstes eingeschätzt zu werden. Seine Partei allerdings profitierte von der Auseinandersetzung. Da sie nicht verboten wurde, konnte sie die katholische Bevölkerung immer fester an sich binden und bei den Reichstagswahlen zwischen 1871 und 1878 ihre Mandatszahl um rund ein Drittel vergrößern.

Der Kampf wird abgebrochen

Als nach den Reichstagswahlen von 1878 das *Zentrum* zur *zweitstärksten Fraktion* wurde, erkannte Bismarck, daß seine Taktik gescheitert war. Er suchte daher nach einer Möglichkeit, den Konflikt zu beenden, ohne an politischem Ansehen einzubüßen. Dies gelang ihm, als ein neuer Papst, *Leo XIII.,* sich zu *Verhandlungen bereit* fand. Bismarck ließ nach und nach die meisten *„Kampfgesetze" abbauen* und die kirchliche Selbständigkeit wiederherstellen. Dafür erkannte der Papst – gegen den Widerstand des Zentrums – das *staatliche Standesamt* und die *staatliche Schulaufsicht* an; auch der *„Kanzelparagraph"* (M 2b) blieb (bis 1953) bestehen. Die Zentrumsführung paßte sich der veränderten Lage an und war, um die Stellung der Nationalliberalen zu schwächen, bereit, Bismarcks Politik nach 1878 zu unterstützen.

Staat und Kirche: Seit der Reformation war in den evangelischen Territorien des Reiches der Landesherr auch das Oberhaupt der Landeskirche. Er entschied in letzter Instanz über die Besetzung geistlicher Ämter und auch über Glaubensinhalte. Dadurch konnte er sicherstellen, daß seine Person und seine Politik von der Kirche unterstützt wurden („Bund von Thron und Altar"). In der Bundesrepublik sind die evangelischen Landeskirchen vollkommen selbständige Institutionen.

2 „Kulturkampf" – Maßnahmen des Staates

2a Wesentliche Gesetze:

1871 Erweiterung des Strafgesetzbuches um den „Kanzelparagraphen", der es den Geistlichen verbietet, staatliche Angelegenheiten in Ausübung ihres Amtes zu behandeln.

1872 Im Schulaufsichtsgesetz werden in Preußen die geistliche Schulinspektion aufgehoben und öffentliche wie private Schulen unter staatliche Aufsicht gestellt.

1872 Verbot des Jesuitenordens.

1873 Für die Übernahme eines geistlichen Amtes werden das Reifezeugnis eines deutschen Gymnasiums, das Studium an einer deutschen Universität und ein sog. Kulturexamen in Geschichte, Philosphie und deutscher Literatur verlangt.

1874 Nur noch die staatliche Beurkundung von Taufe, Trauung oder Todesfall ist rechtsverbindlich (Standesamt).

1875 Im „Brotkorbgesetz" werden der katholischen Kirche die staatlichen Geldzuwendungen gesperrt.

1875 In Preußen verbietet das Klostergesetz alle Orden (Ausnahme: Krankenpflege).

2b Der „Kanzelparagraph" (1871):

„... Ein Geistlicher oder anderer Religionsdiener, welcher in Ausübung oder in Veranlassung der Ausübung seines Berufes öffentlich vor einer Menschenmenge, oder welcher in einer Kirche oder an einem andern zu religiösen Versammlungen bestimmten Ort vor Mehreren Angelegenheiten des Staates in einer den öffentlichen Frieden gefährdenden Weise zum Gegenstande einer Verkündigung oder Erörterung macht, wird mit Gefängnis oder Festungshaft bis zu zwei Jahren bestraft ..."

(Zit. nach: Geschichte in Quellen, Bd. 5, München 1980, S. 416f.)

3 Die Auseinandersetzung im „Kulturkampf"

3a Bismarck sagte im preußischen Abgeordnetenhaus 1872 über das Zentrum:

„... Ich habe es von Hause aus als eine der ungeheuerlichsten Erscheinungen auf politischem Gebiete betrachtet, daß sich eine konfessionelle Fraktion in einer politischen Versammlung bildete, eine Fraktion, der man, wenn alle übrigen Konfessionen dasselbe Prinzip annehmen wollten, nur die Gesamtheit einer evangelischen Fraktion gegenüberstellen müßte ... Wie ich ferner gefunden habe, daß die Fraktion, von der ich sprach, im Reichstage sich bereitwillig Elemente aneignete, deren fortdauernder prinzipieller, von mir und von mehreren Seiten in seinen Motiven ja nicht angefochtener Widerspruch gegen den preußischen Staat und gegen das Deutsche Reich notorisch war ..."

3b In derselben Debatte entgegnete der Zentrumsabgeordnete Ludwig Windthorst:

„Ich kann ein eifriger Anhänger des Staates und des Vaterlandes sein, und doch mich in meinem

innersten Gewissen genöthigt finden, viele Maßregeln zu bekämpfen, und zwar energisch zu bekämpfen, welche der Herr Minister-Präsident einzuleiten für gut findet. ... Die Fraktion des Centrums, welcher ich angehöre, ist keine konfessionelle. Das Programm derselben ist öffentlich bekannt gemacht, wir haben auf Grund desselben Jeden eingeladen, der diese Grundsätze acceptiren kann und will, und wer darauf acceptirend eintritt ist uns willkommen, welcher Konfession immer er angehört."
(Stenographische Berichte über die Verhandlungen des Hauses der Abgeordneten 1871/72, Bd. 1, S. 534–536 und 539f.)

3c Bismarck bewertete 1873 die Auseinandersetzung vor dem preußischen Herrenhaus:
„... Die Frage, in der wir uns befinden, wird meines Erachtens gefälscht, und das Licht, in dem wir sie betrachten, ist ein falsches, wenn man sie als eine konfessionelle, kirchliche betrachtet. Es ist wesentlich eine politische; es handelt sich nicht um den Kampf, wie unseren katholischen Mitbürgern eingeredet wird, einer evangelischen Dynastie gegen die katholische Kirche, es handelt sich nicht um den Kampf zwischen Glauben und Unglauben, es handelt sich um den uralten Machtstreit ... zwischen Königtum und Priestertum ... der viel älter ist als die Erscheinung unseres Erlösers in dieser Welt ... dieser Machtstreit unterliegt denselben Bedingungen, wie jeder andere politische Kampf ... Es handelt sich um Verteidigung des Staates, es handelt sich um die Abgrenzung, wie weit die Priesterherrschaft und wie weit die Königsherrschaft gehen soll, und diese Abgrenzung muß so gefunden werden, daß der Staat seinerseits dabei bestehen kann. Denn in dem Reiche dieser Welt hat er das Regiment und den Vortritt."
(Bismarck, Die gesammelten Werke, Bd. 11, Berlin [2]1929, S. 289f.)

4 Die Stellung der deutschen Bischöfe gegenüber dem Papst

Der Mainzer Bischof Ketteler schrieb 1873:
„Wenn Fürst Bismarck ... von mir sagt, es sei meine Aufgabe, für die ‚päpstliche Politik' zu tun, was ich könnte ... so ist das nur ein Beweis, wie gänzlich unbekannt er mit den wirklichen Verhältnissen in der katholischen Kirche ist. Meine ganze Tätigkeit hat mit der ‚päpstlichen Politik' absolut nichts zu tun ... Ich schreibe alle fünf Jahre den von den Kirchengesetzen vorgeschriebenen Bericht über die religiösen Verhältnisse meiner Diözese nach Rom und erhalte darauf eine kurze amtliche Antwort von dort; darauf beschränkt sich so ziemlich meine ganze Korrespondenz mit Rom. Was ich als Bischof zu tun habe, weiß ich aus dem Kirchenrecht und dem katholischen Katechismus. Dazu bedarf ich keiner Instruktion. ..."
(Zit. nach: W. Bußmann, Bismarck im Urteil der Zeigenossen ... Stuttgart o.J., S. 43)

5 Die Lage der Katholiken im Reich

Eine rheinische Zeitung berichtete:
„Was hat nun der Kulturkampf aus unserem Vaterlande gemacht? Er hat es in zwei Hälften zerrissen; ‚hie Reichsfreunde – hie Reichsfeinde', das ist das entsetzliche Wort, mit dem die wilde unsinnige Kirchenhetze den Frieden unseres Landes zerstört hat. Auf der einen Seite steht der Staat mit seinem ganzen Machtapparate. Alle Nichtkatholiken, mit wenigen Ausnahmen, halten zu ihm ... Auf der anderen Seite stehen acht Millionen Katholiken ... Was ist geschehen, daß wir plötzlich als Unterwühler der staatlichen Ordnung betrachtet werden? ... Haben wir irgendwie Revolution gemacht oder besondere Gesetzesübertretungen uns zuschulden kommen lassen?"
(D. Majunke, Die Segnungen des preußischen Culturkampfes, Crefeld 1879, S. 10)

Arbeitsvorschläge und Fragen

a) Stelle dar, worin für Bismarck die Ursachen des Konflikts lagen. (M 3a u. 3c)
b) Vergleiche Bismarcks Darstellung mit den Aussagen Windthorsts und Bischof Kettelers. (M 3b, 4)
c) Erläutere, wie die deutsche liberale Öffentlichkeit den „Kulturkampf" 1875 sah und bewertete. (M 1) – Welche Rolle wird dem Zentrum zugeschrieben?
d) Beschreibe, wie der „Kulturkampf" von den betroffenen Katholiken empfunden wurde. (M 5)

3.2 Das Sozialistengesetz

1878	Bismarck nutzt die Revolutionsfurcht nach zwei Attentaten auf Kaiser Wilhelm I. zur Verabschiedung des **„Gesetzes gegen die gemeingefährlichen Bestrebungen der Sozialdemokratie" (Sozialistengesetz).**
1883–89	Eine staatliche Sozialgesetzgebung soll die Arbeiter bei Krankheit und Unfall und im Alter sichern.
1890	Das Sozialistengesetz wird aufgehoben.

Ist das Reich durch den Sozialismus gefährdet?

Die weitaus größte Gefahr für das monarchische System des Reiches ging nach Bismarcks Meinung von der Sozialdemokratie als Teil des *internationalen Sozialismus* aus. Das radikale Programm der Partei hielt ihn davon ab, die auch von ihm gesehene „Arbeiternot" im Zusammengehen von Staat und Arbeiterpartei zu beheben. Die „gesetzestreue" Haltung der Sozialdemokratie erschien ihm nicht glaubwürdig; das „wahre Gesicht" der Partei trat für ihn zutage, als August *Bebel*, ein führendes Mitglied der Sozialdemokraten, im Reichstag die *Pariser Commune* von 1871 (s. S. 155) als *Modell für einen Arbeiteraufstand* gepriesen hatte. Die tatsächliche politische Stärke der Sozialdemokraten war allerdings bis zum Ende der 70er Jahre gering; bis 1877 hatte die Partei nur zwölf Abgeordnete im Reichstag und ca. eine halbe Million Wähler.

Sind „Kampfgesetze" möglich?

Bismarck versuchte, wie im Fall des Zentrums, die Arbeiterbewegung durch *Ausnahmegesetze* zu unterdrücken. Doch die Nationalliberalen verweigerten ihm die Unterstützung, weil sie befürchteten, Bismarck strebe gleichzeitig danach, die Rechte des Reichstags allgemein einzuschränken. 1878 wurden kurz nacheinander zwei (gescheiterte) *Attentate* auf Kaiser Wilhelm I. verübt. Bismarck und die konservative Presse beschuldigten – zu Unrecht – die Sozialdemokraten als Drahtzieher. Doch jetzt fanden Bismarck und die konservativen Parteien auch die Unterstützung der Nationalliberalen für ein *„Gesetz gegen die gemeingefährlichen Bestrebungen der Sozialdemokratie"*.

Das Sozialistengesetz 1878

Dieses *Sozialistengesetz* untersagte den Sozialdemokraten die *politische Tätigkeit* in Vereinen, auf Versammlungen und über Druckschriften. Es ermöglichte der Polizei, Verdächtige zu *überwachen, festzunehmen* und gegebenenfalls *auszuweisen*. Viele Parteimitglieder wurden auch zu Gefängnis oder Zuchthaus verurteilt. Das Gesetz war zunächst für zweieinhalb Jahre gedacht, es wurde aber bis 1890 immer wieder verlängert.

Die Sozialdemokraten lassen sich nicht unterdrücken

Die *Sozialdemokratische Partei* selbst war nicht verboten und konnte *mit wachsendem Erfolg* an den *Reichstagswahlen* teilnehmen. Ihre Abgeordneten blieben in ihren Reichstagsreden das Sprachrohr der Arbeiterschaft. Ihre Parteizeitung „Der Sozialdemokrat" wurde in der Schweiz gedruckt und nach Deutschland geschmuggelt. Ihre Anhänger wichen der Unterdrückung aus und ersetzten Parteiorganisationen durch *Arbeitersport- und Arbeitergesangvereine.* Sie gewährten sich gegenseitig Unterschlupf und gründeten *Hilfskassen*, um in Not geratenen Genossen und deren Familien zu helfen.

Alle staatlichen Zwangsmaßnahmen hatten also ähnliche Folgen wie der „Kulturkampf": Die *Gegensätze verschärften sich*, es wurden Märtyrer geschaffen, und die bekämpfte Partei und ihre Anhängerschaft wurden gestärkt. Erst nach Bismarcks Entlassung wurde das Sozialistengesetz aufgehoben. Es hatte dazu beigetragen, viele Arbeiter dem Staat zu entfremden und die bekämpfte Partei fester an die Lehre von Marx zu binden. Trotz des für sie ungünstigen Wahlrechts gewann die SPD zunehmend Reichstagsmandate und wurde 1912 in der

1 Polizeiliche Hausdurchsuchung bei einem politisch verdächtigen Arbeiter.

letzten Wahl vor dem Ersten Weltkrieg mit 110 Abgeordneten die *stärkste Fraktion* im Parlament.

Sozialgesetze sollen die Arbeiter für den Staat gewinnen

Parallel zu den Kampfmaßnahmen wollte Bismarck mit politischen Mitteln die Kraft der Arbeiterbewegung schwächen. Er hoffte, durch eine *staatliche Sozialgesetzgebung* die „Soziale Frage" lösen und die *Arbeiter für den Staat gewinnen* zu können (vgl. S. 110, 113).

Nachdem eine kaiserliche Botschaft 1881 den Arbeitern staatliche Hilfe angekündigt hatte, waren in den Jahren 1883 bis 1889 die *Kranken-, Unfall-, Invaliditäts- und Altersversicherung* geschaffen worden. In ihnen waren die Arbeiter *pflichtversichert*; Arbeitnehmer und Arbeitgeber mußten die Beiträge gemeinsam finanzieren, und das Reich zahlte Zuschüsse zu den Altersrenten. Diese waren zunächst sehr niedrig. Trotzdem galt das deutsche *Sozialversicherungssystem* weltweit als vorbildlich. Weite Teile der Arbeiterschaft und ihre Führer lehnten aber die Gesetze ab, weil sie sich nicht durch staatliche Fürsorge bevormunden lassen wollten. Ihr *Klassenbewußtsein* und der Wille, die sozialen Probleme aus *eigener Kraft* zu lösen, verhinderten einen politischen Erfolg Bismarcks auch in diesem Konflikt.

2 Bismarcks Einstellung zur sozialen Frage und zur sozialistischen Bewegung

2a In einem Brief an den Handelsminister schrieb Bismarck 1871:

„... Soweit mir das Tatsächliche der Bewegung bekannt geworden ist, wird bis dahin die sozialistische Bewegung von der Internationalen durchaus noch nicht in der von dieser erstrebten Weise beherrscht, vielmehr ist namentlich in Preußen dieselbe der Internationalen eher feindlich, wie dies in dem Gegensatze der Lassalleanischen Partei gegen die mit der Internationalen in Verbindung stehende Bebel-Liebknechtsche hervortritt. Hier ist nicht allein eine sachliche Verständigung noch möglich, sondern es wird beim rechten Eingreifen des Staates zurzeit auch noch gelingen, die Mehrzahl der Arbeiter mit der bestehenden Staatsordnung auszusöh-

3 Bismarcks Kampf gegen die Sozialdemokratie – aus der Sicht eines deutschen Karikaturisten (Kladderadatsch, 1878)

Der Pfeil ist auf die Socialdemokraten gerichtet; wie aber, wenn er über das Ziel hinausfliegt?

nen und die Interessen von Arbeitern und Arbeitgebern wiederum in Harmonie zu bringen. ... Daß hierbei die brennendsten Fragen von Arbeitszeit und Arbeitslohn, Wohnungsnot u. dgl. nicht ausgeschlossen werden dürfen, betrachte ich als selbstverständlich ..."
(Zit. nach: H. Rothfels [Hrsg.], Bismarck und der Staat, Ausgewählte Dokumente, Darmstadt 1958, S. 330)

2b 1878 sagte Bismarck bei der ersten Lesung des Sozialistengesetzes im Reichstag:
„... Ich komme zu der Frage zurück, wann und warum ich meine Bemühungen um soziale Verhältnisse aufgegeben habe, und wann überhaupt meine Stellung zu der sozialen Frage eine andere geworden ist, sozialdemokratische mochte ich sie damals nennen. Es stammt dies von dem Augenblick her, wo in versammeltem Reichstag ... der Abgeordnete Bebel oder Liebknecht, aber einer von diesen beiden, in pathetischem Appell die französische Kommune als Vorbild politischer Einrichtungen hinstellte und sich selbst offen vor dem Volke zu dem Evangelium dieser Mörder und Mordbrenner bekannte. Von diesem Augenblick an habe ich die Wucht der Überzeugung von der Gefahr, die uns bedroht, empfunden ...".
(Bismarck, Die gesammelten Werke, Bd. 11, Berlin 1929[2], S. 610)

4 Die Durchführung des Sozialistengesetzes
An die Zeit der Verfolgung erinnerte sich später August Bebel in seinen Memoiren:
„Während der zwölfjährigen Dauer des Sozialistengesetzes war ich – ich darf das ohne Übertreibung sagen – der in Deutschland polizeilich am meisten verfolgte Mensch ... Daß ich, wenn ich in Berlin zum Reichstag war, auf Schritt und Tritt überwacht wurde, das passierte auch meinen sozialdemokratischen Kollegen. Aber daß man den Telegrafen hinter mir in Bewegung setzte und von einer Stadt zur anderen telegrafierte, daß und wann ich ankommen würde, passierte nur mir. Das geschah meist in der Weise, daß der Polizist, der mich zu überwachen hatte, sobald ich auf dem Bahnhof eine Fahrkarte löste, hinter mir an den Schalter trat und sich erkundigte, wohin ich die Fahrkarte genommen ...
In jenen Jahren stand jedoch nicht nur die Bahnverwaltung in intimen Beziehungen zur Polizei, sondern auch die Post. Daß Briefe und Pakete, die an bekannte Sozialdemokraten kamen, vor ihrer Ablieferung der Polizeibehörde mitgeteilt wurden, so daß diese hinter der Ablieferung der Gegenstände sofort in die Wohnung eintrat und die Beschlagnahme ausführte, kam in Tausenden von Fällen vor ..."
(A. Bebel, Aus meinem Leben, Berlin, Bonn-Bad Godesberg 1976[2], S. 149ff.)

5 Von den Sozialdemokraten erwartete Wirkung des Sozialistengesetzes

Der Sozialdemokrat August Bebel (1840–1913) sagte in der Reichstagsdebatte über das Sozialistengesetz 1878:

„Wenn es nicht mehr gestattet wird, unsere eigene gesamte Literatur zu verbreiten, so werden wir selbstverständlich wissen, uns die einschlägige, nicht verbotene in- und ausländische Literatur in passender Weise zugänglich zu machen. Sie mögen da machen, was Sie wollen ... Dabei haben wir die ... Gewißheit, daß die Neugierde schon allein bewirken wird, daß diese sogenannten staatsgefährdenden Broschüren und Schriften massenhaft gelesen werden ... Sie können uns gar nicht besser nützen als durch die Annahme des Gesetzes, denn Tausende und Abertausende, die heute noch keine Sozialdemokraten sind, werden es dann sicher werden. Wir sind in wenigen Jahren stärker als je zuvor."

(A. Kuhn [Hrsg.], Deutsche Parlamentsdebatten, Frankfurt a.M. 1970, Bd. 1, S. 100f.)

6 Bismarcks Kampf gegen die Sozialdemokratie – aus der Sicht eines englischen Karikaturisten. Die Kiste trägt die Aufschrift: „Sozialistischer Springteufel". (Punch, 1878)

7 Die Sozialdemokraten unter dem Sozialistengesetz

7a Der Berliner Polizeipräsident berichtete im Dezember 1878 über die Lage der SPD:

„... Es ist ferner zu konstatieren, daß die Bewegung an einzelnen Orten nach den Attentaten gegen Seine Majestät den Kaiser zum Stillstand gekommen, und allgemein seit dem Inkrafttreten des Gesetzes vom 21. Oktober ... und in Folge der damit verbundenen Auflösung der sozialistischen politischen Vereine und Gewerkschaften sowie der Unterdrückung der Presse und der an vielen Orten von den Arbeitgebern getroffenen strengen Maßregeln aus der Öffentlichkeit fast ganz zurückgetreten ist. Die demnach anscheinend eingetretene Ruhe ist aber nur eine rein äußerliche, denn im Geheimen wird die Agitation mit Aufbietung aller Kräfte fortgeführt ..."

(R. Höhn [Hrsg.], Die vaterlandslosen Gesellen, Köln/Opladen 1964, Bd. 1, S. 1f.)

7b Der Berliner Polizeipräsident berichtete im November 1884 über die Situation der SPD:

„Die Beschränkungen, welche das Ausnahmegesetz der Partei auferlegt, werden zwar nach wie vor schwer empfunden; man hat sich aber im Lauf der Zeit gewöhnt, mit demselben als einem Faktor zu rechnen, und gelernt, wesentliche Bestimmungen des Gesetzes systematisch zu umgehen. Organisation und Agitation sind danach eingerichtet, ja in gewisser Beziehung bietet das Gesetz selbst ein schätzbares Agitationsmittel, als Beweis für die vermeintliche Härte und Ungerechtigkeit, mit welcher die ‚Arbeiter' von den herrschenden Klassen behandelt werden ..."

(R. Höhn, a.a.O., S. 217)

7c Der Polizeipräsident berichtet im November 1889:

„Bei einem Vergleich der heutigen Lage der sozialdemokratischen und revolutionären Bewegung mit der zuletzt vor zwei Jahren geschilderten ergibt sich wiederum eine erhebliche Erweiterung der zwischen der Arbeiterschaft und den übrigen Gesellschaftsklassen entstandenen Kluft. Die Unzufriedenheit mit ihren politischen und wirtschaftlichen Verhältnissen, die Anschauung, daß die ebenso notwendige wie mögliche Besserung von den übrigen Klassen

nur aus Eigennutz und bösem Willen hintertrieben werde, und daß deshalb in den übrigen Klassen Feinde zu erblicken seien, die bekämpft werden müssen, greift auch unter den noch nicht der sozialdemokratischen Partei angehörigen Arbeitern immer mehr um sich. Die Arbeiter fühlen auch, daß sie, wenn einig, die Macht besitzen würden, in diesem Kampf zu siegen, daher die Neigung zur Gründung von politischen und gewerkschaftlichen Vereinen und der Drang nach Anknüpfung und Pflege internationaler Beziehungen ..."
(R. Höhn [Hrsg.], Die vaterlandslosen Gesellen, Köln/Opladen 1964, Bd. 1, S. 319)

8 Leistungen nach dem Unfall- und Krankenversicherungsgesetz (15. 6. 1883).

Allen Kassenmitgliedern standen für die Dauer von 13 Wochen zu:
„1. ... ärztliche Behandlung und Arzneimittel,
2. Krankengeld in Höhe der Hälfte des durchschnittlichen Tagelohns vom 3. Tag an,
3. Krankenhauspflege bei schwerer Erkrankung,
4. Zahlung eines Viertels ihres Durchschnittslohns während des Krankenhausaufenthaltes."

(Zit. nach: A. Gladen, Geschichte der Sozialpolitik in Deutschland, Wiesbaden 1974, S. 62)

9 Die Einführung wichtiger Sozialgesetze im Vergleich

Land	Krankenversicherung	Alters- u. Invalidenvers.	Unfallversicherung	Arbeitslosenversicherung	Familienbeihilfen
Belgien	1844	1884	1903	1920	1930
Deutschland	1883	1889	1884	1927	1954
England	1911	1908	1897	1911	1945
Frankreich	1928	1885	1898	1905	1932
Italien	1910	1861	1898	1919	1936
Schweden	1891	1913	1901	1934	1947
Schweiz	1911	1916	1911	1924	1952
UdSSR	1922	1922	1922	1922	1944
USA	1965	1935	1908	1935	–

(International Labour Review. Aus: Die moderne Gesellschaft – Formen menschlichen Zuammenlebens, Freiburg 1972, S. 449.)

Arbeitsvorschläge und Fragen

a) Was sagt das Bild M 1 über die häuslichen Lebensbedingungen der Arbeiter aus?
b) Arbeite Bismarcks Einstellung zur sozialen Frage und zur sozialistischen Bewegung heraus. (M 2 a u. 2 b)
c) Beschreibe die Folgen, die das Sozialistengesetz für die Mitglieder der SPD hatte. (M 4)
d) Untersuche anhand von M 5 und M 7 a–7 c, ob das Sozialistengesetz erfolgreich war.
e) Vergleiche die Einstellung gegenüber Bismarcks Kampfgesetzen, die in den zeitgenössischen Karikaturen M 3 und M 6 zum Ausdruck kommt.
f) Beschreibe die Entwicklung der Sozialgesetzgebung in verschiedenen Industrieländern. (M 8 und M 9) – Wie kannst Du Dir die Haltung der Arbeiterschaft im Jahre 1889 erklären? (M 7 c)

4. Ein kompliziertes Bündnissystem sichert das Reich

1878	Auf dem Berliner Kongreß vermittelt Bismarck zwischen den europäischen Großmächten einen Ausgleich in strittigen Balkanfragen.
1879	Das Deutsche Reich und Österreich-Ungarn schließen den Zweibund als Verteidigungsbündnis gegen Rußland.
1881	Durch das Dreikaiserbündnis zwischen dem Deutschen Reich, Österreich-Ungarn und Rußland kommt es zu einer vorübergehenden Festigung innerhalb dieser Mächtegruppe.
1882	Die Zweibundmächte verbünden sich mit Italien im Dreibund.
1887	England, Italien und Österreich-Ungarn verbinden sich im Mittelmeerabkommen und im Orientdreibund zur Erhaltung des Status quo im Mittelmeerraum.
1887	Im Rückversicherungsvertrag erhält sich das Deutsche Reich nach Beendigung des Dreikaiserbündnisses Rußland als Bündnispartner.

Das Kräfteverhältnis in Europa hat sich geändert

Mit der Reichsgründung war Deutschland zu einer neuen *Großmacht* auf dem Kontinent aufgestiegen: Das besiegte Frankreich war geschwächt, Österreich-Ungarn von inneren Spannungen bedroht („Vielvölkerstaat"), Rußland wirtschaftlich, politisch und sozial rückständig. Damit war das *alte „Mächtekonzert"* der Jahrhundertmitte entscheidend *verändert*.
Obwohl Bismarck immer wieder betonte, Deutschland sei *„saturiert"* („gesättigt"), waren das Mißtrauen der europäischen Regierungen und die Furcht vor weiteren deutschen Eroberungen nicht leicht zu überwinden. Bismarck mußte außerdem damit rechnen, daß *Frankreich*, sobald es dazu in der Lage wäre, einen *Revanchekrieg* beginnen würde. Daher richtete er seine Außenpolitik ganz darauf aus, das *Erreichte zu sichern*.

Bismarcks außenpolitische Grundsätze

Für Bismarck wie für jeden seiner Zeitgenossen war der Krieg ein selbstverständliches Mittel der Politik; er selbst hatte mit drei Kriegen die deutsche Einigung bewirkt. Der Sieg war aber jedes Mal durch *diplomatische Mittel* – d.h. Bündnisse und Verträge – wesentlich ermöglicht worden. Diese Erfahrungen hatten Bismarcks politisches Denken ebenso geprägt wie die Tatsache, daß Deutschland, in der Mitte Europas gelegen, von allen Seiten angegriffen werden konnte; die Vorstellung, das Reich könnte in einen *Mehrfrontenkrieg* verwickelt werden, verursachte bei ihm einen regelrechten „Alptraum" gegenüber einer Koalition unter der Führung Frankreichs.
Um den bestehenden Zustand und damit den Frieden zu sichern, sah Bismarck zwei Möglichkeiten: Ein starkes, gut ausgebildetes *Heer* mußte jeden Angreifer abschrecken können. Mögliche Bündnispartner Frankreichs mußten direkt oder indirekt mit Deutschland verbunden sein. In einem solchen *Bündnissystem* konnte Bismarck als Vertreter einer Großmacht im Konfliktfall für eine *diplomatische Lösung* eintreten.

Der Balkan als Krisenzone

Konflikte konnten sich aus der äußerst komplizierten Lage auf dem *Balkan* ergeben. Bereits beim griechischen Unabhängigkeitskampf und beim Krimkrieg (s. S. 119 u. S. 146) hatte sich gezeigt, daß die Interessen der europäischen Mächte durch den immer wieder erwarteten *Zerfall des Osmanischen Reiches* entscheidend berührt wurden:
– Die *russische Regierung* unterstützte die Unabhängigkeitsbestrebungen der Balkanvölker, denn sie wollte alle Slawen Europas in einem Staatenbund unter russischer Führung vereinen („*Panslawismus*"). Damit war gleichzei-

tig der Bestand des Vielvölkerstaates Österreich-Ungarn bedroht.

- Die *Regierung in Wien* war bestrebt, das Staatsgebiet entlang der Adriaküste nach Süden auszuweiten. Damit berührte sie aber Gebietsansprüche Italiens, so daß sich die bereits bestehenden Spannungen zwischen den beiden Mächten verstärkten.
- Die *Regierungen Frankreichs* und *Italiens* hofften, nach einem Zerfall des Osmanischen Reiches die nordafrikanischen Provinzen erobern zu können; daraus konnten sich Konflikte zwischen diesen beiden Ländern ergeben.
- Die *britische Regierung* hatte stärkstes Interesse an der Erhaltung des Osmanischen Reiches. Denn eine russische Herrschaft über den Balkan hätte der russischen Schwarzmeerflotte die Durchfahrt durch den Bosporus ins Mittelmeer ermöglicht. Das hätte, ebenso wie ein Erfolg der italienischen und französischen Pläne, die englische Vormacht im Mittelmeer gefährdet; die „freie" Fahrt englischer Schiffe durch das Mittelmeer und den Suezkanal nach Indien war nach britischer Auffassung bedroht.

Diplomatie statt Krieg

Die Interessengegensätze auf dem Balkan hätten zu einem *europäischen Krieg* führen können, als 1878 *russische Truppen* zur Unterstützung eines Aufstandes auf dem Balkan bis Istanbul vorstießen und der Zar *Friedensbedingungen* diktierte, die u.a. die Schaffung eines *großen bulgarischen Staates* vorsahen. Für Bismarck ergab sich nun die Möglichkeit zu zeigen, wie sehr dem Deutschen Reich am Frieden in Europa gelegen war. Da Deutschland keine direkten Interessen auf dem Balkan hatte, gelang es ihm, von der österreichischen und der russischen Regierung den Auftrag zu einer diplomatischen Vermittlung zu erhalten. Auf einem *Kongreß* der europäischen Staatsmänner in *Berlin* konnte er als *„ehrlicher Makler"* den Orientkonflikt durch einen Kompromiß vorläufig beenden. Die grundsätzlichen Rivalitäten – vor allem zwischen Österreich und Rußland – blieben jedoch bestehen.

1 „Doctor Bismarck" auf dem Berliner Kongreß: Medizin und Rezepte für Bulgarien (?), Frankreich, Rußland und die Türkei, den „kranken Mann am Bosporus". (Zeitgenössische Karikatur aus dem „Punch")

Bismarcks Auftreten auf dem Berliner Kongreß hatte das Ansehen des Kanzlers bei den europäischen Staatsmännern vergrößert und seinen diplomatischen Spielraum erweitert. Er nutzte ihn, um schrittweise ein System unterschiedlicher Bündnisse mit geheim gehaltenen Bestimmungen aufzubauen:

Die Entwicklung des Bündnissystems

1879 schloß er ein Verteidigungsbündnis mit Österreich-Ungarn, den *Zweibund.* Er war gegen einen Angriff Rußlands auf Deutschland oder Österreich gerichtet.

Zweibund

1881 erreichte er ein gegenseitiges Neutralitätsabkommen zwischen dem deutschen, österreichischen und russischen Monarchen, das *Dreikaiserbündnis.* Es sollte die Spannungen zwischen Österreich und Rußland verringern und vor allem verhindern, daß im Falle eines französischen Angriffs auf Deutschland Rußland oder Österreich für Frankreich in den Krieg eintraten.

Dreikaiserbündnis

1882 wurde der Zweibund durch den Beitritt Italiens zum *Dreibund* erweitert. Die drei Mächte sagten darin einander Hilfe im Falle eines unprovozierten französischen Angriffs auf eines der drei Länder zu.

Dreibund

1887 schloß Bismarck ein gegenseitiges Neutralitätsabkommen mit Rußland, den *Rückversicherungsvertrag.* Er trat an die Stelle des Dreikaiserbündnisses, das wegen wachsender Spannungen zwischen Österreich und Rußland nicht erneuert werden konnte. In einem „ganz geheimen" Zusatzprotokoll sicherte die deutsche Regierung dem Zaren „moralische und diplomatische Unterstützung" in einem möglichen Dardanellenkonflikt zu.

Rückversicherungsvertrag

1887 vermittelte Bismarck Bündnisvereinbarungen zwischen England und den deutschen Bündnispartnern im Dreibund. Der *Orientdreibund* und das *Mittelmeerabkommen* sollten den Status quo (gegenwärtigen Zustand) im Mittelmeer- und Balkanraum garantieren.

Orientdreibund und Mittelmeerabkommen

Bismarck war sich der *Widersprüche* dieses Bündnissystems durchaus bewußt. Er hielt es aber für ein unverzichtbares Instrument zur Friedenssicherung. Sein riskantes „Spiel mit den fünf Kugeln" konnte nur gelingen, solange sich die Interessenlage und -gegensätze der europäischen Mächte nicht entscheidend veränderten. Außerdem mußte er die Bündnispartner davon überzeugen können, daß das Deutsche Reich im Konfliktfall seine ganze Macht zugunsten einer diplomatischen Lösung einsetzen würde. Dies aber hing wesentlich von seinem *diplomatischen Geschick* und seiner persönlichen Glaubwürdigkeit ab.

Bündnisse sind für Bismarck politische Instrumente

Diplomatie: Vorbereitung und friedliche Wahrnehmung der außenpolitischen Interessen eines Staates; auch: die Verhandlungskunst der Diplomaten (Botschafter, Gesandte), die nach genau festgelegten Förmlichkeiten (Konventionen) und Vereinbarungen des Völkerrechts mit Repräsentanten fremder Staaten oder internationaler Organisationen verkehren. Bis zum Anfang des 20. Jahrhunderts geschah dies ohne Unterrichtung der Öffentlichkeit (*Geheimdiplomatie*). Die Diplomatensprache war im Mittelalter Latein, seit Richelieu das Französische. Nach dem Ersten Weltkrieg kam gleichrangig Englisch hinzu.

2 Das Bündnissystem Bismarcks

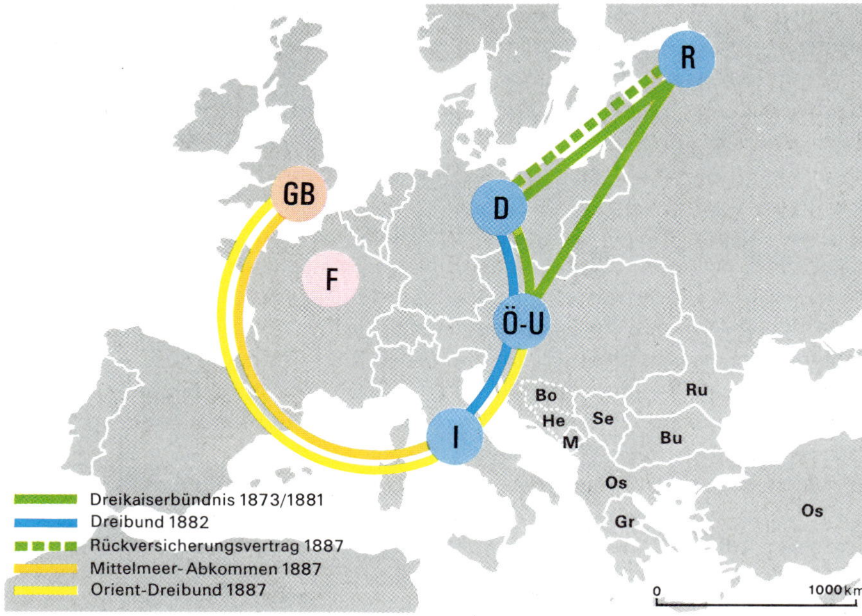

3 Bismarcks außenpolitische Ziele

3a Der „Morning Advertiser", eine englische Zeitung, stellte 1882 fest:

„Deutschland nimmt jetzt eine gebietende Stellung in Europa ein, welche Frankreich zu erlangen stets bemüht war und auch eine kurze Zeit innehatte. Mit jedem Jahr ist unter Bismarcks wachsamer Führung die Stellung Deutschlands fester und sicherer geworden, und sein definitives Übergewicht darf jetzt als gesichert betrachtet werden. Das Bündnis mit Österreich-Ungarn ... legt ... gegenwärtig in die Hände des Fürsten Bismarck eine Macht, die so groß ist, daß keine denkbare Kombination anderer europäischer Staaten dieselbe erschüttern kann. Es kann nicht bezweifelt werden, daß der Einfluß des Fürsten Bismarck und das Ansehen Deutschlands gegenwärtig die großen Faktoren in der Bestimmung der Politik Europas sind und daß dieser Einfluß und dieses Ansehen für die Aufrechterhaltung des Friedens ausgeübt worden sind und ferner ausgeübt werden ... Es ist merkwürdig, ... wie, wenn immer irgendeine Schwierigkeit in Europa entsteht, die Augen aller Leute auf Fürst Bismarck gerichtet sind. Wie denkt er über die Sache? Was wird er tun? Für wen wird er Partei ergreifen? ... Berlin ist somit der Mittelpunkt des diplomatischen Verkehrs geworden."

(W. Bußmann, Bismarck im Urteil der Zeitgenossen und der Nachwelt, Stuttgart 1980, S. 39f.)

3b Im sog. Kissinger Diktat von 1877 entwarf Bismarck Pläne, wie Deutschland auswärtigen Bedrohungen begegnen könnte:

„Ein französisches Blatt sagte neulich von mir, ich hätte ‚le cauchemar des coalitions' [= Alptraum vor Koalitionen]; diese Art Alp wird für einen deutschen Minister noch lange, und vielleicht immer, ein sehr berechtigter bleiben. Koalitionen gegen uns können auf westmächtlicher Basis mit Zutritt Österreichs sich bilden, gefährlicher vielleicht noch auf russisch-österreichisch-französischer; eine große Intimität zwischen zweien der drei letztgenannten Mächte würde der dritten unter ihnen jederzeit das Mittel zu einem sehr empfindlichen Drucke auf uns bieten.

In der Sorge vor diesen Eventualitäten ... würde ich als wünschenswert ... für uns ansehen:

1. Gravitierung [= Schwerpunktverlagerung] der russischen und der österreichischen Interessen und gegenseitigen Rivalitäten nach Osten hin;
2. der Anlaß für Rußland, eine starke Defensivstellung im Orient und an seinen Küsten zu nehmen und unseres Bündnisses zu bedürfen;
3. für England und Rußland ein befriedigender Status quo, der ihnen dasselbe Interesse an Erhaltung des Bestehenden gibt, welches wir haben;
4. Loslösung Englands von dem uns feindlich

bleibenden Frankreich wegen Ägyptens und des Mittelmeeres;
5. Beziehungen zwischen Rußland und Österreich, welche es beiden schwierig machen, eine antideutsche Konspiration [= Verschwörung] gegen uns gemeinsam herzustellen …
Wenn ich arbeitsfähig wäre, könnte ich das Bild vervollständigen und feiner ausarbeiten, welches mir vorschwebt: nicht das irgend eines Ländererwerbes, sondern das einer politischen Gesamtsituation, in welcher alle Mächte außer Frankreich unser bedürfen, und von Koalitionen gegen uns durch ihre Beziehungen zueinander nach Möglichkeit abgehalten werden."
(Zit. nach: Geschichte in Quellen, Bd. 5, München 1980, S. 454f.)

4 Der Zweibund

4a Zu einem Bündnis mit Österreich-Ungarn schrieb Bismarck im August 1879 aus Gastein an Kaiser Wilhelm I.:

„Das einzig wirksame Mittel, unseren Frieden sicherzustellen, sehe ich in einem Defensivbündnis zur Wahrung desselben. Es mag vom russischen Standpunkte aus leicht erscheinen, von Warschau aus entweder Preußen oder Österreich anzugreifen, und Polen ist, solange beide deutsche Mächte getrennt sind, eine mächtige Angriffsposition gegen jede von ihnen. Sind sie aber einig und wehren sich gleichzeitig, so wird ihre Stellung mehr zu einer Sackgasse für Rußland. Meine amtliche Überzeugung geht dahin, daß wir das Bündnis nur zu schließen brauchen, um den Krieg zu verhindern. Rußland wird Frieden halten, wenn es die deutschen Mächte ohne aggressive Tendenz zur Abwehr geeinigt weiß: es wird aber in absehbarer Frist den Frieden brechen, wenn diese Einigung unterbleibt. Wenn Österreich also zu dieser Einigung, ohne daß Deutschland weitere Pflichten übernimmt, bereit ist, so würde ich es mit meinen amtlichen Pflichten und mit meinem Gewissen nicht in Übereinstimmung bringen können, wenn diese Gelegenheit, Deutschland und seinen Frieden zu decken, versäumt würde."
(Die Auswärtige Politik des Deutschen Reiches, Bd. 1, S. 84, zit. nach: Geschichte in Quellen, Bd. 5, München 1980, S. 461)

4b Zum Bündnisfall äußerte Bismarck im Dezember 1887 gegenüber dem Chef des Militärkabinetts:

„… Das Bestreben Österreichs oder doch derjenigen österreichischen Staatsmänner und Militärs, welche die Gelegenheit wahrnehmen wollen, um die deutsche Armee für spezifisch österreichische Zwecke einzusetzen, auch für solche, an denen Deutschland kein Interesse hat, ist auf Erweiterung und Verschiebung unseres Bündnisses gerichtet. Dazu die Hand zu bieten, ist für uns nicht möglich, schon aus Rücksicht auf geheime Verträge, welche wir mit anderen europäischen Regierungen haben. Auch abgesehn hiervon liegt es nicht in unserem politischen Interesse, das österreichische Kabinett zum Beginn oder zur Beschleunigung des Krieges mit Rußland zu ermutigen. Unsre Politik hat die Aufgabe, den Krieg, wenn möglich ganz zu verhüten, und geht das nicht, ihn doch zu verschieben. An einer andern würde ich nicht mitwirken können."
(Die Auswärtige Politik des Deutschen Reiches, Bd. 1, S. 405, zit. nach: Geschichte in Quellen, Bd. 5, München 1980, S. 484)

Arbeitsvorschläge und Fragen

a) Welche Ziele verfolgte Bismarck in seiner Außenpolitik und wie begründete er sie? (M 3b)
b) Vergleiche die Ziele (M 3b) und Ergebnisse (M 2) der Außenpolitik Bismarcks. Überlege, wo die Stärken und Schwächen des Bündnissystems liegen.
c) Wie beurteilte man im Ausland die Außenpolitik Bismarcks? (M 3a)
d) Formuliere den Kerngedanken, der Bismarcks Äußerungen zum Zweibund zugrunde liegt, und nimm Stellung dazu. (M 4a und 4b)
e) Beschreibe die Haltung der Personen in der Karikatur zum Berliner Kongreß. (M 1) – Wie sieht und bewertet der englische Karikaturist die Rolle Bismarcks?

5. Der „Neue Kurs“ des Deutschen Reiches – das „persönliche Regiment“ des Kaisers Wilhelm II.

1888	Wilhelm II. wird deutscher Kaiser.
1890	**Bismarck muß seinen Abschied nehmen** – für das Deutsche Reich beginnt die Ära des „Wilhelminismus“.

Die „Ära Bismarck“ geht zu Ende

1888 starb *Kaiser Wilhelm I.* im Alter von 91 Jahren. Damit ging in den Augen vieler Deutscher eine Ära (= Zeitalter) zu Ende: Die konservativ und „national“ Gesinnten trauerten um ihren „Heldenkaiser“, der es Bismarck ermöglicht hatte, die nationale Einheit zu schaffen und die Reichspolitik im Inneren und nach außen nach seinen politischen Grundsätzen zu bestimmen. Noch heute spricht man deshalb vielfach vom *„Bismarck-Reich“*, wenn man die Zeit der Kanzlerschaft Bismarcks bezeichnen will.

Für die entschiedenen *Liberalen* aber schien nun endlich der Weg frei für eine *„moderne“ Politik*, die auf die Folgen der raschen wirtschaftlichen und gesellschaftlichen Wandlungen nicht mit einem Staatsverständnis aus der ersten Hälfte des Jahrhunderts reagierte. Ihre Hoffnungen hatten sich auf den Thronfolger Friedrich gerichtet, der als fähiger und liberaler Mann galt.

Friedrich III. starb aber nach einer Regierungszeit von nur 99 Tagen an Kehlkopfkrebs. Darauf wurde sein Sohn als *Wilhelm II.* König von Preußen und deutscher Kaiser.

„Herrlichen Tagen führe ich euch noch entgegen“

Schon vom Alter her – er war 29 Jahre – repräsentierte Wilhelm II. die Generation, die in der „Glorie des Kaiserreichs“ aufgewachsen war. Wie die meisten Deutschen war er stolz auf die erreichte wirtschaftliche, politische und militärische *Stärke des Reiches*; wie viele andere glaubte er an weitere *Fortschritte* auf diesen Gebieten. Viele fühlten sich nach dem abermaligen Thronwechsel mit ihm in „nationaler Aufbruchstimmung“, die der Kaiser in die Worte faßte: „Herrlichen Tagen führe ich euch noch entgegen“.

Wilhelm II. prägt sein Zeitalter: „Wilhelminismus“

Der Regierungsstil Wilhelms II. kam den Wünschen zahlreicher Zeitgenossen in hohem Maße entgegen: Sie bewunderten seine *glanzvollen Auftritte* in den mannigfaltigsten Uniformen und erwiesen ihm die geforderten Ehrungen als „getreue Untertanen“; nur wenige kritische Beobachter erregten sich über seine zahllosen *pathetisch-forschen Reden*. Viele Deutsche ahmten seinen schnarrenden militärischen Tonfall und selbst seinen kurz aufgezwirbelten Schnurrbart nach. Seine Auffassungen von Staat und Politik prägten das Denken seiner Zeitgenossen dermaßen, daß man seine Regierungszeit auch als das *„Wilhelminische Zeitalter“* bezeichnet.

Wilhelm II. setzt sein „persönliches Regiment“ durch

Person und politische Grundsätze des jungen Kaisers waren von denen seines Großvaters so verschieden, daß eine Zusammenarbeit zwischen ihm und Bismarck rasch äußerst schwierig wurde. Im Kern ging es bei den wachsenden *Spannungen zwischen Kanzler und Kaiser* darum, wer die politischen Leitlinien bestimmen sollte. Bismarck versuchte mit allen Mitteln, die Position zu behaupten, die er gegenüber Kaiser Wilhelm I. gehabt hatte. Wilhelm II. war bestrebt, die ihm verfassungsrechtlich mögliche Führungsrolle in der Politik zu übernehmen. Der Konflikt spitzte sich zu an der Frage der *Sozialpolitik*. Der Kaiser wollte ein „Arbeiterkaiser“ werden, Bismarck beabsichtigte die Verlängerung des Sozialistengesetzes. Der Reichstag lehnte dieses Verlangen ab. Bei den Wahlen vom Februar 1890 verloren die Parteien, auf die sich Bismarck gestützt hatte, die Mehrheit. Daraufhin mußte er am 19. März 1890 seinen *Rücktritt* erklären. Alle nachfolgenden Kanzler bis zum Ersten Weltkrieg konnten oder wollten sich dem *„persönlichen Regiment"* des Kaisers nicht widersetzen; die Innen- und Außenpolitik wurden von Wilhelm II. und seinen Beratern bestimmt.

Neuer Kurs: Der Richtungswechsel in der deutschen Außen- und Innenpolitik nach der Entlassung Bismarcks durch Kaiser Wilhelm II. wird als „Neuer Kurs" bezeichnet. Wilhelm II. machte bald nach seinem Amtsantritt deutlich, daß er ein „persönliches Regiment" führen wollte und geriet damit in einen unauflöslichen Gegensatz zu Bismarck. Vor allem in der Außenpolitik, die der Reichskanzler bisher allein geleitet hatte, setzte der Kaiser eigene Vorstellungen durch, wenn er auch kein geschlossenes Konzept verfolgte.

1 Lebensgefühl im Kaiserreich

Zum 25jährigen Regierungsjubiläum Wilhelms II. schrieb Paul Meinhold 1912 über das Deutsche Reich zu Beginn des 20. Jahrhunderts:

„Das Deutsche Reich ist zuletzt nicht eine Erneuerung des römischen Kaisertums deutscher Nation, keine Universalmacht, sondern Verkörperung und Darstellung der schwer erkämpften deutschen Einheit, eine ganz moderne Schöpfung des genialen Staatsmannes, den beiden Seiten der deutschen Volksseele, der Sehnsucht nach nationaler Einheit und dem Sonderleben der Stämme Rechnung tragend; ja das Deutsche Reich ist viel moderner als der preußische Staat: überwiegen dort die mehr konservativen Elemente, Landwirtschaft, Beamtentum und das Heer, das Deutsche Reich trägt vielmehr Rechnung den Mächten einer neuen individualistischen Zeit, der Technik, dem Handel, der Industrie."

(P. Meinhold, Wilhelm II. 25 Jahre Kaiser und König, Berlin 1912, S. 86)

2 Person und Regierungsstil Wilhelms II.

2a Die Rhetorik Kaiser Wilhelms II.

Der Historiker Karl Lamprecht schrieb 1913:

„Gewiß gewährt denn auch die Rhetorik des Kaisers einen wichtigen Einblick in die Grenzen und das Besondere seiner Art. Während er, auch physisch eher weit- als kurzsichtig, ein ausgezeichneter Schütze, nur selten des Wildes fehlt, das er aufs Korn genommen, gerät er im Reiche des Gedankens, wenn ihm in eindrucksvoller Umgebung stets neue Bilder und Gedanken zuströmen, leicht in jenen Zustand, den wohl jeder erfolgreiche Redner, ja schon jeder gute Unterhalter kennt: er berauscht sich an seinen Worten. Dabei erscheinen seine Ideale im höchsten Schmuck ... (So in Döberitz 1901 bei einer Denkmalsenthüllung:) ‚Wenn jetzt die Hülle

3 Wilhelm II. – Wie sich der Kaiser im Jahre 1890 malen ließ.

fällt, wenn zum Gruß die Fahnen und Standarten sich neigen, die Degen sich senken und Bajonette im Präsentiergriff blitzen, dann geschieht das nicht nur vor diesem Stein, sondern vor ihm, dem Großen König, seinen Generalen und Feldmarschällen, vor seinem großen Nachfolger, Wilhelm dem Großen, ... die jetzt alle beim großen Alliierten droben versammelt auf uns herabblicken, und vor Preußens ruhmvoller Heeresgeschichte und Tradition. Achtung, präsentiert das Gewehr!'"
(K. Lamprecht, Der Kaiser, Berlin 1913, S. 76f.)

2b Aus einem Brief des späteren Staatssekretärs Kiderlen-Wächter vom 20. Juli 1894:
„... Morgens machten wir mitsamt dem Kaiser gesundheitshalber ‚Freiübungen' ... Ein ulkiger Anblick: Wenn all die alten Kracher von Militärs gemeinsam die Kniebeuge machen müssen mit verzerrten Gesichtern! Der Kaiser lacht manchmal laut auf und hilft mit Rippenstößen nach. Die alten Knaben tun dann so, als ob ihnen diese Auszeichnung besondere Freude machen würde, ballen aber die Faust in der Tasche und schimpfen nachher unter sich über den Kaiser wie alte Weiber ..."
(Zit. nach: Geschichte in Quellen, Bd. 5, München 1980, S. 622)

4 Kaiser Wilhelm II. in türkischer Marschalls-Uniform (Foto)

2c Aus den Aufzeichnungen des Hofmarschalls Graf von Zedlitz und Trützschler vom 15. Februar 1909:
„... Das Schlimme ist, daß der Kaiser sich immer mehr entwöhnt, wirklich etwas zu arbeiten. Er steht spät auf, frühstückt um 9 Uhr, ist nur sehr schwer und sehr ungern etwa zwei Stunden am Vormittag für die Vorträge zu haben. Häufig benutzt er die Vorträge, um seinen Räten selbst Vortrag zu halten. Dann kommt das Frühstück um 1 Uhr. Es folgt die Ausfahrt um 2 oder 1/3 Uhr, dann Tee, dann Schlafen, und vor der Abendtafel um 8 Uhr noch Erledigung einiger Unterschriften. Infolge des öfters sich bis drei Stunden hinziehenden Nachmittagsschlafes bleibt der Kaiser regelmäßig bis 12 Uhr oder 1 Uhr auf und steht dabei am liebsten im Kreis von Menschen, die ihm andächtig zuhören und denen er unentwegt erzählt ..."
(Zit. nach: Geschichte in Quellen, Bd. 5, München 1980, S. 622)

5 Die Entlassung Bismarcks

Der Kaiser schrieb 1898 an seine Mutter:
„... Für den Augenblick [nach dem Tode Kaiser Wilhelms I. am 9. März 1888] war Bismarck Herr der Situation und des Reiches! Und das Haus Hohenzollern war so gut wie gar nichts! Hätten wir auch nur versucht, an ihn zu rühren, so hätten sich alle deutsche Fürsten – ich wurde heimlich davon in Kenntnis gesetzt – wie ein Mann erhoben und hätten uns gezwungen, den Kanzler wiederzuholen, dem wir und besonders später ich auf Gnade und Ungnade ausgeliefert gewesen wäre! Die Lage war einfach unmöglich. Von diesem Augenblick verstand ich die furchtbare Aufgabe, die Du damals nicht sahst, die der Himmel mit gestellt hatte: die Aufgabe, die Krone zu retten vor dem überwältigenden Schatten ihres Ministers, die Person des Monarchen erst einmal an ‚seinen' Platz zu bringen, die Ehre und die Zukunft unseres Hauses zu retten vor dem verderblichen Einfluß des Mannes, der uns unseres Volkes Herz gestohlen hatte, und ihn büßen zu lassen, was er an Papa, an Dir selbst und an Großpapa gefrevelt hatte! ...
Für immer und ewig gibt es nur einen wirklichen Kaiser in der Welt und das ist der Deutsche Kaiser, ... und sein Kanzler hat zu gehorchen!"
(Zit. nach: Geschichte in Quellen, Bd. 5, München 1980, S. 551)

6 Bismarcks Nachfolger

Nach Bismarck bekleidete zunächst Graf von Caprivi, dann Fürst zu Hohenlohe-Schillingsfürst, dann Fürst von Bülow das Amt des Reichskanzlers. Über von Bülow schreibt der Hofmarschall Graf von Zedlitz und Trützschler am 15. September 1907 an seinen Vater:

„... Ein Reichskanzler aber, der auf der ‚Hohenzollern' [= Privatyacht des Kaisers], sobald ihm gesagt wird: ‚Sie verderben mit Ihren hellen Hosen noch die besten Wetteraussichten', sofort in seine Kabine geht und dunkle Hosen anzieht, ein Reichskanzler, der bei allen Gelegenheiten Notizen auf seiner Manschette macht, um nur ja nichts von den im Gespräch hingeworfenen Wünschen zu vergessen, ein Kanzler, dem dann doch einmal die Unvorsichtigkeit passiert, eine entgegengesetzte Ansicht auszusprechen, dies bemerkend, nur einen kurzen Augenblick schweigt, um sofort das gerade Gegenteil seiner früheren Auffassung mit den Worten einzuleiten: ‚Wie Eure Majestät so treffend bemerkte, verhält sich die Angelegenheit ...', ein solcher Kanzler macht ... trotz größter Begabung, trotz vorhandener größter Machtmittel die denkbar schlechteste Politik ..."

(Zit. nach: Geschichte in Quellen, Bd. 5, München 1980, S. 633)

7 „Der Lotse geht von Bord" (zum Rücktritt Bismarcks in „Punch" vom 19. 3. 1890 mit dem Titel: „Dropping the Pilot")

Arbeitsvorschläge und Fragen

a) Beschreibe das Lebensgefühl eines deutschen Bürgers am Ende des Kaiserreichs. (M 1) – Vergleiche dazu den Ausspruch Kaiser Wilhelms II.: „Herrlichen Tagen führe ich euch noch entgegen."

b) Charakterisiere Persönlichkeit und Regierungsstil Wilhelms II. (M 2a–2c, 3, 4) – Wie sieht er sich selber (beachte bei M 3 das Datum!), wie sehen ihn Zeitgenossen?

c) Erarbeite die Gründe, die der Kaiser für Bismarcks Entlassung angibt. (M 5)

d) Wie beschreibt und bewertet der englische Beobachter die Entlassung Bismarcks? (M 7)

e) Formuliere das Urteil über Reichskanzler v. Bülow (M 6) mit eigenen Worten. Versuche, Zusammenhänge mit den Erkenntnissen aus den Materialien M 2, 3 und 7 herzustellen.

6. Eine traditionelle Gesellschaftsordnung in einem Industriestaat

Wirtschaftliche Veränderungen

In den 90er Jahren setzte in Deutschland ein stetiger *Wirtschaftsaufschwung* ein. Immer mehr Menschen fanden einen Arbeitsplatz in den Fabriken und Büros der neuen *Großstädte* (s. S. 86ff). Mit Geschick und Glück konnten Handwerker und Kaufleute große Industrieunternehmen aufbauen oder aus den Einnahmen von Aktien oder Mietshäusern ein sorgenfreies Leben als „Privatier" führen. Ein *Besitzbürgertum* bildete sich, in dessen Händen sich beträchtlicher Reichtum sammelte, während die Einkünfte aus landwirtschaftlicher Tätigkeit nur langsam wuchsen und die Landwirtschaft insgesamt an Bedeutung für die Volkswirtschaft verlor (vgl. S. 96). Ganz neue Berufsgruppen entstanden, wie etwa die der *Angestellten*. Sie wurden als Sekretäre und Buchhalter, technische Zeichner oder Werkmeister für die Planung und Verwaltung der immer komplizierteren wirtschaftlichen Abläufe unentbehrlich. Trotz dieser tiefgreifenden Veränderungen wies die Gesellschaftsordnung des Wilhelminischen Reiches noch viele traditionelle Züge auf.

Die „Spitzen der Gesellschaft"

Höchstes gesellschaftliches Ansehen genoß weiterhin der *Adel*, wobei es ohne Bedeutung war, ob ein Hochadeliger als Industrieunternehmer ein gewaltiges Vermögen besaß oder als verschuldeter adliger Gutsbesitzer nur äußerst bescheiden leben konnte. Fast alle *hohen Ämter* in Verwaltung, Justiz und Militär waren den Adligen vorbehalten. Der Lebensstil des Adels galt als vorbildlich. Sehr reich gewordene Bürger versuchten, mit prächtigen Villen, aufwendiger Kleidung und großen Festen die *Lebensweise des Adels* nachzuahmen (vgl. S. 88); viele Familien strebten danach, eines ihrer Kinder in eine verarmte adlige Familie einheiraten zu lassen oder vom Kaiser den wirtschaftlichen Erfolg mit der Verleihung eines hohen Ordens oder des persönlichen *Adelstitels* honoriert zu bekommen. Der „alte" Adel konnte aber eine Vorrangstellung als Hofbeamte und Offiziere gegenüber dem „neuen" Adel behaupten.

Das Bürgertum

Obgleich Lebensweise und Anschauungen des Bürgertums in den einzelnen Ländern des Reiches unterschiedlich waren und beträchtliche *Vermögensunterschiede* zwischen den Besitzbürgern, kleinen Handwerkern und höheren Beamten bestanden, entwickelte sich ein annähernd gleiches *„bürgerliches" Lebensgefühl*. „Man" pflegte Familiensinn und Geselligkeit, genoß das Militärkonzert im Kaffeegarten oder gehörte einem der zahllosen Vereine an. „Man" lebte „standesgemäß", wenn es irgend möglich war. Leistungswille, Sparsamkeit und Ordnung galten als hohe Werte. Die Stellung des Vaters als Familienoberhaupt war unerschüttert.

Die „kleinen Leute"

Eine ständig wachsende Zahl von Deutschen besaß *kein Vermögen*, sondern war auf einen bescheidenen Wochenlohn oder ein kleines Gehalt angewiesen. Sie mußten ihre gesamte *Arbeitskraft* und *Sparsamkeit* darauf verwenden, das zum Leben Notwendigste zu schaffen. Von Krankheit und Unglück wurden sie besonders hart betroffen. Doch anders als beim Bürgertum entstand bei den „kleinen Leuten" kein einheitliches Lebensgefühl. So empfanden sich z.B. die „subalternen" (= niedrigen) *Beamten* als Teil der *Staatsmacht* und wurden als solche auch von den Bürgern respektiert. Die *Angestellten* versuchten, sich durch Kleidung und *„bürgerliche" Lebensführung* von den Arbeitern zu unterscheiden, aus deren Reihen sie häufig gekommen waren. Die *Arbeiter* entwickelten in ihrer Partei und den Gewerkschaften, aber auch in Arbeitersportvereinen, -gesangsvereinen und -bildungsvereinen ein ausgesprochen *„proletarisches"*

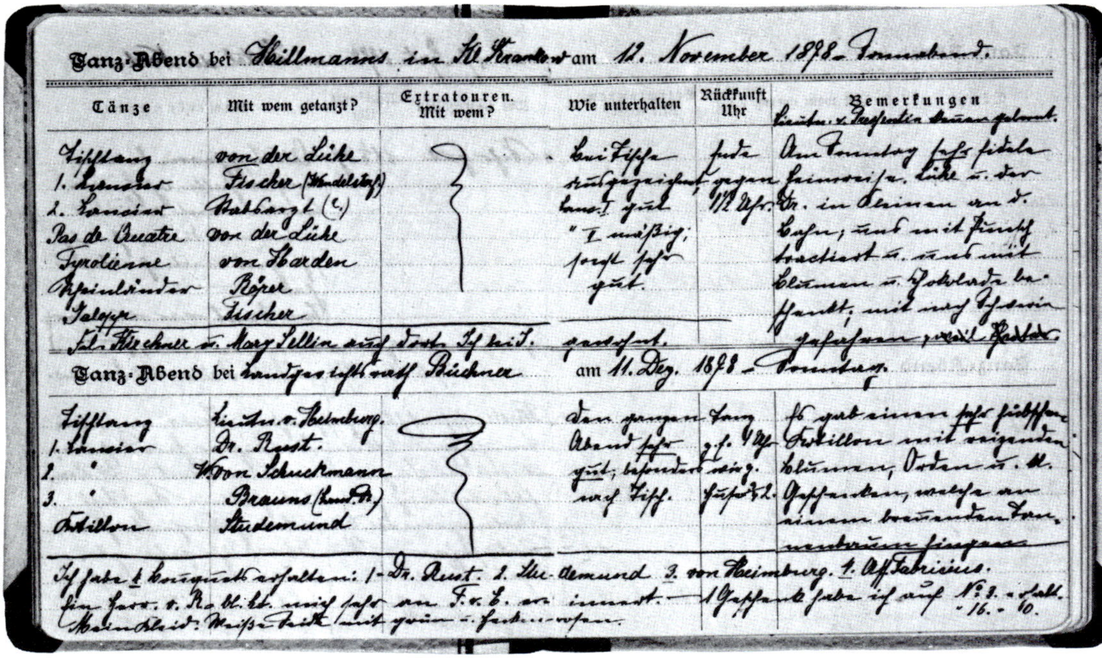

1 Die „bessere Gesellschaft“. In einem Merkbüchlein konnten Mädchen der „besseren Gesellschaft“ eintragen, mit wem sie getanzt und wie sie sich unterhalten hatten. In den Bemerkungen zum 11. Dezember heißt es: „Es gab einen sehr hübschen Kotillon mit reizenden Blumen, Orden u. kl. Geschenken, welche an einem brennenden Tannenbaum hingen ... Mein Kleid: Weiße Seide mit grünen Heckenrosen.“

Bewußtsein. Die tiefe Kluft, die sie von der übrigen Gesellschaft trennte, sahen sie als Folge des kapitalistischen Systems an; in Geselligkeit und Kleidung, Vereinsleben und Bildungsstreben ahmten sie einerseits das Bürgertum nach, bewahrten aber andererseits ein deutliches Gefühl des *Klassengegensatzes*.

Die „gute alte Zeit“?

Vor allem in bürgerlichen Kreisen galt noch Jahrzehnte nach dem Ende des Kaiserreichs diese Epoche als die *„gute alte Zeit“*: Die militärische und politische *Stärke des Reiches* wurde vom Ausland respektiert; das Markenzeichen *„Made in Germany“* genoß überall in der Welt hohes Ansehen. „Man“ konnte stolz darauf sein, ein Deutscher zu sein. Im Inneren sorgten der Staat und seine Organe für *Ruhe und Ordnung*. Das Deutsche Reich war ein Rechtsstaat, mit dem *Bürgerlichen Gesetzbuch* (seit 1900) war grundsätzliche Rechtsgleichheit hergestellt. Wegen des anhaltenden Wirtschaftsaufschwungs war die Währung stabil; Sparguthaben garantierten sichere Zinseinnahmen.

Und doch war auch diese Gesellschaft von *starken Spannungen* bestimmt: Die ungelöste „soziale Frage“ (s. S. 105f.) brachte scharfe *Gegensätze* zwischen den *Besitzenden* und der *Arbeiterschaft* hervor; der Grundsatz der Rechtsgleichheit verhinderte nicht, daß Arbeiter viel eher zu Höchststrafen verurteilt wurden als Bürgerliche oder Adlige. Das Bürgertum fühlte sich in seiner gesellschaftlichen Stellung bedroht durch die Aufstiegsbemühungen der Angestellten und vor allem durch den wirtschaftlichen Erfolg einer zahlenmäßig kleinen Gruppe emanzipierter *Juden*. Konkurrenzneid und Angst vor einem Absinken ins Proletariat begünstigten gegen Ende des Jahrhunderts die Entstehung bürgerlicher *antisemitischer Parteien*. Die *Frauen* waren, wie überall in Europa, gesellschaftlich, beruflich und politisch *benachteiligt*; der Kampf um die *Emanzipation der Frau* schuf Gegensätze quer durch alle Gesellschaftsgruppen.

2 Bürgertum und Adel im Kaiserreich

Der Publizist Bernhard Guttmann schrieb in seinen Erinnerungen:

„Das maßgebende Bürgertum, hauptsächlich in der nationalliberalen Partei gruppiert, sah scheel auf seine eigene liberale Vergangenheit. Bismarcks Staat hatte ja nicht mit demokratischen, sondern mit militärischen Maßregeln die Reichseinheit gebracht; er brachte auch das wirtschaftliche Gedeihen …

Verglichen mit dem Reichtum und der realen Macht der rheinisch-westfälischen Industrieherren nahm sich jetzt der Adel in Brandenburg und Pommern kümmerlich aus. Aber Kohle und Stahl bezogen von Roggen und Zuckerrübe die Maßstäbe der Vornehmheit und politischen Korrektheit. Sich dem freiheitlichen Gedanken zuliebe Richtungen anzuschließen, die ihren Söhnen den Eintritt in das Offizierskorps der Reserve und ihren Töchtern das Tanzen mit Leutnants verwehrt hätten, waren die großen Bürgerlichen nicht geneigt. Die eben in diesen Jahren stark anschwellende nationalistische Bewegung kam hinzu."

(B. Guttmann, Schattenriß einer Generation, 1888–1919, Stuttgart 1950, S. 41 f.)

3 Lebensstil der bürgerlichen Oberschicht

3a Die Schriftstellerin Fanny Lewald-Stahr schrieb am 24. Februar 1873 an den Großherzog Karl Alexander von Sachsen-Weimar über die Berliner großbürgerliche Oberschicht:

„… Sie würden erstaunen, Königliche Hoheit, wenn Sie einen Blick würfen in den Luxus der Kreise, in denen wir leben. Ich begegne in den Gesellschaften Kleidern, die – ohne ihren Brillantschmuck – tausend Taler und darüber an Spitzen und selbst an geringeren Kinkerlitzchen wert sind – und der Luxus der Wohnungseinrichtungen – der Tafelluxus sind unglaublich in der Kaufmannswelt, die mehr oder weniger auf die anderen Stände zurückwirkt.

Die Zahl der gebildeten Familien, die wie wir von der alten bürgerlichen Lebensweise nicht abgegangen sind, ist nicht groß, und die jener andern, welche wie wir ihre Freunde bei und mit einer Tasse Tee empfangen, könnte ich Ihnen an meinen Fingern abzählen – und würde noch einige übrig behalten …"

(Zit. nach: Geschichte in Quellen, Bd. 5, München 1980, S. 795)

4 Kleinbürgerfamilie (Foto, 1911)

3b Das „standesgemäße" Leben eines höheren Beamten:

„Der Mann hat inzwischen Karriere gemacht. Er ist Vortragender Rat in einem Ministerium … Die Kleiderfrage macht der Mutter Sorgen, denn dazu langt es nicht mehr recht. Selbstverständlich hat das Mädchen gegen den Sohn zurückzustehen, und der – verbraucht etwas viel. Nicht Schuld des Jungen, der immer brav und fleißig war! Aber er mußte doch in ein Korps eintreten und darf und kann da nicht gegen die anderen jungen Leute zurückstecken …

Eigentlich war es ein Scheindasein, das man führte: die gesellschaftlichen Verpflichtungen verschlangen eben doch über Gebühr. Man mußte standesgemäß leben, und das Standesgemäße war das Überstandesgemäße …"

(Ernst Heilborn, Zwischen zwei Revolutionen, Berlin 1927, S. 214 f.)

5 Frauen fordern Gleichberechtigung

Aus dem Programm des Allgemeinen Deutschen Frauenvereins (1905). Der Verein wurde 1865 von Luise Otto (1819–1895) ins Leben gerufen und hatte 1870 bereits 10000 Mitglieder. Zusammen mit anderen deutschen Frauenvereinen trat er 1897 dem Internationalen Frauenbund bei.

„Die Frauenbewegung hat sich ihre Ziele und Aufgaben unabhängig von jeder politischen und religiösen Parteimeinung gesetzt. Sie erstrebt diese Ziele für die Frauen aller Klassen und aller Parteien …

I. Bildung
Die Frauenbewegung vertritt die Ansicht, daß die Mädchenbildung in ihrer gegenwärtigen Verfassung weder der Persönlichkeitsentfaltung der Frau noch ihren späteren häuslichen, beruflichen und bürgerlichen Aufgaben genügend Rechnung trägt. Sie verlangt von Staat und Gemeinden die Betätigung des gleichen Interesses für die Bildung der Mädchen wie für die Knaben. Im einzelnen stellt sie folgende Forderungen:

a) obligatorische Fortbildungsschulen für alle aus der Volksschule entlassenen Mädchen;

b) eine Reorganisation der höheren Mädchenschulen, durch welche diese, unbeschadet ihrer dem Wirkungskreis der Frau entsprechenden Besonderheit, den höheren Knabenschulen gleichwertig wird. Den Mädchen muß sowohl innerhalb des Rahmens der höheren Mädchenschulen als auch durch Zulassung zu den höheren Knabenschulen die Möglichkeit gegeben werden, an den Berechtigungen der höheren Lehranstalten teilzunehmen;

c) unbeschränkte Zulassung ... vorgebildeter Frauen zu allen wissenschaftlichen, technischen und künstlerischen Hochschulen.

II. Berufstätigkeit
... In Anbetracht der großen Zahl von Frauen, die unverheiratet bleiben, und der weiteren Zahl derer, die in der Ehe keine ausreichende wirtschaftliche Versorgung finden können, ist die Berufsarbeit der Frau eine wirtschaftliche und sittliche Notwendigkeit ... In bezug auf die wirtschaftliche Bewertung der beruflichen Frauenarbeit vertritt die Frauenbewegung den Grundsatz: Gleicher Lohn für gleiche Leistung ...

IV. Öffentliches Leben, Gemeinde und Staat. ...

a) Zulassung der Frauen zu verantwortlichen Ämtern in Gemeinde und Staat, vor allem solchen, die zu den Interessen der Frauen in besonders naher Beziehung stehen (Mädchenschulwesen, staatliche und kommunale Sozialpolitik, Arbeiterinnenfrage, Rechtspflege usw.).

b) Zuziehung der Frauen zur Vertretung der Laien bei der Rechtspflege (weibliche Schöffen und Geschworene).

c) Beseitigung der vereinsrechtlichen Beschränkungen der Frau.

d) Teilnahme der Frauen am kirchlichen Wahlrecht.

e) Teilnahme der Frauen am kommunalen Wahlrecht.

f) Teilnahme der Frauen am politischen Wahlrecht."

(Aus: Helene Lange, Die Frauenbewegung in ihren modernen Problemen, Leipzig 1908, S. 121ff.)

6 Frauen von Arbeitern warten am Lohntag vor der Baustelle auf ihre Männer. (Zeichnung von Heinrich Zille, 1913)

7 Eine Jugend in der Unterschicht

Seine Lebensumstände im Jahr 1910 schilderte Karl Retzlaw, der zwei Jahre zuvor mit seiner Mutter in die deutsche Hauptstadt Berlin gezogen war:

„... Mittlerweile war ich vierzehn Jahre alt geworden und aus der Schule entlassen. Eine Lehrstelle konnte ich nicht sogleich finden, weil die Lehrherren ein ‚Lehrgeld' verlangten und keinen Arbeitslohn geben wollten. Meine Mutter hatte kein Geld, ihr Verdienst reichte für unseren Lebensunterhalt nicht aus. Es war auch in der Großstadt sehr schwer, zu unserem täglichen Brot zu kommen. Wir hatten Zeiten, in denen es ab Donnerstag bis zur Lohnzahlung am Sonnabend kein Mittagessen gab. Unsere Hauptsorge war stets, das Geld für die Wohnungsmiete bereit zu haben. Zudem war unsere Mutter sehr oft krank, Krankheitstage wurden nicht bezahlt, und weil es immer nur ein oder zwei Tage in der Wochen waren, an denen die Mutter nicht arbeiten gehen konnte, erhielt sie auch keine Krankenunterstützung. Bei uns zu Hause gab es selten Obst und niemals Butter. Abgesehen von meiner frühesten Kindheit, wurde ich siebzehn Jahre alt, bis ich zum ersten Male Butter aß. Aufs Brot wurde Schmalz, Kunsthonig oder Rübensaft gestrichen."

(K. Retzlaw, Spartakus. Aufstieg und Niedergang, 1972², S. 20)

8 Antisemitismus im Kaiserreich

Die Haltung gegenüber den Juden im Kaiserreich beleuchtet der Artikel „Antisemitismus" im „Konservativen Handbuch", das 1894 in zweiter Auflage erschien:

„Immer allgemeiner wird die Klage, daß der Jude, sei es als Wucherer und Ausbeuter oder umgekehrt als sozialdemokratischer Agitator, vorzugsweise immer dort zu finden sei, wo man an der Zersetzung und Vernichtung unseres Volkstums arbeitet; daß er im wirtschaftlichen Leben weniger durch schaffende Tätigkeit als durch erlaubte oder unerlaubte Übervorteilung anderer die Mittel gewinne, die in seinen gewandten Händen dann eine doppelt wirksame Waffe in dem weiteren Daseinskampfe werden; daß er in den höheren Berufen, in der Rechtsanwaltschaft, in der Medizin, in der Literatur, im Zeitungs- und Theaterwesen durch rücksichtslose Hingabe an den Erwerbsinstinkt die gewissenhafteren Mitbewerber schädigte und die Standesehre herunterbringe, und daß bei seiner geringen Neigung zum Aufgehen im Deutschtum seine wachsende wirtschaftlich-soziale Macht zu einer immer ernsteren Gefahr für unsere nationale Entwicklung und Eigenart herauswachse."

(Zit. nach: Lesebuch zur deutschen Geschichte, B. Pollmann [Hrsg.], Dortmund 1984, Bd. 3, S. 82)

Arbeitsvorschläge und Fragen

a) Erarbeite aus M 2 das gesellschaftliche Verhältnis des gehobenen Bürgertums gegenüber dem Adel.

b) Der englische Premierminister Gladstone sagte einmal über Bismarck: „Er machte Deutschland groß und die Deutschen klein." Überlege, was er damit meinte und vergleiche dieses Urteil mit dem Guttmanns. (M 2)

c) Beschreibe den Lebenstil des Bürgertums und der Arbeiter anhand der Materialien M 3a und 3b, 7, 1, 4 und 6. Wo kannst Du Wertungen erkennen?

d) Ordne die Vorwürfe gegen „die Juden" im Kaiserreich (M 8) nach Sachgruppen. Versuche, Ursachen für die Anschuldigungen mit Hilfe der Materialien (M 2 und 3) zu ermitteln.

e) Sammle aus den Materialien M 1, M 3b, M 5, M 6 und M 7 Informationen über die Stellung der Frauen und Mädchen in der Kaiserzeit.

f) Überlege, welche Konsequenzen sich für die Gesellschaft im Kaiserreich ergeben hätten, wenn die Forderungen des Frauenvereins (M 5) erfüllt worden wären.

7. Das Wilhelminische Reich – ein Obrigkeitsstaat

Die alte Elite behauptet sich

Bismarcks Verfassungskonstruktion war darauf angelegt, die *Macht des „Staates"* – d. h. der traditionellen Führungsgruppen – *gegen die liberalen Forderungen* zu sichern. Der Kampf gegen die Sozialdemokratie hatte darüberhinaus gezeigt, daß auch die Folgen der wirtschaftlichen und sozialen Entwicklung mit den Mitteln des alten *Obrigkeitsstaates* aufgehalten werden sollten. Auch unter Wilhelm II. waren die herrschenden Gruppen nicht bereit, an der bestehenden Staats- und Gesellschaftsordnung rütteln zu lassen. In Preußen traten die Widersprüche zwischen den wirtschaftlichen und sozialen Veränderungen einerseits und dem „unzeitgemäßen" monarchischen Regiment andererseits besonders deutlich hervor; wegen des Gewichts Preußens im Reich konnten sich auch in den Bundesstaaten die „fortschrittlichen" Kräfte nicht durchsetzen.

Die Armee als „Schule der Nation"

Deutschland unter Wilhelm II. – das war für viele Beobachter in erster Linie ein *Militärstaat*. Der Kaiser und die Fürsten, Minister und Staatsbeamte traten in militärischen oder militärähnlichen Uniformen in der Öffentlichkeit auf; Paraden, Platzkonzerte und große Manöver boten – in einer Zeit ohne Rundfunk und Fersehen – öffentliche Unterhaltung und vertieften die Bewunderung für den „bunten Rock". Jeder gesunde deutsche Mann sollte einen *zweijährigen Wehrdienst* leisten und bis zu seinem vierundfünfzigsten Lebensjahr den *Reserveeinheiten* angehören. Das überwiegend adlige Offizierskorps war ebenso konservativ eingestellt wie die Berufsunteroffiziere; *äußerste Disziplin* („Kadavergehorsam") war das Ziel der Ausbildung. Für die Berufssoldaten stand der „bloße" Zivilist in der gesellschaftlichen Rangordnung ganz unten; Übergriffe gegen Rekruten oder Zivilisten wurden von den Gerichten selten oder nur ganz gering bestraft. Diese *„Schule der Nation"* wirkte sich auch auf das zivile Leben aus: Die Mehrzahl der deutschen Männer betrachteten militärische „Zackigkeit" und Gehorsam gegen Vorgesetzte und die „Obrigkeit" als hohe Werte. Sie akzeptierten unbesehen, daß der (adlige) Offizier eine herausgeho-

1 „Soldaten und Zivilisten". Kaiser Wilhelm II. schreitet die Front der Veteranen des Mecklenburger Füsilier-Regiments Nr. 90 ab. (Foto, 1913)

2 „Schutzmann und Zivilisten". Arbeiter gedenken der Märzgefallenen der Revolution von 1848 und wollen auf einem Berliner Friedhof einen Kranz niederlegen. Polizei kontrolliert den Text der Kranzschleifen. (Foto, 1912)

bene gesellschaftliche Stellung einnahm. Sie hielten es für selbstverständlich, daß ein Reserveoffizier oder -unteroffizier und selbst noch ein einfacher Reservist im Beruf gegenüber dem „Nicht-Gedienten" bevorzugt wurde. Sie hatten *Respekt vor jeder Art von Uniform*, auch der eines Schutzmanns, Post- oder Bahnbeamten. In diesen Berufen waren überwiegend ehemalige Berufsunteroffiziere tätig; sie behandelten, ohne Widerspruch zu finden, ihr Publikum häufig mit einer uns heute empörenden Grobheit. Die Geschichte des verkleideten „Hauptmanns von Köpenick" zeigt besonders deutlich, was damals das Militär bedeutete.

Erziehung in der Schule

Auch in den *staatlichen Schulen* herrschte in der Regel ein „militärischer" Ton. *Fleiß*, *Gehorsam* und *Unterordnung* wurden belohnt, abweichendes Verhalten hart bestraft. Zahlreiche Autobiographien bedeutender Schriftsteller und Gelehrter dieser Zeit zeigen, wie sehr sensible Jugendliche in allen Ländern des Reiches an dieser Schule gelitten haben. Schon in der Grundschule lernten die Kinder, den *Kaiser* und die *Landesfürsten* zu verehren. In den höheren Klassen wurden ihnen *Vaterlandsliebe* und *Opferbereitschaft* als hohe Werte vermittelt; im Geschichtsunterricht lernten sie vor allem die „Heldentaten" der deutschen Kaiser bis hin zu Wilhelm I. kennen; *patriotische Gesinnung* sollte sie gegen die „verderblichen Einflüsse der Sozialdemokratie" widerstandsfähig machen.

Kritik am Unzeitgemäßen

Gegen diese Erscheinungen des Obrigkeitsstaates entwickelte sich am Ende des Jahrhunderts eine immer deutlichere *Kritik*. Eine wachsende Zahl von Frauen und Männern aus dem Bürgertum mißbilligte das harte Vorgehen der Regierungen gegen die Sozialdemokratie und wollte zu einer *Versöhnung der gesellschaftlichen Gegensätze* beitragen. Sie kämpften auch gegen die *Benachteiligung der Frau* und für die *„freie"* Schule anstelle der staatlichen Schul-„Kasernen". Und schließlich forderten gerade die „unzeitgemäße" Erscheinung des preußischen „Junkers", Adelsdünkel und die Selbstherrlichkeit des Militärs Kritik ebenso heraus wie „spießbürgerliche" Moralvorstellungen und übertriebener Patriotismus. Satirische Zeitschriften, zeitkritische Bücher und Bühnenstücke fanden trotz staatlicher und gerichtlicher Gegenmaßnahmen ein immer breiteres Publikum.

Der — Die — Das   Der Pöbel   Die Menge   Das Volk

3 Der „Geist der Kaiserzeit"? Karikatur von Bruno Paul aus dem Simplicissimus von 1897.

4 Exerzieren auf dem Kasernenhof: Ausbildung der Berliner Jugendwehr. (Foto, 1901)

5 Das Militär in der deutschen Gesellschaft

5a Erziehung durch das Militär

Über „den militärischen Drill, der allein in Friedenszeiten die unvergleichliche Disziplin unseres Heeres" erhalten kann, äußerte sich der Dozent an der Königlich Bayerischen Kriegsschule in München Fritz Endres:

„In den Händen der militärischen Vorgesetzten lag und liegt ferner ein wichtiger Teil unserer Volkserziehung ... der Offizier muß die Arbeit des Volksschullehrers nach einer oft verhängnisvollen Pause wieder aufnehmen und das spröde und unbiegsamer gewordene Material für die Allgemeinheit nutzbar machen, muß neben der körperlichen und militärischen Ausbildung auch auf Hebung der sittlichen und geistigen Kräfte des Soldaten bedacht sein. Wer die prachtvolle Einleitung unserer Felddienstordnung kennt, weiß, mit welchem Ernst die Leiter der Armee die erzieherische Seite ihres Berufes beurteilen; wer etwas in die Praxis hineingesehen hat, muß zugeben, daß unsere höheren und niederen Offiziere mit ihrer Erziehertätigkeit Erfolge erzielen, deren Größe man im Laienpublikum erst dann richtig beurteilen würde, wenn sie einmal ausblieben. Der Soldat, der die Kaserne verläßt, ist fast immer körperlich gewandter und geistig regsamer als der Rekrut, der sie mit heiliger Scheu betritt. Die körperliche, die geistige, die charakterliche Erziehung unserer ungelenken Bauernburschen, unserer gescheiten, aber oft zuchtlosen und körperlich vernachlässigten Fabrikarbeiter, unserer intellektuell überfütterten, physisch und psychisch verkrüppelten akademischen Jugend ist das Verdienst unserer Offiziere und in vieler Hinsicht auch unserer oft geschmähten Unteroffiziere."

(F. Endres, Militarismus, Süddeutsche Monatshefte, April 1915, S. 144ff., zit. nach: H. F. Helmolt [Hrsg.], Das Buch vom Kriege, Berlin o. J., S. 293f.)

5b Die Tochter eines Offiziers erinnert sich:

„Die Roßhaarbüsche auf den Helmen der Offiziere wehten im Wind um die Wette mit Mähnen und Schweifen der Pferde; Epauletten [Schulterstücke], Orden, Säbel, Knöpfe glänzten auf über dem Blau und Rot der Uniformen. Damen und Kinder saßen auf der Tribüne, teils starr vor Kälte, teils vor Spannung; auch sie gewissermaßen in Reih und Glied. An der Spitze thronte die Kommandeuse, ... deren Mann Oberst und Regimentskommandeur war; links von ihr die Frauen der beiden Majore, dann, nach dem Dienstrang ihrer Männer abgestuft, die Hauptmannsfrauen und schließlich ‚das grüne Gemüse', Damen, deren Männer es noch nicht weiter als bis zum Oberleutnant gebracht hatte. Den Schluß bildeten die Kinder; wieder wie sich's gehörte, zuvorderst die Töchter des Obersten, dann wir anderen ..."

(J. von Stockhausen, Auf Immerwiedersehen, Stuttgart 1977, S. 7)

6 Wilhelm II. über den Treueschwur bei der Vereidigung der Rekruten der Potsdamer Garderegimenter 1893:

„Rekruten!

Ihr habt jetzt vor dem geweihten Diener Gottes und angesichts dieses Altars Mir Treue geschworen ... Ihr habt Mir Treue geschworen, das – Kinder Meiner Garde – heißt, ihr seid jetzt Meine Soldaten, ihr habt euch Mir mit Leib und Seele ergeben; es gibt für euch nur einen Feind, und der ist Mein Feind. Bei den jetzigen socialistischen Umtrieben kann es vorkommen, daß Ich euch befehle, eure eignen Verwandten, Brüder, ja Eltern niederzuschießen – was ja Gott verhüten möge –, aber auch dann müßt ihr Meine Befehle ohne Murren befolgen ..."

(Ernst Johann [Hg.], Wilhelm II., Ansprachen, Predigten und Trinksprüche Wilhelms II., 2. Aufl. München 1977, S. 56)

7 Ein Gutsherr und seine Landarbeiter

Das Verhältnis von Gutsherr und Untergebenen in Pommern schildert der ehemalige Landarbeiter Rehbein:

„Etwa um 11 Uhr sahen wir einen Reiter vom Gut auf uns zukommen. Mit ungezwungener Eleganz saß er im Sattel, die rechte Hand leicht auf die Lende gestemmt ... ‚De gnä' Herr!' murmelte es allgemein, und fleißiger noch rührten sich die Hände. Jetzt setzte der Vogt [Aufseher] seine Kartoffelkiepe auf die Erde, wischte sich schnell die Hände an den Hosen ab und ging seinem Gebieter entgegen. Sechs Schritte vor ihm blieb er stehen, nahm kurz die Hacken zusammen und zog ehrerbietig seine Mütze. Wie das aussah! Dort der Herr, hoch zu Roß, jeder Zug aristokratische Vornehmheit; hier der Vogt, barhäuptig in urpommerscher Hölzernheit – ein Charakterbild disziplinierter Demut."

(F. Rehbein, Das Leben eines Landarbeiters, hrsg. v. P. Göhre, Jena 1911, S. 40)

8 „Deutsche Tugenden"?

8a Robert Reinick: „Deutscher Rat"

In einem Mittelschullesebuch lasen Schüler des Kaiserreichs das folgende Gedicht:

„Deutscher Rat

Vor allem eins, mein Kind: Sei treu und wahr,
laß nie die Lüge deinen Mund entweihn!
Von alters her im deutschen Volke war
der höchste Ruhm, getreu und wahr zu sein.

Du bist ein deutsches Kind, so denke dran!
Noch bist du jung, noch ist es nicht so schwer,
Aus einem Knaben aber wird ein Mann,
das Bäumchen biegt sich, doch der Baum nicht mehr.

Sprich ja und nein und dreh und deutle nicht;
was du berichtest, sage kurz und schlicht;
was du gelobest, sei dir höchste Pflicht;
dein Wort sei heilig, drum verschwend es nicht!

Leicht schleicht die Lüge sich ans Herz heran,
zuerst ein Zwerg, ein Riese hintennach;
doch dein Gewissen zeigt den Feind dir an,
und eine Stimme ruft in dir. ‚Sei wach!'

Dann wach und kämpf! Es ist ein Feind bereit:
die Lüg' in dir, sie drohet dir Gefahr.
Kind, Deutsche kämpften tapfer allezeit:
Du, deutsches Kind, sei tapfer, treu und wahr!"

(Robert Reinick, in: Hort und Habe, Deutsches Lesebuch für Mittelschulen, zit. nach H. v. d. Mehden [Hrsg.], Vor allem eins, mein Kind ..., Hamburg 1973[2], S. 57 f.)

8b In der bürgerlichen satirischen Zeitschrift „Simplizissimus" konnte man lesen:

„Des deutschen Knaben Morgengebet

Du lieber Gott, ich danke dir,
Daß ich ein deutscher Knabe
Und daß ich einen deutschen Gott
Und deutsche Eltern habe!
Ich kann ja freilich nichts dafür:
Wie's kommt so muß man's nehmen. –
Doch wär' mein Vater ein Franzos,
Wie müßt' ich da mich schämen!
Verdorben wäre und verwelscht
Mein Denken und mein Sinnen;
Die Mutter wäre liederlich
Wie die Pariserinnen.
Der Vater, statt zum Skat zu gehen
Am Stammtisch in der Schenke,
Ging' abends ganz wo anders hin –
Mich schaudert's, wenn ich's denke!
Vor allem aber: als Franzos,

9 Der Hofknicks. Kaiser Wilhelm II. und Kaiserin Auguste Viktoria besuchen eine Hauswirtschaftsschule in Hameln. (Foto, wohl 1904)

Allgütiger, Allweiser,
Da hätt' ich wohl ein Vaterland,
Doch hätt' ich keinen Kaiser!
Drum dank' ich dir, du lieber Gott,
Daß ich ein deutscher Knabe,
Und bitte dich: Nimm alles hin,
Nimm alles, was ich habe!
Nimm Geld und Gut und Glück und Ehr'
Und Ruhm und Lorbeerreiser!
Nimm Vater mir und Mütterlein!
Nur laß mir meinen Kaiser!
Und wenn der Erbfeind ihn bedräut
Und Tod spielt und Verderben,
Vergönne mir als letzte Gunst,
Jauchzend für ihn zu sterben!"

(E. Steger im „Simplizissimus" 1907; nach H. Ebeling, Zur Didaktik und Methodik eines kind-, sach- und zeitgemäßen Geschichtsunterrichts, Hannover 1965)

10 „Höhere Töchter"

Die Erziehung der Töchter des Großbürgertums beschreibt Stefan Zweig in seinen „Erinnerungen eines Europäers":

„Um die jungen Mädchen zu schützen, ließ man sie nicht einen Augenblick allein. Sie bekamen eine Gouvernante, die dafür zu sorgen hatte, daß sie gottbewahre nicht einen Schritt unbehütet vor die Haustür traten, sie wurden zur Schule, zur Tanzstunde, zur Musikstunde gebracht und ebenso abgeholt. Jedes Buch, das sie lasen, wurde kontrolliert, und vor allem wurden die jungen Mädchen unablässig beschäftigt, um sie von möglichen gefährlichen Gedanken abzulenken. Sie mußten Klavier üben und Singen und Zeichnen und fremde Sprachen und Kunstgeschichte und Literaturgeschichte lernen, man bildete und überbildete sie ..."

(Stefan Zweig, Die Welt von gestern, Frankfurt/M. 1970, S. 94f.)

Arbeitsvorschläge und Fragen

a) Wie sieht der Verfasser des Textes M 5a das Verhältnis von militärischem Drill und „Volkserziehung"?

b) Die Auswirkungen dieser „Volkserziehung" kannst Du an Beispielen aus verschiedenen Ländern des Reiches feststellen. (M 5b, 7 und M 1) – Beschreibe jeweils genau das Dargestellte und vergleiche mit den Aussagen Zeile 19ff. des Textes M 5a.

c) Nenne Ziele schulischer und außerschulischer Erziehung im Kaiserreich. (M 4, 6, 8a, 9 und 10) – Vergleiche mit heutigen Erziehungsgrundsätzen.

d) Gib den Inhalt des „Morgengebets" (M 8b) an und versuche, die Bewertung „der Franzosen" zu erklären. Überlege, welche Einstellung hier verspottet wird. Vergleiche auch mit M 8a.

e) Vergleiche die Karikatur M 3 mit den Bildern M 1 und M 2. Welche Merkmale des „Wilhelminismus" kommen zum Ausdruck?

f) Beurteile mit Hilfe der Materialien in diesem Kapitel die These, das Deutsche Reich sei ein Obrigkeitsstaat gewesen.

8. Der „Neue Kurs“ zerstört Bismarcks Bündnissystem

1890	Der Rückversicherungsvertrag wird nicht erneuert.
1892	Rußland und Frankreich vereinbaren eine Militärkonvention.
Um 1900	Mehrere Bündnisverhandlungen mit England bleiben ergebnislos.

Soll Deutschland Weltpolitik betreiben?

Der *„Neue Kurs“* Wilhelms II. zielte auch auf eine *Neuorientierung* der deutschen Außenpolitik. Schon gegen Ende der Ära Bismarck hatte die öffentliche Meinung immer stärker gefordert, das Deutsche Reich solle wie die anderen europäischen Mächte *Kolonien* erwerben. Bismarck hatte sich diesem Drängen lange widersetzt. Sein wichtigstes Argument war, das Reich dürfe sich nicht in überseeische Konflikte verwickeln lassen, weil dadurch das labile europäische Kräfteverhältnis gestört werden könnte. Erst 1884 gab er dem *öffentlichen Druck* teilweise nach und ließ zu, daß die deutschen *Handelsstützpunkte* in *Afrika*, die bis dahin von Privatleuten eingerichtet worden waren, unter den *Schutz des Reiches* gestellt wurden. Wilhelm II. dagegen stellte sich an die *Spitze der Kolonialbewegung.* Für ihn und seine Berater wie für die Mehrzahl seiner Zeitgenossen war es selbstverständlich, daß das Deutsche Reich über den Rang einer europäischen Macht zu einer *Weltmacht* wachsen müsse. Kolonien waren dafür die notwendige Voraussetzung. Eine Weltmachtstellung würde, so hoffte man, auch die Position des Reiches in Europa stärken. Bismarcks Rücktritt machte den Weg frei für diese Politik.

Rußland wird für Frankreich frei

Außerdem betrachteten der Kaiser und seine Berater Bismarcks Bündnissystem mit Mißtrauen. Ihrer Meinung nach war vor allem der *Rückversicherungsver-*

1 „L'enfant terrible!“ Die politischen Reden und Handlungen Wilhelms II. erregten schon bald nach seiner Thronbesteigung (1888) auch im Ausland Mißtrauen. „Mach so nicht weiter, sonst wirst Du uns alle umkippen“, rufen die anderen Bootsinsassen. (Karikatur aus dem „Punch“, Mai 1890)

trag mit dem Zweibund (vgl. S. 189f.) unvereinbar; er schien das Deutsche Reich zu einer „*Schaukelpolitik*" zwischen Österreich und Rußland zu zwingen. Daher wurde der Vertrag nach seinem Auslaufen 1890 nicht verlängert. Die *russische Regierung* sah sich durch die feste deutsch-österreichische Bindung in ihren *Balkaninteressen* aufs höchste gefährdet und suchte nach neuen Bündnispartnern. Sie fand Ersatz in *Frankreich*, dessen Regierung schon immer nach Möglichkeiten gesucht hatte, sich aus der Isolierung durch Bismarcks Bündnissystem zu befreien. Die Annäherung der beiden Mächte wurde vorbereitet durch französische Banken, die große Mengen russischer Staatsanleihen aufkauften. Im Jahre 1892 vereinbarten beide Länder eine *Militärkonvention*, die u.a. eine sofortige Mobilmachung beider Vertragspartner vorsah, falls eine Macht des Dreibundes mobilisieren sollte.

Die Haltung Englands wird entscheidend

Damit war eingetreten, was Bismarcks Alptraum gewesen war: Im Konfliktfall bestand für das Reich die Gefahr eines *Zweifrontenkrieges.* Einen gewissen Ausgleich hätte eine Annäherung Deutschlands an *England* bringen können. Die britische Regierung war aber nicht bereit, sich in die politischen Spannungen auf dem Kontinent verwickeln zu lassen; sie befürchtete eine Schwächung der englischen Position in Übersee.

Vor allem aber waren die deutsch-englischen Beziehungen von vornherein dadurch belastet, daß Wilhelm II. den Aufbau einer *Kriegsflotte* betrieb, die dem deutschen Weltmachtanspruch Rückhalt verleihen sollte. Die englische Kriegsmarine, bis dahin die stärkste der Welt, war in ihrer Vormachtstellung bedroht. Zwar bemühte sich die deutsche Regierung bis 1900 mehrfach, England an den Zweibund heranzuziehen, die Verhandlungen scheiterten aber an den *Interessengegensätzen* und an einer *Fehleinschätzung* der Lage durch den Kaiser und seine Berater: Sie glaubten, England stehe in Asien gegenüber Rußland und in Afrika gegenüber Frankreich in einem unüberwindbaren Spannungsverhältnis; im *Konfliktfall sei England immer auf Deutschland angewiesen.* In Wirklichkeit setzte am Ende der 90er Jahre eine weltpolitische Entwicklung ein, die zu einer grundsätzlichen Veränderung der Kräfteverhältnisse in Europa führte.

2 Das europäische Bündnissystem und die Balkanstaaten vor dem Ersten Weltkrieg

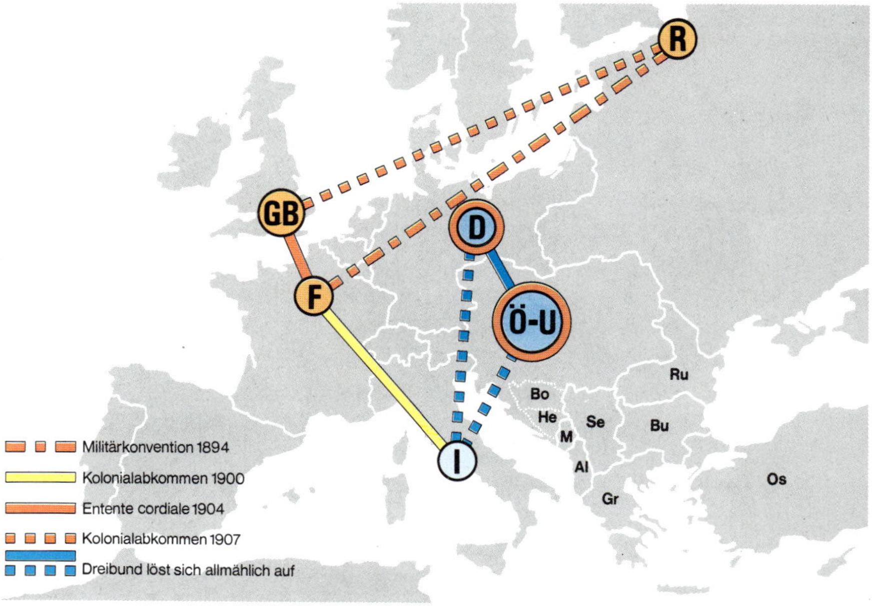

3 Deutsche Teilnahme an der Weltpolitik

3a Aus einer Tischrede Wilhelms II. in Köln am Tage der Enthüllung eines Denkmals für Kaiser Wilhelm I. (18. Juni 1897):

„... An dem Postament [= Sockel] des Denkmals sah Ich die beiden Figuren: Köln mit dem Ölzweig in der Hand, das Bild des Friedens, in dem der Gewerbefleiß des Bürgers unter dem Schutz des Monarchen sich entwickelt. Auf der anderen Seite: der Meergott mit dem Dreizack in der Hand, ein Zeichen dafür, daß seitdem unser großer Kaiser unser Reich von neuem zusammengeschmiedet, wir auch andere Aufgaben in der Welt haben: Deutsche aller Orten, für die wir zu sorgen, deutsche Ehre, die wir auch im Ausland aufrecht zu halten haben. Der Dreizack gehört in unsere Faust ..."

(Zit. nach: Geschichte in Quellen, Bd. 5, München 1980, S. 587)

3b Der Staatssekretär des Auswärtigen Amtes von Bülow in einer Reichstagsrede (6. 12. 1897):

„Die Zeiten, wo der Deutsche dem einen seiner Nachbarn die Erde überließ, dem anderen das Meer und sich selbst den Himmel reservierte, wo die reine Doktrin thront *(Heiterkeit – Bravo!)* – diese Zeiten sind vorüber. Wir betrachten es als eine unserer vornehmsten Aufgaben, gerade in Ostasien die Interessen unserer Schiffahrt, unseres Handels und unserer Industrie zu fördern und zu pflegen ... Wir müssen verlangen, daß der deutsche Missionar und der deutsche Unternehmer, die deutschen Waren, die deutsche Flagge und das deutsche Schiff in China geradeso geachtet werden, wie diejenigen anderer Mächte. *(Lebhaftes Bravo.)* Wir sind endlich gern bereit, in Ostasien den Interessen anderer Großmächte Rechnung zu tragen, in der sicheren Voraussicht, daß unsere eigenen Interessen gleichfalls die ihnen gebührende Würdigung finden. *(Bravo!)* Mit einem Wort: wir wollen niemand in den Schatten stellen, aber wir verlangen auch unseren Platz an der Sonne. *(Bravo!)*"

(Verhandlungen des Reichstages. IX. leg. per. V. Session 1897/98, 1. Bd., S. 60)

4 Bismarck und die Weltpolitik. Wie der „Kladderadatsch" Bismarcks Einstellung gegenüber deutscher Weltpolitik deutete: „Mir kann es ganz recht sein, wenn die anderen dort unten Beschäftigung finden. Man hat dann endlich Ruhe hier oben." (Kladderadatsch, 1884)

Arbeitsvorschläge und Fragen

a) Was bedeutet „Weltpolitik" nach Ansicht Kaiser Wilhelms II. und seines Außenministers v. Bülow? (M 3a und 3b)

b) Welche Haltung hatte Bismarck gegenüber deutscher Weltpolitik eingenommen? (M 4) – Vergleiche die Deutung des „Kladderadatsch" mit Bismarcks Bemerkung gegenüber dem Afrikaforscher Wolf: „Ihre Karte von Afrika ist ja sehr schön, aber meine Karte von Afrika liegt in Europa. Hier liegt Rußland und hier liegt Frankreich, und wir sind in der Mitte; das ist meine Karte von Afrika."

c) Welche Einschätzung des Auslandes gegenüber dem „Neuen Kurs" Wilhelms II. kommt in der Karikatur aus dem „Punch" (M 1) zum Ausdruck?

Imperialismus und Mächterivalitä

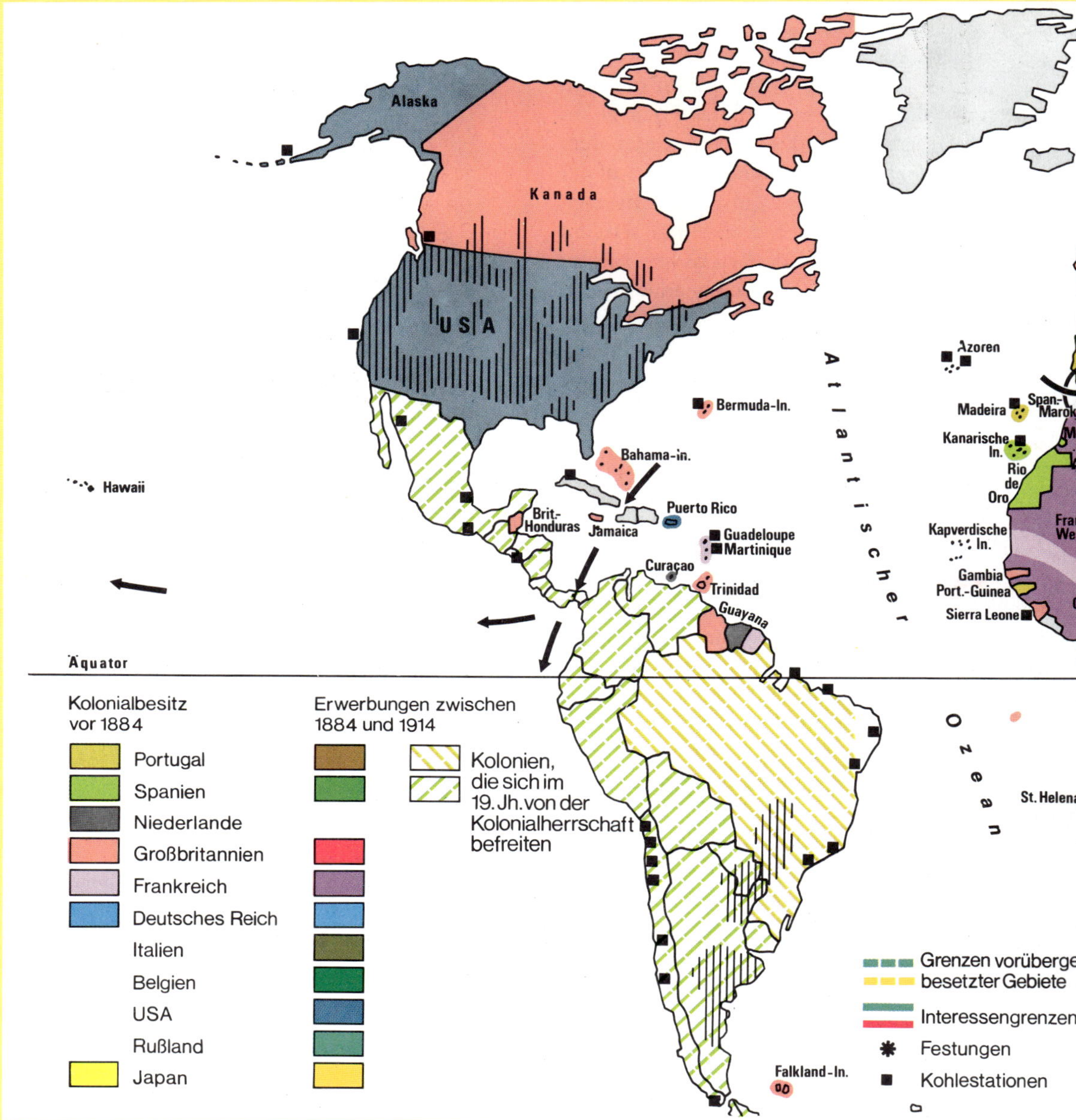

1 Die Aufteilung der Welt 1882–1914

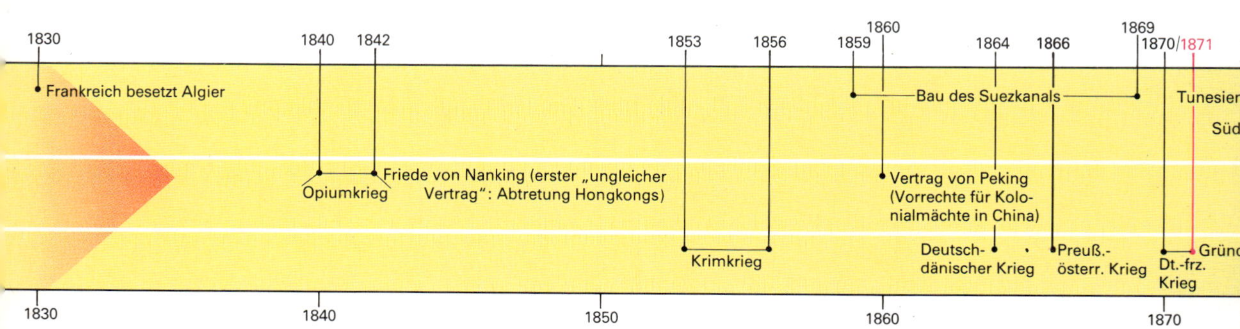

Russisches Reich
Mongolei
Mandschurei
China
Pt. Arthur
Weihaiwei
Kiautschou
Korea
Japan
Kurilen
Pazifischer Ozean
Riu-Kiu-In.
Formosa
Macao
Hongkong
Kwangtschouwan
Pamir
Afghanistan
Persien
Tibet
Britisch-Indien
Ober-
Burma
Unter-
Franz.-
Indochina
Kambodscha
Philippinen
Guam
Malaya
Brunei
Brit.-Nordborneo
Sarawak
Niederländisch Indien
Neuguinea
Kais.-Wilh.-Ld.
Bismarck-Arch.
Timor
Australien
Neuseeland
Goa
Pondichéry
Ceylon
Kuweit
Bahrein-In.
Arabien
Aden
Libyen
Ägypten
Sudan
Eritrea
Frz.-
Brit.-
Abessinien
Ital.-Somaliland
Uganda
Brit.-Ostafrika
Aquatorialafrika
Kamerun
Franz.
Belg.-Kongo
Deutsch-Ost-afrika
Sansibar (brit.)
Seychellen
Angola
Nord-Rhodesien
Süd-
Moçambique
Deutsch-Südwest-afrika
Bet-schuana-land
Swasiland
Basutoland
afrikanische Union
Madagaskar
Mauritius
Indischer Ozean
1 Njassaland
2 Transvaal
3 Oranje-Freistaat
Imperialistische Stoßrichtungen und Krisenräume
Aufnahmegebiete europäischer Auswanderer und Siedler im 19. Jh.

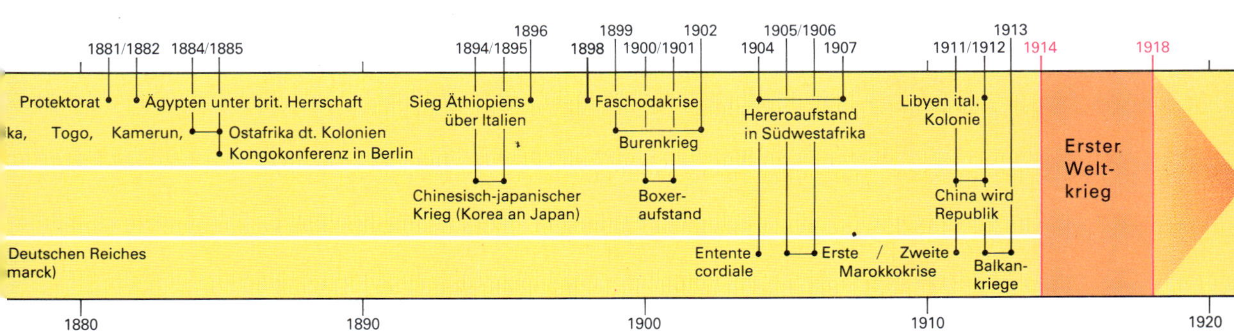

1881/1882
1884/1885
1894/1895
1896
1898
1899
1900/1901
1902
1904
1905/1906
1907
1911/1912
1913
1914
1918
Protektorat
Ägypten unter brit. Herrschaft
ka, Togo, Kamerun, Ostafrika dt. Kolonien
Kongokonferenz in Berlin
Sieg Äthiopiens über Italien
Faschodakrise
Burenkrieg
Hereroaufstand in Südwestafrika
Libyen ital. Kolonie
Chinesisch-japanischer Krieg (Korea an Japan)
Boxer-aufstand
China wird Republik
Erster Welt-krieg
Deutschen Reiches
marck)
Entente cordiale
Erste / Zweite Marokkokrise
Balkan-kriege
1880
1890
1900
1910
1920

1. Afrika den Europäern!

1881/82	Frankreich errichtet ein Protektorat über Tunesien; Ägypten gelangt unter britische Oberherrschaft.
1884/85	Das Deutsche Reich erwirbt ein Kolonialreich in Südwestafrika, Togo, Kamerun und Ostafrika.
1885	Auf der internationalen Kongokonferenz in Berlin einigen sich 16 zumeist europäische Staaten über Grundsätze für die weitere Aufteilung Afrikas.
1896	Die Italiener werden bei dem Versuch, Äthiopien zu erobern, bei Adua vernichtend geschlagen.
1898	Der englische General Kitchener besiegt islamische Aufständische des Mahdi im Sudan.
1904–1907	In Deutsch-Südwestafrika erheben sich die Hereros.
1912	Libyen wird italienische Kolonie. Mit Ausnahme Liberias und Äthiopiens steht ganz Afrika unter fremder Herrschaft.

Afrika um die Mitte des 19. Jahrhunderts

Um die Mitte des vorigen Jahrhunderts war das Innere des schwarzen Kontinents noch *weitgehend unerforscht*, und nur wenige Gebiete waren *Kolonien* der Weißen geworden. Die *Franzosen* z.B. hatten seit 1830 *Algerien* erobert und Siedler dorthin geschickt. Auch in der *britischen Kapkolonie* und den angrenzenden *Burenrepubliken* im Süden Afrikas lebten weiße Siedler. Nirgendwo waren sie aber zahlreich genug, um der eingeborenen Bevölkerung ein ähnliches Schicksal wie den Indianern in Nordamerika bereiten zu können. Im übrigen beschränkte sich der europäische Einfluß auf einzelne *Küstenplätze*, die nach der Beendigung des jahrhundertelangen Sklavenhandels keine besondere Bedeutung zu haben schienen.

Kolonien als belastende „Mühlsteine"

Der Kolonialpolitik wurde damals keine besondere Zukunft eingeräumt. Für den englischen Premierminster *Disraeli* waren um 1850 die vielen britischen *Kolonien* mitsamt Indien bloße *„Mühlsteine am Halse Englands"*, ohne die man viel Geld sparen könnte. Nur ein halbes Jahrhundert später jedoch waren so gut wie ganz Afrika (und auch Asien und der Pazifik) in koloniale oder halbkoloniale Abhängigkeit geraten.

Der „Wettlauf um Afrika" beginnt

Disraeli, der sich so ablehnend zu kolonialem Besitz geäußert hatte, erwarb 1874 für England die *Suezkanalaktien* des türkischen Vizekönigs von Ägypten. Dieser Kauf schien der Absicherung des *Seewegs nach Indien*, der wichtigsten britischen Kolonie, zu dienen, wo sich 1877 die englische Königin *Victoria* als *Kaiserin* ausrufen ließ. Doch setzten sich die Engländer in der Folgezeit in *Ägypten* selber fest, übernahmen zunächst die Finanzverwaltung des hochverschuldeten Staates und landeten schließlich 1882 mit Truppen. Dies wiederum ließ die *Franzosen* nach einer Kompensation (Ausgleich) suchen: Sie erklärten *Tunesien* zu ihrem *Protektorat* (Schutzgebiet) und verärgerten damit die ebenfalls interessierten Italiener.

Internationale Kongokonferenz

In der Zwischenzeit hatte Belgien versucht, das *Kongobecken* für sich zu gewinnen. Auch *Frankreich* und *Großbritannien* wollten dieses Gebiet als Kolonie erwerben, denn dort wurden große *Bodenschätze* vermutet. Auf Anregung des deutschen Reichskanzlers Bismarck wurde zur Regelung der umstrittenen Ansprüche die *Internationale Kongokonferenz* 1884/85 in Berlin einberufen. Dort wurden nicht nur Beschlüsse gegen die Sklaverei und für den Freihandel in Afrika gefaßt; künftig sollte man sich auch Territorien in Afrika einfach dadurch aneignen können, daß man sie besetzte und dies den übrigen Mächten meldete.

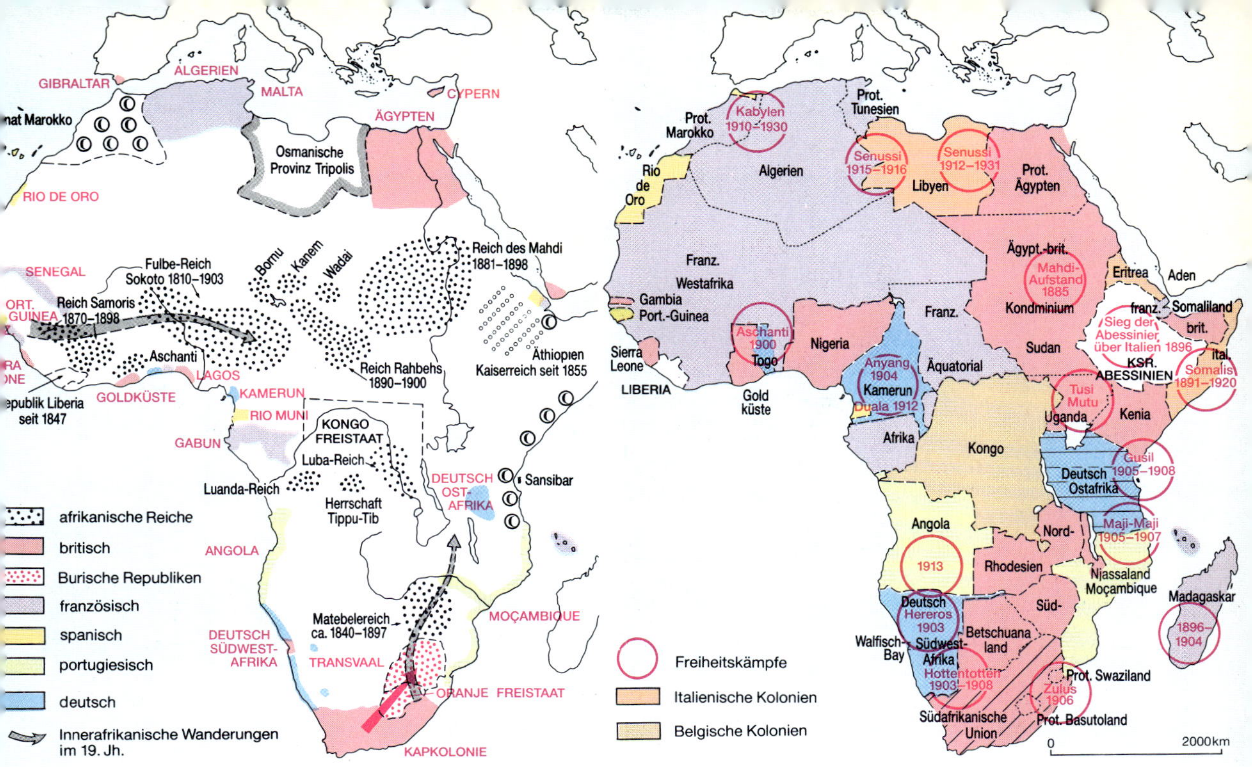

1 Afrika vor und nach der kolonialen Aufteilung

Die „Balgerei" wird heftiger

So führte die Kongokonferenz dazu, den *„Scramble of Africa"* (Balgerei um Afrika) weiter anzufachen. *England* verfolgte unter dem Motto *„Vom Kap bis Kairo"* nun entschieden die Politik, von Südafrika bis Ägypten ein geschlossenes Territorium zu erwerben. *Frankreich* hatte Algerien erobert und suchte unter dem Schlagwort *„l'Afrique transversale"* einen zusammenhängenden Landgürtel von Dakar im Westen bis Djibuti im Osten. Es brachte große Teile Westafrikas und der Sahara unter seine Kontrolle. Ein Zusammenstoß englischer und französischer Interessen war nur eine Frage der Zeit.

Ein „deutsches Indien" in Afrika?

Auch in Deutschland wurde seit der Mitte der 1880er Jahre in der *Öffentlichkeit* immer stärker die Forderung nach Kolonien erhoben. Als Gegengewicht gegen Indien, das als Schatzkammer des britischen Empire galt, glaubten viele, ein *„deutsches Indien"* in Afrika errichten zu können. Eine der ersten deutschen Kolonien wurde *Deutsch-Ostafrika.* Mit zwei anderen Deutschen, sechs Dienern und 40 Trägern unternahm Carl Peters im Auftrag der Gesellschaft für Deutsche Kolonisation im November 1884 eine Expedition in das östliche Afrika. Im Verlauf der fünfwöchigen Expedition nahm Peters ein Gebiet von der Größe Süddeutschlands in Besitz. 1884 erteilte Bismarck seinen Erwerbungen den *kaiserlichen Schutzbrief*, 1890 wurde Deutsch-Ostafrika eine *Kolonie* des Deutschen Reiches. Unter deutscher Herrschaft wurden die Verwaltung, das Verkehrsnetz und die Wirtschaft des Landes neu gestaltet. Auch in anderen Gebieten Afrikas wurden koloniale Initiativen unterstützt. So erwarb sich das Deutsche Reich die Kolonien *Südwestafrika*, *Togo* und *Kamerun*. Deutschland besaß damit ein ansehnliches Kolonialreich, dessen Größe aber dennoch jeweils nur ein Drittel der Besitzungen Englands und Frankreichs ausmachte.

2 Ein Kolonialbeamter auf Inspektionsreise: Carl Peters (1856–1918) in Ostafrika

Widerstand der Afrikaner

Der Erwerb der Kolonien lief in der Regel ohne allzu viel Blutvergießen ab. Zumeist vereinbarte eine kleine Handvoll Weißer mit Stammeshäuptlingen „Schutzverträge", deren eigentlichen Sinn diese oft nicht durchschauten. Doch gab es auch *gewaltsamen Widerstand* gegen die europäische Landnahme. Ein islamischer Führer und seine Anhänger z. B. kämpften jahrelang erfolgreich gegen britische Armeen, und ein *äthiopischer* Herrscher besiegte 1896 die *Italiener* bei Adua so nachhaltig, daß diese sich mit dem Besitz Eritreas und Somalias zufrieden geben mußten. Auch lange nach der Inbesitznahme einer Kolonie konnte es zu Erhebungen kommen. Besonders bekannt wurde der grausam unterdrückte *Aufstand der Hereros und Hottentotten* in *Südwestafrika* (1904–1907).

Verwaltung der Kolonien

Die *französische Kolonialpolitik* verfolgte vor allem das Ziel, die Kolonien für das Mutterland wirtschaftlich zu nutzen. Die eingeborene Bevölkerung sollte im Laufe der Jahrzehnte zu *Franzosen* gemacht werden. In den Kolonien wurden nicht nur die französische *Sprache* und das französische *Schulsystem*, sondern auch das französische *Recht* eingeführt. Französische Beamte übernahmen die straff *zentralisierte Verwaltung.* Die politischen Rechte der Afrikaner blieben selbst auf der lokalen Ebene gering. Die Farbigen wurden als Untertanen behandelt. Sie erhielten nicht das volle französische Bürgerrecht.

Die britische Kolonialpolitik stand unter dem Leitgedanken, der Bevölkerung in den Kolonien eine weitgehende *Selbstverwaltung* zu belassen. Diese „indirect rule" der Engländer beließ den Häuptlingen ihre Autorität, ließ sie aber nur als abhängige Herrscher regieren. Ihre „Herrschaft" wurde von englischen Beamten kontrolliert und konnte nur mit ihrer Zustimmung durchgeführt werden. Steuern wurden im Namen des Häuptlings erhoben, doch mußte ein festgesetzter Betrag an die englische Verwaltung abgeliefert werden. Auch die *Deutschen* übernahmen in einigen Kolonien diese Praxis. Die weißen Herren fielen in zahlreichen Kolonien im Alltag kaum auf: Die Weißen waren nämlich vielerorts nur eine verschwindende *Minderheit*, in Togo z.B. wurden 1890 bei ungefähr 1 Million Einwohnern keine hundert weißen Kaufleute, Missionare und Kolonialbeamte gezählt. Wo Weiße zahlreicher zuwanderten, etwa in das

3 Bau einer Eisenbahnlinie in Togo. (Aus dem Fotoalbum eines deutschen Kolonialbeamten, 1905)

durch Gold- und Diamantenvorkommen attraktive Südafrika, ergaben sich später die meisten Probleme bei dem Versuch der schwarzen Völker, ihre Unabhängigkeit zu erreichen.

Koloniale Ausbeutung

Alle Kolonialmächte erwarteten sich von den eroberten oder erworbenen Gebieten *wirtschaftlichen Gewinn.* Anfänglich erhoffte sich mancher Weiße diesen durch *Ausplünderung der Kolonien,* z.B. in dem vom belgischen König als Privatbesitz behandelten *Kongostaat:* Im Austausch gegen Spiegel, Blechteller und Spazierstöcke ließ man die Eingeborenen in den Urwäldern des Kongobeckens Kautschuk sammeln. Um den Ertrag des immer mühsamer zu gewinnenden Rohstoffes zu steigern, bedienten sich die Weißen immer schlimmerer Methoden der *Zwangsarbeit.* Hunderttausende sind bei den – in Europa heftig kritisierten *Kongogreueln* – ums Leben gekommen oder verkrüppelt worden.

Koloniale Erschließung

Anderswo hatten die Kolonialherren schneller erkannt, daß nicht Raubbau, sondern nur *koloniale Erschließung* längerfristigen Gewinn bringen konnte. Deshalb erklärte man Millionen von Hektar fruchtbaren Landes für angeblich ungenutzt und herrenlos und errichtete *Plantagen für Exportkulturen* (z.B. Erdnüsse, Kaffee, Kakao, Baumwolle, Palmöl). Noch heute ist die Wirtschaft der afrikanischen Staaten durch diese *einseitige Erschließung* geprägt, die die Erzeugung von Nahrungsmitteln für den eigenen Bedarf vernachlässigte und eine hohe *Abhängigkeit vom Welthandel* schuf. Auch der Bau von *Eisenbahnanlagen* und *Straßen* diente vor allem dem Abtransport dieser *Kolonialwaren.*

Folgen kolonialer Herrschaft

Die Auswirkungen kolonialer Herrschaft werden deshalb zwiespältig beurteilt: Trotz einer gewissen wirtschaftlichen Entwicklung hob sich der Lebensstandard der einheimischen Bevölkerung nur geringfügig. Bis 1914 wurden Kolonialverwaltungen aufgebaut, wenn diese auch kaum über große Mittel verfügte, um z.B. ein umfassendes Schulsystem aufzubauen. So erlangte nur eine sehr kleine *schwarze Elite,* zumeist in *Missionsschulen,* eine europäische Bildung. Andererseits führten das weitverbreitete *Unverständnis* der Kolonialherren für die afrikanischen Denk- und Lebensformen, das *Überlegenheitsgefühl* der weißen Rasse gegenüber dem als minderwertig betrachteten „Schwarzen" in vielen

Gebieten zur *Zerstörung* der eigenständigen Kulturen und Traditionen Afrikas. Diese *Europäisierung* Afrikas schuf später in der *Unabhängigkeitsbewegung* der schwarzen Völker große Probleme, ein kulturelles und staatliches *Selbstbewußtsein* wieder zu erreichen.

Kolonialismus: Unterwerfung einer eingeborenen Bevölkerungsgruppe durch eine wirtschaftliche und sozial überlegene Minderheit von außen und die sich anschließende Beherrschung und Ausbeutung (in offener oder verborgener Form). Der Erwerb von Gebieten in Übersee durch europäische Mächte (später auch der USA) begann mit der Kolonisierung Mittel- und Südamerikas durch Spanien und Portugal im Zeitalter der Entdeckungen und gipfelte in der Aufteilung großer Teile der Welt unter die Kolonialmächte in der Zeit zwischen etwa 1880 und 1914.

4 Erziehung „des Negers" zur Arbeit

Auf einem „Allgemeinen Kongreß zur Förderung überseeischer Interessen" (1886 in Berlin) referierte auch Joachim Graf Pfeil, der neben Carl Peters an der Kolonisierung Deutsch-Ostafrikas maßgeblich beteiligt war:

„Es fehlt dem Neger die Grundlage für das Angebot europäischer Arbeit, der Erwerbstrieb. Für seinen Lebensunterhalt sorgt durch ihren Feldbau sein Weib. Abgesehen von der Arbeit, welche wir für die Kultivation neuer Länder gebrauchen, liegt uns aber auch die Pflicht ob, die rohen Einwohner derselben zu erziehen, zu zivilisieren …

Muß aber der Europäer arbeiten, so liegt sofort die Frage nahe, warum soll es der Neger nicht.

Unsere Ansichten über den Neger waren bisher ganz eigentümlich verschroben. Ansprüche, die man an die unteren Volksklassen der Europäer erhob, ja als ganz naturgemäß betrachtete, verschrie man sofort als Roheit, wenn sie an den Neger gestellt wurden, gerade als ob der Neger ein zu besonders zarter Behandlung berechtigtes höheres Wesen sei …

Solche Anschauungen über den Neger stammen noch aus der Zeit des unseligen Humanitätsdusels … Jene Zeit ist indessen verschwunden, eine gesunde Reaktion beginnt sich gegenüber den damaligen superhumanen Anschauungen geltend zu machen …

Mit einer kleinen, aber zuverlässigen Truppe etabliere man sich an dem Ort, den man für kolonisatorisches Vorgehen ausersehen hat. Mit dem Häuptling des Stammes, unter dem man lebt, treffe man zunächst das Abkommen, daß er seine Hörigen zur Arbeitsleistung stellt … Eine rechtzeitige Schaustellung der bewaffneten Macht kann diese Maßregel zur Durchführung bringen ohne jeden tatsächlichen Zwang, d.h. Anwendung von Gewalt …

Dieses Verfahren genügt, um in einem kleinen Distrikte die Einwohner zur Arbeit zu zwingen. Um aber ganze Volksstämme zur Arbeit heranzuziehen, bedürfen die Mittel einer ausgedehnteren Anwendung … Überall finden sich kriegerische Stämme … Bei einiger Geschicklichkeit im Umgang mit Negern kann es nicht schwerhalten, den Häuptling eines solchen kriegerischen Stammes zum Verbündeten zu gewinnen. Er und sein Volk werden von der allgemeinen Arbeitsleistung dispensiert, übernehmen jedoch die Verpflichtung, andere Stämme, die bei der Stellung von Arbeitern sich saumselig erweisen … nötigenfalls mit bewaffneter Hand zu veranlassen … Wir aber wissen, daß ihre rohe Gewalt nur dem höheren Endzwecke allgemeiner Zivilisation dienen soll."

(Zit. nach: Ludwig Helbig, Imperialismus – Das deutsche Beispiel, Frankfurt 1976[6], S. 79–81)

5 Im kaiserlichen Kamerun

Hellmut von Gerlach, liberaler Reichstagsabgeordneter von 1903–1906, machte kurz vor dem 1. Weltkrieg eine Reise in die deutsche Kolonie Kamerun. Er berichtete:

„Die Neger wurden als minderwertig behandelt und deshalb als Zeugen nicht zum Eide zugelassen. Sonst wäre man doch bei einem Verfahren zwischen Weißen und Schwarzen so leicht nicht über Negereide hinweggekommen. Meine große Frage, ob man nicht an die Vereidigung der Neger denken könne, wurde als Rasseverrat mit Empörung zurückgewiesen. Ungemein häufig war die Verhängung der Prügelstrafe. Freitag war immer Gerichtstag in Duala, Sonnabend Prügeltag. Im Innern von Kamerun wurde das Urteil gleich vollstreckt …

Sehr unerfreulich war der Anblick der vielen Kettengefangenen, die man bei Wegearbeiten und ähnlichen Beschäftigungen im Freien erblicken konnte. Die ersten Kettengefangenen hatte ich in Lomé beim Einzug unseres neuen Gouverneurs gesehen, was bei mir nicht gerade das Festgefühl gesteigert hatte. Die Kettenstrafe vollzog sich in der Form, daß immer zwei Sträflinge durch eine Kette an den Beinen zusammengeheftet wurden, was ihnen ein Entweichen natürlich unmöglich machte. Besonders aufreizend erschien mir als Juristen, daß die Kettenstrafe nicht nur über Verurteilte, sondern auch über Untersuchungsgefangene verhängt wurde. …

Das glänzende Gegenstück zur deutschen Justiz in Kamerun war die Sanitätsverwaltung. Sie stand auf der Höhe der deutschen Wissenschaft und wurde mit echt deutscher Gründlichkeit zum Segen der Eingeborenen ausgeübt. Es begeisterte mich geradezu, als ich tief im Innern des Landes deutsche Ärzte traf, die in Begleitung von Sanitätern alle der Schlafkrankheit verdächtigen Eingeborenen um sich sammelten, sie untersuchten und sie impften. Hier wurde wirklich ein Kulturwerk ersten Ranges vollbracht. Aber das ist auch fast das einzig Erfreuliche, was ich aus dem Kamerun von 1912 zu berichten wüßte. Das schlimmste schien mir, daß die deutsche Verwaltung grundsätzlich von dem falschen Gesichtspunkt ausging: die Schwarzen sind eine minderwertige Rasse, die, wie der Pidschin-Ausdruck lautet, ‚by strong' regiert werden muß, mit hartem Zwang. Kein Neger wurde nach Deutschland gelassen. ‚Dort werden sie als gleichberechtigt behandelt, da sind sie für die Kolonie verdorben, wenn sie zurückkommen.' Alle Neger wurden geduzt, auch die relativ Gebildeten und Wohlhabenden … Daß die Schwarzen von weißen Privatleuten geprügelt wurden, war allgemein üblich; ich habe es zahllose Male gesehen. Es war nicht direkt erlaubt. Aber es wurde geduldet. Die Schwarzen wußten, daß sie kein Recht gegen die Weißen fanden, da sie nicht schwören durften."

(Zit. nach: Günter Albrecht [Hrsg.], Erlebte Geschichte, Berlin [Ost] 1967, S. 106–109)

6 Missionar in einem Kral (Runddorf) in Südwest-Afrika

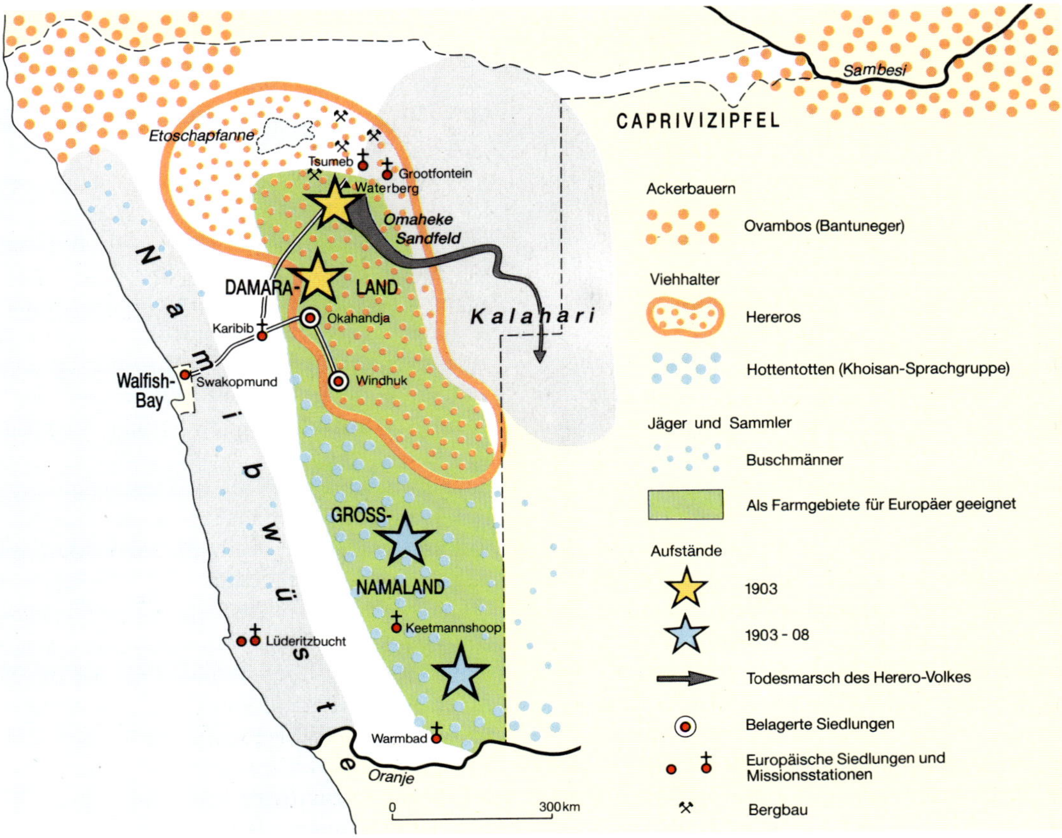

7 Südwestafrika als deutsche Kolonie 1883/4–1914

Arbeitsvorschläge und Fragen

a) Vergleiche die beiden Afrika-Karten miteinander. (M 1) – Welche europäischen Staaten waren in besonderem Ausmaß an der Kolonisation beteiligt? – Welchen Einfluß hatte die Kolonialzeit auf die heutige politische Landkarte Afrikas? Ziehe dazu eine moderne Staatenkarte heran.

b) Vergleiche die Bilder M 2, 3 und 6. Was sagen sie über das Verhältnis des Weißen zur eingeborenen Bevölkerung aus und was über seine kolonisatorischen Leistungen?

c) Welche Methoden empfiehlt der Redner zur Erziehung „der Neger“? Nimm dazu Stellung und berücksichtige dabei auch die im Text enthaltene Rechtfertigung. (M 4)

d) Was hält der Verfasser des Reiseberichts an der Praxis der Kolonialverwaltung für gut und was für schlecht? Untersuche, von welchem Standpunkt aus er urteilt und inwieweit deshalb der Bericht als glaubwürdig oder einseitig erscheint. (M 5)

e) Ermittle an Hand der Karte M 7 wesentliche Faktoren, die die Situation in der Kolonie Deutsch-Südwestafrika bestimmten. Vergleiche zum afrikanischen Widerstand M 1. Informiere Dich im Lexikon über Südwestafrika.

2. China – Politik der „Offenen Tür"

1842	Nach dem verlorenen Opiumkrieg schließt China mit dem Vertrag von Nanking (Nan-jing) den ersten „Ungleichen Vertrag".
1860	Der Sommerpalast von Peking (Bei-jing) wird von englischen und französischen Truppen zerstört; China räumt den fremden Mächten weitgehende Vorrechte ein, die seine Souveränität aushöhlen.
1894/95	China verliert in einem Krieg gegen Japan die Oberherrschaft über Korea. Die Rivalität der imperialistischen Mächte verhindert in der Folgezeit die völlige Aufteilung Chinas.
1900/01	Der Aufstand der Boxer gegen die Fremdherrschaft wird von einer internationalen Armee niedergeschlagen.
1911/12	**China wird nach über zweitausendjähriger Kaiserherrschaft Republik,** verbleibt aber in halbkolonialer Abhängigkeit.

Europäisches Vordringen in Asien

Früher und intensiver als für Afrika hatten sich die Europäer für das größere und bevölkerungsreichere Asien interessiert. Im 17. und 18. Jahrhundert hatten sich z.B. die *Holländer* in *Indonesien* festgesetzt; den *Engländern* war es in dieser Zeit gelungen, im reichen *Indien* immer mehr Einfluß zu gewinnen und Konkurrenten wie Frankreich auszuschalten. *Rußland* hatte sich in dieser Zeit das dünnbesiedelte *Sibirien* unterworfen und war tief nach *Zentralasien* vorgedrungen. Im 19. Jahrhundert nun versuchten die Abendländer, den Fernen Osten ihrem Handel zu erschließen: 1854 erzwangen amerikanische Schiffe die *Öffnung japanischer Häfen* für den westlichen Handel. Japan gelang es aber, seine Verwaltung und Armee nach europäischem Vorbild zu modernisieren und eine eigene Industrie aufzubauen. Auf diese Weise konnten die *Japaner* ihre *Unabhängigkeit* bewahren im Unterschied zu den damals über 400 Millionen Chinesen.

Im „Reich der Mitte" herrscht der „Sohn des Himmels"

Noch heute nennen die Chinesen ihr Land chung-kuo, d.h. *Mittelreich*, und erinnern damit an die alte chinesische Auffassung, im Zentrum der bewohnten Welt zu leben, von wo alle Zivilisation und Kultur in die angrenzenden Außenstaaten ausgeht. Deren Bewohner waren nach chinesischer Vorstellung um so primitiver, je weiter entfernt sie von China lebten, z. B. die Europäer, die man sich nicht selten als Kannibalen vorstellte. Noch den entferntesten „Barbaren" war es aber gestattet, an den Hof des *Kaisers*, des *„Sohnes des Himmels"* zu kommen, um seiner Gnade teilhaftig zu werden und „um sich zu bilden". Tatsächlich erschienen jahrhundertelang aus den angrenzenden Ländern Gesandtschaften mit Geschenken (Tributen). In der Hauptstadt wurden sie mit feierlichem Zeremoniell empfangen und machten den Kotau (k'ou-t'ou), indem sie sich vor dem Kaiser dreimal niederknieten und ihren Kopf neunmal auf den Boden beugten.

Opiumkrieg

Im 19. Jahrhundert waren die Europäer immer weniger zu dieser in ihren Augen demütigenden Unterwerfung bereit. Von der früheren Hochachtung für die chinesische Kultur, zu der die Herstellung von *Porzellan*, *Papier* und *Seidenstoffen* genauso gehörte wie die Lehre eines *Konfuzius*, war wenig mehr geblieben. Die Chinesen wurden nun für die Europäer zu Karikaturen mit dreieckigem Hut, langem Bart und Zopf, denen man in Indien angebautes *Opium* brachte, um dagegen *Tee* und *Seide* einzutauschen. Da die Einfuhr dieses Rauschgiftes verboten war, ließ der kaiserliche Beauftragte Lin Tse-hsü 1840 in Kanton

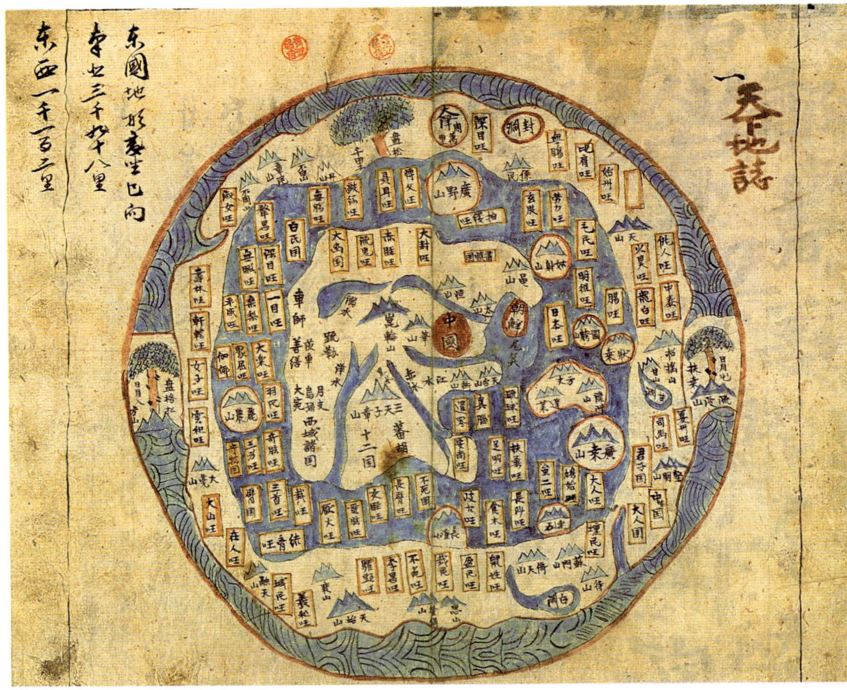

1 China, das „Reich der Mitte". Weltkarte, die China als Mitte der Welt zeigt; aus einem koreanischen Atlas (um 1700): „Es gibt 100 Nationen in der Welt, 25 umgeben von den vier Meeren, 45 auf den vier Meeren und 30 jenseits der vier Meere."

(Guangzhou) mehr als 20000 Kisten Opium auf britischen Schiffen beschlagnahmen und vernichten. *England* schickte deshalb Truppen, die bald die südliche Hauptstadt Nanking (Nan-jing) zu erobern drohten. Die Chinesen traten deshalb im *Vertrag von Nanking* Hongkong an England ab und öffneten fünf Häfen für den westlichen Handel.

Ungleiche Verträge

Der Vertrag von Nanking war der erste der *„Ungleichen Verträge"*, die das militärisch schwache China in der Folgezeit mit europäischen Staaten und den USA abschließen mußte. Nach diesen Verträgen unterstanden die Fremden in China eigener *Gerichtsbarkeit*, sie übernahmen die *Verwaltung des chinesischen Seezolls*, so daß sie ihre Waren besser einführen konnten, darunter weiterhin Opium, jetzt allerdings unter der Bezeichnung „ausländisches Medikament". Die Ausländer durften mit ihren Kanonenbooten die Küstengewässer und Flüsse befahren, und es wurden ihnen immer mehr *Vertragshäfen*, zuletzt über hundert, überlassen und immer mehr *Territorien verpachtet*, wo auch *fremde Truppen* stationiert werden konnten. Auch durfte nach diesen Verträgen die Tätigkeit der *christlichen Missionen* nicht behindert werden.

Aufteilungsversuche und Politik der Offenen Tür

Besonders tief wurden die Chinesen in ihrem Selbstbewußtsein getroffen, als sie 1894/95 im *Krieg um die Herrschaft über Korea* von ihrem viel kleineren Nachbarn *Japan* besiegt wurden. China mußte *Formosa*, das heutige *Taiwan*, und einige Inseln an Japan abtreten und vor allem Korea aus seiner Oberherrschaft entlassen. 1910 wurde es völlig vom Kaiserreich Japan annektiert. Allerdings wurde Japan von den miteinander konkurrierenden Mächten, vor allem den *USA*, daran gehindert, seinen Sieg voll auszunutzen. Wie die europäischen Mächte und Japan wollten auch die USA China als *Absatzmarkt* für ihre Industrie erschließen. Aber zugunsten eines freien Handels in China vertraten die USA dort eine Politik der *„Offenen Tür"* für alle Staaten. Danach sollte sich kein Staat von China Rechte gewähren lassen, die andere Staaten benachteiligten. Die USA verhinderten damit, daß China wie Afrika aufgeteilt wurde.

Ausländer als die wahren Herren im Lande

So blieb China formell ein souveräner Staat, sah sich in Wirklichkeit aber *ohnmächtig* dem Zugriff vieler ausländischer Mächte preisgegeben. Deutschland eroberte Kiautschou und „pachtete“ das Gebiet um den Hafen Tsingtau. *England* und *Frankreich* sicherten sich Flottenstützpunkte. *Rußland* erzwang den Bau der transsibirischen Eisenbahn durch chinesisches Gebiet. Die *Ausländer* bewegten sich im Lande als die *wahren Herren* und behandelten die Chinesen zumeist voller Verachtung. In Schanghai war z.B. ein Park für „Hunde und Chinesen“ verboten, genauso wie die erste Klasse der Straßenbahn.

Unruhen der „Faustkämpfer für Recht und Einigkeit“

Gegen die fortgesetzten *Demütigungen* durch die Fremden, vor allem auch gegen das oft anmaßende Verhalten der zahlreichen Missionen, die z.B. für ihre chinesischen Gläubigen besondere Vorrechte erstritten hatten, entlud sich um 1900 der Haß gegen alles Fremde im *Aufstand der „Boxer“*, der Angehörigen einer Geheimgesellschaft, die nun Tausende von chinesischen Christen und Missionsangehörigen umbrachten und das Gesandtschaftsviertel in Peking belagerten. Eine 40000 Mann starke *internationale Truppe* schlug schließlich diesen Aufstand nieder, plünderte drei Tage lang Peking, und ein weiteres Mal wurden der Regierung *neue Zugeständnisse* abgepreßt.

Reformversuche und Sturz der Mandschu-Dynastie

Die offensichtliche *Ohnmacht Chinas* hatte seit ungefähr 1860 zu gewissen *Reformversuchen* geführt. In der sogenannten „Selbststärkungsbewegung“ (ungefähr 1860–1890) glaubte man anfangs noch, nur die westliche Technik übernehmen zu müssen, ohne die überkommene soziale Ordnung anzutasten. Weiter ging die „Reformbewegung“ von 1898, die das starre Prüfungssystem und die Verwaltung umgestalten wollte. Doch kamen solche Reformmaßnahmen zu spät, um die regierende *Mandschu-Dynastie* noch zu retten. 1911 wurde sie unter maßgeblicher Beteiligung des südchinesischen Arztes *Sun Yatsen* (Sun Yi-xian) gestürzt. Doch auch die neugegründete *chinesische Republik* konnte sich nicht aus der *kolonialen Abhängigkeit* befreien; zudem ergriffen einzelne Militärmachthaber, sogenannte *„Warlords“*, in immer mehr Provinzen die Herrschaft und lösten sich von der Zentralregierung.

2 Schlacht bei Yangtsun während des Boxeraufstandes (Chinesischer Bilderbogen). – Aus Aufrufen der Boxer: „Fremde Teufel sind gekommen und haben durch ihre Lehre viele zu ihrem römischen oder protestantischen Glauben verleitet ... Der Telegraph und die Eisenbahnen sind eingerichtet worden, man hat Gewehr- und Geschützfabriken angelegt, und diese Anstalten verursachen den fremden Teufeln eine Freude der Bosheit voll ... Obwohl ihr Rang ihnen dies Recht nicht gibt, lassen sie sich in Sänften tragen; China aber betrachtet sie doch als Barbaren, die Gott verdammen wolle.“

3 Aufteilung Chinas?

Aus einer Denkschrift des Generalfeldmarschalls von Waldersee aus dem Jahr 1901. Waldersee befehligte während des Boxeraufstandes die internationalen Streitkräfte in China.

„Für die in den letzten Jahren so vielfach besprochene Aufteilung Chinas würde in Anbetracht der augenblicklichen Schwäche des Landes, der Erschöpfung seiner Hilfsquellen und der vielfach anarchischen Zustände ein geeigneterer Zeitpunkt als der jetzige kaum jemals wiederkehren. Es fragt sich nur, wie die Mächte sich zu dieser Frage stellen würden. Rußland dürfte durch die Besetzung der Mandschurei für die nächste Zeit zufriedengestellt sein. Wenn nun Frankreich Jünnan [Yun-nan], Japan Fokien [Fujian], England einen Teil des Jangtse-Gebietes, Deutschland Schantung [Shan-dong] in Besitz nehmen wollte, so würde dies von China schwerlich verhindert werden können. Es würde daher für uns notwendig sein, der Frage die vollste Aufmerksamkeit zuzuwenden, sobald eine Einigkeit der Mächte über die sogenannte Aufteilung zu erzielen möglich wäre. Ich halte dies indes für völlig ausgeschlossen. England kann weder die Franzosen in Jünnan noch die Japaner in Fokien wünschen. Japan hat erhebliche Bedenken gegen die Besitznahme Schantungs durch Deutschland. Keine Macht kann England die Alleinherrschaft am Jangtse gönnen. Amerika ist entschlossen, gegen jeden Aufteilungsversuch zu protestieren. Rußland, wenn es im ungestörten Besitze der Mandschurei belassen wird, würde Aufteilungsversuche der anderen Mächte gern sehen, überzeugt, daß es darüber zu Verwicklungen unter ihnen kommen müßte. Sonach dürfte es sich nicht lohnen, der Aufteilungsidee näherzutreten ... China ist ein Reich, das vor mehr als vierhundert Jahren der europäischen Welt auf manchem Gebiet voraus gewesen, seitdem aber stehen geblieben ist und namentlich den weltbewegenden Umschwung, durch die Dampfmaschine mit Eisenbahn und Dampfschiffen herbeigeführt, nicht erfaßt hat. Seit mehreren Jahrhunderten von äußeren Feinden nicht ernsthaft bedroht, ist das Volk unkriegerisch geworden ... Fügt es die Vorsehung, daß einst kluge und tatkräftige Herrscher an die Spitze treten, welche sich die ... Hilfsmittel der modernen Kultur zunutze machen, so möchte ich an eine Zukunft Chinas noch glauben. Die so überraschend schnell vollzogene und gelungene Reorganisation Japans verdient auch nach dieser Richtung hin vollste Beachtung."

(Zit. nach: Geschichte in Quellen, Bd. 5, München 1980, S. 676f.)

4 Der Zugriff europäischer Mächte auf Nordchina

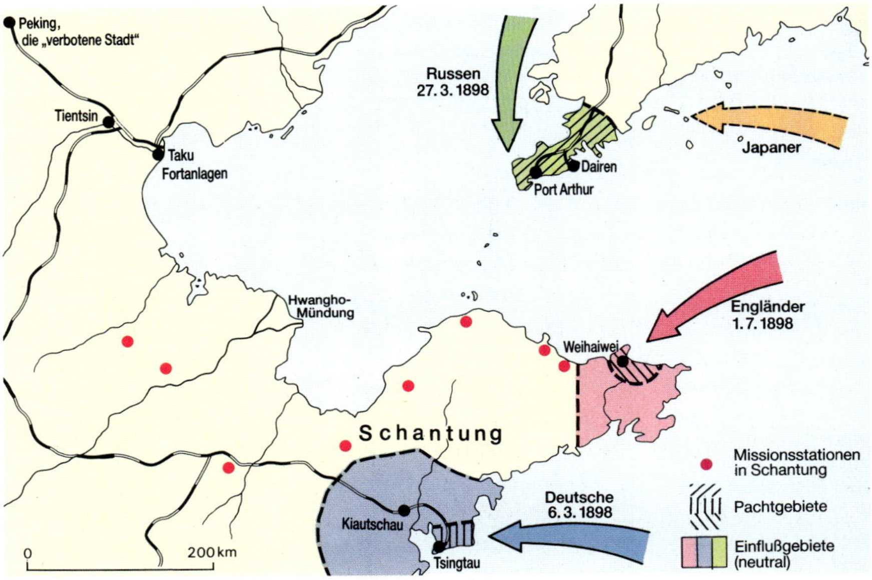

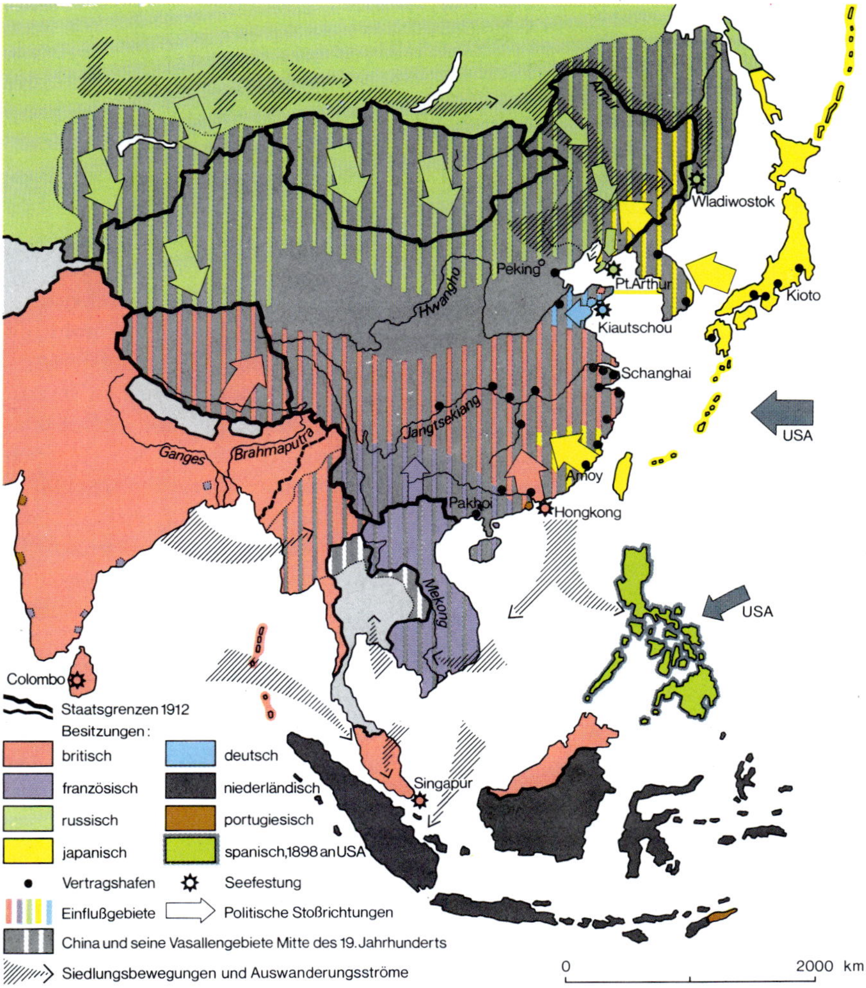

5 China zur Zeit des Imperialismus

6 Die Chinesen im Urteil eines Europäers

Aus den Aufzeichnungen einer Reise, die der Diplomat Rudolf Lindau im Jahr 1859 gemacht hatte (1880 niedergeschrieben):

„Der Europäer, der viel mit Indern, Malaien, Annamiten, Chinesen und Japanern zu tun gehabt hat, kann es nicht mehr über sich gewinnen, diese braunen und gelben Menschenkinder wie seinesgleichen zu betrachten. Der wohlwollende und gebildeten Weiße blickt mit Herablassung auf sie herab; viele, die aus einem härteren Stoffe gemacht oder weniger gut erzogen sind, behandeln die Eingeborenen mit großer Härte und unverhohlener Verachtung … Die Leute haben viele gute Eigenschaften, die meisten Ostasiaten z.B. sind von gewinnender Höflichkeit und haben nicht selten bis in die tiefsten Volksschichten hinab feine gesellschaftliche Formen … – China und Japan sind alte Kulturstaaten, und die Eingeborenen dieser Länder verfügen über einen nicht unerheblichen Schatz von traditioneller praktischer Lebensweisheit und mechanischer Wissenschaft, – doch kann weder China noch Japan vom Standpunkt der menschlichen Intelligenz aus den Vergleich mit einem europäischen Kulturstaate … aushalten. Es ist dies auch nicht erstaunlich, wenn man bedenkt, daß die chinesische Gelehrsamkeit noch immer an den heiligen Schriften kaut, in denen Konfuzius fünfhundert Jahre vor Christi Geburt seine Naturphilosophie, die eisernen Regeln für Gebräuche und Zeremonien und die Grundsätze der Ethik und Metaphysik niedergelegt hat. Die Japaner sind etwas besser daran als ihre Nachbarn und ursprünglichen Lehrmeister, die Chinesen, denn sie besitzen seit einigen Jahrhunderten bereits phonetische Schriftzeichen und brauchen deshalb nicht mehr den größten Teil ihres Lebens damit hinzubringen, um einfach lesen zu lernen; ... – Man findet unter den Ostasiaten schlaue Leute; höfliche, artige, feine, liebenswürdige Menschen – bedeutende Männer ... findet man nicht unter ihnen."

(Zit. nach: Geschichte in Quellen, Bd. 5, München 1980, S. 537f.)

7 Die Europäer im Urteil der Chinesen

In einer Schilderung des britischen Dolmetschers Th. T. Meadows von 1852 heißt es:

„Die Chinesen nennen gewöhnlich die Europäer ‚Barbaren' und halten sie für solche; mit dem Ausdruck meinen sie ‚Völker in einem rohen, unzivilisierten Zustand, moralisch und geistig unkultiviert' ... Diejenigen Chinesen, die unmittelbare Gelegenheit hatten, etwas von unseren Sitten und von unserer Kultur zu erfahren – sie mögen, in allen fünf Vertragshäfen zusammen, fünf oder sechstausend zählen gegenüber 360 Millionen – halten uns meist in Moral und geistiger Kultur für tiefer stehend als ihr Volk. Was die anlangt, die keine solche Gelegenheit hatten, so kann ich mich nicht auf das Gespräch mit einem einzigen besinnen ... dessen Vorstellungen von uns nicht analog zu denen gewesen wäre, die wir von Wilden haben. Die Chinesen sind stets überrascht – um nicht zu sagen erstaunt, zu hören, daß wir Familiennamen haben, und in der Familie die Unterscheidung von Vater, Bruder, Frau, Schwester, usw. verstehen; kurzgesagt, daß wir anders als eine Viehherde leben ..."

(Zit. nach: Geschichte in Quellen, Bd. 5, München 1980, S. 535)

8 Beleidigung englischer Beamten

Aus einer japanischen Zeitung (1919):

„Der Konsul und Konstabler [Polizeibeamte] des englischen Konsulats Wutschou [Wu-zhou] am Westfluß wurde gelegentlich einer Straßendemonstration von chinesischen Soldaten beleidigt. Folgende Bedingungen wurden zwischen dem General und dem englischen Generalkonsul in Kanton [Guang-zhou] vereinbart:

„1. Der chinesische General soll sich schriftlich beim Generalkonsulat in Kanton entschuldigen und persönlich in Wutschou Abbitte leisten.

2. Die Garnison in Wutschou wird in feierlichem Aufzuge die englische Flagge grüßen. Der General wird eine Ansprache an die Truppen halten. 21 Schüsse werden abgegeben werden.

3. Ein amtlicher Bericht soll nach Billigung durch den englischen Generalkonsul in sämtlichen Zeitungen Kuangtungs [Guang-dong] und Kuanghsis [Guang-xi-zhuang] über das Veranlaßte veröffentlicht werden.

4. Der Unteroffizier wird hingerichtet, die übrigen Soldaten werden ebenfalls zum Tode verurteilt, aber auf Bitten des englischen Konsuls begnadigt. Auch hierüber soll ein Bericht in den Zeitungen erscheinen.

5. Als Entschädigung für körperliche und geistige Schäden erhalten die beiden Betroffenen eine Summe von 10000 Dollar.

Von Anfang bis Ende benahmen sich die Beamten der Provinz Kuanghsi vom höchsten bis zum niedrigsten durchaus musterhaft. Die Ausdrücke des Beileids und des Bedauerns waren offenbar ehrlich gemeint, und ihr Eifer, das Unglück wieder gut zu machen, trat sehr geflissentlich hervor. Bei dem Flaggengruß war der englische Generalkonsul auf einem Kriegsschiff zugegen."

(Zit. nach: Geschichte in Quellen, Bd. 5, München 1980, S. 427f.)

Arbeitsvorschläge und Fragen

a) Vergleiche die Weltsicht und das Selbstverständnis Chinas mit den Realitäten um 1900 an Hand der Karten M 1, M 4 und M 5.

b) Vergleiche M 6 und M 7. Welche Erklärungen lassen sich für die einseitigen Urteile finden? Wie aktuell sind die Urteile?

c) Beschreibe die in dem Bilderbogen dargestellten Vorgänge. Von welchem Standort aus und mit welcher Absicht wird dargestellt? (M 2)

d) Welche Erklärung enthält M 3 dafür, daß China nicht ganz aufgeteilt wurde? Urteile über die Voraussage in M 3.

e) War China eine „Halbkolonie"? Urteile mit Hilfe von M 8.

3. Imperialismus: Rechtfertigungen, Motive und Folgen

1898	In Faschoda am oberen Nil, wo sich französische und englische Kolonialinteressen kreuzen, wird Frankreich zum Rückzug gezwungen. Im amerikanisch-spanischen Krieg besetzen die USA unter anderem Kuba und die Philippinen und annektieren Hawaii.
1899–1902	Großbritannien erobert von der Kapkolonie aus die angrenzenden Burenrepubliken Oranje und Transvaal.
1904/1905	Im russisch-japanischen Krieg wird die russische Flotte in der Meerenge von Tsuschima geschlagen.

Imperialistische Politik – eine „Bürde des weißen Mannes"?

Die imperialistische Expansion in der zweiten Hälfte des letzten Jahrhunderts wurde von einer heftigen Debatte in der Öffentlichkeit der betroffenen Länder begleitet. Vielen erschien diese Politik nämlich nicht einfach als *Eroberungs- und Machtpolitik*, sondern geradezu als eine *Bürde*, die der weiße Mann auf sich zu nehmen habe, um der übrigen Welt *Zivilisation und Fortschritt* zu bringen.

Sendungsbewußtsein der Weißen

Jede Nation glaubte hier eine besondere vorbestimmte Mission erfüllen zu müssen. *England* sah sich in der Rolle des *Friedensstifters* für die von ihm beherrschten Völker. In *Frankreich* hieß es, man müsse *„die Kunst, die Literatur, die Sprache Galliens aussäen"*, sonst bleibe der Rest des Universums unfruchtbar. In *Amerika* hörte man, die USA hätten jedes Stück Land, wo „die Vorsehung das US-Banner entfaltet" habe, für die *Freiheit und Zivilisation* zu retten. Für den Dichter Dostojewski lag allein in *Rußland* das *Heil der Welt*, und viele Deutsche meinten, es solle *„am deutschen Wesen die Welt genesen"*.

Das „Recht des Stärkeren" im „Kampf ums Dasein"

Andere verzichteten auf solche gut klingenden Rechtfertigungen imperialistischer Politik und sprachen deutlicher (und wohl auch ehrlicher) von dem angeblichen *Recht des Stärkeren im Daseinskampf* der Völker. *Cecil Rhodes* z. B., der große Teile Afrikas für England gewonnen hatte, behauptete, daß die Engländer „die erste Rasse auf der Welt sind und daß es um so besser für die menschliche Rasse ist, je mehr von der Welt (die Engländer) bewohnen".

„Imperialismus ist gut, Imperialismus plus Dividende ist besser"

Wer sich solch harter Argumentation verschloß, konnte vielleicht wegen der Aussicht auf *Siedlungsraum*, auf *Absatzmärkte* und *Rohstoffquellen* der imperialistischen Durchdringung der Welt zustimmen. Mancher hoffte, auf diese Weise eine Lösung für die wachsenden *Probleme der Industrialisierung*, für *Konjunkturkrisen* und für die brennende *soziale Frage* zu finden. Wenn man den mörderischen Bürgerkrieg im eigenen Land nicht wolle, schrieb derselbe Cecil Rhodes, müsse man Imperialist werden.

Zumindest ließ sich aber mit einer erfolgreichen Expansionspolitik, die die Schlagzeilen der Presse füllte, gut von *Schwierigkeiten im Innern* eines Landes *ablenken* und damit die Stellung der Regierenden festigen.

Wirtschaftliche Bedeutung der Kolonien für die Mutterländer

Die wirtschaftlichen Erwartungen waren aber im allgemeinen viel zu hoch gesteckt. Zwar machten durchaus einige wenige in den abhängigen Gebieten recht *gute Geschäfte*, aber insgesamt galt es bald schon als großer Erfolg, wenn eine Kolonialverwaltung nicht auf *dauernde Zuschüsse* des Mutterlandes angewiesen war. Nur ein halbes Prozent des deutschen Überseehandels wurde beispielsweise mit den eigenen Kolonien abgewickelt, und von den 32 Milliarden Goldmark französischer Auslandsinvestitionen (bis 1914) waren nur 1,6 Milliarden in dem riesigen französischen Kolonialreich angelegt. Der Hauptstrom

2 Frankreich in Faschoda. Der britische General Kitchener zum (französ-schen) Pudel: „Und nun, scher' dich aus meinem Weg, kleiner Köter, oder ic trete dich tot!" (Aus der Londoner satirischen Zeitschrift Moonshine, 1898.

1 Der kolonisierende Europäer. Idealisierende Darstellung aus dem Werk von J. G. Woods „The Uncivilised Races of Men in all Countries of the World", 1876.

3 Der Schutzmann der Welt. Amerikanische Karikatur (1905) auf die „Politik des großen Knüppels" des amerikanischen Präsidenten Theodore Roosevelt, der durch Schiedsspruch (arbitration) oder notfalls mit Gewalt die Streitigkeiten mit anderen Völkern beilegt.

4 Das unersättliche England. „Wenn de Alte sich mit all dem nicht tüchtig den Mag verdirbt!" (Karikatur aus der schweizerisch Zeitschrift Nebelspalter, 1897.)

der europäischen Auswanderer ging nicht etwa in die eigenen Kolonien, sondern nach Nordamerika.

Der Preis imperialistischer Politik

Trotz dieser oft ernüchternden Zahlen wurde die Intensität imperialistischer Politik nicht gebremst; man hoffte auf die zukünftige Entwicklung und wollte dafür schon „die Schürfrechte abstecken". Erkauft wurde diese Politik aber mit einer *zunehmenden Rivalität* der beteiligten Nationen, die sich oft gefährlich zuspitzte und zu verlustreichen Kriegen führte.

Faschoda-Krise 1898

Im Jahre 1898 z. B. kam es zu einer Kraftprobe, als der *französische Major Marchand* mit etwa 100 Mann Kolonialtruppen von Gabun aus in fast zweijährigem Marsch an den oberen Nil gelangt war und in *Faschoda* die Trikolore gehißt hatte. Zehn Wochen später erschien am gleichen Platz der *britische General Kitchener*, der kurz zuvor bei Omdurman die Armee der Mahdisten in einer blutigen Schlacht im Sudan vernichtet hatte. Nun zwang die britische Regierung *Frankreich zum Rückzug* aus Faschoda. Dies wurde in der französischen Öffentlichkeit als schwere Demütigung empfunden, und das nicht nur, weil sich der *Traum eines „l' Afrique transversale"* (s. S. 213) nicht mehr erfüllen ließ. Dagegen waren die Briten ihrem Ziel näher gekommen, eine durchgehende *Landverbindung vom Kap* im Süden *bis Kairo* herzustellen.

Burenkrieg

Der Erfolg in Faschoda ermutigte die *Briten*, 1899 von ihrer Kapkolonie aus die beiden – an Gold reichen – *Burenrepubliken Transvaal* und *Oranje* anzugreifen. Fast eine halbe Million Soldaten mußte England schließlich aufbieten, um 60000 Buren in einem *grausamen Krieg*, der auch die Zivilbevölkerung nicht schonte, zu besiegen.

Amerikanisch-spanischer Krieg

Die alte Kolonialmacht *Spanien* wurde ein Opfer des aufstrebenden *US-Imperialismus*. 1898 mischten sich die USA in einen Aufstand in der spanischen Kolonie *Kuba* ein und besetzten nach einem schnellen Sieg nicht nur die Zuckerrohrinsel Kuba, sondern auch die zuvor spanischen *Philippinen* in Asien.

Russisch-japanischer Krieg

Auch in Asien kam es zu einem gefährlichen Aufeinanderprallen der rivalisierenden imperialistischen Mächte. Als sich *Rußland* sträubte, die *Mandschurei* zu räumen, versenkten im Februar 1904 japanische Torpedoboote russische Schiffe im Hafen von Port Arthur, und japanische Truppen landeten in *Korea*. Nach einer Reihe von Schlachten in der Nähe von Mukden waren die russischen Truppen am Anfang des Jahres 1905 aus der Mandschurei vertrieben. Als dann nach monatelanger Fahrt die *russische Ostseeflotte* am Kriegsschauplatz eintraf, wurde sie im Mai 1905 in der Meerenge von *Tsuschima* von der japanischen Flotte vernichtend geschlagen. Diese Niederlage löste in Rußland *revolutionäre Unruhen* gegen das Regime des Zaren aus; sie führte aber auch dazu, daß sich das Interesse der russischen Außenpolitik wieder stärker auf die europäischen Konfliktherde, z. B. auf den Balkan, richtete.

Imperialismus (von lat. imperium: Macht, Herrschaft, Reich): ganz allgemein bedeutet der Begriff die (direkte oder indirekte) *Herrschaft* über die Bevölkerung eines fremden Landes, die auch zur *wirtschaftlichen und kulturellen Abhängigkeit* führt. Im engeren Sinn ist er eine Bezeichnung für die Expansionspolitik der sich industrialisierenden europäischen Großmächte sowie der USA und Japans im letzten Drittel des 19. Jahrhunderts bis zum 1. Weltkrieg.

5 Bekenntnis zur kolonialen Expansion

Aus einer Parlamentsrede des ehemaligen französischen Ministerpräsidenten Jules Ferry vom 28. Juli 1885:

„‚Die Kolonialfrage ist für die Länder, die durch die Natur ihrer Industrie selbst zur Ausfuhr in großem Maße bestimmt sind, wie unser Land, eben eine Frage der Absatzmärkte …'

Nach einer Unterbrechung der Sitzung fuhr Ferry fort: ‚Meine Herren, es gibt noch einen zweiten Punkt, noch eine zweite Gedankenreihe, die ich ebenfalls anschneiden muß, so knapp wie möglich, glauben Sie mir: das ist die humanitäre und zivilisatorische Seite der Frage. Über diesen Punkt spottet der ehrenwerte Herr Camille Pelletan viel mit dem Geist und dem Scharfsinn, die ihm eigen sind; er spottet, er verdammt und er sagt: «Was ist das für eine Zivilisation, die man mit Kanonenschüssen durchsetzt? Was ist das anderes als eine neue Form der Barbarei? Haben etwa diese Völker niederer Rasse nicht die gleichen Rechte wie Ihr? Sind sie etwa in ihren Ländern nicht souverän? Rufen sie Euch etwa herbei? Gegen ihren Willen geht Ihr zu ihnen, Ihr tut ihnen Gewalt an, aber Ihr zivilisiert sie nicht.» … Meine Herren, man muß lauter und ehrlicher reden. Man muß es offen aussprechen, daß die höheren Rassen in der Tat ein Recht gegenüber den niederen Rassen haben …' (*Lärm auf manchen Bänken der äußersten Linken.*) Herr Jules Maigne: ‚Oh, das wagen Sie in dem Lande zu sagen, in dem die Menschenrechte proklamiert sind.' Herr de Guilloutet: ‚Das ist die Rechtfertigung der Sklaverei und des Menschenhandels!' … (*Tumult.*) …

‚Ich behaupte, daß die Kolonialpolitik Frankreichs, daß die Politik der kolonialen Expansion, … die uns … nach Saigon, nach Cochinchina hat gehen lassen, die uns nach Tunis geführt hat, die uns nach Madagaskar gebracht hat – ich behaupte, daß diese Politik der kolonialen Expansion sich von einer Wahrheit hat leiten lassen, auf die man doch für einen Augenblick Ihre Aufmerksamkeit lenken muß, nämlich, daß eine Marine wie die unsrige auf den Meeren auf feste Stützpunkte, Verteidigungsmittel und Versorgungszentren nicht verzichten kann. (*Sehr gut! Sehr gut! Zahlreiche Beifallskundgebungen links und in der Mitte.*) … Meine Herren, in dem Europa, wie es geworden ist, in diesem Wettkampf so vieler Rivalen, die wir um uns herum großwerden sehen, die einen durch militärische und maritime Perfektion, die anderen durch die erstaunliche Entwicklung einer ständig wachsenden Bevölkerung, in einem solchen Europa oder vielmehr in einer so gestalteten Welt bedeutet die Politik der Sammlung oder des Verzichts ganz einfach die Hauptstraße zum Niedergang. Die Nationen sind in den Zeiten, in denen wir leben, nur groß durch die Aktivität, die sie entwickeln …'

Herr Paul de Cassagnac: ‚Wir werden uns daran erinnern! Das ist die Verteidigung des Krieges.'"

(Zit. nach: Geschichte in Quellen, Bd. 5, München 1980, S. 582–585)

6 „Ein humorvoller diplomatischer Atlas von Europa und Asien" (Japanisches Flugblatt von 1904; nach einer englischen Karikatur von 1877). Im Text links steht unter anderem: „But as it sometimes happens he [the Black Octopus] gets wounded seriously even by a small fish … Wait and see! The ugly Black Octopus! Hurrah! Hurrah? for Japan …"

7 Die „Bürde des weißen Mannes"

Rudyard Kipling (1865–1936), britischer Schriftsteller, Verfasser der bei der Jugend bis heute beliebten „Dschungelbücher", Nobelpreisträger 1907, schreibt:

„Nehmt auf Euch des weißen Mannes Bürde –
Schickt die Besten, die Ihr erzieht, hinaus!
Laßt sie schwer bewaffnet wachen
Über eine Menge, wankelhaft und wild. –
Eure frisch eingefangenen Völkerschaften,
Die halb Kinder sind und halb Teufel.
Nehmt auf Euch des weißen Mannes Bürde –
Gebt den hungrigen Mäulern zu essen
Und gebietet der Seuche Einhalt.
Wenn ihr dann dicht vor dem Ziele steht,
Was ihr anderen zuliebe erstrebt, fast erreicht habt,
Seht zu, wie die Faulheit und heidnischer Irrwahn
Eure ganze Hoffnung zerstören."

(English and American Poetry – English and American Authors 50, hrsg. v. H. Zehrer, Bielefeld, S. 139)

8 Exportieren der sozialen Frage durch Kolonialpolitik?

Der sozialdemokratische Abgeordnete Liebknecht sagte 1885 im Reichstag:

„Man hat gerade die Kolonialfrage mit besonderem Eifer von dem Boden nüchterner Erwägung auf den des Chauvinismus [des übersteigerten Nationalismus], des Patriotismus, des nationalen Enthusiasmus hinüberzuführen versucht. Das kann nur verwirren. Fragen wir uns ruhig: was wird mit der sogenannten Kolonialpolitik denn eigentlich bezweckt? Wenn wir auf den Grund gehen, so wird als der Zweck hingestellt: der Überproduktion und der Übervölkerung zu steuern. Aber was ist denn Überproduktion, und was ist Übervölkerung? Das sind doch sehr relative Begriffe. Ist Deutschland etwa übervölkert? Gerade die dichtest bevölkerten Gegenden in Deutschland liefern für die Auswanderung das geringste Kontingent, die dünnest bevölkerten liefern das stärkste. ... Und gerade so ist es mit der Überproduktion. Da klagen unsere Fabrikanten, daß ihre Produkte keinen Absatz finden. Ja, meine Herren, warum haben sie keinen Absatz? Weil das Volk nicht kaufen kann – abermals eine Folge unserer mangelhaften sozialen Verhältnisse; wenn die Sozialreform wirklich den Hebel an der richtigen Stelle ansetzen will, dann muß sie dafür sorgen, daß wirklicher Nationalreichtum erzeugt wird, das heißt, daß der Nationalreichtum, welcher tatsächlich erzeugt wird, auch seine richtige Verteilung findet.

Und wird etwa durch die Kolonialpolitik etwas nach dieser Richtung erreicht? Nein, meine Herren. Sie exportieren einfach die soziale Frage. Sie zaubern vor die Augen des Volkes eine Art Fata Morgana auf dem Sande und auf den Sümpfen Afrikas. Aber glauben Sie denn, daß damit wesentlich etwas genützt wird? ... Ich verweise Sie auf das Beispiel des Landes, welches eine Kolonialpolitik im ausgedehntesten Sinne des Wortes hat, auf England ... Sehen Sie, daß in England keine Überproduktion besteht? Sie haben dort die Überproduktion genau so wie in Deutschland und noch schlimmer; Sie haben auch die Übervölkerung genau so wie in Deutschland. Und warum? Weil die sozialen und ökonomischen Zustände, durch welche bei uns Überproduktion und Übervölkerung erzeugt werden, auch in England, und zwar in noch höherem Maße vorhanden sind. Das Beispiel England sollte Ihnen zur Lehre dienen."

(Zit. nach: L. Helbig, Imperialismus – Das deutsche Beispiel, Frankfurt 1976[6], S. 70f.)

Arbeitsvorschläge und Fragen

a) Wie wird der Weiße in M 1 und M 7 im Verhältnis zu den Völkern der Welt dargestellt? Überprüfe, inwieweit die Darstellung für die Zeit zwischen 1870 und 1914 als berechtigt erscheinen kann.

b) Inwiefern spiegeln die Karikaturen das spannungsreiche Verhältnis zwischen den imperialistischen Mächten wider? (M 2–M 4)

c) Nenne die Argumente, mit denen Jules Ferry im französischen Parlament koloniale Expansion rechtfertigt. Wie überzeugend widerlegt er die angeführten Gegenargumente? (M 5)

d) Warum lehnt der Reichstagsabgeordnete Wilhelm Liebknecht Kolonialpolitik ab? Welche Politik erscheint ihm sinnvoller? (M 8; vgl. mit M 5)

4. Der Weg in den Krieg: Interessengegensätze und Konfliktherde in Europa

1904	Großbritannien und Frankreich verständigen sich über ihre kolonialen Differenzen in Nordafrika (Entente cordiale).
1905/06 und 1911	In der ersten und zweiten Marokkokrise zeigt sich die Isolierung des Deutschen Reiches.
1907	**England findet mit Rußland einen Ausgleich in Mittelasien. Die Entente mit Frankreich erweitert sich zur Tripelentente.**
1908	Österreich-Ungarn annektiert Bosnien und verursacht damit eine internationale Krise.
1912/13	In zwei Balkankriegen ringen die südosteuropäischen Staaten um das Erbe des zerfallenden Osmanischen Reiches.

Entspannung? Ein neues Bündnissystem entsteht

Die Faschodakrise wurde vor allem in Deutschland als Beweis angesehen, daß die kolonialen Gegensätze zwischen Frankreich und Großbritannien unüberwindlich waren. Doch in *England* setzte sich um die Jahrhundertwende mehr und mehr die Auffassung durch, daß eine unabhängige Kolonialpolitik zu *risikoreich* sei und daher ein *Interessenausgleich* mit den nächststärksten Industriestaaten gesucht werden müsse. Verhandlungen mit Deutschland führten zu keinem Ergebnis, aber mit anderen Staaten konnten Vereinbarungen getroffen werden. 1902 schuf die britische Regierung die Grundlage für ein gutes Verhältnis zu den *USA*, indem sie auf Rechte in Mittelamerika verzichtete. Im selben Jahr schloß sie ein Bündnis mit *Japan* gegen das russische Vordringen nach China. Mit *Frankreich* und *Rußland* wurde verhandelt, ein *neues Bündnissystem* war im Entstehen.

Englisch-französische Einigung

1904 führten die Verhandlungen zwischen England und Frankreich zu einem Ergebnis, das die deutsche Regierung für unmöglich gehalten hatte. In der *Entente cordiale* bekräftigten beide Staaten ihren Willen, künftig alle Fragen in *freundschaftlichem Einvernehmen* zu lösen. Frankreich anerkannte nachträglich die britische Vorherrschaft über *Ägypten*; England überließ dafür Frankreich das Sultanat *Marokko* als Interessensphäre.

Deutschland fühlt sich „eingekreist"

Die Niederlage Rußlands 1905 im Krieg gegen Japan beendete das russische Vordringen in Asien und öffnete den Weg zu einer *englisch-russischen Annäherung*. Das, was Bismarcks Bündnispolitik unter allen Umständen zu vermeiden gesucht hat, war nun unter Wilhelm II. eingetreten: *Deutschland war isoliert.* Viele Deutsche glaubten, rings von mißgünstigen Feinden umgeben, von ihnen „eingekreist" zu sein. Die deutsche Regierung setzte ihr Vertrauen daher erst recht auf die *militärische Stärke* des Reiches. Deutschland wollte als *Weltmacht* respektiert werden. Diese Politik verstärkte die Isolation des Deutschen Reiches, sie führte zur „Auskreisung" Deutschlands als Bündnispartner der großen europäischen Mächte.

Erste Marokkokrise

Seinen *Weltmachtanspruch* machte Deutschland 1905 in der *Marokkofrage* deutlich. Das nordafrikanische Sultanat Marokko wurde neben Frankreich auch von Deutschland als Einflußgebiet betrachtet. Als Frankreich nach der Einigung mit England seine Politik der „friedlichen Durchdringung" Marokkos energisch vorantrieb, wollte Deutschland diesem Vorgehen mit einer Stärkung des Sultans begegnen. Auf Veranlassung des deutschen Reichskanzlers Bülow

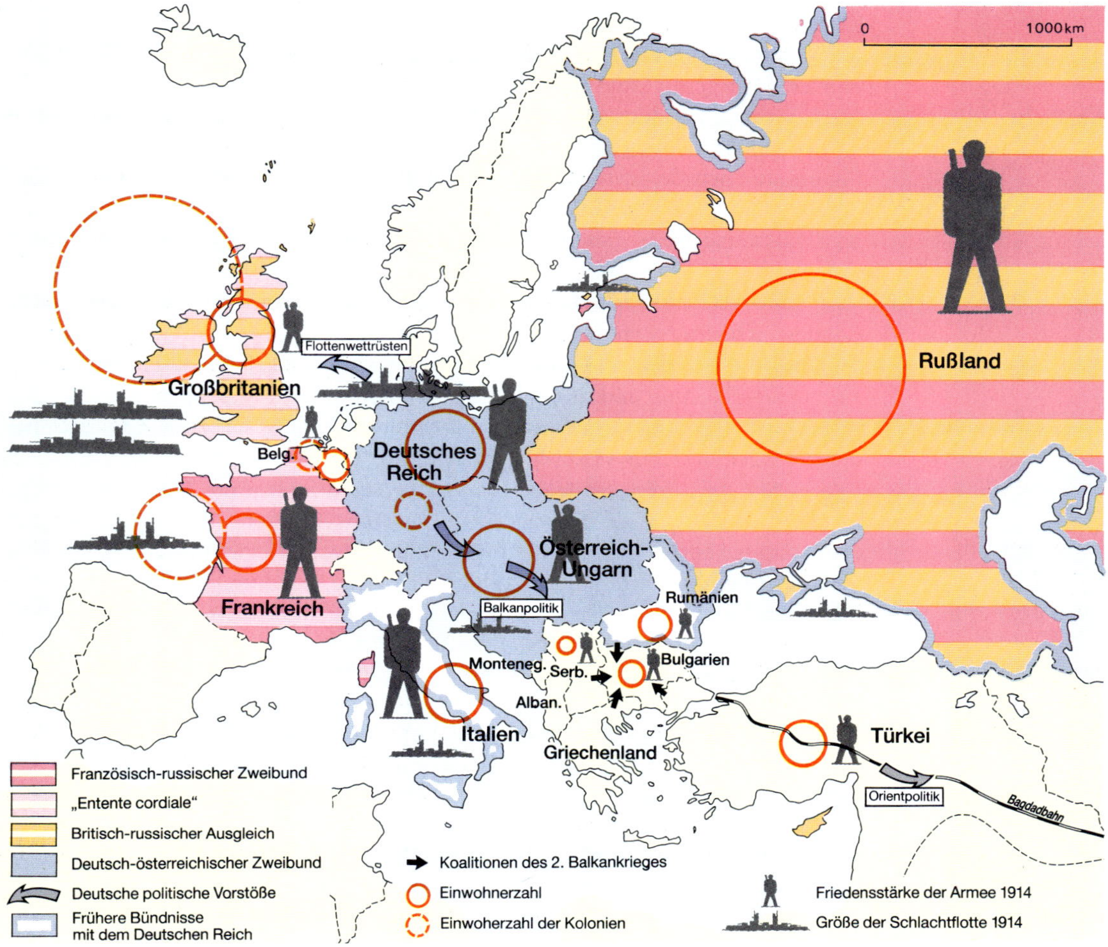

1 Bündnissysteme und Rüstungssituation der europäischen Großmächte um 1910

reiste daher Kaiser Wilhelm II. nach Tanger und trat dort öffentlich für die *Unabhängigkeit des Sultans* ein. Zwischen Frankreich und Deutschland verschärften sich die Spannungen. Deutschland drängte auf eine *internationale Konferenz*, die das Vorgehen Frankreichs verurteilen sollte. Doch auf der Konferenz von *Algeciras* 1906 stand nur Österreich-Ungarn auf der Seite Deutschlands. Zwar konnte die Krise beigelegt werden, doch sie endete mit einer *diplomatischen Niederlage* für die deutsche Regierung. Nicht Frankreich wurde verurteilt, Deutschland sah sich isoliert. Die englisch-französische Entente hatte sich in der Krise gefestigt.

Zweite Marokkokrise

Als es im April 1911 zu einem Aufstand gegen den Sultan von Marokko kam, besetzten französische Truppen die Hauptstadt Fez. Die deutsche Regierung entsandte daraufhin zur Wahrung ihrer Interessen das Kanonenboot „Panther" in den marokkanischen Hafen Agadir. Trotz der geringen militärischen Bedeutung des Schiffes sah die Weltöffentlichkeit in diesem *„Panthersprung nach Agadir"* eine *kriegerische Haltung Deutschlands*. Die Krise konnte schließlich erneut beigelegt werden. Deutschland erkannte die Stellung Frankreichs in Marokko an und erhielt als Ausgleich Gebiete der französischen Kongokolonie.

Eine Folge der Krise war jedoch eine verstärkte *Zusammenarbeit des französischen und britischen Generalstabs* bis zur Erarbeitung gemeinsamer Aufmarschpläne gegen Deutschland.

Englisch-russischer Ausgleich

Auch der von der deutschen Diplomatie als unumstößlich angesehene Gegensatz zwischen „Walfisch" und „Bär", zwischen *englischer See-* und *russischer Landmacht* wurde entschärft. Beide Länder einigten sich 1907 über Tibet und Afghanistan und teilten Persien untereinander auf. Damit erweiterte sich die britisch-französische Entente zur sogenannten *Tripelentente.* Die Lage hatte sich nun für das Deutsche Reich in seiner Mittellage entscheidend verschlechtert, seitdem 1892 Frankreich und Rußland ein Bündnis geschlossen hatten. England gab allmählich die lange bewahrte „splendid isolation" auf und sah das Gleichgewicht auf dem Kontinent immer mehr durch Deutschland gefährdet, dessen Bevölkerung und Wirtschaftskraft unaufhaltsam wuchsen.

Aufbau einer deutschen Flotte

Ein entscheidender Grund für die Verschlechterung der deutsch-britischen Beziehungen war der seit 1898 eingeleitete Aufbau einer *starken deutschen Flotte.* Mit viel Propagandaaufwand hatte der neuernannte Staatssekretär im Reichsmarineamt, *Admiral von Tirpitz,* erreicht, daß der Reichstag die notwendigen Gelder bewilligte. Doch wurde keine Kreuzerflotte zum Schutz der Handelsrouten und der Kolonien in Auftrag gegeben, sondern große *Panzerschiffe,* die in der Nordsee operierten. Die neue Schlachtflotte sollte so stark sein, daß ein Angriff auf sie „selbst für die größte Flotte" (also die Großbritanniens) das Risiko bedeutete, ihre Überlegenheit einzubüßen.

Wettrüsten mit England

England empfand die deutsche Flottenrüstung als aggressive Herausforderung und sah seine auf der Flotte beruhende Weltmachtstellung gefährdet. Deshalb steigerten die Briten die eigene Produktion von Kriegsschiffen, sie wollten doppelt so stark sein wie die zweitgrößte Flotte (sogenannter *Two-power-standard*). Die deutsche Seite forcierte ihrerseits mit immer neuen *Flottenprogrammen* (1906, 1908 und 1912) das Rüstungstempo. Zuletzt gingen 60% des deutschen Rüstungsetats in den Flottenbau, der in weiten Kreisen der Bevölkerung auf *begeisterte Zustimmung* stieß. Der beliebte Matrosenanzug auf alten Kinderphotographien erinnert noch heute daran.

Folgen der Flottenrüstung

Die deutsche Flottenrüstung verschaffte jedoch nicht den erhofften militärischen Ausgleich für die Isolation, in die das Reich geraten war, sondern verstärkte sie noch. Denn die mehrfach versuchte Verständigung mit England (zuletzt 1912) scheiterte immer an der *Flottenfrage.* Dabei sollte sich die *deutsche Schlachtflotte* im Ernstfall als militärisch *wertlos* erweisen. Im Krieg konnten die *Engländer* nämlich weit außerhalb der Reichweite der deutschen Schiffe eine wirkungsvolle *Blockade* errichten und die deutsche Seite von der *Zufuhr* kriegswichtiger Rohstoffe abschneiden.

Schwäche Österreich-Ungarns

Je mehr Deutschland im Kreis der europäischen Mächte isoliert wurde, um so enger band es sich an die Donaumonarchie. Österreich-Ungarn war aber als Bundesgenosse von zweifelhaftem Wert, da die *inneren Schwierigkeiten* dieses *Vielvölkerstaates* krisenhaft zunahmen. In der österreichischen Reichshälfte gelang es z. B. nicht, das Verhältnis zwischen Deutschen und Tschechen auszugleichen; die Ungarn aber unterdrückten in ihrem Teil der Doppelmonarchie das Verlangen vor allem der südslawischen Völker nach nationaler Selbstbestimmung. Die Südslawen wurden von außen, von *Serbien,* unterstützt. Hinter Serbien aber stand *Rußland,* denn der Zar wollte mit einer im eigenen Land populären, slawenfreundlichen Politik sein Regime festigen.

Der Balkan – ein Pulverfaß

Ein zentraler Krisenherd in Europa war seit der 2. Hälfte des 19. Jahrhunderts der *Balkan* (vgl. S. 187f.). Ursprünglich ganz Herrschaftsgebiet der Türkei, suchten seine Völker die nationale Unabhängigkeit, besonders seit die Griechen 1829 damit Erfolg gehabt hatten. Gleichzeitig schnitten sich hier die Interessen der Großmächte. *Deutschlands* Interessen lagen auf der Seite der Türkei. Deutsche Firmen bauten seit 1898 die Bagdadbahn und sollten sie in Zukunft betreiben. Die *Türkei* selbst, der „kranke Mann am Bosporus", war von *inneren Krisen* geschüttelt. Als 1908 eine Revolution die absolute Sultansherrschaft beseitigte, nützte *Österreich* die Situation, um Bosnien und die Herzegowina zu annektieren. Serbien, Rußland und Italien protestierten scharf. Da Deutschland diplomatisch treu zu Österreich stand und Frankreich sich zurückhielt, mußte Rußland die gesetzten Fakten anerkennen.

Zwei Balkankriege lösen ein Wettrüsten aus

Die Lage blieb gespannt, vor allem da Serbien, gestützt auf Rußland, den Plan eines *großserbischen Reiches* verfolgte. Ermuntert von Rußland, verbündeten sich Serbien, Bulgarien, Montenegro und Griechenland und begannen 1912 den *ersten Balkankrieg gegen die Türkei*, die an allen Fronten geschlagen wurde. Im Streit über den Gewinn ergriff Bulgarien erneut die Waffen (*zweiter Balkankrieg*), wurde aber von einer Koalition Serbiens, Rumäniens, Griechenlands und der Türkei besiegt.

Die Großmächte hatten ein aktives Eingreifen vermieden, da sie sich nicht kriegsbereit fühlten. Um bei der schon absehbaren nächsten Krise besser vorbereitet zu sein, begann ein *hektisches Wettrüsten*. Deutschland erhöhte 1913 die Heeresstärke um 135000 auf 800000 Mann, Frankreich verlängerte die Dienstzeit seiner Wehrpflichtigen und unterstützte Rußland beim Ausbau strategisch wichtiger Eisenbahnlinien nach dem Westen. Alle Ansätze aber, auf zwei internationalen *Friedenskonferenzen in Den Haag* (1899 und 1907) zu Rüstungsbegrenzungen zu gelangen, waren längst *gescheitert*.

2 „Der kochende Kessel". (Karikatur aus der englischen Zeitschrift Punch auf die Balkankrise 1908)

3 Der Balkan 1908–1913

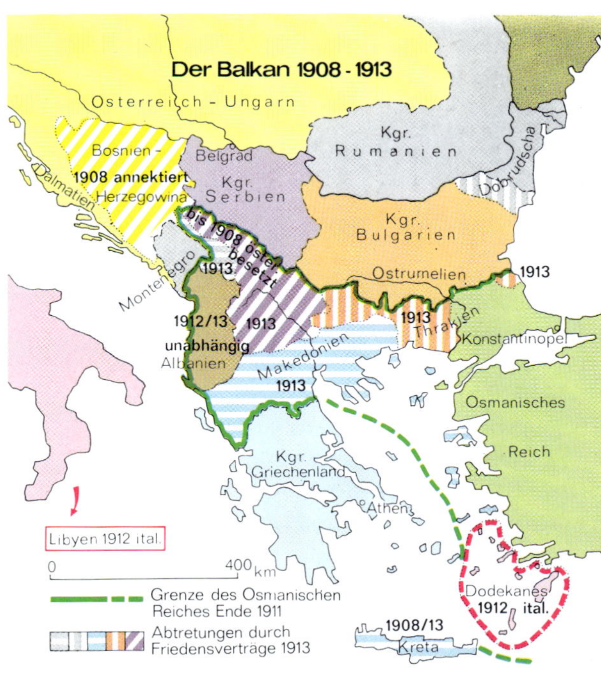

4 Flottenbau und Interessenpolitik

Brief des Präsidenten des Deutschen Flottenvereins an Tirpitz, den Staatssekretär des Reichsmarineamtes, 3. 12. 1901:

„Ew. [Euer] Exzellenz glaube ich im folgenden eine erfreuliche Mitteilung machen zu können: Von Herren verschiedener Parteirichtungen bin ich gebeten worden, eine Bewegung einzuleiten, welche dahingeht, den Reichstag zu veranlassen, an die Regierung die Bitte zu richten, angesichts der schlechten Konjunktur und der ungünstigen Geschäftslage ... und der damit zusammenhängenden Arbeitslosigkeit vieler Tausender von Arbeitern den auf einen längeren Zeitraum verteilten Bau von Kriegsschiffen in möglichst beschleunigtem Tempo herbeizuführen. Dadurch, daß der Bau der durch die letzte Marine-Vorlage bewilligten Schiffe so beschleunigt würde, wie es die deutschen Werften überhaupt leisten könnten, würden viele Industriezweige neue Aufträge erhalten, wodurch nicht nur diese über Wasser gehalten, sondern auch in den Stand gesetzt würden, ihre Arbeiter zu beschäftigen und bereits entlassene wieder einzustellen. Einer der wichtigsten Faktoren, die hier zur Sprache kommen, wäre aber der, daß durch den Auftrag neuer Kriegsschiffe und die dadurch herbeigeführte Belebung von Handel und Industrie die betreffenden Börsenkurse steigen, viele Werte gerettet und eine Konsolidierung des Marktes eintreten würde.

Eine einzelne Partei mag nun nicht mit dieser Bitte an die Regierung hervortreten, weil ihr sonst leicht selbstsüchtige oder parteipolitische Motive untergeschoben werden könnten."

(Nach: F. Kehr, Der Primat der Innenpolitik, Berlin 1965, S. 146f.)

5 Kritik am deutschen Flottenbau

Aus einem Brief Friedrich von Holsteins, eines hohen Beamten im Auswärtigen Amt, 20. 11. 1906:

„1. Je stärker wir zur See rüsten, desto fester drücken wir England an Frankreich heran;

2. wir können, selbst wenn wir die Steuern verdreifachen, niemals eine Flotte herstellen, die der englisch-französischen, ja auch nur der englischen allein gewachsen ist;

3. in einem Kriege gegen Frankreich allein spielt, wie das Jahr 70 zeigte, die Flotte eine Nebenrolle;

4. es ist eine Bedrohung und Herausforderung Englands, daß der Flottenverein es seit Jahren bei jeder neuen Flottenforderung offen ausspricht, die Rüstungen seien gegen England gerichtet ... Die Gefahr wird dadurch vergrößert, daß beim Schiffbau (Panzerplatten etc.) ungezählte Millionen zu verdienen sind, viel mehr als bei den Kolonien. Nicht jeder, der nach Schiffen schreit, ist ein uneigennütziger Patriot. Deutschland steht und fällt mit dem Landheer, dafür muß jedes Opfer gebracht werden. Die Flotte vermehrt die Zahl unserer Feinde, wird aber niemals stark genug sein, um sie zu besiegen. Auf einen paritätischen Seekampf können wir weder jetzt noch später hoffen. Das Landheer muß – wie anno 70 – die Ungleichheit der Seestreitkräfte wettmachen."

(Zit. nach: Geschichte in Quellen, Bd. 5, München 1980, S. 718f.)

6 Die Flottenfrage und die deutsch-britischen Beziehungen

Aus dem Bericht des deutschen Botschafters in London an den Reichskanzler in Berlin am 16. 7. 1908:

„Beide Minister [der britische Außenminister und der Schatzkanzler] waren der Ansicht, daß die Situation zwischen England und Deutschland sich um die Flottenfrage drehe. Die Auslagen für die englische Flotte würden infolge des deutschen Flottenprogramms und des beschleunigten Flottenbaues dermaßen in die Höhe gehen und das Gefühl von der deutschen Gefahr würde damit dermaßen an Intensität zunehmen, daß die Beziehungen zwischen den Ländern sich nicht bessern könnten, solange sie sich in der Flottenkonkurrenz gegenseitig in die Höhe schraubten. Jeder Engländer würde seinen letzten Pfennig daransetzen, um sich die Überlegenheit zur See zu wahren, von welcher nicht nur die Weltstellung Englands, sondern auch seine Existenz als unabhängiger Staat abhänge.

Die ruinösen Ausgaben, zu denen die Flottenkonkurrenz triebe, könnten vertrauensvolle Beziehungen zwischen beiden Nationen nicht aufkommen lassen. Wer nur einigermaßen England kenne, wisse, daß hier nicht die Absicht bestehe, Deutschland mit der englischen Flotte zu bedrohen oder gar Deutschland anzugreifen. Eine Landung sei schon in Anbetracht der engli-

schen Armeeverhältnisse gänzlich ausgeschlossen. Fürst Bismarck habe, wie Lloyd George [der Schatzkanzler] scherzend bemerkte, als bei irgendeiner Gelegenheit von einer englischen Landung auf deutschem Boden die Rede gewesen sei, gesagt, er werde es in dem Fall der deutschen Polizei überlassen, das englische Landungskorps festzunehmen. Ebenso lägen die Dinge auch heute noch, wenn es sich um eine Bedrohung Deutschlands durch England handele. Für England dagegen sei eine mächtige deutsche Flotte mit einer noch mächtigeren Armee im Hintergrund eine reale Gefahr.
Ich erwiderte, an der German invasion leide nur die englische Einbildungskraft. In Deutschland denke kein vernünftiger Mensch daran."
(Zit. nach: Geschichte in Quellen, Bd. 5, München 1980, S. 724f.)

8 „Wie sollen wir uns da die Hand geben?!" (Simplicissimus, 1912)

7 Die allgemeinen Rüstungsausgaben betrugen in Millionen Mark:

	1905	1910	1913
Frankreich	911	1177	1327
Rußland	1069	1435	2050
England	1263	1367	1491
Deutschland	1064	1377	2111
Österr.-Ungarn	460	660	720

(Zit. nach: Fragen an die Geschichte Bd. 3, hrsg. von H.-D. Schmid, Frankfurt 1977[2], S. 272)

9 Das Flottenwettrüsten am Beispiel des Baus schwerer Kampfschiffe:

	1889–1900	1900–1910	1910–1913
England	38	36	20
Deutschland	12	25	13
Frankreich	15	11	11
Rußland	15	6	4

(Zit. nach: Handbuch des Geschichtsunterrichts, Bd. 5, hrsg. von W. Kleinknecht und H. Krieger, Frankfurt 1965, S. 119f.)

Arbeitsvorschläge und Fragen

a) Welche Ursachen für die deutsche Flottenrüstung werden aus M 4 deutlich, welche nicht?
b) Welche Kritik enthält M 5 am deutschen Flottenbau? Überprüfe an Hand der späteren Ereignisse die Stichhaltigkeit der Argumentation. Mit welcher Begründung lehnte Friedrich von Holstein die Flottenpolitik ab?
c) Nimm zu der aus M 6 ablesbaren englischen Position Stellung. Berücksichtige dabei auch die Angaben in M 7 und M 9.
d) Beschreibe anhand von M 1 die machtpolitische Situation in Europa um 1910.
e) Vergleiche das Bündnissystem um 1910 (M 1) mit der außenpolitischen Situation Deutschlands unter Bismarck. (S. 190, M 2)
f) Welche Aussagen ermöglichen M 7, M 8 und M 9 über die Rüstung der europäischen Großmächte?
g) Inwieweit ist die Karikatur in M 2 ein Abbild der Wirklichkeit? Beurteile die Karikatur unter Zuhilfenahme von M 3.

Der Erste Weltkrieg

1 Der Krieg. Ausschnitt aus dem Mittelteil eines Triptychons von Otto Dix, entstanden zwischen 1929 und 1932. (Staatliche Kunstsammlung, Dresden)

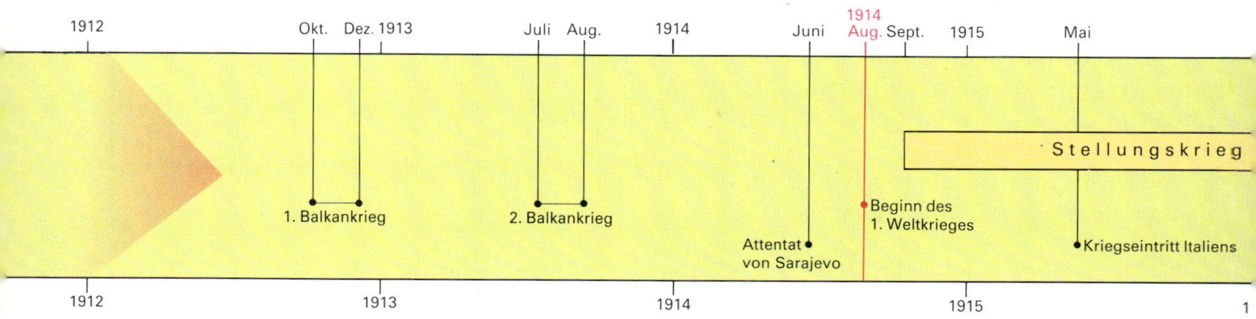

2 Ein deutsches Jagdflugzeug greift einen englischen Tank (Panzer) an. (Foto, 1918)

3 Österreichische Stellungen an der Nordostfront bei Toporoutz (Bukowina), 1916. (Gemälde von K. Sterrer)

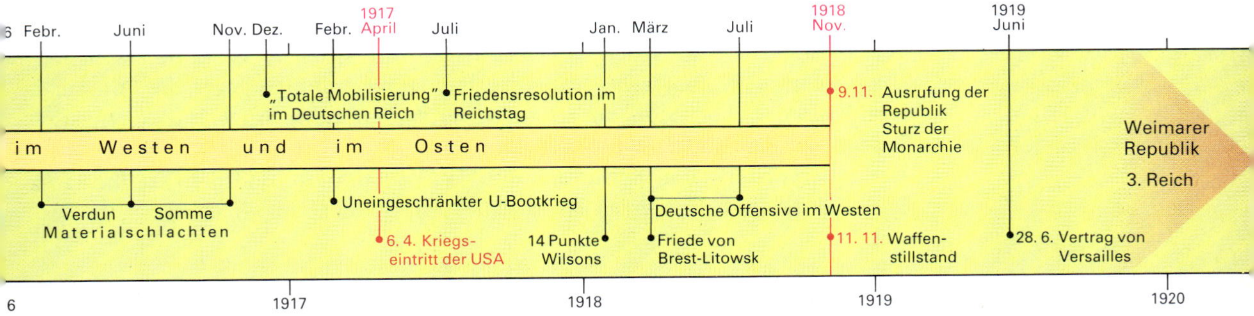

1. Julikrise und „Ausbruch" des Ersten Weltkrieges

28. 6. 1914	Der österreichische Thronfolger wird in Sarajewo ermordet.
6. 7.	Deutschland versichert Österreich-Ungarn unbedingte Bündnistreue („Blankovollmacht").
23. 7.	Österreich-Ungarn richtet ein Ultimatum an Serbien.
25. 7.	Rußland gibt ein Hilfsversprechen für Serbien ab; Serbien lehnt das Ultimatum ab und beschließt die Generalmobilmachung; Österreich antwortet mit der Teilmobilmachung.
28. 7.	Österreich erklärt Serbien den Krieg.
29. 7.	Deutschland richtet ein Ultimatum an Belgien und fordert das Durchmarschrecht gegen Frankreich. Teilmobilmachung Rußlands.
30. 7.	Rußland entschließt sich zur Generalmobilmachung.
31. 7.	Deutschland fordert in einem Ultimatum an Rußland die Einstellung der Mobilmachung und in einem Ultimatum an Frankreich die Erklärung der Neutralität im Falle eines deutsch-russischen Krieges.
1. 8.	16 Uhr Frankreich macht mobil und lehnt das Ultimatum ab. 17 Uhr Deutschland beschließt die Mobilmachung. 19 Uhr Deutschland erklärt Rußland wegen der Ablehnung des Ultimatums den Krieg. Es kommt zu ersten Kämpfen in Ostpreußen.
2. 8.	England mobilisiert die Flotte.
3. 8.	Deutschland erklärt Frankreich den Krieg und marschiert in Belgien ein.
4. 8.	England erklärt Deutschland wegen Verletzung der belgischen Neutralität den Krieg.

Die Schüsse von Sarajewo

Am 28. Juni 1914 erhielt die bosnische Landeshauptstadt Besuch vom *österreichischen Thronfolger* Franz Ferdinand. Als er sich im offenen Wagen durch die Straßen Sarajewos fahren ließ, wurde er von einem bosnischen Studenten erschossen. Hinter dem Attentat standen *serbische Nationalisten*, die über die Annexion Bosniens durch Österreich erbittert waren und auf die Vereinigung aller Serben in einem Reich zwischen Donau, Save und der Adria hinarbeiteten. Mit diesem Attentat begann die *Julikrise*, die den Ersten Weltkrieg auslöste.

Blankovollmacht des Deutschen Reiches

Der kaiserlichen Regierung in Wien erschien die Regierung Serbiens in Belgrad zumindest indirekt verantwortlich für die Ermordung des Thronfolgers. Die Neigung war groß, mit Serbien einmal „gründlich abzurechnen", um auf diese Weise den eigenen Staat zu stabilisieren. Trotzdem wollte man in Wien ohne *Rückendeckung* des deutschen Bundesgenossen nichts gegen Serbien unternehmen. Am 5./6. Juli entschied man sich daraufhin in Berlin zu einer *bedingungslosen Unterstützung* aller österreichischen Aktionen gegen Serbien.

Politik des kalkulierten Risikos

Mit diesem „Blankoscheck" für Österreich-Ungarn erhoffte sich der deutsche Reichskanzler *von Bethmann Hollweg*, den Machtverfall des letzten deutschen Bundesgenossen stoppen zu können; er vermutete, ein *rasches* Handeln gegen Serbien werde von der russischen Politik hingenommen, da sie wegen der weltweiten Empörung über den Terroranschlag von Sarajewo gelähmt erschien. *„Fait accompli* [vollendete Tatsachen] und dann freundlich gegen die Entente, dann kann der choc (Stoß) ausgehalten werden", notierte am 8. Juli der engste Berater des Reichskanzlers in sein Tagebuch. Doch erwies es sich schnell als unmöglich, Wien „von Berlin aus die Hand zu führen" und den Konflikt in einer Politik des kalkulierten Risikos auf dem Balkan zu *lokalisieren*.

Ultimatum an Serbien

Zum einen war Österreich-Ungarn militärtechnisch gar nicht in der Lage, einen *schnellen Feldzug* gegen Serbien zu führen; zum andern war der Weg einer Einigung zwischen der österreichischen und der ungarischen Reichshälfte wie üblich auch jetzt *langwierig*. Erst am 23. Juli ging ein auf 48 Stunden befristetes *Ultimatum* an Serbien. Es war für Serbien vor allem in einem Punkt unannehmbar. Serbien antwortete ausweichend, schien aber bereit, alle Punkte bis auf eben diesen einen zu erfüllen: Es wollte österreichische Beamte nicht im eigenen Land bei der Untersuchung „der gegen die Integrität der Monarchie gerichteten subversiven Bewegung" mitarbeiten lassen. Daraufhin erklärte Österreich-Ungarn am 28. Juli den *Krieg* und begann am folgenden Tag mit der Beschießung Belgrads.

Halt in Belgrad?

In der Zwischenzeit war immer deutlicher geworden, daß Rußland nicht bloß mit „einigem Gepolter" eine kriegerische Aktion gegen Serbien hinnehmen werde. Am 29. Juli begann *Rußland* mit der Teilmobilisierung seiner Armee, am 30. Juli mit der vollen *Mobilisierung*. Das zaristische Regime fürchtete sich mehr vor weiterem Prestigeverlust und der drohenden sozialen Revolution als vor dem Krieg. Außerdem fühlte man sich durch Frankreich ermutigt, dessen Präsident erst wenige Tage zuvor bei seinem Staatsbesuch in St. Petersburg das russisch-französische Bündnis bekräftigt hatte.
Die teilweise hektischen Versuche, vor und nach der russischen Mobilmachung doch noch in letzter Minute den *Kontinentalkrieg* zu verhindern, sind bis heute schwer zu durchschauen. Oft ging es dabei nur noch darum, in der Öffentlichkeit als der Angegriffene dazustehen. Der deutschen Reichsleitung z.B. erschien es als unmöglich, *gegen sozialdemokratischen Widerstand* einen großen Krieg führen zu können. Wenn nun aber Rußland in der Rolle des Angreifers auftrat, ließ sich der deutsche Arbeiter am ehesten für einen Krieg gegen den russischen Despotismus gewinnen.

Der Schlieffen-Plan und die deutschen Kriegserklärungen

Die militärische Führung des Deutschen Reiches, die nicht dem Reichskanzler unterstellt war, drängte Ende Juli immer stärker auf eine rasche deutsche Mobilmachung. Sie hatte für den drohenden *Zweifrontenkrieg* nur einen einzigen Kriegsplan, der von dem früheren Generalstabschef *Schlieffen* ausgearbeitet worden war. Danach sollte zunächst (in wenigen Wochen) die französische Armee in einer riesigen Umfassungsschlacht geschlagen werden; dazu mußte der rechte Flügel der Deutschen (an den französischen Befestigungen vorbei) durch das *neutrale Belgien* hindurch nach Nordfrankreich vordringen. Erst nach der französischen Niederlage wollte man die russischen Armeen vernichten. England kam in dem Plan nicht vor, obwohl mit der Verletzung der belgischen Neutralität der englische Kriegseintritt zu befürchten war.
Da der Schlieffen-Plan allenfalls bei deutschem Zeitgewinn Aussicht auf Erfolg verhieß, erklärte *Deutschland* am 1. August *Rußland* und am 3. August *Frankreich* den *Krieg*. Auf den *deutschen Einmarsch in Belgien* reagierte *England* am 4. 8. mit der *Kriegserklärung* an Deutschland.

Der Sprung ins Dunkel 1914

Der europäische Krieg war auch möglich geworden, weil Politiker und Öffentlichkeit, wohl auch viele Militärs, keine klaren Vorstellungen von den Auswirkungen der seit der Industriellen Revolution eingetretenen rasanten *Entwicklung der Technik* auf die *Feuerkraft* und *Vernichtungskapazität* der neuen Waffen hatten. Man sah zwar die eigenen waffentechnischen Fortschritte, *mißachtete* aber die des Gegners. Nur so ist der *Jubel der Bevölkerung* überall *in Europa* bei Kriegsbeginn erklärlich. Manch einer erhoffte sich von einem Krieg „eine Gesundung der inneren Verhältnisse in konservativem Sinn". Und wer voller Skepsis eher das Gegenteil erwartete wie Bethmann Hollweg, entschied

1 Deutsche Truppen rücken ins Feld aus. In anderen europäischen Städten verhielt sich die Bevölkerung ebenso wie auf dieser Fotografie, die Anfang August 1914 in Berlin gemacht wurde.

sich doch für den „*Sprung ins Dunkel*". In zwei bis drei Jahren, glaubte man, sei der deutsche militärische Vorsprung durch die französische und russische Rüstung überholt, und so war der Krieg für Bethmann Hollweg „in gewissem Sinn ein Präventivkrieg". Anders sah es damals der amerikanische Botschafter in Berlin: Bei der wirtschaftlichen Aufwärtsentwicklung in Deutschland hätte den Deutschen bald niemand mehr etwas anhaben können. Jetzt aber hätten sie alles auf eine Karte gesetzt.

2 Bündnistreue und der Weg in den Krieg

Graf Szögyény, k. und k. Botschafter in Berlin, berichtete am 12. 7. 1914 nach Wien:

„Daß Kaiser Wilhelm und das ganze Deutsche Reich in jedem Falle seine Bundespflichten uns gegenüber in loyalster Weise erfüllen würde, daran habe ich nie gezweifelt. Dagegen glaube ich, daß es doch einer gewissen Erklärung bedarf, daß die maßgebenden deutschen Kreise und nicht am wenigsten Seine Majestät Kaiser Wilhelm selbst ... geradezu drängen, eine eventuell sogar kriegerische Aktion gegen Serbien zu unternehmen. Deutschland ist in letzter Zeit in seiner Überzeugung bestärkt worden, daß Rußland den Krieg beabsichtigt und sich mit allen Kräften dafür rüstet, ihn aber jetzt nicht vorhat, oder besser gesagt, für den gegenwärtigen Augenblick noch nicht genügend vorbereitet ist. Weiter glaubt die deutsche Regierung ..., daß England sich derzeit nicht wegen eines Balkankrieges am Krieg beteiligen würde ... Vor allem ist England zur Zeit nichts weniger als kriegslüstern und gar nicht gewillt, für Serbien und letzten Endes für Rußland die Kastanien aus dem Feuer zu holen."

(Österreich-Ungarns Außenpolitik von der Bosnischen Krise 1908 bis zum Kriegsausbruch 1914. Diplomatische Aktenstücke des österreichisch-ungarischen Ministeriums des Äußeren, Band VIII, 1930, S. 310, Nr. 10061)

3 Postkarte 1914. Gerade weil Deutschland viele Feinde hatte, versuchte die deutsche Kriegspropaganda sie als ungefährliche „Wichte" hinzustellen. Eine bekannte Propagandaparole lautete: Jeder Schuß ein Ruß'! Jeder Stoß ein Franzos'! Jeder Tritt ein Britt'!

4 Die Reichstagssitzung am 4. 8. 1914

Über den Verlauf der „Kriegssitzung" berichtete die „Tägliche Rundschau" (Berlin):

„Als einziger Redner zu sämtlichen Vorlagen erhält der Abg. Haase (Soz.) das Wort: Im Auftrage meiner Fraktion habe ich folgende Erklärung abzugeben: ... Die Folgen der imperialistischen Politik, durch die eine Ära des Wettrüstens herbeigeführt wurde und die Gegensätze zwischen den Völkern sich verschärften, sind wie eine Sturmflut über Europa hereingebrochen. Die Verantwortung hierfür fällt den Trägern dieser Politik zu, wir lehnen sie ab. Die Sozialdemokratie hat diese verhängnisvolle Entwicklung mit allen Kräften bekämpft ... Ihre Anstrengungen sind vergeblich gewesen. Jetzt stehen wir vor der ehernen Tatsache des Krieges. Uns drohen die Schrecknisse feindlicher Invasionen. Nicht für oder gegen den Krieg haben wir heute zu entscheiden, sondern über die Frage der für die Verteidigung des Landes erforderlichen Mittel. Nun haben wir zu denken an die Millionen Volksgenossen, die ohne ihre Schuld in dieses Verhängnis hineingerissen sind. Unsere ... Wünsche begleiten unsere ... Brüder ohne Unterschied der Partei. *(Lebhafter Beifall.)*"

(R. Eckart, Hrsg., Das Zeitalter des Imperialismus, München o. J., S. 131 f.)

Arbeitsvorschläge und Fragen

a) Worin liegt das Fragwürdige der deutschen „Blankovollmacht" für Österreich-Ungarn? (M 2) – Vergleiche das Verhalten der Reichsregierung 1914 mit der Einschätzung des Bündnisfalls durch Bismarck 1887. (S. 191, M 4b)

b) Nenne mögliche Gründe für das Verhalten der Bevölkerung. (M 1)

c) Wem gab der Abgeordnete Haase die Schuld am Kriege? Welche Gründe für die Änderung der sozialdemokratischen Haltung enthält der Bericht, welche nicht? (M 4)

d) Welche Selbsteinschätzung kommt in M 3 zum Ausdruck?

2. Kriegsführung und Kriegswirklichkeit: Keine Chance für den Frieden?

1914	An der Westfront kommt der deutsche Vormarsch 30 km vor Paris zum Stehen. Auch an der Ostfront wird der Krieg nach großen Geländegewinnen zum Stellungskrieg.
1915	Die dritte Front: Italien tritt gegen Österreich in den Krieg ein.
1916	Die Materialschlachten um Verdun und an der Somme bringen keiner Seite den erhofften militärischen Durchbruch.

Vom Bewegungskrieg zum Stellungskrieg

Die Kriegshandlungen begannen im August 1914 im Westen und Osten nach den vorliegenden Plänen der Generalstäbe. Im *Westen* gelang es den deutschen Truppen, so wie es der Schlieffenplan vorsah, in wenigen Wochen *Belgien* zu erobern und bis zur *Marne nach Nordfrankreich* vorzudringen. Paris wurde von deutscher Artillerie beschossen. Anfang September brachten aber französische und englische *Gegenoffensiven* den deutschen Vormarsch zum Stehen. Von Flandern bis zu den Vogesen *erstarrte die Front* auf einer Länge von 700 km. Die Soldaten beider Seiten gruben sich in *Schützengräben* ein und sicherten sich durch zweite und dritte Grabenlinien, durch Unterstände und Stacheldrahtverhaue. Artilleriestellungen und Maschinengewehre schlugen gegnerische Angriffe blutig zurück. Im *Osten* gelang es General Hindenburg und dessen Stabschef Ludendorff, die in Ostpreußen eingedrungenen russischen Armeen bei *Tannenberg* und an den *Masurischen Seen* zu besiegen. Die „Sieger von Tannenberg" wurden in Deutschland als Helden gefeiert. Deutsch-österreichische Truppen drangen weiter nach Rußland vor und errichteten eine Front von Riga an der Ostsee bis zur Donaumündung am Schwarzen Meer. Diese hielt zwar den russischen Angriffen stand, für eine weitere Offensive waren aber die Truppen zu schwach. Auch hier *verfestigten sich die Fronten.*

Der Krieg im Zeitalter der Technik: Materialschlachten

Anfang 1916 versuchte die deutsche Oberste Heeresleitung (OHL) dem Kriegsverlauf im Westen eine *Wende* zu geben. Vor *Verdun*, der stärksten und modernsten Festung Frankreichs, wurden auf einer Länge von 20 km 1400 Geschütze in Stellung gebracht. Zur Verteidigung dieser wichtigen Festung sollten die Franzosen gezwungen werden, ihr gesamtes Kriegsmaterial auf einen Punkt zu konzentrieren. In einer gewaltigen *Materialschlacht* wollte der deutsche Generalstabschef Falkenhayn die Franzosen so schwächen, daß der Krieg für sie verloren war. 30 Tage lang verschoß die deutsche Artillerie auf jeden Hektar des Kampfgebietes 50 Tonnen Stahl. Trotz dieses Materialeinsatzes konnten die deutschen Sturmtruppen bis zum Juni nur wenige Kilometer vordringen; bis zum September hatten die französischen Soldaten ihre verlorengegangenen Forts zurückerobert. Ungefähr 360000 Franzosen und 335000 Deutsche ließen in der *„Hölle von Verdun"* ihr Leben. Noch höhere Verluste brachte der englisch-französische Versuch, im Sommer 1916 an der Somme mit einer 40 km breiten „Feuerwalze" die deutschen Stellungen einzudrücken. Das „große Auskehren", bei dem die Angreifer 27 Millionen Granaten verfeuerten, brachte der Entente ganze 12 km Geländegewinn. 200000 Franzosen, 400000 Engländer und 400000 Deutsche fanden dabei den Tod.

Blockade der Mittelmächte

Eine lange Kriegsdauer war für die Mittelmächte (Deutschland, Österreich-Ungarn, Türkei, seit 1915 auch Bulgarien) gefährlicher als für die Alliierten (England, Frankreich, Rußland). Diese hatten 1915 erreicht, daß *Italien* für das

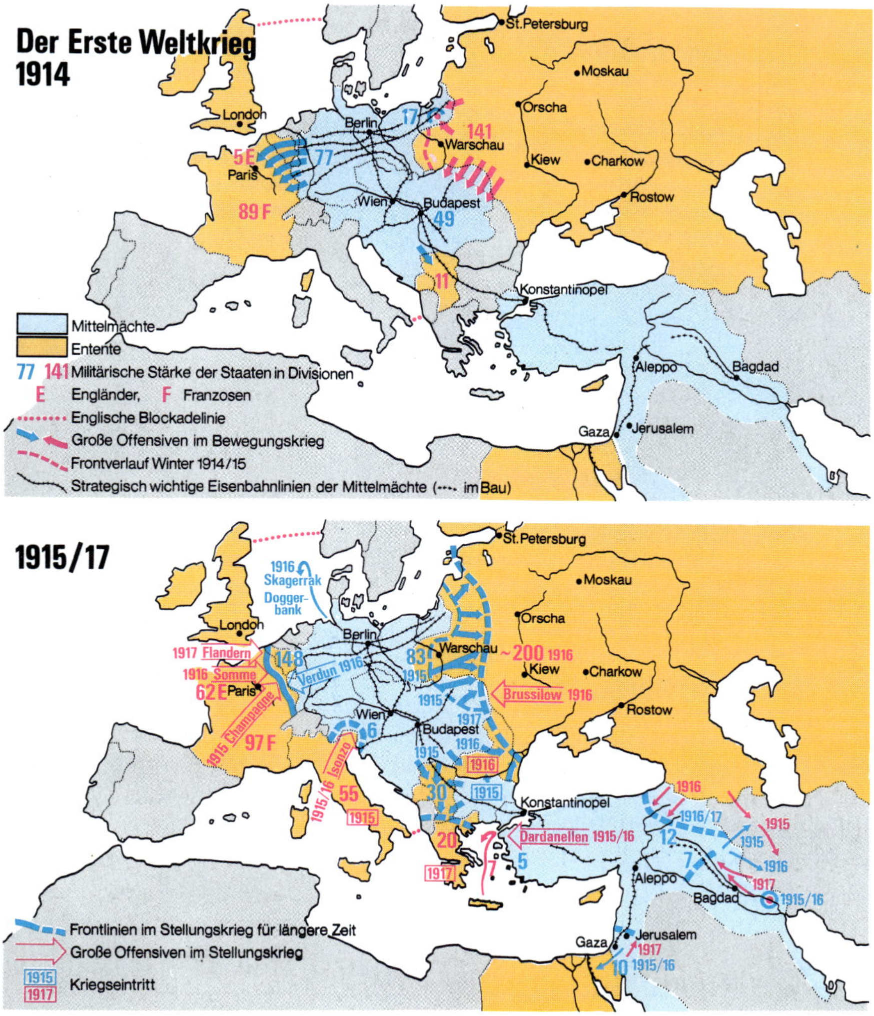

1 Der Erste Weltkrieg 1914–1917

Versprechen, Südtirol bis zum Brenner und Istrien zu bekommen, Österreich-Ungarn den Krieg erklärte. Für die Mittelmächte ergab sich damit eine *dritte Front* im heftig umkämpften Isonzogebiet. 1916 trat zudem *Rumänien* in den Krieg gegen die Mittelmächte ein. Dazu kam, daß es der englischen Flotte gelang, die Mittelmächte von der Zufuhr von Lebensmitteln und kriegswichtigen Rohstoffen abzuschneiden. Die *Seeblockade* konnten die mit viel Geld erbauten deutschen Schlachtschiffe nicht durchbrechen; daran änderte auch die Seeschlacht am *Skagerrak* (1916) nichts, in der 37 englische und „nur" 21 deutsche Einheiten versenkt wurden. Nach diesem „Sieg" wurde die deutsche Überwasserflotte wegen der Übermacht Englands bis zum Kriegsende *nicht mehr eingesetzt*. Deutschland hoffte auf eine neue Waffe, die *U-Boote*.

Nach einem Jahr Krieg: Deutschland hungert

In Deutschland hatte im August 1914 fast jedermann fest damit gerechnet, daß der Krieg in kurzer Zeit beendet sein werde. Wirtschaftlich war das Deutsche Reich auf keinen langen Krieg vorbereitet. Es gab kaum Vorräte, die Seeblokkade stoppte wichtige Importe, die eigene Lebensmittelproduktion sank. Bald mußte alles Lebensnotwendige *rationiert* werden. „Reichsstellen" für die Ver-

2 Frauen und Kinder vor einem Metzgerladen. Trotz der Rationierung waren bestimmte Lebensmittel, wie z.B. Fleisch, nicht immer verfügbar. Schon bevor die geringen Warenmengen eintrafen, bildeten sich oft lange Warteschlangen.

teilung von Getreide, Kartoffeln, Zucker, Fleisch, Bekleidung u.a. wurden eingerichtet. Doch es gab bald immer weniger zu verteilen. 1917 betrug der Nährwert der täglichen Zuteilung nur noch ein Drittel der normalen Menge. Die Fleischversorgung der Bevölkerung brach in diesem Jahr völlig zusammen, nur mehr 19 Gramm pro Tag und Person konnten ausgegeben werden. Als im April 1917 die tägliche Brotration auf 120 Gramm pro Person gesenkt wurde (Vorkriegsverbrauch 330 g), kam es zu *Hungerstreiks*. Der allgemeinen Not konn-

3 Heimatfront

3a Während die Männer im Felde und die Frauen in der Rüstungsindustrie „Dienst" taten, sollten auch Kinder und Jugendliche ihren Beitrag zum Krieg leisten.

Sammeldienst des Kreises Alsfeld

Schule: ....

Nr. .... Name des sammelnden Schülers: ....

Nichts, was das Vaterland bedarf, soll umkommen!

Sammle deshalb fleißig und regelmäßig:	Du bekommst je 1 Sammelmarke:
Papier Sorte I: Zeitungen, Hefte, Akten, Kataloge, Geschäftsbücher u. andere Drucksachen. Sorte II: Sauberes Stopf- u. Abfallpapier.	für 1 Kilo Sorte I oder 2 Kilo Sorte II
Flaschen Wein- u. Sektflaschen, Wasserflaschen n. sonstige Flaschen	für 1 ganze oder 2 halbe Wein- u. Sektfl., für 3 Wasser- od. 10 sonst. Fl.
Frauenhaar (nicht gewickelt!)	für 10 Gramm

Metalle Alle Gegenstände oder Abfälle aus Alfenide, Alpaka, Aluminium, Blei, Bronze, Christofle, Kupfer, Messing, Neusilber, Nickel, Platin, Tombak, Zinn, Zink usw.

Du bekommst je eine Sammelmarke

1. für 10 Gramm Gegenstände aus Reinnickel oder Aluminium,
2. für 25 Gramm Einrichtungsgegenstände aus Kupfer oder Kupferlegierungen oder für 25 Gramm Bierkrugdeckel aus Zinn oder Zinngegenstände aller Art, (außer Zinnlöffeln und Gabeln) und für 25 Gramm Dach- oder Blitzableiterkupfer,
3. für 60 Gramm Altaluminium, Altnickel oder Haushaltungsgegenstände aus Kupfer und Kupferlegierungen,
4. für 100 Gramm Altkupfer, Altmessing, Altrotguß, Alttombak, Altbronze, Altzinn (auch Zinnlöffeln und -Gabeln),
5. für je 1 Kilo Blei oder Zink und 6. für 15 Weißblechdosen.

Sammle fleißig und regelmäßig:	Du bekommst je 1 Sammelmarke:
Zelluloid I. Grammophonplatten u. -Walzen. II. Kämme, Schwimmtiere, Puppen, Stockgriffe, Uhrkapseln, Films usw.	für je 150 Gramm Sorte I oder je 20 Gramm Sorte II
Glühbirnen mit gutem Gewinde	für 3 elektr. Birnen oder 4 Birn-Sockel
Gummi Gegenstände u. Abfälle aller Art, wie Absätze, Bälle, Matten, Schuhe, Stopfen, Ringe, Schläuche usw.	für 250 Gramm
Korke 1. Sektkorke 2. Wein- oder Bierkorke, mindestens 30 mm lang 3. sonstige Korke oder Korkabfälle	für 1 Sektkorken oder 10 Wein- od. Bierkork. oder 100 Gramm sonst. Korke und Korkabfälle
Lederabfälle Zerrissene Stiefel u. Schuhe, Leder- und Glanzlederhandschuhe, Riemen, Futterale Schulranzen usw.	für 1 Kilo
Stanniol u. Silberpapier	für 200 Gramm Stanniol oder 50 Gr. Silberpap.

Über das Sammeln anderer Gegenstände erteilt die Schule Auskunft.

Für deinen Sammeleifer erhältst du bei Ablieferung von Sammelblättern

mit 100 Marken einen 3. Preis

mit 200 Marken einen 2. Preis

mit 300 Marken einen 1. Preis

Außerdem können besonders eifrige Sammler einen Ehrenpreis erhalten.

Das Allermindeste
Müßt Ihr entdecken
Auf das Geschwindeste
In allen Ecken.

Goethe.

Kindt, Gießen.

ten sich nur wenige wohlhabende Leute durch den entstehenden *Schwarzmarkt* entziehen. Die übrige Bevölkerung mußte sich mit *Ersatzlebensmitteln* begnügen: gefärbtes Kartoffelmehl als Eierersatzmittel; Kohlrüben als Kaffeeersatz, Marmelade, als Bestandteil von Wurst, als Zusatz zum Brotteig. Als auch die Kohlrüben knapp wurden, kam Zellmehl, ein Holzprodukt, in die Nahrung.

Die Heimatfront

Wegen des Hungers und der Einberufung vieler Arbeitskräfte sank in Deutschland die *Produktivität* in der Landwirtschaft, im Kohlebergbau und in der Industrie. 1916 plante deshalb die neue OHL unter Hindenburg und Ludendorff die *„totale Mobilisierung"* aller Kräfte, die gesamte Ausrichtung der Wirtschaft auf die Kriegsproduktion und die Zwangsverpflichtung von Arbeitskräften. Der Anteil der Frauen in der Arbeiterschaft stieg von 20 auf 35 %. Die Frauen arbeiteten in allen Bereichen, auch in der Rüstungsindustrie. Der durchschnittliche Tageslohn bei oft zwölfstündiger Arbeit (Granatendrehen, Sprengstoffmischen) erhöhte sich auf 5 Mark für Frauen und ungefähr 10 Mark für Männer. Er blieb jedoch weit hinter der allgemeinen Teuerung zurück: Auf dem Berliner Schwarzmarkt kostete 1918 ein Ei 1,50 Mark. Trotz der harten und allgemein als ungerecht empfundenen Lebensbedingungen blieben Streiks wie die von 1917 die Ausnahme. Zum einen *identifizierte* sich die Bevölkerung in der Heimat mit den Soldaten an der Front, zum anderen verhinderten *Zensur* und *Kriegsrecht* größere Aktionen.

Kriegsfinanzierung

Der 1914 angesparte Kriegsschatz von 205 Millionen Mark reichte gerade für zwei Kriegstage; bis 1918 beliefen sich die *deutschen Kriegskosten* auf *150 Milliarden Mark*. Diese riesige Summe konnte nur zu einem kleinen Teil aus Steuern aufgebracht werden. Überwiegend wurde der Krieg durch Staatsverschuldung und durch die Bevölkerung finanziert. Diese wurde insgesamt neunmal aufgerufen, ihre Ersparnisse in *Kriegsanleihen* anzulegen, rückzahlbar nach dem angeblich sicheren Sieg über die zahlreichen Gegner, denen man dann „die Rechnung präsentieren" wollte.

3b Arbeiterinnen montieren Maschinengewehre in einem deutschen Rüstungsbetrieb.

Siegfrieden oder Frieden ohne Sieg?

Trotz der allgemeinen Erschöpfung war die Bereitschaft, den Krieg mit einem Verständnisfrieden ohne Sieger und Besiegte zu beenden, bei den Regierungen aller kriegführenden Staaten gering. Auf Seiten der Alliierten hieß es, Deutschland müsse zerschmettert, Österreich-Ungarn und die Türkei zertrümmert werden. Der englische Premierminister sprach vom „knock-out" der Mittelmächte. Als Deutschland nach der Eroberung Rumäniens ein *Friedesangebot* an die Allierten richtete, lehnen diese ab. Auch spätere Friedensinitiativen Österreichs-Ungarns und des Papstes *scheiterten.*

In Deutschland wurde ein Kompromißfrieden von vielen als „fauler Friede", als „Verzichtfriede" diffamiert. Dennoch brachten 1917 die Zentrumspartei, die SPD und die Fortschrittliche Volkspartei im deutschen Reichstag eine *Friedensresolution* ein. Mit 212 zu 126 Stimmen setzte sich der Reichstag für einen Verständigungsfrieden ein und lehnte annexionistische Vorstellungen eines Siegfriedens ab. Als sich aber auch Reichskanzler Bethmann Hollweg für diese Friedensresolution aussprach und zudem gegen einen U-Boot-Handelskrieg war, wurde er auf Druck der OHL vom Kaiser entlassen. Das Schicksal Deutschlands bestimmten längst nicht mehr die Politiker, sondern der Kaiser und vor allem die Militärs.

Kriegsziele

Die Friedensbemühungen scheiterten, da die Regierungen der kriegführenden Mächte glaubten, die übergroßen Opfer, die der Krieg abverlangt hatte, seien den Völkern nur zuzumuten, wenn lohnende *Siegespreise* in Aussicht ständen: *Ersatz der Kriegskosten, immerwährende Schwächung des Gegners, territoriale Gewinne. England* wollte zumindest die deutschen Kolonien, *Frankreich* mindestens Elsaß-Lothringen und das linke Rheinufer. In *Deutschland* wurden Gebietserweiterungen u. a. in Belgien, den russischen Ostseeprovinzen und den Kolonien gefordert. Laute *Haßparolen* auf beiden Seiten übertönten die mäßigenden Stimmen.

Totaler Krieg. Im Ersten Weltkrieg allmählich entwickelte Kriegsform, in der alle menschlichen, materiellen und moralischen Reserven eines Volkes mobilisiert werden mit dem Ziel, den Gegner völlig und für immer niederzuwerfen, d. h. nicht nur ein Krieg der Armeen, sondern ein Krieg der Völker, der Wertsysteme und Kulturen, wobei auch das Risiko des eigenen Untergangs in Kauf genommen wird.

4 Auszüge aus deutschen Feldpostbriefen

4a „Leipzig (leider immer noch!). 3. August 1914: Hurra! endlich habe ich meine Beorderung: morgen vormittag 11 Uhr in einem hiesigen Lokal. Stunde um Stunde habe ich auf meinen Befehl gewartet. Heute vormittag traf ich eine junge bekannte Dame; ich schämte mich fast, mich in Zivilkleidern vor ihr sehen zu lassen ... Wenn wir in diesen Zeiten an uns und unsere Angehörigen denken, werden wir klein, schwach. Denken wir an unser Volk, ans Vaterland, an Gott, so werden wir mutig und stark."

4b „An der Somme, 21. August 1916
Furchtbar ist es hier zu sein. Drei Tage und vier Nächte habe ich in der vordersten Stellung gelegen. Es ist entsetzlich. Am 17. abends erhielten wir Befehl, die vierte Stellung zu besetzen. Bald wurden wir in die dritte und schließlich in die zweite Stellung vorgezogen. Der Weg dahin ist schon unbeschreiblich ... Granaten haben die Straßen zerrissen. Die Löcher sind ausgefüllt, damit die Santitätsautos verkehren können. Nur eins liegt offen. Ein mit Verwundeten besetzter Wagen ist hineingestürzt, metertief. Die

Kompanie ist auseinandergezogen. Einer geht hinter dem anderen, um die Verluste zu verringern ... Abgelöste Truppen eilen nach hinten. Trupps von marschfähigen Verwundeten, jeder mit einem Ausweiszettel im zweiten Knopfloch, begegnen uns. Sie haben es geschafft. Sie brauchen nicht mehr vor, und deshalb ziehen sie fröhlich trotz aller Schmerzen nach hinten. Allmählich kommen wir in die Zone, die dauernd unter Feuer liegt. Der Marsch geht in Laufen, in Rasen über ...

(Später) kommt der Befehl: Die zehnte Kompanie geht 350 Meter vor und gräbt sich dort ein. Ich nehme meine Leute zusammen, um sie gedeckt in einem Graben vorzuführen und springe voran. Als ich mich umsehe, ist keiner, aber nicht einer gefolgt. Ich gehe zurück, rede ihnen zu und befehle ihnen, mit mir zu springen ... Endlich sind wir genügend weit vor, und jetzt heißt's eingraben. Von einem Granatloch zum anderen wird nach der Seite gearbeitet, bis ein zusammenhängender Graben entsteht ... Kaum waren wir fertig, als auch schon Trommelfeuer eintrat; zwei Stunden wurden die neuen Stellungen mit schwerem Feuer belegt. Aber ein Angriff erfolgte nicht ... In Regen und Kälte, ohne Mantel und Decke, ohne etwas Warmes zu trinken ... haben wir dann drei Tage vorn zugebracht. Erlaßt mir die Schilderung des Zustands der Kompanie von verfrorenen, todmüden, durch das schwere Feuer niedergedrückten Leuten."

(Ph. Witkop, Kriegsbriefe gefallener Studenten, München 1928)

5 Aus dem Tagebuch einer Bonnerin

Anna Kohns (1883–1977, Ehefrau eines Steinbildhauers), zeichnete von 1914 bis 1920 ihre Eindrücke und Beobachtungen in einem kleinen Schulheft auf, das nach ihrem Tod auf einer Müllkippe gefunden wurde. Die Eintragungen sind mit allen Rechtschreibfehlern wiedergegeben.

„1. Oktober 1914

Jetzt ist schon 2 Monate Krieg, wenn es so weitergeht wie bisher ist in 1 guten Monat alles vorüber. Viele Siege können wir verzeichnen. Gott war mit uns.

Weihnachten 1914

Welch trauriges Fest! Kein Ende zu sehen, noch immer alles beim Alten. Immer weiter. Alle,

6 Stellungskrieg. Deutsche Stellungen an der Westfront, 1917. Immer tiefer fraßen sich die Grabensysteme in den Boden der Kampfregion.

Deutsche u. Franzosen, sind gut verschanzt. An ein weiterkommen ist nicht zu denken. Die Franzosen haben gestern vor den hohen Tagen die Offensive ergriffen, Gott sei Dank, erfolglos. Aber wie viele tausende Opfer hat diese gekostet, von beiden Seiten. ...

14. Sept. 1915

Jetzt werden die dauernd Untauglichen gemustert, das wird wohl das Ende sein, denn wen wollen sie dann holen. Ich glaube, wenn alle fort sind, ist der unselige Krieg von selbst zu Ende. Man könnte verzweifeln darüber. ...

21. März 1916

Und erst die Stimmung im Volk! Die ist nicht zu beschreiben. Es ist bald kein Haus wo nicht ein Angehöriger gefallen ist und dann die ungeheure Teuerung der Lebensmittel, wir sind von aller Welt abgeschnitten und müssen uns selbst ernähren. Wenn man bei Fett und Butterverkauf die Menschenmenge sieht die sich drängt, dann die Polizisten die die Ordnung halten, dann weiß man wie es mit uns steht. Ich glaube sicher, daß unser Heer den Sieg nicht herbeiführen kann, die können so viel siegen, wie sie wollen, der verd ... Engländer will keinen Frieden, der hat Zeit, er will uns aushungern und ich glaube er bringt es fertig, wenn nicht bald ein Wunder geschieht. ...

23. April, Ostern 1916

Was nützen alle die Siege, wenn nichts mehr zu essen da ist? Täglich ein Pfund Kartoffeln, 1 Brot von 3½ Pfund die Woche, kein Fleisch, keine Milch nur noch Gemüse und davon sollen die Menschen jetzt leben. Wir lassen uns nicht aushungern! Der reinste Hohn ist dieser Ausspruch.

1. Oktober 1916

Ist das ein Jammer, Elend und Not! Wir haben nicht genug zum leben u. zuviel zum sterben. Eier gibts alle 14 Tage 1 Ei für die Person. Fleisch alle 8 Tage 100–150 gr. Fett gar keins mehr. Butter 30 gr. die Woche, dazu schon mal 6. o. 8 Pfd. Kartoffeln und 1 Brod für die Woche, davon soll man leben ... Ich weiß wirklich nicht, wie wir im Winter leben sollen und wovon. Das ist mir ein Rätsel. Aber die Noblesse, die Reichen, die haben alles in Fülle und können auch dran kommen. Es ist eine Schande, wenn man die Ungerechtigkeit sieht.

10. Februar 1917

Jetzt fängt Amerika durch den verschärften U-Boot-Krieg auch noch an. Wie mag das eigentlich enden. Wir essen jetzt Steckrüben oder Knollen u. alle essen diese und sind zufrieden, daß etwas da ist, womit der Hunger gestillt werden kann. Wer hat das jemals gedacht. Aber unser Volk ist sehr geduldig, anders kann man nichts sagen. In Friedenszeiten hat man die Dinger dem Vieh gefüttert, heute sind die Städter froh, daß sie welche zum essen haben.

11. November 1918

Am 11. 11. um 11 Uhr ist der Waffenstillstand unterzeichnet. Gott sei Dank. Besser ein Ende mit Schrecken wie Schrecken ohne Ende."

(Zit. nach: Journal für Geschichte, 1980/5, Braunschweig, S. 65–67)

7 Postkarte mit der Parole „Durchhalten“

Arbeitsvorschläge und Fragen

a) Vergleiche die Wirklichkeit des Krieges mit den Vorstellungen, die man 1914 vom Krieg hatte. (M 2–7 und S. 236 f.)

b) Welche Aussagen über das militärische Kräfteverhältnis enthalten die Karten M 1? Unter welchen Voraussetzungen konnten sich die Mittelmächte Siegeschancen erhoffen?

c) Welche Einstellungen zum Krieg sind aus M 4, 5 und 7 abzulesen?

d) Warum kann der Erste Weltkrieg als „Totaler Krieg“ bezeichnet werden? (M 2, 3, 4 und 5)

3. Das Epochenjahr 1917

1917	Am 1. Februar nimmt Deutschland den uneingeschränkten U-Bootkrieg wieder auf. **Am 6. April treten die USA in den Krieg gegen die Mittelmächte ein.** **Am 6. und 7. November** (nach russischem Kalender am 24./25. Oktober) **erringen die Bolschewiken unter Lenin in der Oktoberrevolution die Macht in Rußland** und stellen die Kampfhandlungen gegen die Mittelmächte ein.

Der uneingeschränkte U-Bootkrieg – Sieg des Militärs über die Politik

Bereits im November 1914 hatte England die Nordsee zum Kriegsgebiet erklärt. Die deutsche Flotte sah sich nunmehr in einer Falle und Handelsschiffe konnten Deutschland nicht mehr anlaufen. Deshalb beschloß die deutsche Führung, ab Februar 1915 alle Schiffe, die England ansteuerten, *ohne Vorwarnung anzugreifen*. Als der englische Luxusdampfer Lusitania mit 1198 Menschen, aber auch einer getarnten Munitionsladung an Bord, von einem U-Boot versenkt wurde, und dabei 128 US-Amerikaner ums Leben kamen, protestierten die USA scharf. Deutschland stellte daraufhin den uneingeschränkten U-Bootkrieg ein. Aufgebrachte Schiffe wurden nun auf ihre Ladung hin untersucht und nach der Ausschiffung von Passagieren und Mannschaften versenkt, wenn sie rüstungswichtige Güter an Bord hatten. Durch dieses Verfahren konnten keine entscheidenden Erfolge erzielt werden. Deshalb forderten die Militärs bereits im Herbst 1916 die *Wiederaufnahme des uneingeschränkten U-Bootkrieges*. Reichskanzler Bethmann Hollweg widersetzte sich der Forderung mit dem Hinweis auf den drohenden Kriegseintritt der USA. Nach der – vielleicht schon

1 Uneingeschränkter U-Bootkrieg. Plakate und Karikaturen beschwören die Macht der deutschen U-Bootwaffe. Zwischen dem 1. Februar und dem 31. August 1917 wurden 6,3 Millionen BRT Schiffsraum versenkt, was dem gesamten Ladevolumen der deutschen Eisenbahnen der damaligen Zeit entspricht.

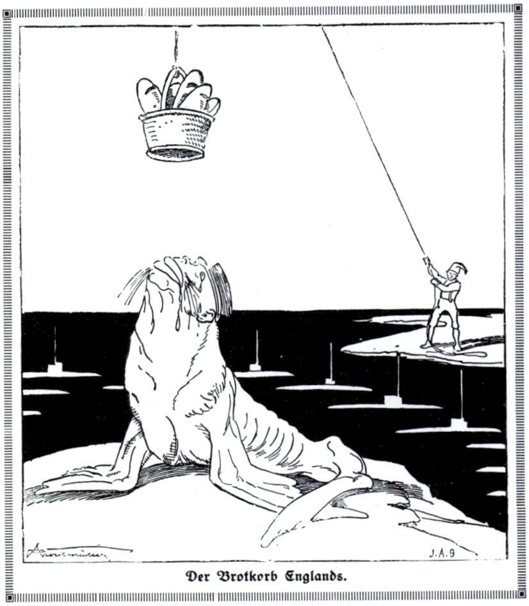

Der Brotkorb Englands.

erwarteten – Ablehnung des deutschen Friedensangebotes (s. S. 246) fühlte sich die OHL zur Wiederaufnahme des uneingeschränkten U-Bootkrieges im Februar 1917 berechtigt.

Die USA treten in den Krieg ein

Bei Kriegsausbruch hatte der Präsident der USA, *Woodrow Wilson*, sein Land für *neutral* erklärt. Doch von Beginn des Weltkrieges an entwickelten sich immer engere Beziehungen zwischen der amerikanischen Wirtschaft und den Alliierten. Die USA bildeten bald das *Waffenarsenal* Englands und Frankreichs. Da die Bezahlung durch *großzügige Kredite* geregelt wurde, wäre eine Niederlage der Entente für die US-Wirtschaft verlustreich gewesen. Außerdem wurden die amerikanischen Lieferungen durch die deutsche U-Bootkriegführung nachhaltig gestört. Die amerikanische Öffentlichkeit war jedoch lange gegen einen Kriegseintritt. Erst als unter den Opfern der versenkten Schiffe auch Amerikaner waren, schlug die Stimmung in den USA um. Als eine Friedensinitiative Wilsons Ende 1916 scheiterte, setzte sich allmählich der Eindruck durch, daß die USA nur durch *aktive Parteinahme* den Krieg beenden könnten. So stimmte der Kongreß am 6. 4. 1917 für eine *Kriegserklärung an Deutschland*.

„Kreuzzug der Freiheit"

In den USA waren die Bedenken, die offizielle Neutralität aufzugeben, auch deshalb geschwunden, weil im März 1917 der *russische Zar* hatte *abdanken* müssen. So konnte der Krieg gegen die Mittelmächte zu einem Kampf gegen die „autokratischen Regierungen" der Monarchen, zu einem *„Kreuzzug der Freiheit"* gemacht werden. In diesem Sinne stellte Wilson die Kriegserklärung unter das Motto: „Die Welt muß für die Demokratie sicher gemacht werden."

Die USA rüsten auf

Zum Zeitpunkt der Kriegserklärung waren die USA noch nicht kriegsbereit. So glaubte die deutsche Militärführung, daß wegen der deutschen U-Boote kein

2 Die USA rüsten

2a Da es beim Kriegseintritt der USA keine Wehrpflicht gab, kam der Propaganda zur Anwerbung von Freiwilligen größte Bedeutung zu. Von dem Werbeplakat von G. M. Flagg wurden 5 Millionen Exemplare gedruckt (links).

2b Der US-Moloch spuckt Kriegsmaterial aus (Simplizissimus 1917). Die USA exportierten schon vor ihrem Kriegseintritt Kriegsmaterial und Waren in Milliardenhöhe an die Alliierten: Allein im Jahr 1916 an England für 1,5 Milliarden Dollar, an Frankreich für 630 Millionen, selbst an Italien für 270 Millionen Dollar (rechts).

amerikanischer Soldat über den Atlantik kommen könnte. Doch Deutschland bekam die *amerikanische Wirtschaftskraft* schneller als erwartet zu spüren. Die *Schiffsbaukapazität* der USA war bald doppelt so hoch wie die aller anderen kriegführenden Staaten zusammen. Die Zahl der einsatzfähigen *Flugzeuge* stieg von 200 im April 1917 auf 10000 im November 1918. Die *Heeresstärke* wuchs in derselben Zeit von 200000 auf fast 5 Millionen Mann. Allerdings wurden die meisten amerikanischen Soldaten erst im Sommer 1918 eingesetzt. Der Gefährdung der Transporte von Menschen und Material durch deutsche U-Boote begegnete man durch die Entwicklung elektrischer Ortungsgeräte und durch das *Konvoi-System*, in dem Geleitzüge unter dem Schutz von Kriegsschiffen fuhren. Bald kehrte jedes zweite ausgelaufene deutsche U-Boot von den Einsatzfahrten nicht mehr in den Heimathafen zurück.

Wende im Osten: Doch noch ein deutscher „Sieg in letzter Stunde"?

Trotz des Kriegseintritts der USA sah die deutsche OHL 1917 eine verstärkte Siegeschance für die Mittelmächte. Anlaß dazu war für sie die Entwicklung in *Rußland*. Dort führte der verlustreiche Krieg zum Zusammenbruch der Wirtschaft. Die ungeheuren Menschenopfer demoralisierten die russischen Soldaten. Streiks, Hungerunruhen und Befehlsverweigerungen der Truppen unterstrichen immer deutlicher das Velangen der breiten Masse in Rußland nach Frieden. *Zar Nikolaus II.* mußte *zurücktreten*. Als die nachfolgende bürgerlich-liberale Regierung den Krieg weiterführte, verlor auch sie jeden Rückhalt im Volk. Radikalere Gruppen, v.a. die *revolutionär-marxistischen Bolschewiken* unter Führung *Lenins* setzten sich durch. Lenin war von der OHL die Rückkehr aus dem Schweizer Exil nach Rußland ermöglicht worden. Mit dem Kampfruf „Brot, Frieden, Land für die Bauern" übernahm er nach der *Oktoberrevolution* 1917 die Macht in Rußland und schloß mit den Mittelmächten einen *Waffenstillstand*. Die deutsche Militärführung sah die Revolution und den Waffenstillstand als Sieg ihrer Kriegsführung an, der die Wende des Krieges im Westen ermöglichen sollte.

Der Friede von Brest-Litowsk

In den *Friedensverhandlungen* setzte sich die OHL mit weitreichenden Forderungen durch. Die Wiederaufnahme der Kampfhandlungen gegen ein sich nicht mehr wehrendes Rußland zwang dieses, den deutschen *Gebietsforderungen* zuzustimmen: Polen, Litauen, Lettland, Estland, Finnland und die Ukraine wurden unter den Schutz Deutschlands gestellt, das damit die Lieferung von Rohstoffen und Getreide sicherstellen wollte. Die Ernährungssituation in Deutschland sollte damit entscheidend verbessert werden. Allerdings waren durch Schutzaufgaben insgesamt etwa eine Million Soldaten an der Ostfront weiterhin gebunden.

Epochenjahr: Der Begriff Epochenjahr wird für 1917 in dem Sinne benützt wie ihn der Historiker Johannes Haller definiert: Zeitpunkt, bei dem etwas Neues beginnt, ein neues Moment bestimmend in die Entwicklung eintritt, ein Ereignis dem Lauf der Dinge eine neue Richtung gibt. Der Historiker Hans Herzfeld hat das Jahr 1917 „Eingangstor in die Geschichte der Gegenwart" genannt. Im 20. Jahrhundert werden die USA zur größten Wirtschafts- und Militärmacht, die UdSSR wird zur Führungsmacht des Kommunismus. Beide Staaten entwickeln sich zu den gegenwärtigen Supermächten mit unterschiedlichen politischen, wirtschaftlichen und gesellschaftlichen Systemen. Im Jahr 1917 beginnt aber auch eine Entwicklung, die dann nach 1945 offensichtlich wird: Die europäischen Staaten spielen nicht mehr die politisch und wirtschaftlich herausragende Rolle in der Weltpolitik.

3 Uneingeschränkter U-Bootkrieg gegen England

Aus dem Schreiben des Chefs des deutschen Admiralstabes vom 22. Dezember 1916:

„Der Krieg verlangt eine Entscheidung vor Herbst 1917, wenn er nicht in allgemeiner Erschöpfung aller Parteien und damit für uns verhängnisvoll enden soll. Von unseren Gegnern sind Italien und Frankreich in ihrem Wirtschaftsgefüge so stark erschüttert, daß sie nur noch durch die Energie und Tatkraft Englands aufrecht erhalten werden. Gelingt es, England das Rückgrat zu brechen, so ist der Krieg sofort zu unseren Gunsten entschieden. Englands Rückgrat aber ist der Schiffsraum, der den großbritannischen Inseln die notwendige Zufuhr für die Erhaltung des Lebens und der Kriegsindustrie bringt und die Zahlungsfähigkeit im Auslande sichert ...

Ich stehe nicht an zu erklären, daß wir, wie die Verhältnisse jetzt liegen, mit uneingeschränktem U-Boot-Krieg in fünf Monaten England zum Frieden zwingen können ... Ein bald einsetzender uneingeschränkter U-Boot-Krieg ist trotz der Gefahr eines Bruchs mit Amerika das richtige Mittel, den Krieg siegreich zu beenden. Er ist auch der einzige Weg zu diesem Ziel."

(Zit. nach: Geschichte in Quellen, Bd. 5, München 1980, S. 52f.)

4 Der Eintritt der USA in den Krieg

4a Aus der Rede Präsident Wilsons vor dem amerikanischen Kongreß am 2. April 1917:

„Der gegenwärtige deutsche Unterseebootkrieg gegen den Handelsverkehr ist ein Krieg gegen die Menschheit. Er ist ein Krieg gegen alle Nationen. Es sind keine Unterschiede gemacht worden, die Herausforderung hat der ganzen Menschheit gegolten. Jede Nation muß selbst darüber entscheiden, wie sie sie aufnehmen will. Unser Beweggrund soll nicht Rachsucht oder der Wunsch nach siegreicher Befestigung der physischen Macht der Nation sein, sondern allein die Vertretung des Menschenrechtes, für das wir nur ein einzelner Streiter sind ... Das Unrecht, gegen das wir jetzt auftreten, ist kein gewöhnliches Unrecht; es reicht bis an die Wurzeln des menschlichen Lebens ...

Unser Ziel ist, die Grundsätze des Friedens und der Gerechtigkeit im Leben der Welt gegen selbstsüchtige und autokratische Macht zu verteidigen. Wir haben keinen Streit mit dem deutschen Volke. Wir haben gegen dieses nur ein Gefühl der Sympathie und der Freundschaft. Seine Regierung hat nicht auf sein Betreiben hin gehandelt, als sie in den Krieg eintrat. Das geschah nicht mit vorheriger Billigung des Volkes. Es war ein Krieg, der beschlossen wurde, so wie in alten unglücklichen Zeiten Kriege hervorgerufen und geführt wurden im Interesse von Dynastien oder von kleinen Gruppen Ehrgeiziger, die gewohnt waren, ihre Mitbürger als Pfänder und Werkzeuge zu benutzen. Eine feste Vereinigung für den Frieden kann nur aufrechterhalten werden, wenn die Mitglieder demokratische Nationen sind ... und wir werden für Dinge kämpfen, die immer unseren Herzen am nächsten gelegen haben, für Demokratie, ... für die Rechte und Freiheiten kleiner Nationen, für eine allgemeine Herrschaft des Rechts durch einen solchen Bund freier Völker, der allen Nationen Frieden und Sicherheit bringt und schließlich die Welt selber befreit."

(Zit. nach: Geschichte in Quellen, Bd. 5, München 1980, S. 57f.)

4b Stellungnahme des Senators George W. Norris aus Nebraska zur Kriegsbotschaft des Präsidenten Wilson, 1917:

„Nach meiner Meinung hätten wir von Anfang an die strikteste Neutralität wahren sollen. Wenn wir das getan hätten, stünden wir jetzt nicht am Rande des Krieges. Der Krieg bringt Reichtum für die Spekulanten der Wall Street ... Sie wollen Geld verdienen durch den Krieg ... Wir gehen in den Krieg auf Befehl des Goldes ... Die Folgen könnten sein, daß Millionen unserer Brüder ihr Blut vergießen müssen, daß Millionen Frauen weinen müssen ... und alles nur, weil wir das Recht amerikanischer Bürger wahren wollen, Waffen an kriegführende Staaten zu liefern."

(R. Hofstadter, Great Issues in American History, New York 1959, Bd. II, S. 219ff.)

5 Der Friede von Brest-Litowsk aus der Sicht Lenins

Aus der Rede Lenins auf dem VII. Parteitag der Kommunistischen Partei Rußlands vom 7. März 1918:

„Wenn man sich nicht anpassen kann, wenn man nicht fähig ist, auf dem Bauche durch den

6 Waffenstillstand und „Verbrüderung". Die Friedenssehnsucht der Menschen, die 1917 der Revolution in Rußland mit zum Sieg verhalf, ergriff auch die deutschen Truppen im Osten. Nach dem Waffenstillstand kam es zu geselligen Kontakten zwischen den Fronten.

Schmutz zu kriechen, dann ist man kein Revolutionär, sondern ein Schwätzer, und ich schlage nicht etwa deswegen vor, sich auf diese Weise vorwärtszubewegen, weil mir das so gefällt, sondern weil es keinen anderen Weg gibt, weil die Geschichte es nicht so angenehm gefügt hat, daß die Revolution überall zu gleicher Zeit ausreift ... Wenn ich den Frieden in einem Augenblicke annehme, wo die Armee flieht und fliehen muß, wenn sie nicht tausende Menschen verlieren will, so tue ich das, um Schlimmeres zu verhüten. Ist etwa der Vertrag eine Schande? Jeder ernste Bauer und Arbeiter wird mich rechtfertigen, denn er versteht, daß der Friede ein Mittel zur Sammlung der Kräfte ist ... Ich wiederhole, daß wir in einem Augenblick, wo die Erkrankung der Armee eine Tatsache ist, wo wir jede Gelegenheit um jeden Preis ausnutzen, um auch nur einen Tag Atempause zu bekommen, sagen, daß jeder ernste Revolutionär, der mit den Massen verbunden ist und weiß, was Krieg, was Masse heißt, verpflichtet ist, diese Masse zu disziplinieren, zu heilen, auf den neuen Krieg vorzubereiten – daß jeder ernste Revolutionär uns rechtfertigen wird, die Annahme eines jeden schändlichen Vertrages als richtig anerkennen wird, denn das liegt im Interesse der proletarischen Revolution und der Erneuerung Rußlands, seiner Befreiung von einem kranken Organ ..."

(W. I. Lenin, Werke, Berlin 1956, Band VI, S. 344ff.)

Arbeitsvorschläge und Fragen

a) Welche Überlegungen haben nach M 3 zu Aufnahme des uneingeschränkten U-Bootkrieges geführt? Nimm zu diesen Überlegungen (unter anderem mit Hilfe von M 4) Stellung.

b) Setze Dich mit der Darstellung des Präsidenten Wilson (M 4a) und des Senators Norris (M 4b) zum Kriegseintritt auseinander.

c) Wie begründet Lenin die Unterzeichnung des Friedens von Brest-Litowsk? (M 5)

4. Das Ende des Krieges – Frieden, Freiheit und Selbstbestimmung für die Völker?

1918	Eine letzte Großoffensive der OHL an der Westfront scheitert.
	28. Oktober: Durch eine Verfassungsänderung wird Deutschland eine parlamentarische Monarchie.
	9. November: Die deutsche Republik wird ausgerufen, Friedrich Ebert (SPD) zum Reichskanzler ernannt.
	11. November: Vertreter der neuen deutschen Republik unterzeichnen den Waffenstillstand.
1919	Am 18. Januar wird in Versailles die Friedenskonferenz eröffnet.
	Am 28. Juni unterzeichnet Deutschland den Versailler Vertrag.

1918: Militärischer Zusammenbruch der Mittelmächte

Nach dem Ende der Kriegshandlungen im Osten glaubten der Kaiser und die OHL, im Frühjahr 1918 den Krieg im Westen für sich entscheiden zu können, ehe amerikanische Kontingente wesentlich in das Kriegsgeschehen eingriffen. Die OHL wollte dies durch eine *Großoffensive* im März erreichen, bei der alle verfügbaren Reserven eingesetzt wurden. Vier Millionen deutsche Soldaten standen fünf Millionen Franzosen, Engländern und Amerikanern gegenüber. Für einen Bewegungskrieg wie 1914 war das Heer aber *ungenügend motorisiert*. Es fehlte an Lastwagen, Zugmaschinen für die Artillerie und gepanzerten Fahrzeugen. Nach anfänglichen Erfolgen, die sogar wie 1914 wieder die Beschießung von Paris ermöglichten, war die Kraft erschöpft. Ab Juli ging die *Initiative* auf die *Alliierten* über. Schwere Niederlagen warfen die deutschen Truppen zurück. Unter dem Eindruck wiederholter Einbrüche in die deutsche Westfront, der Aufgabe Bulgariens, der Türkei und dann Österreich-Ungarns im Südosten, forderte die OHL am 29. 9. 1918 einen sofortigen *Waffenstillstand*.

Waffenstillstand

Die Weigerung des amerikanischen Präsidenten Wilson und seiner Verbündeten, „mit dem militärischen Beherrscher und monarchischen Autokraten Deutschlands" zu verhandeln, erzwang in Deutschland die *Verfassungsände-*

1 Das Ende des Ersten Weltkrieges, 1918

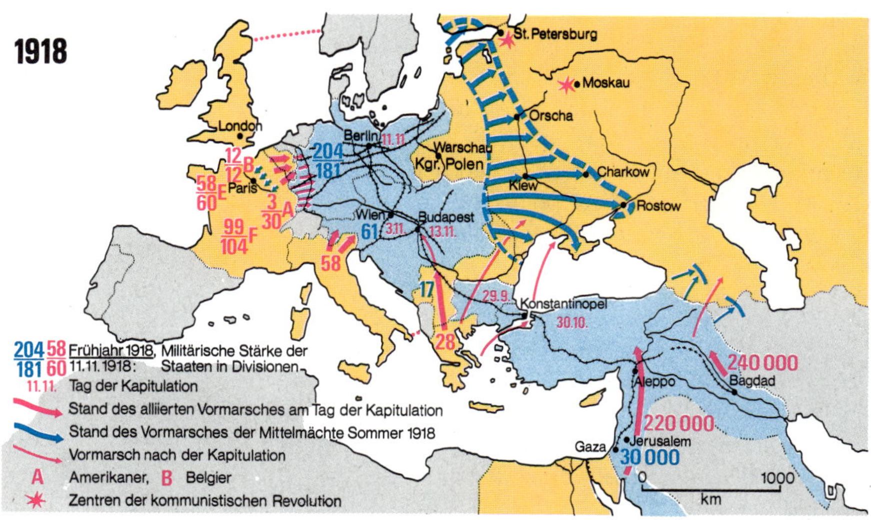

rung zur parlamentarischen Monarchie. Jetzt überschlugen sich die Ereignisse: Aus einer Meuterei bei der Flotte entwickelte sich eine Revolution. Schließlich gab der neue Reichskanzler Prinz Max von Baden am 9. 11. den *Rücktritt des Kaisers* bekannt und berief Friedrich Ebert (SPD) zum Reichskanzler. *Abgesandte der neuen Regierung* unterzeichneten am 11. 11. den *Waffenstillstand.* Damit war der Erste Weltkrieg zu Ende.

14-Punkte-Programm Wilsons

Im Januar 1918 hatte der amerikanische Präsident Wilson vor beiden Häusern des Kongresses in *14 Punkten* die *Kriegsziele* der Vereinigten Staaten zusammengefaßt. Bedeutsam war die Forderung, daß die Völker das Recht haben sollten, auf der Grundlage der *Selbstbestimmung* einen eigenen Staat zu bilden. Der Waffenstillstand war ohne Verhandlungen mit Deutschland geschlossen worden. Wilson reiste daraufhin nach Frankreich, um persönlich Europa einen gerechten Frieden zu bringen. Bei seiner Ankunft bejubelten ihn Millionen; man glaubte, eine neue Ära für die ganze Menschheit sei gekommen.

Friedensverhandlungen in Versailles

Die *Einwände* gegen einen „Wilson-Frieden" wurden allerdings schnell deutlich, als im Januar die *Friedensverhandlungen* in *Versailles* begannen. Zum einen gab es aus der Zeit des Krieges *Geheimverträge,* in denen z.B. Italien für seinen Kriegseintritt Südtirol und Dalmatien versprochen worden waren, obwohl dort keine Italiener wohnten. Vor allem aber hätte die strikte Anwendung des Selbstbestimmungsrechts die besiegten Deutschen zu den eigentlichen *Gewinnern* des Krieges gemacht, da nach der Auflösung der Donaumonarchie die ungefähr 10 Millionen Deutschen in Österreich und Böhmen den Anschluß an das Deutsche Reich wünschten. Frankreich wollte aber seinen östlichen Nachbarn verständlicherweise nicht stärker als 1914 haben, sondern auf Dauer schwach und ungefährlich. Deshalb verlangte der französische Ministerpräsident Clemenceau die Abtretung aller linksrheinischen Gebiete und die sichere Rheingrenze. Zwar widersetzten sich Wilson und der englische Premierminister Lloyd George heftig dieser Forderung – beinahe wäre deshalb die Konferenz gescheitert –, sie gaben aber dafür in vielen anderen Fragen den Franzosen nach.

Das Versailler Friedensdiktat

Im Mai 1919 riefen die Siegermächte Vertreter der deutschen Regierung nach Frankreich, nach *Versailles,* der Stätte der *Gründung* des Deutschen Reiches nach dem Sieg über die Franzosen 1871. Dort wurden der deutschen Delegation, die an den Verhandlungen nicht teilnehmen durfte, aber gehofft hatte, die 14 Punkte würden die Leitgedanken der Friedensbestimmungen darstellen, die *440 Artikel* des Vertragswerks bekanntgegeben. Sie übertrafen die schlimmsten Befürchtungen der Deutschen:

- *Große Gebiete* des Deutschen Reiches sollten abgetrennt oder nach Volksabstimmungen *abgetreten* werden.
- *Abrüstungsbestimmungen* sahen die Aufhebung der allgemeinen Wehrpflicht, die Aufstellung einer Reichswehr von 100000 langdienenden Berufssoldaten und das Verbot von Militärflugzeugen, U-Booten und Panzern vor.
- *Die linksrheinischen Gebiete* sollten durch alliierte Truppen für die Dauer von 5–15 Jahren besetzt werden. Zusätzlich war die *„Entmilitarisierung"* des Rheinlandes und einer 50km breiten Zone östlich des Rheins geplant.
- Psychologisch und sachlich besonders harte Bestimmungen brachten die Artikel 231 und 232. Darin hieß es, daß den Alliierten der Krieg „durch einen Angriff Deutschlands und seiner Verbündeten" aufgezwungen worden sei.
- Aufgrund dieser *Kriegsschuldparagraphen* wurde Deutschland verpflichtet, nach oben noch nicht festgesetzte *Reparationen* für alle Kriegsschäden zu zahlen, die den alliierten Staaten zugefügt worden waren.

Ablehnung des Vertrages?

Trotz der verzweifelten *Empörung der deutschen Bevölkerung* sahen die verantwortlichen Politiker keine Chance, den Vertrag abzulehnen. Denn die Alliierten erklärten, in Deutschland einzumarschieren, falls die Bedingungen nicht innerhalb von sieben Tagen angenommen seien. Auf eine Anfrage der deutschen Regierung bei der OHL über die Aussichten eines militärischen Widerstandes antwortete diese, daß die Wiederaufnahme des Krieges „im Enderfolg aussichtslos" sei, der Friede daher „unter den vom Feinde gestellten Bedingungen abgeschlossen werden" müsse. Am 28. Juni 1919 wurde der *Versailler Vertrag unterzeichnet.*

Staatliche Neuordnung Europas

Neben dem Frieden von Versailles mit Deutschland wurden in weiteren *„Pariser Vorortverträgen"* die Verhandlungen der Siegermächte über Österreich, Ungarn, Bulgarien und die Türkei abgeschlossen.

Österreich

Der *Vielvölkerstaat Österreich-Ungarn wurde aufgelöst.* Die neue österreichische Regierung mußte die Selbständigkeit Ungarns, der Tschechoslowakei, Polens und Jugoslawiens anerkennen und Gebiete an die neuen Staaten abtreten. Italien erhielt Südtirol bis zum Brenner. Österreich wurde der Anschluß an das Deutsche Reich verboten und eine maximale Heeresstärke von 30000 Mann auferlegt.

Ungarn

Wie Deutschland und Österreich wurde auch Ungarn als *Kriegsanstifter* beurteilt. Es verlor die Slowakei (Tschechoslowakei), Kroatien und Slowenien (Jugoslawien), das Banat (Jugoslawien, Rumänien) und Siebenbürgen (Rumänien).

Bulgarien

Bulgarien trat Gebiete an Griechenland ab, behielt jedoch den Zugang zum Meer.

Türkei

Die Türkei behielt zwar ihren *europäischen Landesteil,* verlor aber etwa 80% ihres Gebietes: so u.a. fast alle Inseln an Griechenland; Mesopotamien, Palästina und Transjordanien an England; Syrien mit dem Libanon an Frankreich.

Die Verträge – ein Friedenswerk?

Die den besiegten Ländern aufgezwungenen Bedingungen schufen für die Nachkriegszeit neue Probleme. Das *Nationalgefühl* wurde erneut verstärkt, da das politische Selbstbestimmungsrecht der Völker nicht verwirklicht wurde. Weil es keine klaren Volkstumsgrenzen gab, lebten in Polen, in der Tschechoslowakei, in Jugoslawien und in anderen Ländern teilweise erhebliche *nationale Minderheiten.* In allen besiegten Ländern, aber auch bei unzufriedenen Siegern wie Italien wurde die *Revision des Vertragswerks* zu einem Hauptziel der Politik.

In vielen Staaten setzte sich auf Dauer nicht die demokratische Staatsform durch; *Diktaturen* und andere *autoritäre Regierungen* kamen an die Macht. Der von Wilson geschaffene *Völkerbund,* der Sicherheit, Freiheit und friedliche Lösungen garantieren sollte, erwies sich zur Durchsetzung seiner hohen Ziele als viel zu schwach. Dies vor allem auch deshalb, weil der amerikanische Senat sich dem Präsidenten widersetzte und den *Beitritt der USA ablehnte.*

Völkerbund. In dem 1920 geschaffenen Völkerbund waren zunächst nur die Sieger (ohne die USA) des Ersten Weltkriegs vertreten. Andere Staaten wurden, wie z.B. Deutschland (1926–1933), erst nach und nach aufgenommen. Wichtigste Aufgaben des Völkerbundes waren die Sicherung des Friedens und die allgemeine Abrüstung. Die Mitgliedstaaten verpflichteten sich, Streitfragen durch den Internationalen Gerichtshof oder durch Organe des Völkerbundes schlichten zu lassen. Ein Angreifer sollte durch Sanktionen der Mitgliederstaaten zur Änderung seiner Politik veranlaßt werden. Da dem Völkerbund Machtmittel fehlten, erreichte er wenig. Nach dem Zweiten Weltkrieg fand der Völkerbundgedanke in den Vereinten Nationen (UNO) eine neue Verwirklichung.

2 Die 14 Punkte

Die in den 14 Punkten enthaltenen Forderungen Wilsons, vorgetragen am 8. 1. 1918 im amerikanischen Senat, lauteten:

1. Öffentliche Friedensverträge und Abschaffung der Geheimdiplomatie
2. Freiheit der Seeschiffahrt
3. Aufhebung sämtlicher wirtschaftlicher Schranken
4. Garantierte Rüstungsbegrenzung
5. Unparteiische Ordnung aller Kolonialfragen
6. Räumung des ganzen russischen Gebiets von fremden Truppen
7. Wiederherstellung der belgischen Souveränität
8. Räumung Frankreichs, Rückgabe von Elsaß-Lothringen und Wiederherstellung der zerstörten Teile
9. Grenzziehung Italiens nach dem Nationalitätenprinzip
10. Autonomie der Völker Österreich-Ungarns
11. Wiederherstellung Serbiens, Rumäniens und Montenegros
12. Autonomie der Völker des Osmanischen Reiches und ungehinderte Durchfahrt durch die Dardanellen und den Bosporus
13. Errichtung eines unabhängigen polnischen Staates
14. Gründung eines Völkerbundes zur Garantie der Unversehrtheit aller Staaten.

3 Die OHL gibt den Krieg verloren

Am 3. Oktober 1918 drängten die militärischen Führer in einem Telegramm den Reichskanzler:

„Die Oberste Heeresleitung bleibt auf ihrer ... Forderung der sofortigen Herausgabe des Friedensangebotes an unsere Feinde bestehen.
Infolge ... der Unmöglichkeit, die ... sehr erheblichen Verluste zu ergänzen, besteht ... keine Aussicht mehr, dem Feinde den Frieden aufzuzwingen.
Der Gegner seinerseits führt ständig neue frische Reserven in die Schlacht.
Unter diesen Umständen ist es geboten, den Kampf abzubrechen, um dem deutschen Volke und seinen Verbündeten nutzlose Opfer zu sparen. Jeder versäumte Tag kostet Tausende[n] von tapferen Soldaten den Tod.
gez. von Hindenburg, Generalfeldmarschall."
(Zit. nach: Geschichte in Quellen, Bd. 5, München 1980, S. 104)

4 Der Zustand der Armee

Kronprinz Rupprecht, seit 1916 der Führer einer mehrere Armeekorps umfassenden Heeresgruppe, schrieb in einem Brief vom 18. 10. 1918:

„Unsere Truppen sind übermüdet und in erschreckender Weise zusammengeschmolzen. Die Kopfzahl der kampffähigen Infanterie einer Division beträgt selten 3000 Mann, Sollstärke 12 800 ... Bei einzelnen Armeen sind 50 Prozent der Geschütze ohne Bespannung. Auch fehlt es an Munition ... Ausgebaute Stellungen haben wir nicht mehr, und es lassen sich auch keine mehr schaffen. Für die Lastwagen mangelt es an Betriebsstoff ... Ernsten feindlichen Angriffen können wir bei dem Fehlen von Reserven nicht mehr standhalten. Gelingt es uns, durch Zu-

5 Sie erklären den Krieg für verloren. Im Hauptquartier der OHL müssen Hindenburg (links), Wilhelm II. und Ludendorff erkennen, daß „keine Aussicht mehr [besteht], dem Feinde den Frieden aufzuzwingen."

rückgehen hinter das starke Hindernis der Maas unsere Front wesentlich zu verkürzen, können wir günstigstenfalls 1 bis 2 Monate dort aushalten ... Unter allen Umständen müssen wir zum Frieden gelangen, ehe sich der Gegner den Weg nach Deutschland erzwingt."
(Zit. nach: Donauwörther Quellenbogen, Geschichte 22, ohne Verf., Donauwörth, o.J., S. 15)

6 Die Siegermächte bei den Versailler Friedensverhandlungen

6a Aus einer Denkschrift des britischen Premierministers Lloyd George vom 26. 3. 1919:
„Sie mögen Deutschland seiner Kolonien berauben, seine Rüstungen zu einer bloßen Polizeimacht und seine Flotte zu einer Macht fünften Grades herabsetzen. Es ist schließlich alles gleich, wenn es sich im Frieden von 1919 ungerecht behandelt fühlt, wird es Mittel finden, um an seinen Besiegern Rache zu nehmen ... Aus diesem Grund bin ich auf das schärfste dagegen, mehr Deutsche als unerläßlich nötig ist, der deutschen Herrschaft zu entziehen, um sie einer anderen Nation zu unterstellen. Ich kann kaum eine stärkere Ursache für einen künftigen Krieg erblicken, als daß das deutsche Volk ... rings von einer Anzahl kleiner Staaten umgeben werden soll, von denen viele aus Völkern bestehen, die noch nie vorher eine selbständige Regierung aufgestellt haben, aber jedes breite Massen von Deutschen umschließt, die die Vereinigung mit ihrem Heimatland fordern."

7 Sie diktieren Deutschland den Frieden. Am 8. November 1918 trat eine deutsche Abordnung den schweren Gang zum Oberstkommandierenden der alliierten Streitkräfte, dem französischen Marschall Foch (2. von rechts), an. Sein Eisenbahn-Salonwagen stand in einem Wald bei Compiègne. Vorsitzender der Delegation war kein General, sondern ein ziviler Politiker, der Staatssekretär Erzberger von der Zentrumspartei.

6b Der französische Ministerpräsident Clemenceau in einer Besprechung im Rat der Vier am 27. 3. 1919:
„Ich ehre den Gerechtigkeitssinn von Herrn Lloyd George, wenn er den Wunsch ausdrückt, Polen möglichst wenige deutsche Untertanen zu geben, aber ich lehne seine Ansicht ab, daß man in der Frage der Verbindungslinien zwischen Danzig und dem Innern Polens jede strategische Erwägung beiseite lassen müsse. Würden wir diesem Rat folgen, so hinterließen wir unseren Nachfolgern eine unglückselige Erbschaft. Wir müssen unvermeidliche Einschränkungen des Selbstbestimmungsrechts hinnehmen, wenn wir dieses Prinzip als solches wahren wollen ...
Nach den größten Anstrengungen und den gewaltigsten Blutopfern, die die Geschichte je gesehen hat, dürfen wir das Ergebnis unseres Sieges nicht in Frage stellen. Der Völkerbund wird uns als ein Mittel angeboten, uns die Sicherheit zu geben, die wir brauchen: ich ergreife dieses Mittel. Aber wenn der Völkerbund seine Beschlüsse nicht mit militärischer Macht durchsetzen kann, dann dürfte es nötig sein, diese Macht anderswo zu suchen. Ich möchte bemerken, daß diese Garantie zur See vorhanden ist: Deutschland hat keine Flotte mehr. Wir brauchen die gleiche Sicherheit zu Lande. Ich rechte nicht über das ‚Wie'. Verstehen Sie bitte meine Haltung, wie ich mich bemühe, die Ihrige zu verstehen. Amerika ist fern, geschützt durch den Ozean. England konnte nicht einmal von Napoleon getroffen werden. Sie sind alle beide geschützt: wir sind es nicht!"
(Zit. nach: Geschichte in Quellen, Bd. 5, München 1980, S. 140f.)

8 Aus den Bestimmungen des Versailler Vertrages

Gebietsabtretungen:
- Elsaß-Lothringen an Frankreich (ohne Abstimmung)
- Nordschleswig an Dänemark (mit Abstimmung)
- Eupen und Malmedy an Belgien (mit – umstrittener – Abstimmung)
- Posen und Westpreußen, Teile von Ostpreußen und Hinterpommern als „polnischer Korridor" an Polen (ohne Abstimmung)
- Ostoberschlesien an Polen (mit Abstimmung)
- Saargebiet für 15 Jahre unter Völkerbundkontrolle, Ausbeutung der Kohlegruben durch Frankreich (danach Abstimmung)
- Danzig mit Weichselmündung „Freie Stadt" unter Kontrolle des Völkerbundes und Sonderrechten für Polen
- Sämtliche Kolonien als Mandatsgebiete verschiedener alliierter Staaten
- Verbot der Vereinigung mit Österreich

Abrüstung:
- Beschränkung des Heeres auf 100000 Mann Berufssoldaten; Verbot der allgemeinen Wehrpflicht; Verbot schwerer Waffen, Panzer, Flugzeuge, U-Boote, Schlachtschiffe; Überwachung durch eine alliierte Kommission
- Besetzung des linken Rheinufers und rechtsrheinischer Brückenköpfe auf 15 Jahre; Verbot der Truppenstationierung und des Unterhalts von Verteidigungsanlagen in einer Zone von 50 km rechts des Rheines

Reparationen:
- Neben einer noch festzusetzenden Zahlung in Goldmark Sachlieferungen von Kohle, Verkehrs- und Transportmitteln, Maschinen, Farbstoffen und Chemikalien, Vieh, alle Handelsschiffe über 1600 Tonnen

Schuldfrage:
- Alleinschuld Deutschlands am Ausbruch des Krieges (Art. 231)

(Nach: F. A. Krummacher/A. Wucherer (Hrsg.), Die Weimarer Republik, München 1965, S. 82)

9 Die Toten des Ersten Weltkriegs.
Sie mußten mit dem Leben bezahlen:
10 Mill. tote Soldaten, davon aus

Rußland	2
Deutschland	1,8
Frankreich	1,4
Österr.-U.	1,2
Großbrit.	0,9
Italien	0,5
Türkei	0,3
USA	0,1
Andere Staaten	1,8

Arbeitsvorschläge und Fragen

a) Mit welchen Argumenten begründet die OHL die Forderung eines Waffenstillstands? (M 3)
b) Wie beurteilt Kronprinz Rupprecht die militärische Lage? (M 4)
c) Vergleiche die amerikanischen, englischen und französischen Vorstellungen und Ziele mit dem Ergebnis der Versailler Verhandlungen. (M 2, 6a, 6b und S. 246 im Vergleich mit M 8)
d) Beurteile die Bedeutung der Tatsache, daß nicht die kriegführenden Generale, sondern Vertreter der neuen Republik die harten Friedensbestimmungen unterzeichnen mußten.

Verzeichnis der Namen, Sachen und Begriffe (mit Erläuterungen)

Folgende Abkürzungen werden verwandt:
Bez. = Bezeichnung, dt. = deutsch, Dtld. = Deutschland, Frhr. = Freiherr, frz. = französisch, gegr. = gegründet, Ges. = Gesellschaft, Ggs. = Gegensatz, Hzg. = Herzog, it. = italienisch, Jh. = Jahrhundert, Kg. = König, Ks. = Kaiser, MdR = Mitglied des Reichstags, Min. = Minister, Mitbegr. = Mitbegründer, Reg. = Regierung, Rep. = Republik, selbst. = selbständig, soz. = sozial, verb. = verbunden, Vertr. = Vertreter, wiss. = wissenschaftlich

▷ Verweis auf ein Stichwort – ersetzt das Stichwort bei Wiederholung

Bei Herrschern und kirchlichen Amtsträgern werden Regierungs(Amts-)daten, bei anderen Personen Lebensdaten angegeben.

Hinweis:
Fett gesetzte Begriffe sind im Buch in einem Kasten-Text erläutert. Die fette Seitenzahl gibt den Fundort an.